企业危机管理

——理论·案例·实训

张岩松 主 编

清华大学出版社

北京

内 容 简 介

本书为适应高等学校企业危机管理课程教学的需要而组织编写。内容包括认识危机，危机管理概述，危机成因分析，危机处理程序、原则与策略，危机传播管理，网络危机管理和危机预防对策7章内容，每章由"学习目标""故事导入""知识储备""能力开发""课后练习"构成，突出理论、案例和实训。书中较系统地介绍了企业危机管理理论，中间穿插"小案例""小贴士"，突出可读性和趣味性，以加深读者的理解和掌握。另外，全书荟萃了30多个国内外典型、鲜活、实用的企业文化建设案例，通过案例教学，提高学生分析问题和解决问题的能力。还设计了10多个实践训练项目，使学生学中做、做中学，学做结合，从而使学生在企业危机管理方面的理论水平和实践能力大大增强。

本书克服了传统企业危机管理教材重理论、轻实践，重普及、轻实训的不足，是工学结合、任务导向特色教材建设的一次有益尝试和创新。本书可作为本科院校、高职院校经济类各专业相关课程的教材和教学参考用书，同时它也是企业相关管理人员岗位培训的好教材和广大职业经理人的优秀参考读物。

图书在版编目(CIP)数据

企业危机管理：理论·案例·实训/张岩松主编．—北京：清华大学出版社，2017(2022.8重印)
ISBN 978-7-302-48085-3

Ⅰ．①企…　Ⅱ．①张…　Ⅲ．①企业危机－企业管理－教材　Ⅳ．①F272

中国版本图书馆CIP数据核字(2017)第207111号

责任编辑：张龙卿
封面设计：徐日强
责任校对：刘　静
责任印制：宋　林

出版发行：清华大学出版社
　　　　网　　　址：http://www.tup.com.cn，http://www.wqbook.com
　　　　地　　　址：北京清华大学学研大厦A座　　　　　邮　　编：100084
　　　　社 总 机：010-83470000　　　　　　　　　　　　邮　　购：010-62786544
　　　　投稿与读者服务：010-62776969，c-service@tup.tsinghua.edu.cn
　　　　质量反馈：010-62772015，zhiliang@tup.tsinghua.edu.cn
　　　　课件下载：http://www.tup.com.cn，010-62770175-4278

印 装 者：三河市少明印务有限公司
经　　销：全国新华书店
开　　本：185mm×260mm　　　　印　　张：16　　　　字　　数：364千字
版　　次：2017年9月第1版　　　　　　　　　　　　　印　　次：2022年8月第4次印刷
定　　价：49.00元

产品编号：072072-02

　　危机法则是：一切事情皆可能发生！现实中，危机如同驱不散的幽灵始终追随着我们，任何组织都可能处于危机事件的包围中。管理大师彼得·德鲁克曾在其所著的《21世纪的管理挑战》一书中做过粗略的统计，美国大约有85%的企业在危机发生一年后就处在倒闭破产的边缘，或者已经消失。随着市场竞争激烈化、互联网技术发展而引起的信息大爆炸，以及全球一体化程度的加深，越来越多的企业面临难以应对的危机。如果说危机是任何一个组织生存与发展过程中的必然组成部分，那么危机管理就是任何一个组织管理的基本组成部分。如何防范危机、应对危机、掌控危机、管理危机成为企业乃至各类社会组织的必修课。鉴于此我们编写了这本《企业危机管理——理论·案例·实训》。

　　本书包括7章内容。每章由"学习目标""故事导入""知识储备""能力开发""课后练习"构成。"学习目标"指明了学习本章后应掌握的危机管理知识和方法，使学生一开始就学有重点、学有方向。"故事导入"提供了与本章内容高度关联的小故事，以引发学生思考，进一步明确本章的学习目标和核心内容。"知识储备"中较系统地介绍了危机管理的基本理论，中间穿插"小案例""小贴士"，增强可读性和趣味性，加深学生对危机管理基本理论的理解和把握，为开展"能力开发"的相关训练做好准备。"能力开发"旨在提高学生危机管理理论应用能力和操作水平，它分为"案例分析""实践训练""拓展阅读"三个板块。"案例分析"荟萃了30多个国内外典型、鲜活、实用的危机管理案例，通过案例教学进行读、写、说的训练，提高学生分析问题和解决问题的能力。"实践训练"设计了各类实践训练项目，是教师课堂教学的主要内容，通过情景模拟、角色扮演、培训游戏等训练方式，让学生进行现场操作、研讨、互评，教师总结、点评，使学生进行企业危机管理实践操作的能力得到增强。"拓展阅读"精选了危机管理相关典型文章，供学生课后阅读，以开阔视野，进一步加深对企业危机管理的理解。"课后练习"是为使学生全面掌握每章内容而精心设计的各类练习题，供学生课后复习巩固时选做，以达到"温故而知新"的效果。

　　本书由张岩松任主编，王琳任副主编。张岩松编写第1～5章；王琳编写第6章和第7章；王允、张铭、许峰、穆秀英、刘志敏、刘世鹏、刘思坚、付强、刘嫣茹、赵静、金磊编写了各章的"课后练习"。本书提供的课件和练习答案配套教学资源由王琳完成，全书由王琳统稿。

在本书编写过程中,参阅了有关著作、刊物以及网上资料,在此对案例和资料的原作者深表感谢。由于时间、条件、水平等方面的限制,书中不足之处恳请读者批评指正。

我们相信本书一定能够帮助企业防患于未然,取得危机管理的最佳效果,使其不断迈向成功的彼岸。

编 者
2017 年 3 月

目录

第1章 认识危机

今天,我们生活在化学、核能、电气外加恐怖危机之中,必须承认,如不采取措施防止最大可能的危机,任何事情都可能发生。

——[英]弗兰克·杰夫金斯

21世纪,没有危机感是最大的危机。

——[美]理查德·帕斯卡尔

任何企业,无论其规模、性质如何,都免不了危机的出现。

——[美]胡尚·库克兰

📋 学习目标

- 明确危机的定义和基本内涵；
- 掌握危机的基本特征；
- 了解危机的类型；
- 掌握危机生命周期的划分；
- 明确危机中的"人"。

📠 故事导入

猎狗与老虎

在一个动物园里，一只猎狗独自溜达，来到老虎的笼子上面，心想：这可是森林之王啊，如今却也被困在这里。它想得入了神，一不留神掉进了老虎笼子里。围观的人都以为猎狗死定了，猎狗也绝望地叫起来。既然无法逃脱，猎狗恨恨地想：反正也是死，就和它拼了吧。于是龇牙向老虎示威。接着出人意料的事发生了，人们看到的是威风凛凛的猎狗，步步紧逼，不可一世；而"凶猛"的老虎却是一味退缩，流露出恐惧的神情，雄风不再。

为了在恶劣的环境、激烈的竞争中存活下来，老虎必须不断提升猎食的技能。但是，把它放在动物园里，经过长时间的饲养，却连只本来是其爪下物的猎狗都害怕了。由此可以想到，作为企业，不要被暂时的繁荣所迷惑，也许繁荣的表面掩盖了许多企业不曾注意到的小问题。客观的自然规律表明，繁荣的背后就是萧条。因此危机的存在是必然的，且危机的来临是无声无息的。这就要求企业时刻保持高度的危机感与紧迫感，变压力为动力，不断变革，不断创新，不断提升"猎食"的技能，以便在日益激烈的竞争中立于不败之地。

1.1　知　识　储　备

企业经营会受到各方面因素的影响，并非总是处于理想的稳步发展状态，有时会因为某种非常性因素而形成企业危机。

在当今社会，由于企业构成因素复杂多样，所处的社会环境变化加剧，企业出现危机的可能性在不断增大。加之在互联网迅速发展、全球化趋势日趋明显的背景下，海量信息的共享与通信技术的发达日益成为危机"崭露锋芒"的温润土壤，企业危机不仅未显颓势，反而越演越烈。企业危机一旦爆发会给企业造成严重危害，轻则影响企业正常运营，重则危及企业的发展甚至生存，并给相关公众带来极大的损失，给社会环境造成极大的破坏，因此，企业危机的预防和处理就成为企业经营管理工作最重要的一个方面，任何企业必须引起高度重视。

1.1.1　危机的定义

到底什么是危机，我们应当如何来界定它呢？

危机(Crisis)一词源于希腊语 Krisis,意思是鉴别或判定。"危机"一词最初是一个医学术语,指人濒临死亡,游离于生死之间的状态。在神学里,采用该词来区别灵魂获得拯救或被罚入地狱;在现实生活中,它是指某一个连续发展过程的中断。16 世纪以来,该词就已经成为人们日常用语的一部分,被广泛应用到政治、社会、经济发展等众多领域。一些主要的工具书对"危机"都有相关的定义。

英文《韦伯辞典》将危机定义为:有可能变好或变坏的转折点或关键时刻。

《朗曼现代英语词典》对危机的解释是:①严重疾病突然好转或者恶化的转折点;②事物发生过程中的一个转折点、不确定的时间或状态、非常危险或者困难的时刻。

《牛津词典》对危机的定义是:①危险和非常困难的时期;②决定性的瞬间或转折点。

《现代汉语词典》对危机的界定:①危险的根由,如危机四伏;②严重困难的关头,如经济危机、人才危机。

在《汉语大词典》里危机的书面意思是指严重困难的关头或隐藏、潜伏的危险。摆在人们前面的是两种选择:要么消除危机,要么被危机击垮。

在学术界,多年来许多学者在该领域不懈努力与探索,从不同的角度对危机进行过界定,其中比较经典的定义有如下一些。

早在 1961 年,美国词典编纂家韦伯斯特就利用临界点原理将"危机"定义为:"一个更好或更坏的转折点,一个决定性的时刻,一段至关重要的时间和一个达到危急关头的情景[1]。"这一定义,比较确切地把握了危机的含义和本质。

1972 年,危机研究的先驱赫尔曼(Hermann)给危机下了这样的定义:"危机是威胁到决策集团优先目标的一种形势,在这种形势中,决策集团做出反应的时间非常有限,且形势常常向令决策集团惊奇的方向发展。"对于这种"决策取向型"的定义,后来的学者认为过于狭窄。

美国危机管理专家艾·密乔夫(I. Mitroff)一直试图避免对"危机"做出准确和一般性定义,因为他坚持认为,管理危机要比定义危机更重要。尽管如此,他还是从危机对组织所产生的影响角度给出一个"指定性定义":"危机就是一个能使组织的整体产生影响或有潜在影响的事件[2]。"

美国哲学家托马斯·库恩(Thomas Kuhn)借助范式理论,指出危机就是"从常规科学走向科学革命、从旧范式向新范式过渡的一个阶段。"他认为,"当反常增多并发展到一定阶段,范式的调整同化再三失败时,就构成对范式的根本威胁,危机来临[3]。"

经济学家巴顿(Barton)则从负面效应来定义危机,他认为危机是"一个会引起潜在负面影响的具有不确定性的大事件,这种事件及其后果可能对组织及其员工、产品、服务、资产和声誉造成巨大的损害。"巴顿这个定义包括了潜在危机,并且指出危机不仅会对组织造成有形的伤害,也会造成无形的伤害。

著名学者威廉斯(Williams)认为:"(定义)不是必须学习的传统,不是必须接受的共

---

① Webster. Third New International Dictionary[M]. Springfield: G. C. MERRIAM Company, 1961: 537-538.

② Ian Mitroff. Managing Crises Before They Happen[M]. New York: AMACOM, 2000: 34.

③ 冯契. 哲学大词典[M]. 上海:上海辞书出版社, 2000: 324.

识,不因为它是'我们的语言'而具有天然的权威性。在现实生活中,在各方不同的学说中,它是一种形成和重塑活动;我们应用一套词汇来寻找出路,并在我们创造的语言和历史的过程中,对它进行必要的修改①。"威廉斯的主张,为我们界定危机的内涵提供了可操作的思路:概念界定是知识整理与特定的社会、历史环境相联系的过程,是历史与逻辑相统一的过程。

美国危机管理专家史蒂文·芬克(Steven Fink)从危机的变化状态来表述危机:"危机是指事件处于即将发生决定性变化的一段不稳定的时间或一种不稳定的状态②。"

管理学家奥兰·杨从动因论出发,通过对过程的阐释来定义危机:"危机由一组迅速展开的事件组成,它使破坏稳定的力量在总的系统或其中任何子系统中的影响作用超过正常的水平,并增加在系统中爆发的危险。"他提出,"危机是这样的情景,其间,对系统的控制和调节机制提出的要求急剧增加,进而引起反应,其效果是使提出这些要求的当事方采取更多的行动③"。

英国危机管理专家罗伯特·希斯(Robot Heath)从危机的表现情境入手来定义:"危机涵盖了三种情境:对人员和资源的威胁;对人员、组织和资源造成可见和失控;不可见的影响④。"

福斯特(Foster)发现危机有4个显著的特征:"急需快速做出决策,并且严重缺乏必要的训练有素的员工、物质资源和时间来完成。"福斯特只是描述了危机情景中的4个特点:即"迅速地决策""人员紧缺""物质的严重匮乏""时间紧急",并没有对危机下一个定义。

罗森塔尔(Rosenthal)和皮恩柏格(Pij nenburg)认为:"危机是指具有严重威胁、不确定性和有危机感的情景。"罗森塔尔和皮恩柏格指出了危机具有危害性和风险性的特点。

米托夫(Mitrimiff)和皮尔逊(Pearson)认为,收集、分析和传播信息是危机管理者的直接任务。危机发生的最初几小时(或危机持续时间很长的最初几天),管理者应同步采取一系列关键的行动。这些最初的行动是"甄别事实,深度分析,控制损失,加强沟通⑤"。

班克思(Banks)对危机的定义与巴顿有近似之处,认为危机是对一个组织、公司及其产品或名声等产生潜在的负面影响的事故⑥。

里宾格(Lerbinger)将危机界定为对企业未来的获利、成长乃至生存发生潜在威胁的事件⑦。他认为,一个事件发展为危机,必须具备如下三个特征:①该事件对企业造成威

① 艾森特·莫斯可.传播政治经济学[M].胡正荣,等,译.北京:华夏出版社,2000:2.

② Steven Fink. Crisis management:planning for the Inevitable[M]. New York:AMACOM,1986:15.

③ 宋清华.银行危机论[M].北京:经济科学出版社,2000:7.

④ 罗伯特·希斯.危机管理[M].王成,等,译.北京:中信出版社,2004:14.

⑤ 罗伯特·希斯.危机管理[M].王成,等,译.北京:中信出版社,2004:18-19.

⑥ Fearn-Bank. K. Crisis communications:A casebook approach,Mahwah[M]. New Jersey:Lawrence Erlubaum Associares,1997:22.

⑦ Otto Lerbinger. The Crisis Manager:Facing Risk and Responsibility[M]. New Jersey:Lawrence Erlubaum Associates,1997:10.

胁,管理者确信威胁会阻碍企业目标的实现;②如果企业没有采取行动,局面会恶化且无法挽回;③该事件具有突发性。

迈克尔·布兰德(Michael Bland)认为危机是"严重意外事件造成企业的安全、环境或企业、产品信誉被不利宣传,使企业陷入危险边缘"[①]。

斯格(Seeger)等认为危机是"一种能够带来高度不确定性和高度威胁的、特殊的、不可预测的、非常规的事件或一系列事件"[②]。

唐纳德·A.费希曼(Donald A. Fishman)认为危机是"发生不可预测的事件、企业重要价值受到威胁、企业对外回应的时间较短、危机沟通情境涉及多方面关系的剧烈变迁"[③]。

日本学者Takizawa Masao(龙泽正雄)认为危机有五种内涵:①危机即事故;②危机即事故发生的不确定性;③事故发生的可能性;④危机即危险性的结合;⑤危机即预料和结果的变动。[④]

日本学者Zoueikyuu Jiro(增永久二郎)对危机概念的界定是:危机即"事故发生的可能性"与"妨碍到企业的存亡、高级干部和员工的生命"。

在我国,关于危机的含义也有几种有代表性的概括。

我国学者马建珍将危机定位为造成重大损失的意外事件:"危机社会遭遇严重天灾、疫情,或出现大规模混乱、暴动、武装冲突、战争等,社会秩序遭受严重破坏,人民生命财产和国家安全遭受直接威胁的非正常状态[⑤]。"

我国学者何苏湘着重从哲学角度阐述了对危机的认知,可以表述为:危机是企业发展过程中因若干方面的矛盾激化而导致的一种非常规的状态,是事物矛盾的一种特殊表现。

美国南加州大学的两位华裔学者鲍勇剑和陈百助博士则从控制论的角度将危机定义为"系统的失控和变态"。他们认为迄今为止人类发现和理解的任何系统都是在能量聚变之间循环,当循环达到稳定状态时,为正常状态;当系统循环受外部环境或内部因素变化的影响而无法保持稳定时,系统就可能出现失控和变态现象。[⑥]

清华大学学者薛澜等认为,危机"就是潜在的各种社会矛盾与社会问题积聚激化后的表现形式,或者说是冲突的人群试图通过非常规或极端的方式,促使有关政府部门解决没有预见或长期无力解决的问题"[⑦]。

李云宏和吕洪兵将危机界定为:"在任何组织系统及其子系统中,因其外部环境和内部条件的突变,对组织系统的总体目标和利益构成威胁而导致的一种紧张状态。"这时

① Michael Bland. Communicating out of a crisis[M]. London: Macrmillan Press Ltd. ,1998:5.
② 邵华冬. 企业公关危机管理研究[M]. 北京:中国传媒大学出版社,2012:5.
③ Donald A. Fishman. Crisis Communication Theory Blended and Extended[J]. Communication Quarterly,1999,47(4):347-348.
④ 王光全. 企业危机管理研究[D]. 武汉大学,2004.
⑤ 马建珍. 浅析政府危机管理[J]. 长江论坛,2003(5):48.
⑥ 鲍勇剑,陈百助. 危机管理——当最坏的情况发生时[M]. 上海:复旦大学出版社,2003:38-39.
⑦ 薛澜,张强,钟开斌. 危机管理——转型期中国面临的挑战[M]. 北京:清华大学出版社,2003:25.

强调了危机是一种紧张状态,这种紧张状态是由于对组织的总体目标和利益受到威胁所致。①

苏伟伦认为:"'危机'一词是中性的,它表示由于内在矛盾的激化,企业已经不能按照原有的轨道发展下去;同时新的次序又没有建立起来。新旧的摩擦,使新旧两种机制都不能发挥效用。因此出现大量的失控、失范、混乱、无序,这在本质上是旧机制的危机,危机根植于旧机制中,使其运转失灵。②"苏伟伦把危机看成新旧体制转化过程中的混乱状态。

国内研究者刘刚在综合国外研究成果的基础上,将危机定义为一种对组织基本目标的实现构成威胁、要求组织必须在极短的时间内做出关键性决策和进行紧急回应的突发性事件。③

中国人民大学学者胡百精将危机界定为:危机是由组织外部环境变化或内部管理不善造成的可能破坏正常秩序、规范和目标,要求组织在短时间内做出决策,调动各种资源,加强沟通管理的一种威胁性形势或状态。④

中央财经大学危机管理学院学者董传仪认为:"危机就是风险事故,系指组织因内、外环境因素引起的一种对组织生存具有立即且严重威胁性的事件或情景。"⑤

中国传媒大学广告学院学者邵华冬认为:"危机是以对于组织声誉、生存发展目标或获利性产生威胁,并引发了外界相关利益群体感知,以突发性事件爆发为标志,要求组织在有限资源(有限时间、有限人力物力支持等)等条件下做出反应,主要通过沟通管理、利益重建等手段加以解决的一种威胁性异化公共关系状态。"⑥

以上所列举的定义是不同学者从不同的角度对危机的理解,有的定义是从企业危机管理的角度对危机进行描述,有的定义是从政府公共危机管理的角度对危机进行描述的,有的是根据不确定性、紧迫性、资源(人、财、物)匮乏、威胁性和潜在损害等危机构成的特征要素来给危机下定义。综合上述学者专家的意见,可以看出他们对危机的看法都存在一些共性的认识⑦。

综合以上定义,我们认为危机是对一个企业的既定系统构成严重威胁,要求企业及时做出决策和采取行动的情境状态。它是指在企业发展过程中,因企业内、外部环境的变化引起不确定事件的爆发,这些事件对企业的发展目标、基本价值和行为架构产生严重威胁和损害,要求企业在时间紧迫、资源匮乏和信息不充分的条件下立即对这种紧急的情景状态做出关键性决策,采取特殊的措施和行动来应对。⑧

---

① 单业才.企业危机管理与媒体应对[M].北京:清华大学出版社,2007:7.
② 苏伟伦.危机管理——现代企业实务管理手册[M].北京:中国纺织出版社,2000.
③ 刘刚.危机管理[M].北京:中国经济出版社,2004:3.
④ 邵华冬.企业公关危机管理研究[M].北京:中国传媒大学出版社,2012:6.
⑤ 董传仪.危机管理学[M].北京:中国传媒大学出版社,2007:5.
⑥ 邵华冬.企业公关危机管理研究[M].北京:中国传媒大学出版社,2012:7-8.
⑦ 董传仪.危机管理学[M].北京:中国传媒大学出版社,2007:5.
⑧ 单业才.企业危机管理与媒体应对[M].北京:清华大学出版社,2007:7.

1. 危机是事故、事件还是状态

事故是使一项正常进行的活动中断，且有时造成人身伤亡或设备损毁的意外事件，可以认为是由于未能识别危险的现有系统的不合适造成的。较危机而言，它同样具有突发性、破坏性等特点。但两者在影响程度上有所不同：事故影响较小，是对组织的局部有破坏；而危机影响较大，容易对组织造成根本性的损害。保夏特（Pauchant）和米德我夫（Mitroff）曾举了一个很形象的例子来说明两者之间的区别：一个工厂里的水龙头坏了，如果仅仅导致会议时间被拖延，那就是事故；但如果由此造成工厂停产，甚至引起倒闭，那就成为危机。

事件是历史上或社会上发生的不平常的大事情，如政治事件。较之事故，它强调的是非正常性，而不是损害性。从对危机的界定来看，罗森塔尔和皮恩伯格、巴顿、里宾格等学者都将危机视作一种"事件"，而赫尔曼、胡百精等人将危机定义为一种"状态"。诚然，危机常常由特定的事件引发，其表现形式也主要是突发性的、具有威胁性的事件，但事件一词并不能完整地反映出危机状态下组织内外交困、基本价值和行为架构面临全方位威胁的情境。因此，将危机定义为状态能帮助我们更深刻地认识到危机的本质，同时也有助于我们建立更全面的危机预警机制及应对机制。[①]

2. 危机与风险

"危机"（crisis）与"风险"（risk）两个词虽在字形、字音上相去甚远，但词义却有诸多共通之处，以至于人们经常将两者混为一谈。正确认识危机首先必须厘清两者之间的关系。

风险是指损失的不确定性，这种不确定性包括：事件是否发生无法确定，发生时间不确定，发生状况不确定，事件发生的后果或严重程度不确定。但不是所有的不确定事件都是风险，对于那些可以带来收益，而收益的大小不确定的事件，不能认为是风险事件，只有会带来损失的事件才被认为是风险事件，这是人们对风险常见的、可接受的理解。当人们将既有收益又有损失的事件称为风险事件时，人们主要是针对可能的损失而称为风险事件，如果只有收益并无损失的事件，人们就认为这不是风险事件[②]。

风险发生造成的结果是损失，风险是导致危机爆发的导火线。若对风险防范不力，控制不当，当其造成的危害达到一定程度时就会爆发危机，从而引起严重后果和危害。所以企业必须有风险意识，认真对待风险，只有对风险进行有效的防范，才可以减少或避免危机的发生。

危机与风险之间的关系主要表现在以下几个方面。

（1）风险是危机的诱因，危机是风险聚集到一定程度而爆发的表现形态。

（2）风险是一种可以用概率来描述的随机事件，是可以进行有效评估和管理的，而危机的爆发往往是很难评估和预测的，其更具隐秘性和不确定性。

（3）并不是所有的风险都能导致危机，只有当风险造成的危害达到一定程度时才会爆

---

① 余明阳，张惠彬. 危机管理战略[M]. 北京：清华大学出版社，北京交通大学出版社，2009：4-5.

② 林义. 风险管理[M]. 成都：西南财经大学出版社，1990：5-6.

发危机。

（4）对风险的管理是日常管理工作的内容之一，可以使用常规的管理方法，而对危机的管理则要采用超常规的管理方法，需要更多的人力、物力、财力来处理危机。

（5）风险一词通常用来表示某个决策可能出现的失败和负面结果，例如投资风险、交易风险、汇率风险等；而危机则用来表示重大的突发事件所造成的一种形势或一种状态，例如经济危机、金融危机、政治危机、石油危机等。危机与风险相比，不论是从危害性还是从影响的深度和广泛性来讲，都远远地超过了风险。换句话讲，危机更具宏观性、整体性和更大的危害性，会对整个社会或组织的基本目标构成威胁，而风险较微观一些。

3. 危机与机会

中外都有持"危机＝危险＋机会"这种看法的学者，难道危机真的就代表着机会吗？

（1）危机与机会联系在一起的合理性。将危机与机会联系在一起具有一定的合理性，这表现为：①任何事物的发展都是一分为二的，不可能给人们只带来坏处而没有好处。因此，危机中肯定也孕育着机会，这是事物的必然规律。②将危机与机会联系在一起体现了一种乐观主义的思想。乐观主义的态度在危机管理中是值得提倡的。对危机管理也是非常有利的。将危机与机会联系起来，可以使人们在危机中不至于过分悲观，而积极地面对危机和处理危机，减少危机造成的损失，并尽早地从危机中恢复过来，甚至使组织或个人获得新的发展。③人们在接受危机造成损失和带来痛苦的同时，也应该看到危机中存在的机会，并好好地利用机会。如果忽视危机中的机会，那么就白白地浪费了巨大损失和痛苦所换来的机会。

（2）正确看待危机中的机会。我们不能过分强调危机与机会之间的关系。危机毕竟不是人们愿意让它发生的事，过分强调机会会使人们忽视对危机的警惕性，疏于对危机的防范。危机中的确存在机会，但这些机会不一定需要通过危机来获得，组织或个人可以通过自身的努力或变革获得机会。如危机可以使组织成员为了对付共同的威胁而紧密团结起来，但是紧密团结的局面也可以通过加强组织文化建设而获得。

① 危机中的机会是付出很大代价才获得的，可以说几乎没有人希望通过危机来获得这些机会。

② 危机中把握机会的难度很大。组织在危机状态中，资源本身就非常匮乏，大量的资源要用于危机反应和危机恢复，而用于把握机会的资源是有限的。如一场地震后正是重新规划城市的大好机会，但是，这时资金紧缺却成为最大阻碍。

③ 危机中，人们将大量的精力投入危机处理，危机中出现的机会容易被忽略。

（3）从不同视角看待危机中的机会。一方面，对面临危机的组织或个人来说，危机是指即将发生质变和质变后的不稳定状态。那么，在危机中旧事物已经不能有效地生存下去，新的事物即将或者已经产生，这种状态必然孕育着许多的机会。因而，不要因为危机的紧迫性和破坏性而感到沮丧，要看到危机中存在的机会，通过寻找机会、利用机会以阻止危机、尽快结束危机、减少危机的伤害，甚至使组织获得新的发展。危机给组织带来的机会有：组织革新的机会、组织内部团结的机会、组织内部自我反省的机会、展示组织形象的机会等。

另一方面,对与面临危机的组织或个人有竞争关系的组织或个人来说,危机创造了很好的机会。其他组织或个人的危机就意味着机会,他们可以趁机占领市场,获取原属于面临危机的组织或个人的利益,甚至兼并受到危机冲击的组织。

此外,对于没有竞争关系的组织或个人也是大好的机会,因为危机反应和恢复需要大量的资源,他们可以从为面临危机的组织或个人提供资源而获得收益。如美国"9·11"事件中,建筑业、建筑材料企业和保险业的股票价值就得以升值。另外,还可以增进与个人之间或组织之间的感情。可想而知,当你在危难时刻,有人伸出了援助之手,你会有多么感激。①

◎小案例

马航 MH370 失联事件

2014年3月8日凌晨2点40分,马来西亚航空公司称一架载有239人的波音777-200飞机与管制中心失去联系,该飞机航班号为MH370,原定由吉隆坡飞往北京。该飞机本应于北京时间2014年3月8日6点30分抵达北京,马来西亚当地时间2014年3月8日凌晨2点40分与管制中心失去联系。失去联络的客机上载有227名乘客(包括两名婴儿)和12名机组人员,其中有154名中国人(其中中国内地153人,中国台湾地区1人)。24日晚10点,马来西亚总理纳吉布宣称失联的马航MH370客机在南印度洋坠毁,无人幸存。

在事件发生后,马航并没有在第一时间发布消息,而是在时隔7小时之后才发布第一份新闻稿,对于这样的做法,引起公众的强烈不满与疑惑,并且对于救援工作的展开也是不利的。随后,马航在MH370失联13小时后召开第一次新闻发布会,发布会不仅比原计划推迟半小时开始,还几次更换场地,整场发布会仅持续5分钟就结束。此次新闻发布会并没有起到相应的作用,反而引起媒体和家属们的不满。同时马航对于事件进展没有及时发布应有的消息,使外界谣言四起、真相迷离……

1.1.2 危机的特征

认识事物的特点,对于我们抓住事物的本质、进一步厘清事物的内涵有着举足轻重的作用。从上述危机的定义出发,我们发现危机具有如下辩证特征。

1. 必然性与偶然性

危机的必然性是指危机不可避免。即只要有企业存在,就会有企业危机;危机的偶然性是指危机的爆发往往是由偶然因素促成的。必然性是企业作为开放复杂系统的结果,偶然性则取决于系统的动态特征。

企业是个覆盖面广、结构复杂、层次众多的大系统,包含着许多彼此联系的复杂的子系统,是一个多输入、多输出、多干扰的多变量系统。加之企业诸要素中人员占主导地位的因素,使之成为典型的主动系统,而主动系统就更具复杂性与不确定性。从控制论角度而言,

① 单业才.企业危机管理与媒体应对[M].北京:清华大学出版社,2007:9-10.

任何一个大系统的一个部件和子系统都要为实现一定的功能而形成多层、多级或多段控制结构,而信息则是控制过程不可缺少的因素,若缺乏足够的信息,控制则成为无本之木。众所周知,信息传播是企业经营管理过程中不可或缺的因素,这一过程,从控制论角度看,未尝不是一种控制过程,即企业主体主动影响公众客体并希望达成和谐经营状态目的的过程。从信息论角度看,就是信源通过信道向信宿传递并引发反馈的过程。信息在传递的过程中由于噪声的干扰势必产生失真现象,失真即有误差。古人云:"差之毫厘,谬以千里。"故误差导致错误,错误导致危机。任何策划和决策都是以信息为基础的,且方案或决策的执行过程也是一个信息过程,而信息失真现象的存在,就为这一系列活动埋下了无法避免的隐患。这就是危机必然性的根源。所以危机具有不可置疑的必然性特征。无论企业系统采取何种控制结构形式,信息经过多层次、多渠道、多阶段地传输之后,其失真现象必趋于严重,结果自然是系统的稳定性减弱,暂时保持一种作为开放系统所必有的动态平衡局面,一旦震荡度加大,危机便接踵而至。

危机的偶然性也不难理解。由于企业大系统是开放的,每时每刻都处于与外界的物质、能量和信息的交换和流动中,其任何一个薄弱环节皆可能因某种偶然性因素而致失衡、崩溃,形成危机。打个比方,这就像已枯死的树枝,暂时可以在原位保持原状,但由于它暴露在外界环境种种力量作用下,就可因偶然事由导致其原有地位与状态的改变:它可能被一阵强风吹落,可能被一场野火焚烧,也可能因禽兽的碰撞或登临而断裂,如此等等。[①]

2. 突发性与渐进性

企业危机总是在意想不到、没有准备的情况下突然爆发的,它具有突发性特征。在本质上企业危机的爆发是一个从量变到质变的过程,也就是说,酿成企业危机的因素经过一个累积渐进的过程,通过一定潜伏期的隐藏和埋伏后,如果未能得到有效控制,它就会继续膨胀,至一定程度后,就会形成企业危机的总爆发,并迅速蔓延,产生连锁反应,使公众与企业关系突然恶化,大量的顺意公众变成逆意公众,产生强烈不满。由于来得突然,又有很强力度,往往使企业措手不及,给企业造成很大冲击,使之有突临泰山压顶之感。

危机的突发性与偶然性有关联,而渐进性与必然性有联系。认识这一特征,一方面可以使我们加强防微杜渐,时刻做好各项工作,避免危机的发生;另一方面则要教育人们面对突发事件或危机时该如何让自己进入应急状态,并在第一时间做出科学合理的反应。

◎ 小案例

面对伦敦地铁大火

1987 年 11 月 18 日晚上 7 点 30 分左右,英国伦敦地铁站出口的电梯着火,但是人们都不相信会有火灾发生。一位经理查看了一下火源但没有启动灭火系统,在场的乘客也表现得无所谓,没有人大喊"着火",更没有人奔跑逃命。晚上 7 点 50 分左右火势开始蔓延。直至凌晨零点 42 分,大火才被扑灭。官方统计确认有 30 人丧命,20 人严重受伤。随后展开的调查表明,这次大火的火源是地铁站使用很久的木质结构的电梯。在过去的 45 年里,这

---

①　王振宇.公关危机的辩证特征[J].公关世界,1998(10):21-22.

种电梯已引发了18起火灾。这次火灾后,有关部门提出了157条改善意见。如在电梯上安装热监测器,装置自动灭火器,拆除木质结构的电梯,让员工参加应急管理课程的培训等。

3. 破坏性与建设性

危机在本质上或事实上固然起破坏作用,须尽力防范和阻止。但危机既然爆发了,一般足以表明系统中存在不可小看的问题,这就为企业审视自身状况作了最有利的提示。而福祸相依的辩证法告诉我们,危机的恰当处理也会带给企业新的收获。

这一特征可以从协同学角度来论证。协同学的创始人哈肯认为,一个系统的稳定性总是受两类变量的影响,一类变量在系统受到干扰而产生不稳定性时,它总是企图使系统重新回到稳定状态,起着一种类似阻尼的作用,且衰减得很快,简称为快变量;另一类变量在同样的情况下总是使系统离开稳定状态走向非稳定状态,表现出无阻尼现象,且衰减得很慢,故称为慢变量。当系统处于不稳定状态时,快变量使系统达到一种新的稳定平衡状态。如果原来的稳定平衡状态是一个无序状态,那么这个新的稳定状态就意味着有序地产生与形成。如果原来的稳定状态已经是一个有序状态,那么新的稳定状态就意味着更新的有序状态的出现,意味着系统的进化。

协同学的这一观点既能说明危机的必然性特征,又说明了危机的建设性特征。在企业危机这种不稳定状态中,企业危机管理工作就起着快变量的作用——维持企业这一系统的稳定性。强有力的企业危机管理工作必定会在原本无序的经营状态中建构更佳的形象大厦,或使原本有序的经营管理更上一层楼。

认识危机的破坏性,才不会掉以轻心,麻痹大意。认识危机的建设性,才会采取主动姿态,沉着冷静而满怀信心地面对危机,从中寻找并抓住任何可能的机会。总之,只有勇于面对并善于应对危机,才有可能正确地认识到企业危机,在破坏企业形象良好状态的同时,也为企业建立富有竞争力的声誉,为树立企业的形象和处理企业的重大问题创造了机会。

小案例

危机的滚雪球效应

连带性的特征也被形象地称为危机所带来的"滚雪球的效应",即一个危机往往会引发下一个危机,产生了涟漪的反应,这与危机全过程的控制力度有着直接的关系,也是危机阶段性特征的体现。危机发展的全过程也是危机自身生命力的演化过程,即危机的发展过程会出现变幻无穷的特点,是好是坏,其发展趋势很难做出事先的预测,但最基本的是给出了管理它的必要性。如1978年在瑞士楚格(Zug)由三道士(Sandoz)控股的化工厂发生的一场大火。

尽管这场大火在很短的时间内就被控制,但有一个严重的后果是,在灭火过程中有30多吨的有毒物质流入了莱茵河。在其后的10天中,一层长达40千米的化学物质在河中漂荡,给许多国家的工业生产和河流循环造成了危害。瑞士政府和三道士公司最后不得不对这次污染做出巨额赔偿。

在危机的涟漪作用下,一些初始危机可能引发更大的危机。在美国加利福尼亚、奥克兰及维多利州发生的火灾袭击社区之前,初期的危机预警管理只是防火。一旦着火,对火灾的管理则转为防止生命财产的更大损失,并持续至控制火势、扑灭大火。但火灾之后,更深一层的对人和社会的危害纷纷出现。家庭破碎、社区恢复也很困难。奥克兰社区的半数居民和商业没有恢复,紧接而来的冲击则是由通过税务征收修复和重建社区基础设备的能力薄弱造成的。

资料表明,在诸如火灾、洪灾、风灾、地震等大灾难中,只有29%的行业能在两年内坚持运转。

4. 急迫性与关注性

企业危机总是在短时间内猛然爆发,具有很强的急迫性,一旦爆发既造成巨大影响,又令人瞩目。它常常会成为社会和舆论关注的焦点和热点。一时间,它可以成为一般公众街谈巷议的话题,成为新闻界追寻报道的内容,成为竞争对手发现破绽的线索,成为主管部门检查批评的对象等。总之,企业危机一旦出现,就会像一枚突然爆炸的"炸弹",在社会中迅速扩散开来,对社会造成极大的冲击;就会像一根牵动社会的"神经",迅速引起社会各界的不同反应,令社会各界密切关注。因此若控制不力或行动迟缓,必将产生严重后果,所以必须牢记"兵贵神速"这一兵法格言,强调企业危机管理的时效性。

🔍 小案例

"六六维权"事件

2015年7月11日,作家六六发了一条微博,称自己在京东商城上购买的天天果园水果是烂的,要求退款却被拒绝。作为一名拥有1000多万粉丝的女作家,这条微博一面世,立刻引来大量关注。一个小时后,天天果园即联系六六提出全额退款。六六拒绝后,京东商城和天天果园又相继联系商讨退款,天天果园还邀请六六为其质量监督员。7月13日,六六再次在微博上发表名为《我要的是公平》的文章,拒绝和解。7月14日,天天果园在微博上公开道歉,京东商城进行转发并表示要加强自身服务。

正当舆论趋缓时,王思聪却在7月18日转发六六微博,表示自己也拥有同样经历。7月19日,京东商城官方微博向王思聪道歉。然而,事情引来了更多的质疑:为什么王思聪就能得到公开道歉?"看人下菜碟"的帽子,就这样戴在了京东商城的头上。

1.1.3 危机的类型

1. 危机分类的意义

管理专家熊卫平认为,危机分类的意义就在于让针对不同危机种类进行有区别的管理,并有针对性地探索不同类危机背后共同的规律。

(1) 找出危机的起因可以确定危机管理的目标,提高危机管理的针对性。

(2) 根据不同的危机类型可以寻找其共同的规律及提高借鉴的价值。

(3) 强化危机管理的具体可操作性,即按照不同类型的危机分阶段性地进行部署与安排,做出相应的预防与处理对策,从时间的延续上保证不同危机管理的差异性,从而真正提高危机管理的效率,有效地扭转危机局面,改善企业的经营状态。

2. 企业的 8 种危机

企业有如下 8 种危机。

(1)信誉危机。它是企业在长期的生产经营过程中,公众对其产品和服务的整体印象和评价。企业由于没有履行合同及其对消费者的承诺,而产生的一系列纠纷,甚至给合作伙伴及消费者造成重大损失或伤害,企业信誉下降,失去公众的信任和支持而造成的危机。

(2)决策危机。它是企业经营决策失误造成的危机。企业不能根据环境条件变化趋势正确制定经营战略,而使企业遇到困难无法经营,甚至走向绝路。如巨人集团涉足房地产项目——建造巨人大厦,并一再增加层数,隐含着经营决策危机。决策失误没有能够及时调整而给企业带来了灭顶之灾。

(3)经营管理危机。它是企业管理不善而导致的危机。包括产品质量危机:企业在生产经营中忽略了产品质量问题,使不合格产品流入市场,损害了消费者利益,一些产品质量问题甚至造成了人身伤亡事故,由此引发消费者恐慌,消费者必然要求追究企业的责任而产生的危机;环境污染危机:企业的"三废"处理不彻底、有害物质泄漏、爆炸等恶性事故造成环境危害,使周边居民不满和环保部门的介入引起的危机;关系纠纷危机:由于错误的经营思想、不正当的经营方式、忽视经营道德、员工服务态度恶劣等造成关系纠纷产生的危机,如运输业的恶性交通事故、餐饮业的食物中毒、零售业的假冒伪劣商品、银行业的不正当经营、酒店业的顾客财物丢失、邮政业的传输不畅、旅游业的作弊行为等。

(4)灾难危机。它是指企业无法预测和人力不可抗拒的强制力量,如地震、台风、洪水等自然灾害、战争、重大工伤事故、经济危机、交通事故等造成巨大损失的危机。危机给企业带来巨额的财产损失,使企业经营难以开展。

(5)财务危机。企业投资决策的失误、资金周转不灵、股票市场的波动、贷款利率和汇率的调整等因素使企业暂时资金出现断流,难以使企业正常运转,严重的最终造成企业瘫痪。

(6)法律危机。它是指企业高层领导法律意识淡薄,在企业的生产经营中涉嫌偷税漏税、以权谋私等,事件暴露后,企业陷入危机中。

(7)人才危机。人才频繁流失所造成的危机。尤其是企业核心员工离聘,其岗位没有合适的人选,给企业带来的危机也是比较严重的危机现象。

(8)媒介危机。尽管真实性是新闻报道的基本原则,但是由于客观事物和环境的复杂性和多变性,以及报道人员观察问题的立场角度有所不同,媒体的报道出现失误是常有的现象。①媒介对企业的报道不全面或失实。媒体不了解事实真相,报道不能客观地反映事实,引起的企业危机。②曲解事实。由于新科技的引入,媒体还是按照原有的观念、态度分析和看待事件而引起企业的危机。③报道失误。因为人为地诬陷使媒体蒙蔽从而引发企业的危机。

以上各种企业面临的危机同样也是企业管理者可以根据自身企业的实际情况来做出

应对的依据,企业的性质及规模的不等会使企业在上述 8 种危机中主要面对的情况是不同的,如化工企业目前最关注的是环境及媒体的危机压力,而作为食品制造企业则往往容易陷入食品安全及政府食品监控方面的压力,甚至是因为行业内部有企业的行为不当而引发了整个行业的灾难。

◎ 小案例

尼康陷入"黑斑门"

尼康 D600 率先在美国和英国上市后,就深陷"黑斑门"。在 2013 年 2 月 22 日,尼康发表公告,承认一些用户指出使用尼康 D600 数码单反相机拍摄时,照片上会出现多个颗粒状影像。当时尼康给出的解决办法是让用户按照用户手册(第 301～305 页)关于"清洁影像感应器"进行清洁,或用气吹手动清洁,或者到尼康售后服务中心进行清洁。

中国中央电视台报道称,全国多位消费者发现新买的尼康 D600 拍摄照片后出现黑点。用户就此到尼康维修点进行过四五次清洗进灰,也无法解决问题。随后尼康通过更换快门等方式,也无法解决这款宣称"防尘防潮"相机的问题。按照"三包"规定,相机因质量问题返修两次之后,可以退换产品。不过尼康售后辩称清灰不算修理,但尼康官方规定清灰属于修理范围。在随后发布的公告中,尼康再次要求用户对 D600 进行清理更换。

2014 年 2 月 26 日,尼康再度发表公告,表示将免费为所有出现进灰问题的全幅单反 D600 用户进行检查、清洁,并进行快门等相关零部件的更换。据悉,尼康在处理 D600"黑斑门"事件时内外有别。据外媒报道,欧洲部分用户把机身内部进灰的 D600 相机送到服务站除尘后收到了全新的 D610 相机;而在法国,进灰 D600 换全新 D610 的代价也仅需要支付很小一笔费用;但是在中国,遭受 D600 进灰困扰的用户显然没能受到如此待遇,尼康在拖延一年之后给出的解决办法仅是免费清洁而已。

3. 企业危机可按不同标准进行分类

对企业来说,危机的类型很多。可按如下标准进行分类。

(1) 按危机爆发剧烈程度和有意与否划分危机

按危机爆发剧烈程度和有意与否划分危机,如表 1-1 所示。

表 1-1　按危机爆发剧烈程度和有意与否划分危机

危机来源	剧 烈 的	非 剧 烈 的
自然原因	地震、森林大火等	干旱、瘟疫等
有意的	恐怖行径(包括产品的擅自改变)等	爆炸、故意接管、内部交易、恶意谣言和其他非法行为等
无意的	炸弹爆炸、火灾、毒气泄漏和其他事故等	生产过程和产品原因造成的延误、股灾、商业失误等

(2) 按其他标准划分危机

按其他标准划分危机,如表 1-2 所示。

表 1-2 按其他标准划分危机

分类标准	类　　型	内　　容
形成过程	直接危机	指由企业自身行为本身的不当而导致的企业危机,如调查不深入、策划不得当、计划不周密、传播不真实、实施不得力等
	间接危机	指企业的其他经营行为不当或其他各种危机导致的企业危机,如经营危机、人才危机、资信危机、素质危机、政策危机、事故危机、灾变害危机等引起的形象危机
显露程度	显在危机	指已经爆发或爆发的势头已成必然的企业危机
	潜在危机	指尚未表露的仍处于隐藏和潜伏形态的企业危机
严重程度	一般危机	指仅对企业或其公众起局部影响或轻度危害的企业危机
	严重危机	指对企业造成根本损害或形成致命打击的危机,也称破坏性危机或特别危机
涉及范围	内部危机	指企业的领导、部门和职工之间因组织决策、人际关系、利益分配、环境条件方面的不良因素引发的企业危机
	外部危机	指企业与顾客、供应商、经销商、政府部门、财政信贷部门、新闻媒介及社区公众、竞争对手等因发生某种摩擦、纠纷、矛盾而引发的危机
预防程度	预防类危机	指原因在于企业,发生时能预测并制定对策或能事先设置危机发生之际的对应程序,做好将危机损失减少到最低限度的准备的企业危机
	半预防类危机	指原因在于企业,发生时虽能预测,无法制定像"预防类危机"那样完备的对策,但是能事先设置危机发生之际的对应程序,做好将损失减少到最低限度的准备的企业危机
	非预防类危机	指并非单以企业为对象的,难以预测的突发性危机,在应对危机之际,单靠自己的努力不足以解决问题的企业危机
产生诱因	外生性危机	指由于外部环境变化引起的危机
	内生性危机	由于内部环境变化引起的危机,如高层管理的偏失、组织内部架构不合理、企业资金链断裂等
	内外双生行为	指由外部环境变化和内部环境变化共同作用而形成的危机
主体态度	一致性危机	指危机中的利益主体具有相同的要求,如自然灾害危机,受灾的主体都想减少损失
	冲突性危机	指该事件中存在两个或两个以上的利益主体,不同的利益主体存在不同的要求。如企业产品有质量问题时,消费者担心自身健康及索赔,股东则更关注公司声誉、资产是否会受影响
时空范围	国际危机	指国际关系行为主体的冲突不断激化,导致现有关系发生质变,泛指从严重对抗到国际战争临界状态阶段
	国内危机	指只局限于某个国家,对国家社会稳定、人民生活产生影响
	区域性危机	指在特定区域内产生的危机,如区域性污染、局部战争
	组织危机	指由于组织的内外部因素导致组织面临突发事件,造成公众舆论反映强烈,组织的形象受到严重损害而陷入困境的状况

分类标准	类　　型	内　　　容
生命周期变化①	风潮型危机	指稍纵即逝的危机,组织在处理得当的情况下,可以短时间内化解危机,转危为安
	攀高型危机	指本身复杂度较高,所牵扯的关系较多的事件。在处理不当后,危机将会如滚雪球般越滚越大,牵涉的范围和主体也会增多,危机强度相应增大
	循环型危机	这类危机往往与季节、时间、阶段有关,如周期性的经济危机、季节性的台风灾害等
发展态势	急性危机	指自然灾害、意外事故、政策突变、媒体曝光、公共危机等引起的危机
	慢性危机	指由内部管理因素造成的且形成过程比较缓慢的危机,如财务危机、人力资源危机、产品质量危机、营销危机、战略决策危机、体制危机等

1.1.4　危机的生命周期

危机从其潜伏直至消亡,就是完成了一个生命周期,因此,危机呈现出周期性特征。所谓危机的周期性特征,是指危机在其产生和结束的过程中,可以划分为不同的阶段,每个阶段又可以表现出具体的特征。危机事件在整个生命周期里,其危害性是不断发展变化的,因而与之对应的管理方法和措施也有所不同。鉴于此,为了便于有效地管理危机,专家和学者们常常将危机事件的生命周期划分成不同的阶段。有的学者将危机的生命周期划分为三个阶段——潜伏期、发生期、消除期;有的学者将危机的生命周期划分为四个阶段——潜伏期、爆发期、持续期和解决期。这里我们将危机的生命周期划分为五个阶段,即潜伏期、爆发期、蔓延期、恢复期和消除期,如表1-3和图1-1所示②。

表 1-3　危机生命周期的划分及各阶段的特征

危机阶段	特　　　征
潜伏期	不易察觉、识别,隐藏性强,危害性小
爆发期	危机事件突发,危害性很强,破坏了系统的平衡,影响巨大
蔓延期	危害继续蔓延,产生连锁反应
恢复期	危机被控制,影响范围缩小,不良影响逐步消除,系统开始修复
消除期	危机影响消除,系统恢复正常运转

1. 潜伏期

通常情况下,危机在潜伏期阶段会出现一些征兆,但是,这些征兆往往具有很强的隐秘性,人们不容易觉察到,也很难进行识别和预测。因此潜伏期就是一些诱发危机发生的因

---

① Gonzalez-Herrero A. C. B. Pratt. How to manage a crisis before or whatever it hits [J]. Public Relations Quarterly,1995(1): 25-29.

② 何海燕,张晓甦.危机管理概论[M].北京:首都经济贸易大学出版社,2006: 10.

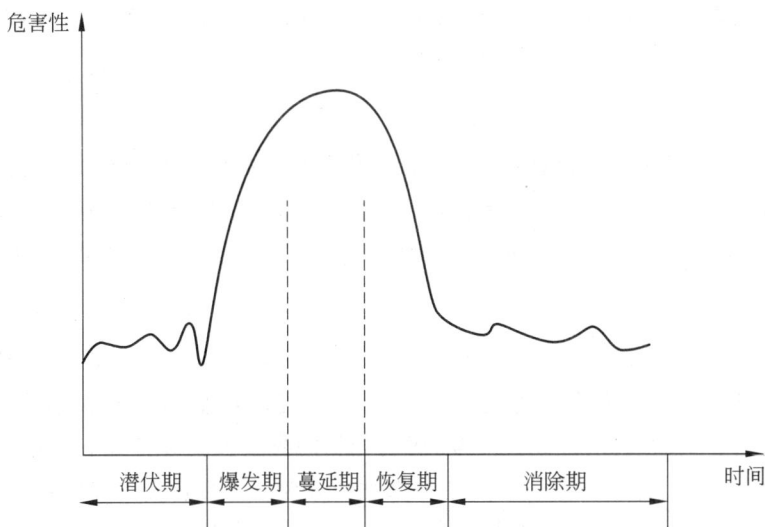

图 1-1　危机生命周期的五个阶段

素积聚的过程。这些因素相互作用,不断地积累具有破坏性和毁灭性的能量,达到一定程度时会喷发而出,危机随之而爆发。有时,人们觉察到了一些征兆,却往往又忽视它们。因此,危机的爆发常常使人们措手不及。假如人们能够在危机的潜伏期内就发现这些征兆,并对它们进行正确的判断和评估,及时采取措施,就可以化解和遏制危机的爆发。

然而,在现实社会和生活中,要在危机的潜伏期就发现危机征兆并化解危机是十分困难的,主要决策者们往往会忽视已出现的危机征兆,或是有了征兆而又很难判断什么因素会真正导致危机发生。此外,危机爆发的另一个重要原因是人们忽视或者不能真正认清已出现的危机征兆。

2. 爆发期

当潜伏期的危机不能被察觉或消除,一旦危机的诱因产生的危害积聚到一定程度时,危机就会突然爆发,所积聚的破坏能量就会得到释放。危机往往使组织的正常工作秩序完全被打乱,给整个社会系统或组织系统造成很大冲击与破坏,使社会生产和生活偏离正常轨道。危机爆发时会给政府、社会、组织以及公众都带来特别强烈的震撼和巨大的压力,使人们产生恐慌。

3. 蔓延期

危机一旦爆发后不会马上结束,状况仍会继续恶化。这时,危机会带来一系列的连锁反应,其影响会延伸到组织的方方面面,并继续产生危害,而且危害性可能比爆发阶段更严重。例如,美国的"9·11"恐怖袭击事件发生后,不仅直接造成几千人失去生命和巨大的财产损失,还由此引发了全世界股市的暴跌、世界贸易量的减少、美国社会的恐慌、航空业的亏损及大裁员等。

危机所产生危害的程度与危机蔓延期的长短有直接的关系,蔓延期的长短则取决于组织外部状况的变化和内部状况的处理;同时,还与科学技术发展水平密切相关,因为科学技术的发展可以使人类控制危机的手段及物质条件不断得到改善,人类能更有效地遏制危机的蔓延。

4. 恢复期

在恢复期,危机事态已经得到控制,危机爆发后所引起的各种显性化问题基本得到解决,危机风暴已经过去,组织管理层所承受的压力减弱。此时,组织要谨防就事论事,要善于通过危机的现象,寻找危机发生的本质原因,并提出有针对性的改进措施,防止危机可能引进的各种后遗症卷土重来。

5. 消除期

有的学者把消除期称为善后期,这一阶段危机状况已经基本被平息,是组织在危机解除之后自我分析、自我检讨的疗伤止痛期,聪明能干的决策者会睿智地利用这段时间,做好进一步的"危机处理计划",分析问题出在什么地方,并尽可能采取补救措施。这个时期的长短不定,但其重要性不可忽视,如果处理不当,很可能成为新危机的发展期。

上述危机的发展阶段是危机生命周期的一般状况,但并不是所有危机的必经阶段。有些危机的爆发可能没有任何征兆,或者危机征兆的持续时间极其短暂,跳过了潜伏期;有些危机在潜伏期就被组织所觉察并迅速采取了相应的措施,使危机被遏制在萌芽状态,不再进入爆发期;有些危机不能得到妥善解决,则可能导致组织的破产、倒闭,因此,危机没有解决的这段时期也称恢复期。[①]

1.1.5 危机中的人

传统上,危机中的人可以分为三类:危机受害者(受到危机影响的人)、危机反应者(对危机有反应行动的人)、危机旁观者(站在旁边观望未被危机直接波及的人)[②]。但是,随着科学和技术的发展,这三者之间的界限已经变得越来越模糊了。

1. 危机受害者

危机受害者是指那些直接或间接受到危机影响,并遭受实际损失的人。危机受害者在危机中受到生理上的伤害,或者受到心理上的影响,或者遭受财物上的损失。受害者的心理影响并不一定需要治疗和劝慰,大部分可以通过自我调整而得以恢复,而且一少部分的轻微生理伤害也不需要治疗,如轻度的软组织挫伤不需要治疗就可以自愈。危机中,财物损失的受害者包括组织自身、组织的利益相关者和组织员工。

危机中反应者、旁观者和受害者的家属与朋友也可能成为受害者。在做出反应时,反应者可能受到心理或生理上的伤害。受害者的家属和朋友因受害者所受到危机的伤害而感到伤心和担心,或者为照顾受害者而减少他们的收入,使他们也成为受害者。旁观者可能因看到危机的惨状和危机对他们造成的刺激而导致心理上的不舒服,或激起他们痛苦的回忆等,使旁观者也成为受害者。

---

① 董传仪.危机管理学[M].北京:中国传媒大学出版社,2007:9-10.

② 单业才.企业危机管理与媒体应对[M].北京:清华大学出版社,2007:17-18.

2. 危机反应者

危机反应者是指对危机做出反应的人,他们试图阻止危机或减少危机所造成的损失。反应者可以分为专业的反应者和非专业的反应者。专业反应者如消防队员、医护人员、警察、组织内部和危机管理者等,他们受到过良好的危机反应训练,专门为处理危机而工作。专业反应者经常从非危机场所赶到危机现场,对危机做出反应。非专业的反应者有危机现场的受害者、现场周围的旁观者、危机情景外的志愿者,他们大多数没有受过专门的危机反应训练,但处于自我保护或自愿而对危机做出反应。在专业危机反应者接手危机反应工作之前,在专业危机反应者人手不够时,非专业危机反应者可以发挥重要的作用。

3. 危机旁观者

危机旁观者是指看到或听到危机情景,但没有被危机直接波及的人。旁观者可以分为两类:一类是身处危机现场及周围,亲眼看到危机情景,但没有被危机直接波及的人;另一类旁观者不处在危机现场,也没有亲眼看到危机,而是通过广播、电视、报纸、网络等媒体或通过他人的描述和图片资料,看到或听到危机情景或对危机情景的描述。危机现场及周围的旁观者对危机情景的印象更深,比第二类旁观者更容易成为危机的受害者(心理影响更深或参与危机反应而成为受害者)、反应者(只要他们愿意去阻止危机或减少危机造成的损失)。

1.2 能力开发

1.2.1 案例分析

1. 2016 年十大危机公关事件

2016 年企业危机连绵不断,从整个一年犯了水逆的百度,到一年一度的"3·15"公关劫,到和颐酒店女生遇袭,再到最近"惹了一身骚"的支付宝圈子……新媒体时代,危机爆发的速度和传播的不可控性难以想象,这更是对各个企业公关部更大的考验,对于这些大大小小、算不准哪天就爆发的企业危机,有哪些"转危为安"了? 又有哪些"遗臭万年"了呢?

盘点 2016 年十大危机公关事件,可以将其分成两部分,其中五个案例的危机应对能力过人,最终明哲保身,而另外五个案例,因为不恰当的危机应对,却只能沦为企业危机管理的负面典型。

(1)转危为安篇

① 快递小哥被打,霸道总裁追究到底

2016 年 4 月 17 日,有网友在微博爆料,北京一小区内,一位顺丰快递的快递小哥不小心与某私家车发生剐蹭,该车主随后对快递小哥进行了长时间的辱骂,并不断动手打人。在 1 分 42 秒的视频中,这位车主对快递小哥进行了 7 次打脸,且连续爆粗口十余次。而快递小哥除了说一句"对不起"之外,没有还手,并且一直在躲闪。

事件被曝光之后,顺丰快递当晚就被顶上微博热搜第一,面对员工受辱,顺丰快递官方出面,在第一时间挺身而出,企业形象高大不少。

同时,平时一向低调的顺丰快递总裁王卫,化身霸道总裁,誓要为被打快递员讨回公道。

24 小时内的公关连环招,最终,顺丰快递通过最官方的途径,实现了总裁王卫私人的表态。在这之后,打人者被警方拘留处罚,正义得以伸张。

② B 站新番①收费,董事长真情感动用户

2016 年 5 月 24 日,一直宣传"不会有视频贴片广告"的 B 站,却有几部新番首次出现了贴片广告。这一变化让不少 B 站用户对 B 站的价值观产生了怀疑。

当天晚上,B 站董事长陈睿亲自在知乎上回答了用户的质疑。陈睿在短短几百字的回答中,三次用"抱歉""对不起""道歉"等字眼表达了对用户的歉意,并说明了这个事情的来龙去脉,以及 B 站方面做的努力。继而提出 5 点解决办法,包括可以手动调过广告,返还承包金额等,简直是诚意满满。

最后,陈睿用一句热血满满的承诺,挽回了几乎全部 B 站用户的信任,"B 站未来有可能会倒闭,但绝不会变质"。

③ 百度一年遇水逆,公关自黑惹人怜

据说 2016 年是李彦宏的本命年,按照中国传统的迷信说法,结果百度真的是一年都不顺,从血友病事件,到贴吧打击盗版,到魏则西事件……行内都形成了默契,只要黑百度,那就是有价值的事!

不管百度是真的"黑"还是"被黑"得太惨,大家也一致认为,在百度做公关真得不简单!于是,百度公关在 2016 年 7 月特意开了一个公众号——这届百度公关。这个公众号的开通,百度给自己定的基调是"自曝、自黑、自嘲、自省",包括账号的功能介绍是"我们就是大家觉得不太行的这届百度公关"。之后更新的内容,百度公关用了大量网络化语言,包括流行的表情包,这些都是为了主动降低自己的姿态,并且化被动为主动。

抛开百度业务上的"黑点"不说,百度公关的这一行为无疑是加分项。对不了解百度公关和误解百度公关的普通网民来说会减少对百度的负面印象。

④ 从 Beat U 到 Love U,神州经历了什么

2016 年 8 月,滴滴出行收购 Uber 中国,一统出行市场。面对 Uber 中国几百位有用之才,神州专车在微信和微博同时发布了致 Uber 中国小伙伴的一封信,言辞中直言对 Uber 年轻人的欣赏,并要高薪挖人,放出"6 个月薪资+期权"的巨大诱惑,还发布了一组"Love U"系列海报。

然而,一年前的神州专车,同样发布过一组"Beat U"系列海报,并且引发巨大争议,也有业内人称为"史上最蠢的营销"。

其实,神州专车这次的"七夕节示爱",并非单纯地向 Uber 挖人,更是一次时间跨度长达一年的危机公关。一年前的 Beat U,神州被扣上了一个"贬低同行"的帽子,不如趁着这

---

① "新番"源自日语词汇"新番组",意思是新节目。新番的原意是对新出的影视节目的统称,但由于新番这个词是属日本影视界所特有,且由于日本影视界中以动画出现"新番"一词的知名度偏高,所以许多情况下,新番可以说就是新番动画的代名词,如果在国内没做出任何说明,新番一般就是指代日本当季(或即将)出的动画的意思。

次机会重塑形象,而事实上,神州的这次营销,被评为"七夕节最抢风头的营销活动"。

⑤ 罗一笑刷屏,微信退回全部赞赏

2016 年 11 月底,一篇《罗一笑,你给我站住》的文章在朋友圈疯狂刷屏,起源于深圳某杂志社主编罗尔撰文 5 岁女儿罗一笑患白血病,并在微信公众号上利用赞赏筹款。但随后网友扒出其隐瞒房产及私家车财产状况,且事件涉嫌营销炒作等情况,遭到网友炮轰。

罗一笑事件在极度不可控的新媒体环境下被无限放大之后,罗尔涉嫌炒作的"P2P 观察"和深圳市民政局先后出面回应,依然未能平息事件。

最终,12 月 1 日,腾讯公司终于"出手",将这起事件中涉及的 262.69 万条赞赏通过微信全部原路退还给赞赏用户,当公众的善心被有心之人利用之后,腾讯公司出手保护了所有的善心。这次有力的、果断的危机公关,得到了大多数用户的好评。

(2) 公关不力篇

① "饿了么"上榜"3·15",惊现"猪"一样的队友

2016 年的"3·15"晚会,最受伤的恐怕是外卖巨头"饿了么"。中国中央电视台暗访视频显示,在一家入驻饿了么平台的"餐馆"里,老板娘用牙咬开火腿肠直接放到炒饭中,厨师用手指伸进锅里沾汤汁尝味道。更让人惊讶的是,饿了么平台引导商家虚构地址、上传虚假实体照片,甚至默认无照经营的黑作坊入驻。

当所有人都以为饿了么公关部急疯了时,网上流传出一张饿了么公关部小伙伴的群聊截图,饿了么北京公关正在乐此不疲地"求涨粉",号召大家赶紧关注饿了么订阅号。

几乎在同时,朋友圈再次流传一张截图,名为"饿了么—大先生"的用户在朋友圈发出了一张图,意在讽刺中央电视台收保护费,他还同步更新了自己的微博,而微博认证显示,这位"大先生",正是饿了么高级市场经理,事后"秒删"了这条微博。

也许,这就是网上所谓的"不怕神一样的对手,就怕猪一样的队友"。

② 和颐酒店女生遇袭,如家公关冷应对

2016 年 4 月 5 日晚,网络 ID 为"@弯弯_2016"的女子声称在北京和颐酒店入住时遭遇陌生男子拖拽劫持,而酒店和警方都不作为,并暗指如家旗下的和颐酒店暗藏卖淫窝点。原微博的转评已达上千万。

随后如家酒店做出官方回应。但是,由于两次声明都过于生硬,反而招来了网友的谴责。

这次事件中,酒店方语气冷淡,官方用词过多,并且没有第一时间向受害者道歉及解释,甚至提出给钱删帖这样的无理要求。事后的发布会也多次"戏耍"媒体,给出"无可奉告"的回应,犯下多个危机公关的致命错误。

③ 宜家家居夺命抽屉柜,区别对待信誉崩塌

2016 年 6 月 29 日,宜家家居宣布在美国和加拿大召回 3600 多万个"夺命抽屉柜"。自 1989 年以来,这些问题抽屉柜已造成 6 名儿童死亡,36 名儿童受伤,宜家家居因此接到的事故报告也达 82 份。

最终,宜家家居宣布召回相关产品,主要涉及马尔姆系列抽屉柜以及其他款式的儿童或成人用抽屉柜。而中国市场不在此次召回范围。宜家家居中国在受访时回应称:"因为这个产品是符合中国的国家规定的,这个产品如果是固定在墙上是安全的。但在北美,他

们有一个特殊的标准,不是强制性的,要求(柜体)不固定在墙上时也必须不能倾倒,只是基于这样的标准(在美国和加拿大实行了召回方案)。"

宜家家居仅仅在官网和微博上提醒中国消费者将柜体固定在墙上。在中国消费者强烈抗议下,宜家家居宣布允许消费者"有条件退货",但依然不实行全面召回。但是,半个月后,在消费者的强烈不满之下,加之国家质检总局的约谈后,宜家家居最终妥协,决定召回中国166万余件抽屉柜。这种"打一下动一动"的处理方法,让不少消费者对宜家家居的好感度大幅下滑,宜家家居的傲慢以及双重标准,也让不少网友表示,已经不再信赖宜家家居。

④ 三星有意弱化爆炸门,酿成巨额损失

2016年下半年,三星Note 7爆炸事件在全球陆续上演,而三星的危机公关却接连犯下错误,一次又一次帮着倒忙,最终把三星推向深渊。

三星最初的声明,极力淡化事件影响,没有足够地重视爆炸这一问题。

更可怕的是,三星在检测方面做假,我国国内的第一起爆炸,三星最终结论为"外部加热",而第二起爆炸在短短一天之内就得出检测结论(实际手机仍在消费者手中)。更加火上浇油的是,9月20日,《朝鲜日报》报道称:三星宣布正在讨论对主张虚伪爆炸的2名中国消费者进行刑事起诉等法律应对。

在事后的召回行动上,三星和宜家家居一样,采用了对中国市场区别对待的做法,引来消费者极度不满,糟糕的公关表现,不但没有挽回损失,反而帮倒忙。据说,这次召回事件给三星带来了50亿美元的经济损失,更别提无法估量的品牌名誉损失了。

⑤ 支付宝硬要玩社交,惹了一身骚

2016年11月底,支付宝毫无征兆地上线了新功能——圈子,但在个别圈子内,由于只允许女性用户发布动态,所以充斥着各种女性自拍等,有网友发现尺度超大的照片比比皆是。

在圈子事件逐渐越闹越大之时,支付宝核心人员似乎并没有意识到问题的严重性,先后在微博和公众号上进行了两轮声明,但都顾左右而言他,避重就轻地讨论了圈子的价值。

两天之后,事件依旧未能平息,在被中央电视台点名批评之后,蚂蚁金服董事长彭蕾发布了一则内部道歉声明,并通过支付宝进行发布,标题为《错了就是错了》。

虽然这则道歉声明写得声泪俱下,雄心满满,但是,直到第三轮危机公关时,他们才发现问题有多严重,这时候的幡然醒悟,似乎稍微晚了一些。

思考·讨论·训练

(1) 搜集网络资料,就2016年十大危机公关事件中的1~2个企业危机事件进行全面梳理,写出评价报告。

(2) 从这些危机事件中应吸取哪些经验和教训?

(3) 如何避免类似企业危机事件的再度发生?

2. 葛兰素史克(GSK)中国贿赂事件

2000年12月,葛兰素威康和史克必成合并后的葛兰素史克公司(GSK)成立,总部位于英国,分支机构遍布世界100多个国家,主要研发中心位于英国、美国、西班牙、比利时和中国,在全球建有约70家生产基地。由于葛兰素威康和史克必成都是历史悠久的医药公司,在一个多世纪的持续创新与多次并购中分别奠定了在医药和保健品领域的世界级领先地位,GSK 在抗感染、中枢神经系统、呼吸和胃肠道与代谢四大医疗领域都代表着当今世界的最高水平,在疫苗领域和抗肿瘤药物方面也雄居行业榜首,它是少数几家被世界卫生组织(WHO)确定的疟疾、艾滋病和结核病药物和疫苗的研制公司。其使命是"让人们能够做到更多、感觉更舒适、生活更长久,从而提高人类的生活质量",强调"尊重他人,公开透明;以病人为中心,正派诚实"。

这副历史悠久的"高大上"形象于2013年遭遇了"滑铁卢"。2013 年 7 月 11 日,因涉嫌严重商业贿赂等经济犯罪,GSK 中国的部分高管被依法立案侦查,证实:GSK 长期以来为了达到打开药品销售渠道、提高药品售价等目的,利用旅行社等渠道,向政府部门官员、医药行业协会和基金会、医院、医生等行贿。涉案的 GSK 中国公司高管涉嫌职务侵占、非国家工作人员受贿等经济犯罪,上海临江国际旅行社有限公司等 4 家旅行社相关工作人员则涉嫌行贿并协助上述高管进行职务侵占,一些政府官员和医院被卷入,牵涉利益巨大。该次事件曝光后,人们发现 GSK 曾在美国、意大利、新西兰等国因涉嫌违规行为先后被处以高额罚款。

GSK 中国公司的案发源于 2013 年 6 月上海临江国际旅行社被调查。该旅行社基本上不组织游客旅游,仅靠承接 GSK 等外资药企组织的会议,一年业务量就达到了 1 亿多元,这一异常现象引起了警方高度注意。他们顺藤摸瓜发现上海临江国际旅行社等相关旅行社存在重大经济犯罪嫌疑,GSK 中国公司牵涉其中。随后,公安部部署上海、长沙、郑州等地警方负责侦办此案。6 月 27 日,三地警方展开统一抓捕;7 月 10 日,又开展二次抓捕。在上海临江旅行社办公室内,警方查获的一个账本详细记录了其向 GSK 高管行贿账目。总体上看,2009 年至 2012 年,临江旅行社通过承接 GSK 中国的内部会议、员工培训和外部学术交流会,涉及金额高达 1.19 亿元。

GSK 中国共有 4 大高管被抓捕,分别是:法务部总监、41 岁的赵虹燕(女);副总裁、企业运营总经理、49 岁的梁宏;商业发展事业企业运营总经理、45 岁的黄红(女);副总裁兼人力资源部总监、50 岁的张国维。其中梁宏所涉嫌的罪名至少包括职务侵占、商业贿赂、收受贿赂等。临江旅行社老板翁剑雍等多人被抓,翁剑雍所涉嫌的罪名为商业贿赂等。

上海临江旅行社老板翁剑雍承认,除了 GSK 中国,他们还与五六家外资药企存在类似的业务往来,"只是其他公司没有 GSK 这么厉害"。

GSK 中国高管称:公司通过上海临江旅行社等 30 多家旅行社召开 GSK 内部会议及外部会议,虚开发票和虚构会议费用后,再用这部分钱行贿政府官员、专家和医生等。梁宏供认自己受贿的很大一部分是用于贿赂政府官员,2012 年就行贿 25 万元摆平了北京工商某分局对 GSK 中国的查处,并违规通过了审核年检。梁宏还称,自己负责肝炎、泌尿、糖尿病等治疗领域药品的销售管理,"要打交道的政府部门太多",进入医院还涉及医院院长、科室主任、医生等。以一种治疗乙肝的药为例,出厂价约在 140 元,经过经销商、医院等层层加价,最后到患者手里价格却达到了 210 元左右。

GSK 中国的利益链始终伴随着贿赂链,其特点就是通过承办这种会议、赞助等形式规避中国法律,同时规避 GSK 公司内部监管。为此,GSK 中国共享财务服务中心总监承认公司监管手段还不够严。

2013年7月15日,GSK发布致歉声明:"公司支持中国政府根除腐败的决心和医疗改革。""我们将全力配合相关政府部门调查,并将根据调查的结论,采取一切必要的行动。""某些员工及第三方机构因欺诈和不道德行为严重违背了葛兰素史克全球的规章制度、管理流程、价值观和标准。葛兰素史克对此类行为绝不姑息和容忍。""公司也正采取一系列紧急措施。我们正重新审查与所有第三方代理的合作,并已立即停止使用本次调查所涉旅行社的服务,且全面检查所有与旅行社相关的历史合作记录。还将认真审查中国的合规工作流程。"2013年7月22日,GSK在伦敦再次发布声明承认中国分公司一些高管卷入贿赂案件,GSK将全力支持中国政府根除腐败的决心和行动,全力支持中国政府的医疗改革,并已准备好与中国政府合作。GSK正在积极研究在中国的运营模式,计划通过调整运营模式降低药品价格中的运营成本,从而让更多中国患者能获得买得起的药品。但"为避免影响研制开发制药企业协会(RDPAC)的正常工作,葛兰素史克决定暂时主动退出RDPAC"。

思考·讨论·训练

(1) 在你看来,GSK中国为什么要通过行贿方式来拓展中国市场?其财务数据的异常现象为什么没有引起GSK公司的重视?

(2) GSK中国行贿事件对GSK公司造成哪些冲击?GSK公司的两次声明能否有效避免行贿事件对公司带来的冲击?

3. 携程"泄密门"风波

2015年3月22日晚,国内漏洞研究机构乌云平台曝光称,携程系统开启了用户支付服务接口的调试功能,使所有向银行验证持卡所有者接口传输的数据包均直接保存在本地服务器,包括信用卡用户的身份证、卡号、CVV码等信息均可能被黑客任意窃取。

正处于中国人民银行(以下简称央行)对于第三方支付表示质疑的关口,加上安全漏洞关乎携程数以亿计的用户财产安全,舆论对于这一消息表示了极大的关注,用户由此引发的恐慌和担忧如野火一般蔓延开来。根据中国上市公司舆情中心监测数据显示,从"泄密门"事发不长时间,以"携程+安全漏洞"为关键词的新闻及转载量高达120万篇,按照危机事件衡量维度,达到"橙色"高度预警级别。

3月22日晚23时22分,携程官方微博对此予以回应,称漏洞系该公司技术调试中的短时漏洞,并已在两小时内修复,仅对3月21日、22日的部分客户存在危险,"目前没有用户受到该漏洞的影响造成相应财产损失的情况发现",并表示将持续对此事件进行通报。

这一说法引发了用户的重重回击。认证为"广西北部湾在线投资有限公司总裁"的严茂军声称,携程"官方信息完全在瞎扯",并附上信用卡记录为证。作为携程的钻石卡会员,他早于2月25日就曾致电携程,他的几张绑定携程的信用卡被盗刷了十几笔外币,但当时携程居然恢复"系统安全正常"。他以强烈的语气提出,携程应该加强安全内测,"尽快重视和处理用户问题,水能载舟,亦能覆舟"。这一微博得到了网友将近900次转发,评论为150条,大多对其表示支持。

3月23日,携程官方微博再以长微博形式发表声明称,93名潜在风险用户已被通知换卡,其余携程用户用卡安全不受影响。

不过,其微博公关并未收到很好的成效,不少网友在其微博下留言,以质问语气表达不信任的态度：怎么证明携程没有存储其他客户的 CVV 号？怎么才能确认用户的信用卡安全？面对质问，携程客服视若无睹，仅以"关于您反馈的事宜，携程非常重视，希望今后提供更好的服务"等官方话语加以回应。

在舆论对其违规存储用户信用卡信息，并未能妥善保存的重重压力下，3月25日，携程发出最新声明承认此前的操作流程中确有违规之处，今后携程将不再保存客户的 CVV 信息，以前保存的 CVV 信息将删除。

3月26日，21世纪网直指"携程保存客户信息属于违反银联的规定，携程不是第三方支付机构，无权保留银行卡信息。另一方面，PCI-DSS（第三方支付行业数据安全标准）规定了不允许存储 CVV，但携程支付页面称通过了 PCI 认证，同样令人费解"。

《21世纪经济报道》更是简单明了地表示，在线旅游网站中，只有去哪儿网已经引入该认证标准，"此前携程曾有意向接入该系统，但是公司工作人员去考察之后发现，携程系统要整改难度太大，业务种类多且交叉多，如果按照该系统接入而整改会使架构都会有所变化"。

针对上述质疑，携程一直保持沉默，而不少业内人士已经忍不住跳出来指责其"睁着眼睛撒谎"。3月27日，《中国青年报》更是发表题为《大数据时代个人隐私丢哪儿了》的署名文章，谴责企业"在用户不知情的情况下收集有限的数据，在一定程度上侵犯了人的权利"。

思考·讨论·训练

（1）携程针对泄密用户个人信息的举动是作何反应的？

（2）试评价携程应对危机的措施。

4. 酒鬼酒业集团应对"塑化剂事件"

2011年"瘦肉精事件"因为"台湾塑化剂事件"而很快停息，以生产"安全食品"著称的我国台湾的食品饮料企业均深陷其中，中国内地企业未被波及。然而，事隔一年之后，白酒塑化剂事件爆发，说明中国内地食品饮料生产企业并非与塑化剂没有关系。

塑化剂（DEHP）是致癌物质，普遍认为它会危害男性生殖能力、促使女性早熟。虽然2011年5月中国酒业协会对全国白酒产品塑化剂残留含量做了大量调研、检测和查证工作，并对国内外食品产品塑化剂相关技术标准进行了深入研究，12月白酒分会还发布通知，明确要求白酒企业全面贯彻国务院食品安全办公室《关于进一步加强酒类质量安全工作的通知》（食安办〔2011〕23号），禁止在白酒生产、储存、销售过程中使用塑料制品，加强对接触白酒的塑料瓶盖的检测。但也未能阻止白酒塑化剂事件爆发，酒鬼酒股份有限公司（简称酒鬼酒）首当其冲。

2012年11月19日，网络媒体披露酒鬼酒"塑化剂超标260％"，其50°酒中邻苯二甲酸二丁酯（DBP）的含量为 1.08mg/kg（11月21日下午国家质检总局通报酒鬼酒50°酒 DBP检测值最高为 1.04mg/kg）。受此事件影响，酒鬼酒当天临时停牌，酒类板块应声下跌，一日市值蒸发高达300多亿元，基金861亿元重仓遭受重创。酒鬼酒塑化剂事件引发白酒行业品质危机，茅台、五粮液等品牌也被曝塑化剂超标，白酒板块全线暴跌，四个交易日（19～22日）市值蒸发 442.6亿元，中国酒业协会卷入其中。

酒鬼酒集团很快做出回应，但回应的内容是：质疑检测机构不权威，怀疑被检测酒是否出自酒鬼酒公司,声明白酒行业没有塑化剂标准,何来"超标"一说？强调公司没有利益驱动人为添加塑化剂。

11月21日下午,国家质检总局公布50°酒鬼酒塑化剂超标247%检测结果,酒鬼酒才通过官方微博发表声明致歉,但仍然坚称其产品的安全性,理由是没有相关限量标准,"故不存在所谓'塑化剂'超标的问题"。

酒鬼酒道歉因此被认为毫无诚意,不得已11月22日晚再次发表公告向消费者及投资者道歉,表示将严格按照质量监督部门要求进行检查和整改,但仍强调酒类中没有邻苯二甲酸酯类物质的限量标准,其产品完全符合GB 2757—1981和GB 2760—2011等国家相关标准要求。

11月25日,酒鬼酒表示已经找到塑化剂三大来源,"包装线上的嫌疑最大"。

11月27日,酒鬼酒发布公告称不会主动召回问题酒,"经销商退货,公司接受,但是如果经销商不提出退货要求,公司不予处理"。

11月28日,酒鬼酒发布《股票异常波动公告》,表示公司未全面停产,正在积极进行整改,将于11月30日前完成整改工作;但截至11月30日晚,酒鬼酒未进一步披露整改信息。

12月3日,酒鬼酒宣称包装线整改工作完成,恢复包装生产。

2013年2月3日,酒鬼酒集团董事长王新国、董事/副总经理王俊和监事陈芳因"个人原因"辞职。

3月上旬,酒鬼酒集团2012年年报显示:全年实现营业收入16.52亿元,同比增长71.77%;实现净利润4.95亿元,同比增长157.22%。伴随年报,酒鬼酒推出10年来首次分红计划,每10股派发现金股利2元,以挽回投资者信心。

3月18日,酒鬼酒在成都春季糖酒会上与6家经销商签下近亿元的战略合作协议。

3月底,酒鬼酒集团投入2亿元现金和2万件品种重启市场,对专门经营团购的经销商、专卖店,直接补贴店面租金和人员工资。

思考·讨论·训练

(1) 酒鬼酒集团的危机应对存在哪些不足?

(2) 酒鬼酒集团花2亿元重启市场值得吗?有什么更好的做法吗?

5. 巴林银行栽在"毛头小伙"手里

1763年,弗朗西斯·巴林爵士在伦敦创建了巴林银行,它是世界首家"商业银行",既为客户提供资金和有关建议,自己也做买卖。当然它也得像其他商人一样承担买卖股票、土地或咖啡的风险。出于经营灵活变通、富于创新,巴林银行很快就在国际金融领域获得了巨大的成功。巴林银行的业务范围是十分广泛的,无论是到刚果提炼铜矿,从澳大利亚贩卖羊毛,还是开掘巴拿马运河,巴林银行都可以为之提供贷款。但巴林银行有别于普通的商业银行,它不开发普通客户存款业务,故其资金来源比较有限,只能靠自身的力量来谋求生存和发展。

在1803年,美国从法国手中购买南部的路易斯安那州时,所有资金就出自巴林银行。尽管当时巴林银行有一个强劲的竞争对手,一家犹太人开办的罗斯切尔特银行,但巴林银行仍是各国政府、各大公司和许多客户的首选银行。1886年,巴林银行发行"吉尼士"证券,购买者手持申请表如潮水一样拥进银行,后来不得不动用警力来维持,很多人排上几个小时后,买下少量股票,然后伺机抛出,等到第二天抛出时,股票价格已涨了一倍。20世纪初期,巴林银行十分荣幸地获得了一个特殊客户——英国皇室。由于巴林银行的卓越贡献,巴林家族先后获得了五个世袭的爵位。这可算得上一个世界纪录,从而为巴林银行显赫地位奠定了基础。

然而,1995年2月27日,英国中央银行突然宣布:巴林银行因遭受巨额损失,无力继续经营而破产。从此,这家有着200多年经营史和良好业绩的老牌商业银行在全球金融界消失了。目前该银行已由荷兰国际银行保险集团接管。

那么,这样一家业绩良好而又声名显赫的银行,为何在顷刻之间遭到灭顶之灾呢?

从制度上看,巴林银行最根本的问题在于交易与清算角色的混合。主管前台交易与负责后台统计由一人负责,这是导致巴林银行千里之堤溃于一旦的最为关键的原因。也就是内部监控的空白直接导致了巴林银行的破产。尼克·里森就是导致巴林银行倒闭的罪魁祸首。

1992年,尼克·里森前往新加坡,任巴林银行新加坡期货交易部兼清算部经理,既主管前台交易又负责后台统计。作为一名交易员,里森本来应有的工作是代表巴林客户买卖衍生性商品,并代替巴林银行从事套利这两种工作,基本上没有太大的风险。不幸的是,里森却一人身兼交易与清算两职。如果里森只负责清算部门,那么他就没有必要,也没有机会为其他交易员的失误行为瞒天过海,也就不会一错再错而导致巴林银行倒闭的局面。

当巴林银行遭到5000万英镑的损失时,银行总部派人调查里森的账目。事实上,每天都有一张资产负债表,每天都有详细的记录,从其中可以看出里森的问题。即使是月底,里森为掩盖问题所制造的假账,也极易被查出问题——如果巴林银行真有严格的审查制度。

从人力资源管理角度来看,巴林银行对里森的英雄似的任命和绝对的信任,导致了巴林银行对里森行为绝对信任和放纵,这也就必然导致对里森行为的监控空白。这也是巴林银行一夜之间忽然倒闭的深层原因。

诚然,里森是为巴林银行的赢利和发展曾经有过卓越的贡献,他在1993年为公司赚了1400万美元。对于这样的能人,巴林银行理所当然要重用,这是没有任何异议的。但是,问题在于它违背了"人是靠不住的"这条管理学的戒律,"绝对的权力产生绝对的腐败",不幸在巴林银行的身上又一次得到应验。当然,应验的代价就是这家有过光荣历史的银行的崩溃。

巴林银行太相信里森了,并期待他为巴林银行套利赚钱。在巴林银行破产的两个月前,即1994年12月,于纽约举行的一个巴林金融成果会议上,250名在世界各地的巴林银行工作者,还将里森当成巴林银行的英雄,对其报以长时间热烈的掌声。但里森的能力也是一把双刃剑,里森是精通计算机系统的专家,曾经到东京分行处理过计算机不显示交易的问题,知道如何使自己的交易避开计算机监督;同时他还精通财务报表,知道如何来对付财务的审计和调查。再加上总行对他的绝对信任,使里森有机会也有能力去冒巨大的风险,最终导致巴林银行的彻底崩溃。

尼克·里森去巴林银行工作之前,他是摩根大通银行清算部的一名职员,进入巴林银行后,由于他富有耐心和毅力,善于逻辑推理,能很快地解决以前未能解决的许多问题,使巴林银行的工作有了起色。因此,1992 年,巴林银行总部决定派他到新加坡分行成立期货与期权交易部门,并出任总经理。

当时,里森在新加坡任期货交易员时,巴林银行原本有一个账号为"99905"的"错误账号",专门处理交易过程中因疏忽所造成的错误。这原是一个金融体系运作过程中正常的错误账户。1992 年,伦敦总部全面负责清算工作的哥顿·鲍塞给里森打了一个电话,要求里森另外再设立一个"错误账户",记录较小的错误,并自行处理在新加坡的问题,以免麻烦伦敦总部的工作。于是里森马上找来了负责办公室清算的利塞尔,向她咨询是否可以另立一个账户。很快,利塞尔就在计算机里输入了一些命令,问他需要什么账号。在中国文化里"8"是一个非常吉利的数字,因此里森以此作为他的吉祥数字。由于账号必须是五位数,这样账号为"88888"的"错误账户"便诞生了。

几周之后,伦敦总部又打来电话,总部配置了新的计算机,要求新加坡分行还是按老规矩行事,所有的错误记录仍由"99905"账户直接向伦敦报告。"88888"错误账户刚刚建立就被搁置不用了,但它却成为一个真正的"错误账户"存于计算机中。而且总部这时已经注意到新加坡分行出现的错误很多,但里森都巧妙地搪塞而过。"88888"这个被人忽略的账户,提供了里森日后制造假账的机会。如果当时取消这一账户,那么巴林银行也许不会倒闭了。

1992 年 7 月 17 日,里森手下一名加入巴林银行仅一星期的交易员犯了一个错误:当客户(富士银行)要求买进日经指数期货合约时,此交易员误为卖出。这个错误在里森当天晚上进行清算工作时被发现,按当日的收盘价计算,其损失为 2 万英镑,本应报告伦敦总公司。但在种种考虑下,里森决定利用错误账户"88888"掩盖这个失误。然而,如此一来,里森所进行的交易便成了"业主交易",使巴林银行在这个账户下暴露在风险部位。数天之后,由于日经指数上升,此空头部位的损失便由 2 万英镑增为 6 万英镑了(注:里森当时年薪还不到 5 万英镑)。此时里森更不敢将此失误向上呈报。

在 1993 年下半年,接连几天,每天市场价格破纪录地飞涨 1000 多点,用于清算记录的计算机屏幕故障频繁,无数笔的交易入账工作都积压起来。因为系统无法正常工作,交易记录都靠人力,等到发现各种错误时,里森在一天之内的损失便已高达将近 170 万美元。在情况十分危急的情况下,里森决定继续隐瞒这些失误。

1994 年,里森对损失的金额已经麻木了,88888 号账户的损失,由 2000 万英镑、3000 万英镑,到 1994 年 7 月已达 5000 万英镑。事实上,里森当时所做的许多交易,是在被市场走势牵着鼻子走,并非出于他对市场的预期如何。他已成为被其风险部位操作的傀儡。他当时能想的,是哪一种方向的市场变动会使他反败为胜,能补足 88888 号账户的亏损,便试着朝影响市场的那个方向变动。后来里森在自传中这样描述:"我为自己变成这样一个骗子感到羞愧——开始是比较小的错误,但现已整个包围着我,像是癌症一样……我的母亲绝对不是要把我抚养成这个样子的。"

巴林银行倒闭的消息震动了国际金融市场,各地股市也受到不同程度的冲击,英镑汇率急剧下跌,对马克的汇率跌至历史最低水平。但由于巴林银行事件终究是个孤立的事件,对国际金融市场的冲击也只是局部的短暂的,不会造成灾难性的后果。不过,就巴林银行破产事件本身来说则是教训深刻的。

思考·讨论·训练

(1) 巴林银行倒闭的原因究竟是什么？

(2) 巴林银行的倒闭事件对企业财务危机管理有哪些启示？

(3) 企业如何加强内部管理以防范类似危机的发生？

1.2.2 实践训练

测试一下你的危机应急能力

测试说明：生活中难免会碰上一些让人意料不到的事情，而对于一些突如其来的变化，有的人能够冷静、积极地采取应变措施来缓和、克服困难，有的人则犹豫不决、手足无措。下面列出的是10种不同的意外情景，请如实地说出你习惯上或可能会做出的应急反应。本组试题用于测试你的应急能力。

【测试题】

1. 你在一条僻静的街道上散步，忽然听到一声震耳欲聋的巨响，这时你会：

   A. 被惊吓了一下，但是很快转向巨响的位置，判断发生巨响的原因

   B. 被吓得尖叫一声，本能地转向巨响传来的方位，即使判断出了巨响的原因，心还在怦怦乱跳

   C. 被吓得连叫带跳，不由自主地东张西望，心怦怦乱跳，两脚发软

2. 你骑自行车下班回家，途中看见马路对面发生一起车祸。这时你会：

   A. 放下自行车，很快穿过马路，看是否能助一臂之力

   B. 有点儿害怕，但还是走过去看个究竟

   C. 看到这种场面心惊肉跳，甚至连看都不敢看一眼就离开了

3. 在电影、电视屏幕上看到德国侵略军砍杀战俘人头的情景时，这时你会：

   A. 有点儿震惊，但并不害怕

   B. 感到害怕，赶快把目光转开

   C. 很注意，想仔细看个究竟

4. 你到朋友家去串门，发现朋友家发生了一件不幸的事情。他们全家都沉浸在悲痛中，这时你会：

   A. 尽快向邻居或朋友本人简单了解一下事情发生的大概情况，安慰并帮助朋友

   B. 说几句安慰的话，不知怎么办才好

   C. 什么都说不出来，也不知怎么办或和朋友一起悲痛

5. 你骑车急驶到拐弯的地方，突然看到前面一个小伙子也急驶而来。这时你会：

   A. 急着提醒对方，并尽快刹车

   B. 还没搞清怎么回事就撞上去了

   C. 迅速调整自行车方向，避开对方

6. 你正在聚精会神地考虑处理一件意外事情的对策，突然有人来告诉你一件与你手头无关的事情，这时你会：

   A. 只记住其中的一部分

   B. 顾不上听，没印象

C. 记得清清楚楚

7. 平时你身体很好,但是在体检时医生告诉你身上某个部位需要动手术,听到这个消息后,这时你会:

A. 终日提心吊胆,惶恐不安,担心手术会出问题

B. 相信医生,相信手术不会出错

C. 听天由命

8. 你在车间忙着干活,突然发现一位工友触电了,这时你会:

A. 两眼发呆,两脚发软

B. 立即切断电源

C. 慌了手脚,不知如何是好

9. 乘公共汽车时,车上人很拥挤,这时一个小偷掏你的口袋行窃,这时你会:

A. 不大可能察觉到,等到用钱时才发现被窃,至于时间、地点已没有印象

B. 立即察觉,并将小偷抓住

C. 当时没察觉,事后才回忆起被盗窃时的部分情景

10. 飘雪的夜晚,你听到森林里传来几声狼叫,这时你会:

A. 若无其事继续走路

B. 心里有点七上八下

C. 吓得躲起来

【评分标准】

试 题	分 数		
	A	B	C
1	1	3	5
2	1	3	5
3	3	5	1
4	1	3	5
5	3	5	1
6	3	5	1
7	5	1	3
8	5	1	3
9	5	1	3
10	1	3	5

【判断结果】

10~18分:危机处理能力强。

你有胆有识,果断、灵活,处理意外事件的能力强。

19~28分:有一定的危机处理能力。

你有一般事故的应急能力,但是对于大的或特别的事故就未必能让人称道了。

39～50 分:危机处理能力亟待提高。

今后处事时你一定要学会冷静。在冷静的前提下才能解决一系列问题,从而避免更大的损失。

(资料来源:佚名.危机处理能力测试[EB/OL]. http://www.hrxl.cn/xinlizixun/xinli_4440.html, 2008-11-05.)

1.2.3 拓展阅读:危机效应"三重门"

危机是指由意外事件引起的危险和紧急状态。望文生义,危机有危有机,危即危险,绝不能等闲视之,轻则使企业元气大伤,重则致命;机即机遇,孕育在危险中,能否生根发芽、枝繁叶茂,并无定数,取决于企业的危机公关术的水平。

千里之堤,溃于蚁穴,危机依循此道。一个小小的危机也能形成"燎原之势",摧毁整个企业的辉煌,看似微不足道的稻草却成了压死骆驼的巨石:一个 29 万的民事案件拖垮了年销售额高达 80 亿元的三株帝国;一篇新闻报道让百年品牌冠生园风雨飘摇,成为众矢之的;因为谎言被戳穿,贵族欧典从神坛落马……回首那一幕幕悲壮的创业史,忍不住掩卷而思。成长何其艰辛,失败却是易如反掌。会让人想到了"脆弱"两字,脆弱让企业无法承受起步、成长之厚重,而企业的脆弱与危机的三大效应不无关系。

每当危机的脚步迈进,他们一定不会孤军奋战。涟漪效应、蝴蝶效应、多米诺骨牌效应——兴风作浪,因而危机更加肆意,化身洪水猛兽,觊觎企业的生命。

1. 涟漪效应

当一粒石子投入平静的湖水中,会引起阵阵涟漪,水波层层推进,一尺春水也被搅动,久久不能平息。当前的危机可能引发更大的危机,企业内部、外部都会产生一系列的连锁反应。只有迅速出击,尽力缩小涟漪的波及面,才能实现危机负面效应的连锁反应的最小化,如果听之任之或出拳太慢,只会使涟漪布满整个湖面。

2. 蝴蝶效应

蝴蝶效应由气象学家洛伦兹于 1963 年提出的,其大意为:一只南美洲亚马孙河流域热带雨林中的蝴蝶,偶尔煽动几下翅膀,可能在两周后会在美国得克萨斯引起一场龙卷风。其原因是,当蝴蝶的翅膀进行震动时,会导致其身边的空气系统发生变化,而微弱气流的产生又会引起它四周空气或其他系统产生相应的变化,由此引起连锁反应,最终导致整个空气系统的巨变。

一个微小的恶性机制,如果不及时加以引导、调制,后果将会不堪设想,引发龙卷风和暴风;一个微小的良性机制,如果顺势引导、调节,将会产生轰动效应,实现机制的良性运行。危机即是恶性机制,如果不及时将其抑制、扼杀在摇篮中,则很有可能招致灭顶之灾。

用西方民谣的阐释则更为形象:

丢失一个钉子,坏了一只蹄铁。

坏了一只蹄铁,折了一匹战马。

折了一匹战马,伤了一位骑士。

伤了一位骑士,输了一场战斗。

输了一场战斗,亡了一个帝国。

勿以善小而不为,勿以恶小而为之。当丢失了一个钉子你还以为是微不足道时,那么,当一个帝国岌岌可危却无力回天,再回头寻找那个致命的钉子时,则是缘木求鱼之举,因为危机处理最佳时机已与你擦肩而过。

3. 多米诺骨牌效应

骨牌竖起时,重心较高,而倒下时,重心不断下降,重力势能转化为动能,倒在第二张牌上……动能转移到第二张牌上,随后,第二张牌将第一张牌的动能和自己倒下过程中本身具有的重力势能转化而来的动能之和,再传递到第三张牌上……依次传递,每张牌倒下时会获得比前一张牌更大的动能。因此,骨牌倒下的速度一张比一张快,直至最后势不可当。如果骨牌只是一个游戏,那么企业危机引发的多米诺骨牌效应则是令人触目惊心的生死之劫,形成摧枯拉朽之势,企业的鲜活生命也可能因此戛然而止。

(资料来源:艾学蛟.生死劫——危机定律 $100-1=0$[M]. 北京:中华工商联合出版社,2008.)

课后练习

1. 何谓危机?请用自己的话予以说明。

2. 如何对危机进行分类?请列出你所了解的危机类型。

3. 危机有何特点?了解危机的特点意义何在?

4. 如何全面认识企业危机的危害性?

5. 你认为将企业危机的生命周期划分为几个阶段更合适?为什么?

6. 你怎样看待"危机＝危险＋机会"?

7. 危机就是风险吗?为什么?

8. 每个企业的生存和发展都有自己的生命周期,你认为企业在其生命周期中的哪一阶段是危机的高发期,为什么?

9. 某市某酱料厂排放的污水污染了流经该市的一条河流,引起市民的强烈不满,你认为该如何处理此事件?

第 2 章　危机管理概述

我们处于一个易受攻击的社会地位,而灾难每年都似乎在成倍增加,如果我们不给予危机管理以迫切和足够的注意,我们就会失职。关于这一点怎么强调也不会过分。

——[美]萨姆·布莱克

每一次危机既包括导致失败的根源,又孕育着成功的种子。发现、培育,以便收获这个潜在的成功机会,就是危机管理的精髓。

——[美]诺曼·奥古斯丁

📋 学习目标

- 掌握危机管理的内涵；
- 了解危机管理的特征；
- 明确危机管理的职能；
- 掌握危机管理的原则；
- 了解危机管理的模式；
- 树立科学的危机观。

故事导入

善解危机的"公关之父"

1903年，艾维·李(Ivy-Lee)和同伴创立了"宣传顾问事务所"，专职为企业或社会组织提供传播和宣传服务，协助客户建立和维持与公众的正常联系。艾维·李认为，解决企业形象危机最好的办法是把事实的真相告诉新闻界，采取信息公开的政策，"公众必须迅速被告知"，对公众"讲真话"，这样不仅可以消除误会，还可以促进企业完善自己。艾维·李坚持自己的信念开展公众工作，使他的公司成为公共关系公司的前身，公共关系从此进入了职业化时期。艾维·李也被誉为公共关系学之父。艾维·李的早期客户有洛克菲勒集团、无烟煤业的业主、宾夕法尼亚州铁路公司和美国电报电话公司等。

当时，洛克菲勒因公然下令在科罗拉多残杀罢工的工人而一度声名狼藉，被称为"强盗大王"，与公众之间的矛盾十分尖锐。为平息工人的罢工怒潮，改变自身的形象，洛克菲勒聘请艾维·李处理劳资纠纷及其与新闻媒介的关系。艾维·李果敢地采取了一系列的措施，聘请有威望的劳资关系专家来核实与确定导致这次事故的具体原因，并公布于众；邀请劳工领袖参与解决这次劳资纠纷；建议洛克菲勒广泛进行慈善捐赠；增加工资、方便员工度假、救贫济困。这就使工人对洛克菲勒的看法有了微妙的改变，为洛克菲勒集团在内外公众中树立了较好的形象。

1906年，无烟煤业的业主们竭尽全能仍无法诱迫罢工的工人们复工，同时他们受到新闻界舆论的猛烈攻击，便相互指责，推诿责任，致使整个无烟煤业陷入一片混乱。后来他们聘请名声大噪的艾维·李来解决这些问题，协调好劳资、业主内部、业主与新闻界之间的关系。他们被迫接受了艾维·李提出的两个先决条件：即他有权与该行业的最高管理者接触并影响最高层的决策过程；有权在他认为必要时向全社会公开全部事实真相。于是，艾维·李积极协助记者了解罢工情况，安排劳资双方接受记者采访，记者写出的报道内容真实且丰富，这使劳资双方能通过报纸了解对方的态度、立场和社会舆论对整个事件的看法等。最后，双方在互相理解的基础上，同时做出让步，解决了若干具体问题，企业又恢复了正常生产。

同年，艾维·李又应邀协助宾夕法尼亚州铁路公司处理一起意外事故的善后工作。他要求保护现场，然后派车接记者们前来采访，让他们了解事故的真实原因，目睹铁路公司为处理事故做出的种种努力，如向死难者家属提供赔偿，为受伤者支付医疗费，向社会各方诚恳道歉等；安排有关人员诚实地回答记者的提问，向记者们做技术性解释，为实地采访提供种种方便。当首批有关该事故的专稿公开见报后，公司的董事们惊喜地发现，这家公司得到了有史以来最公正、最善意的评价，大大改善了公司的形象。

2.1　知 识 储 备

危机管理就是组织对危机进行有效的防范和全面处理并使其转危为安的一整套工程，在国内外都是社会管理体系中非常重要的一部分。由于它对组织管理能力要求非常高，所以长期以来国内不少企业在危机管理方面存在许多问题，对社会经济发展及社会秩序的稳定产生了不利影响，因此对企业危机管理进行探讨有着非常重要的意义。

2.1.1　危机管理的内涵

危机管理是一门科学，更是一门艺术，因为在危机处理过程中始终需要人的主观能动性的发挥与创造。但是对于危机管理的科学界定，国内外并没有一致的意见，可谓仁者见仁，智者见智。

美国学者史蒂文·芬克(Steven Fink)给企业危机管理下的定义是："对于企业前途转折点上的危机，有计划地除去风险与不确定性，使企业更能掌握自己前途的艺术。"[①]其主要观点是对风险与危机的规避艺术。

罗伯特·希斯(Robert Heath)认为危机管理分为模式缩减、预备、反应和恢复，也就是减少危机情景的攻击力和影响力，使企业做好处理危机情况的准备，尽力应对已发生的危机并从中恢复过来。

格林(Green)注意到危机管理的一个特征——"事态已经发展到无法控制的程度"。他声称："一旦发生危机，时间因素非常关键，减少损失将是主要任务。"他认为危机管理的任务是尽可能控制事态，在危机事件中把损失控制在一定的范围内，在事态失控后要争取重新控制住。[②]

伊恩·米特洛夫(Ian I. Mitroff)和克里斯汀·M. 皮尔逊(Christine M. Pearson)将企业危机管理界定为"协助企业克服难以预料事件的心理障碍，以便经营管理者在面对最坏的状况时能做出最好的准备"[③]，其观点主要侧重于危机的预防与企业核心管理人员面临危机时的心理培育上。

菲利普·亨斯洛(Philip Henslowe)认为危机管理是"任何可能发生危害组织的紧急情境的处理能力"[④]，其主要观点侧重于企业发生危机时对危机的处理能力。

雷(Ray)认为，"一般而言，危机管理涉及的是危机策略的设计、危机管理小组的建立、

① Steven Fink, Crisis management: planning for the Inevitable[M]. New York: AMACOM, 1986: 15.
② 罗伯特·希斯. 危机管理[M]. 王成，等，译. 北京：中信出版社，2004: 13.
③ 邵华冬. 企业公关危机管理研究[M]. 北京：中国传媒大学出版社，2012: 8.
④ Philip Henslowe, Public Relations: A Practical Guide to the Basics[M]. London: The Institute of Public Relations, 1999: 76.

环境检测、偶发性的规划以及与特定危机有关的管理措施,目的在于解决危机,使组织恢复正常状态,并且修补损害"[1]。

日本危机研究会会长龙泽正雄认为危机管理是将发现、确认、分析、评估、处理危机,视为危机管理的流程,在每一个操作阶段,始终必须将"如何以最小的费用取得最大的效用"作为目标。可见,日本学者对企业危机管理的研究层面较为广泛,并将"效用论"纳入了其流程的各个阶段。正是由于对效用论的过分重视导致了"三菱车发动机事件的扩散效应",当然将"效用论"纳入危机管理的范畴,是对其理论研究的补充。

我国台湾学者邱毅认为,所谓危机管理,就是指组织体为降低危机情境所带来的威胁,必须进行的长期规划和不断学习与反馈的动态调整过程。

我国研究人员何苏湘对企业危机管理的概念阐述是:企业为了预防、摆脱、转化危机而采取的一系列维护企业生产经营的正常运行,使企业脱离逆境,避免或减少企业财产损失,将危机化解为转机的一种企业管理的积极主动行为。[2]

研究学者鲍勇剑和陈百助认为,危机管理是一门研究为人为造成的危机采取什么样的步骤或方法可以避免这些危机发生,一旦危机发生,如何控制危机发展和消除危机影响的学科。[3]

国内学者苏伟伦认为危机管理是组织或个人通过危机监测、危机预控、危机决策和危机处理,达到避免、减少危机产生的危害,甚至将危机转化为机会的目的。[4]

薛澜等人认为危机管理包含对危机事前、事中、事后所有方面的管理。有效的危机管理需要做到如下方面:移转或缩减危机的来源、范围和影响;提高危机初始管理的地位;改进危机冲击的反应管理;完善修复管理,以便迅速有效地减轻危机造成的损害。该观点侧重于从危机的生命周期的视角来界定危机管理。[5]

基于以上各种定义,我们认为,所谓危机管理是指为了预防危机的发生,应对各种企业可能出现的危机情境,减轻危机损害,使企业尽早从危机中恢复过来,所进行的信息收集与分析、问题决策与预防、计划制订与责任落实、危机化解处理、经验总结与企业调整的管理过程。危机管理的目的就是在危机未发生时预防危机的发生,在危机发生时,采取措施减少危机所造成的损害,并尽早从危机中恢复过来。由此而言,危机管理是个系统概念,包含的内容广泛,涵盖了危机发生前的预防与预警,危机发生后的危机处理与善后、危机过后的总结分析与改进。

实际上,危机管理有广义和狭义之分。广义的危机管理是指专业管理人员在危机意识或危机观念的指导下,依据危机管理计划,对可能发生或已经发生的危机事件进行预防、监督、控制、协调处理的全过程。而狭义的危机管理通常则与危机处理的概念一致,指对已经发生的危机事件的处理过程。广义的危机管理不同于危机处理,除了危机处理外,它要求注重平时的沟通,并在未发生危机时预先制订危机管理计划,考虑各方面利益做出决策以

① 吴宜蓁.危机传播——公共关系与语艺观点的理论与实证[M].苏州:苏州大学出版社,2005:7.

② 邵华冬.企业公关危机管理研究[M].北京:中国传媒大学出版社,2012:9.

③ 鲍勇剑,陈百助.危机管理——当最坏的情况发生时[M].上海:复旦大学出版社,2003:7.

④ 苏伟伦.危机管理——现代企业实务管理手册[M].北京:中国纺织出版社,2000:1.

⑤ 薛澜,张强,钟开斌.危机管理——转型期中国面临的挑战[M].北京:清华大学出版社,2003:25.

预防危机,危机过后,开展善后工作使一切重回正常轨道。危机管理是一个无始无终、全面系统的管理过程。[①]

危机管理是一种应急性的公共关系,立足于应对企业突发的危机。当意外事件发生时,企业陷于困境,可以通过有计划的专业危机处理系统将危机的损失降到最低;同时还能利用危机带来的反弹机会,使企业在危机过后树立更优秀的形象。越是在危机时刻,越能昭示出一个优秀企业的整体素质和综合实力,危机管理做得好,往往可以使危机变为商机,公众将会对企业有更深的了解、更大的认同,优秀的企业也因此脱颖而出。因此,在危机面前,发现、培育进而收获潜在的成功机会,就是危机管理的精髓;而错误地估计形势,并令事态进一步恶化,则是不良危机管理的典型特征。危机管理,是全方位的、系统的,是为企业更长远发展而进行的战略思考,而不是就事论事,仅仅针对某一次的单一危机。这是企业管理者应该认识到的。

2.1.2 危机管理的基本特征

危机事件的特点决定了危机管理与日常管理工作是有所区别的。危机管理的特征有以下几点。

1. 危机管理的可预防性

危机具有突发性与隐蔽性等特征,这些特征为危机的发现与处理带来了极大的困难,也正因如此,才体现了危机管理存在的意义与价值。从理论上来说,不论是人为危机还是自然危机,在量的积累阶段往往是有迹可循的,通过采取有效的管理手段进行检测与控制,我们完全有可能将危机扼杀在萌芽状态,危机是可预防的。危机管理的这一特性告诉我们,建立健全危机的预警机制,对危机的预防有着举足轻重的作用。[②]

2. 危机管理的系统性

在自然界和人类社会中,一切事物都是以系统的形式存在的,任何事物都可以看作一个系统,危机管理也不例外。尽管危机本身充满着不确定性,但并不意味着危机管理的过程也是无序和混乱的。危机管理体系中涉及的组织领导管理、管理决策与评估、人力资源管理、信息管理、沟通管理等领域内容并不是各类科学知识的简单堆砌与叠加,也不是各种互不相关的论点与论据的机械组合,而是根据危机管理本身形成的一个有机联系整体。认识危机管理的系统性,有助于从宏观上把握危机管理的整体性和综合性,并通过实践与理论研究不断优化危机管理系统,提高危机管理的效率。[③]

3. 危机管理决策的非程序化

危机往往是在人们意想不到的时候突然爆发的,危害性很大。如果管理机构不能立即采取措施进行控制,后果不堪设想。因此,在危机爆发后,给决策者的反应时间是十分有限的;同时,决策者所面临的压力也是巨大的。在这种情况下进行决策是不能按日常的决策程序进行的,决策者必须随机应变,简化决策程序和压缩决策时间,采取非程序化的方式来

---

① 邵华冬.企业公关危机管理研究[M].北京:中国传媒大学出版社,2012:9-10.
②③ 余明阳.危机管理战略[M].北京:清华大学出版社,北京交通大学出版社,2009:11-12.

进行决策,及时地确定和实施救助行动来控制危机。这是对管理决策层整体素质和综合实力的严峻考验,要求决策者有较强的洞察力、判断力和果断的决策能力。

4. 危机管理高风险性与不确定性

在危机状态下进行管理工作会面临更多的风险和不确定性,因为危机事件的诱因及其危机爆发后的发展态势往往存在很多的不确定性。当危机发生时,由于形势的严峻和时间的急迫,决策者往往只能根据有限的信息来进行判断和决策,这样必然会增加决策风险。此外,由于系统偏离了正常运转,危机管理工作也不能采用常规的管理方法和措施,而要用超常的管理方法来应付,处理和控制危机会动用更多的人力、物力和财力。另外,危机事件的危害还具有很强的传递效应,往往会出现连锁反应,一个危机事件还没有处理完又会引出另外一个危机事件的爆发,使危机管理工作变得极其复杂和困难。

5. 危机管理的复杂性

目前,许多危机产生的原因是综合性的,是由国内的政治因素、经济因素或社会因素、自然因素等综合作用造成的,而且危机的爆发频率在加快,危害性在增加,影响范围也在扩大。随着经济全球化和信息社会网络化的发展,危机的传递性增强,会产生灾害链的放大效应,这些都增加了危机管理工作的复杂性。

🔍 小案例

"非典"危机的复杂性

以2003年春夏之交发生在北京的那场"非典"为例,自2003年3月2日首个病例输入至3月29日,累计确认病例53例。由于种种因素及原因,政府及有关部门未采取任何实质性的干预措施,以致失去了宝贵的危机管理时间,此后,"非典"流行的非线性特征非常明显。至4月12日,累计病例达到193例,累计疑似病例达到142例。其后很快就发展到众所周知的剧烈程度,使一个突发公共卫生事件很快演变成蔓延经济、政治及社会各个方面的一场复合性危机,给人民群众的生命安全造成了极大的伤害,也损害了党和国家的国际形象,在一定程度上影响了政府统治的合法性。

6. 危机管理的灵活性

危机管理较之于其他管理领域而言,有更多的不确定性与难预测性,管理上也更强调灵活性。所谓"兵无常势,水无常形,能因敌变化而取胜者,谓之神"(《孙子兵法·虚实篇》),在危机管理中,一方面要遵循危机管理的规律,循序渐进;另一方面,对随时出现的新变化与新形势,必须在一段时间内做出迅速决策,见机行事,因时因地制宜。①

7. 危机管理的动态性

危机事件是动态发展的,而且,每次爆发新的危机又是与以往发生的危机大不相同,因此,危机管理不论是在危机事件发展的不同阶段,还是针对不同的危机,都不可能照搬现成

---

① 余明阳.危机管理战略[M].北京:清华大学出版社,北京交通大学出版社,2009:12.

的管理模式。管理者必须有创新精神,要根据情况采取相应的监测、预警、干预或控制以及消解等措施来管理每一个危机。即使在危机发展的同一个阶段内,也需要管理者根据实际情况来灵活应对。危机管理不论是从具体内容上还是从采取的措施上都是在不断发展变化的。因此,危机管理工作不是一成不变的。

8. 危机管理的开放性

危机状态下,企业往往面临来自各方面的挑战,如政府部门、消费者、媒体、竞争对手,甚至供应商、投资者及相关社会团体等。因此,危机管理本身并不是一个封闭的系统,危机管理的环境是开放性的、对象是多元化的。理解危机管理的开放性,能够帮助我们了解危机管理过程的复杂性与综合性,让我们在应对危机时必须与各类利益相关者保持良好的沟通,争取其理解与支持,以达到将内部资源与外部资源整合与优化的目的。

9. 危机管理的艺术性

管理需要艺术,危机管理需要艺术中的艺术。危机管理的艺术性一方面是危机管理过程的善变、管理者的个人魅力及智慧的表现,这些都让危机管理表现得比常态管理更精彩、更具影响力;同时危机管理的艺术性还表现为,危机管理需要投入情感的因素,而情感的介入往往会表现为管理者的同情心及有感染力的表情和语言,甚至与弱者一起哭泣,等等。这些表现形式往往与管理者自身对危机管理的理解有着直接的关系,也许有人认为过多的情感因素会让危机管理变得复杂,而且让危机管理中的弱者有了额外的要求,因此,管理者应该照章办事,应该严谨、严肃,但是现实的危机管理恰恰论证了不一般的危机管理的价值或意义,即充满艺术性的危机管理总是让人留下深刻的印象,也正是充满艺术性的危机管理才凸显了管理者的个人魅力及口碑。因此,没有感情因素投入的危机管理根本不是真正意义上的危机管理[①]。

小案例

"微博大 V"质疑聚美优品销售假货

2014年8月4日,微博大V留几手给"达令"做推广,发表长微博:《留几手教你识别网购陷阱》,提及"××优品售假"。聚美优品CEO陈欧发微博反击。然后留几手又发表长微博直指聚美优品售假:《陈欧和他的××优品,在知假售假这条不归路上到底要走多远?》,引起网友广泛关注。

随后,聚美优品CEO陈欧一天之内连发5条微博,其本人也在朋友圈称:"达令电商,无耻至极,没有之一。"除了留几手、陈欧之外,达令的创始人也加入了这场口水大战。

陈欧作为聚美优品的CEO,他的公开回应和反击直接与公司品牌形象挂钩。除了情绪化的表达之外,要想说服用户还需要有具体的数据、事实作为支撑。

陈欧的情绪化回应与留几手在文章中用腾讯科技、网易财经、新浪财经以及外媒的相关报道材料相比,显得不够有说服力。

① 熊卫平.危机管理:理论·实务·案例[M].杭州:浙江大学出版社,2012.

2.1.3 危机管理的职能

1. 危机计划职能

计划通常是指对未来的行动和活动以及未来资源供给与使用的筹划,而企业危机计划是事先把企业的物质资源、技术设备同人力资源结合起来实现企业安全经营目标的过程。它反映企业的发展战略,保证企业内外的平稳运行。因此,必须科学地实施企业危机计划管理。

2. 危机预防职能

与危机计划息息相关的是危机预防职能,它包括在企业危机爆发前所进行的各种预防性工作。既然事先避免爆发危机是企业危机管理的最好途径,预防职能就显得举足轻重。企业危机管理的目的是避免危机的发生或减少危机的危害,因而带有防御性。如果把企业危机管理看成一场"防御战争",那么,企业危机管理的各种职能就构成了危机管理的多道基本防线,而预防职能是第一条防线,采用的是积极防御的战略,及时将各种潜在的企业危机消灭于萌芽状态。显然,与其他几项职能相比,预防职能更为重要。

企业危机监测职能与危机预控职能共同构成危机预防职能。其中危机监测职能又包括危机监视职能和危机预测职能。

危机监视重在对可能引起危机的各种因素和危机的征象进行严密的跟踪监督;危机预测则重在对未来可能发生的企业危机类型及其危害程度做出估计,并在必要时发出企业危机警报,两者相辅相成。危机监测职能是企业危机管理的基础性职能,是进行企业危机预控和制订企业危机处理计划的依据。危机监测的内容包括危机监视、信息处理、危机评价和临界点判断等。[①]

危机预控职能是对可能引起危机的各种因素采取及时的控制措施,从根本上防止企业危机的爆发。它直接关系到企业能否有效地避免危机的危害,因而成为企业危机预防的主要内容和工作重点。危机预控可分为两种形式:一种是日常性的危机预控;另一种是危机爆发前紧急状态中的危机预控,它是企业危机爆发前遏制事态恶化的最后一道屏障。

3. 危机决策职能

企业危机决策是一种特殊类型的非常规、非程序性决策,它是指企业管理层为了取得预期的危机处理效果,在有限的时间、资源、人力等条件制约下完成应对企业危机的具体方案并采取相应措施。它是以企业运行规律及管理对象的有关信息的分析和预测为基础,制订与选择行动方案的过程。危机决策是科学化的活动,要遵守一定的程序和原则,决策者的选择总是处在理想与现实、需要与可能的张力中。在企业管理实践中,危机决策者追求的往往不是"最优"方案,而是"最宜"方案。企业危机管理的危机决策职能就是为了避免和减少危机的危害,或将危机转化为机会,从多种可行的应急预案中选择最有效的方案。

对于现代企业而言,如果没有起码的危机计划和预防能力,在市场经济的竞争中,企业危机如果接踵而来,企业就很难生存发展。因而,如果没有起码的危机决策和控制能力,当

---

① 单业才.企业危机管理与媒体应对[M].北京:清华大学出版社,2007:49-50.

危机突然爆发时,就会失去自我保护的最后手段。

（小贴士图标）**小贴士**

企业危机决策与常规决策的对比

企业危机决策和常规决策对比见表2-1。

表2-1　企业危机决策和常规决策对比[①]

分类 项目	危 机 决 策	常 规 决 策
决策目标	• 迅速控制危机事态的蔓延 • 维护自身经济利益 • 保护企业声誉、品牌形象 • 快速高效解决问题	• 企业顺利运作 • 尽可能实现利益 • 寻求最优化决策结果 • 解决一些企业内外部的小问题
约束条件	• 时间紧迫,即时决策 • 信息有限——信息不完全、信息不及时、信息不准确 • 决策者自身素质受限 • 专业技术设备的匮乏 • 资源阶段性的短缺问题	• 时间充足,反复决策 • 信息比较完全,经过详细分析获得全面而深入的信息 • 决策者的素质经由日常培训、训练、教育等技术手段得以提高 • 专业技术比较成熟,能适应日常工作要求 • 资源可按照时间规划有计划地供应
决策程序	• 决策权力集中化 • 危机决策的程序在不损害决策合理性的前提下可以适当简化 • 要求审时度势、随机应变	• 决策权力分散,经民主协商确定最后方案 • 决策过程有特定的行为模式,强调科学化、有效性 • 遵循特定程序和标准化操作流程
决策效果	• 模糊决策和非预期决策 • 结果很难预料,风险极大	• 可控、可调、可预期 • 结果预测有可靠依据,风险相对较小

4. 危机控制职能

控制是指根据既定目标的需要不断跟踪和修正所采取的行动,运用约束机制,对事物运行方向进行合理调整和规范,使之朝着预先设计的目标行进。控制的任务就是发现偏离于计划目标时,采取有效措施纠正发生的偏差,从而确保计划目标的顺利实现。企业危机控制职能就是指企业在危机爆发阶段、危机持续阶段和危机加剧阶段中,为减少危机的危害,降低企业危机的损失,根据危机管理计划、危机应急预案和危机决策对危机直接采取有针对性控制的措施。至于危机爆发后对企业的危害程度和将危机转化为机会程度不同的大小,则最终取决于企业危机控制的有效程度。危机控制包括隔离危机、化解危机和维护组织形象等方面的内容。在实施企业危机控制职能时,应该根据不同情况确定各项控制工作的优先次序。

（1）应让一些员工专职从事危机的控制工作,让其他人继续企业的正常经营工作,也就是说,在首席执行官领导的危机管理小组与一位胜任的高级经营人员领导的经营管理小

---

①　卢涛.危机管理[M].北京:人民出版社,2008:98.

组之间，应当建立一座"防火墙"。

（2）应当指定一人作为企业的发言人，所有面向公众的信息都由他出面进行权威性公布。

（3）应及时与利益相关者进行有效沟通。其包括向客户、雇员、供应商以及所在的社区通报信息，而不要让他们从媒体或其他渠道获得不实的消息或轻信谣传。

在危机发生之前已经确立了明确的危机管理计划的企业，危机控制过程一般都很有章法。而想要取得理想的控制效果，企业就应更多地关注消费者的利益而不仅仅是企业的短期利益。[①]

🔍 小案例

分众传媒"垃圾短信门"与"离职门"

谁泄露了个人手机号码？谁利用个人隐私牟利？2008年"3·15晚会"揭露分众传媒旗下的"分众无线"是垃圾短信的重要源头和泄露手机用户资料的罪魁祸首。

分众无线拥有收集用户手机资料的"专利技术"，只要用户在互联网上留下了手机号码，马上就可以实施监控；运用这一技术，分众无线掌握了中国当时一半手机用户的个人信息；在获取用户信息后，分众无线对机主信息作详细分类，精确到性别、年龄、收入和消费水平，然后"精确"地发送垃圾短信。分众无线只需要一台计算机连接短信群发器，每个群发器每小时可以发送600条短信；北京、上海、广州等10家分公司每天可发送3000万条，郑州分公司的短信日发送量甚至达2亿条。借助这一业务，分众传媒手机广告营收迅速增长，2007年前三季度达到600万美元、1090万美元和1400万美元。

涉嫌损害消费者权益的"垃圾短信"事件曝光后，消费者和投资者对分众品牌产生了巨大的不信任，分众传媒纳斯达克股价从66.30美元下跌至26美元。分众传媒高层回应说：数据库完全是通过合法渠道获得，并不涉及个人用户隐私，也并没有买卖无线数据库；分众无线将更注重技术开发，更偏重精准性广告应用。分众无线最近收购了多家公司，被收购的公司可能存在不良行为，对此，分众传媒将积极调查。

3月18日分众传媒针对市场传闻和股价下跌发表公告，承认子公司分众无线通过向中国的手机用户发送短信来为商业客户提供广告服务；宣称未经用户许可，分众传媒从未准许分众无线向手机用户发送广告短信。同日，国家工商总局表示，严禁违法买卖短信群发器，严禁买卖个人信息，严禁利用手机发布虚假广告，严厉查处垃圾短信、网络欺诈等违法行为。

分众传媒不得不宣布停止所有短信业务，进入业务重组，3个月后分众无线推出移动营销新平台"分众蓝海"，但随即在6月28日传出CEO等全体高管人员和骨干员工集体离职的消息。此时，多家此前被分众传媒收购的短信群发公司因收购款项未获支付正与分众谈判，计划把分众传媒告上法庭。分众传媒赶紧启动紧急公关预案，6月30日临时召集美国及我国香港地区分析师召开会议，就加强内部管控、重组分众无线等向分析师释放利好消息、提振投资者信心。同日，大部分员工接到电话通知，要求与分众无线签署劳动合同解

---

① 单业才.企业危机管理与媒体应对[M].北京：清华大学出版社，2007：50-51.

除协议。

7 月 2 日"分众将因资金链断裂而死亡"的匿名邮件开始流传。

5. 危机组织领导职能

任何组织的决策与计划都必须通过人的努力而实现,设计合理的组织结构,有效地整合组织成员,是实施决策的有力保障。危机中的组织和领导在危机的管理过程中有着举足轻重的作用。成立危机管理小组,建立合理的危机管理组织模式,打造强有力的领导核心对危机处理有着重要意义。

6. 危机化解职能

企业危机化解职能的表现是最终战胜危机,使企业各部门恢复常规运行状态,重新回到正常的发展轨道中。在运用危机化解职能时应牢记以下两点。

(1) 危机解决的速度是关键,而危机情境一旦得到控制,企业应立即着手致力于恢复工作,尽力将企业的财务、设备、工作流程恢复到正常状态。

(2) 危机的解决并不等于危机的危害已经彻底消除,危机化解职能还必须在危机警报解除后继续工作。一方面,由于危机的发生,企业形象受到损害,员工心理往往呈现消沉和不稳定的低落状态,通常表现出各种方式、各种不同程度的恐惧心理及紧张状态,甚至对企业未来的发展前途产生怀疑。这时,企业危机管理机构就应该及时发挥作用,帮助员工消除心理障碍和阴影,努力重塑企业形象,重新赢得社会公众的信任与支持。

7. 危机创新职能

一方面,危机管理中所遇到的时间、地点、环境、人员以及利益相关者都不可能再被复制;另一方面,危机本身也具有不确定性、隐蔽性、扩散性等特点,在这种情况下,危机管理虽有章可循,但并不意味着任何危机管理问题在书本中都能找到答案。这就要求我们在危机管理过程中必须具备一种创新精神。只有不断创新,促进危机管理理论与实践的丰富与发展,才能更好地解决实际问题。[①]

2.1.4 危机管理的原则

危机管理是一门科学,在处理危机和实施危机管理时,并不是可以随心所欲的。面对危机,管理者必须头脑清醒、镇定,遵循一定的处理原则和程序,妥善地、及时地处理危机。根据危机管理的目的和特点,危机管理应遵循以下几项主要原则。[②]

1. 预防为主的原则

危机管理是对危机事件全过程的管理,而危机的事前管理是危机管理中的重要环节。预先防患,有备无患。应对危机的最佳办法就是努力将引发危机的各种隐患消灭在萌芽状态,更好地进行转移或缩减危机的来源,对危机的积极预防是控制潜在危机方法中花费最少、最简便的一种。对待危机要像奥斯本所说的那样:"使用少量钱预防,而不是花大量钱

---

① 余明阳.危机管理战略[M].北京:清华大学出版社,北京交通大学出版社,2009:13.
② 董传仪.危机管理学[M].北京:中国传媒大学出版社,2007:25-26.

43

第 2 章 危机管理概述

治疗。"

2. 统一指挥原则

危机爆发后,应立即明确指定一名主要领导人作为总指挥来专门负责应对突发事件的全面工作。在总指挥的领导下,危机管理机构对危机的控制和处理工作进行统一指挥、组织协调。避免由于多头领导而造成矛盾和混乱,耽误处理危机的最佳时机。另外,在对外联络与沟通方面,也要遵循统一指挥原则。危机管理机构要用一个声音通报危机情况,保持口径的一致性,避免由于口径不一致而在公众中引发不信任情绪的被动局面。

📍 小案例

"9·11"中的纽约市长朱利安尼

2001年9月11日,当两架恐怖分子劫持的飞机撞向美国纽约市世贸大厦时,鲁道夫·朱利安尼正在城市的另一端的半岛饭店参加一个会议,并打算在结束后参加纽约市长初选的投票。听到消息后,他立即取消了所有活动,在第一时间通过助手无线电指挥启动了应急方案,并赶往世贸中心加入临时指挥中心,亲自到现场协助消防人员指挥人群撤离。

在纽约中心,美国港口管理局、美国联邦调查局、美国中央情报局、美国联邦紧急事务管理局等相互之间都失去了联系,在现场一片混乱的情况下,朱利安尼指挥他的部下开始了紧急行动,把临时指挥中心迁到通信系统健全的地区,并要求纽约市警察局长和消防局长一同前往,以便他们能一起讨论方案并就许多问题达成共识;打电话给总统,联络媒体,在距离第一架飞机撞上世贸中心北塔两个小时六分钟后,通过纽约第一新闻台向纽约市民发表现场讲话,告诉整个城市发生了什么事情。

在临时指挥中心,朱利安尼和幕僚们商议如何保护整个城市,如何往城市运送资源,如何取得联邦政府的资源,试着期望接下来还有什么可以获取,在哪儿设立政府,需要做些什么来保证城市服务设施的运作,如何把信息传递出去,何时、何地对人们说些什么等做出决策。当晚6点,朱利安尼召开记者招待会,向大家通报政府的营救行动,详细讲述整个行动计划,并向所有市民保证:现在整个城市已经安全了。当被问到是否听说阿拉伯国家的人们正在街道上载歌载舞,庆祝这次袭击事件时,朱利安尼明确回答:仇恨、偏见和愤怒造成今天的一切;我们应该勇敢地行动,宽容地对待。他呼吁纽约市民不要参与对阿拉伯人的群体谴责行为。通过记者招待会,朱利安尼把所有人的注意力集中起来,以保证所有人朝着一个方向前进。此后,朱利安尼以身作则,不断出现在城市的各个地方,以呼吁纽约市尽快恢复正常生活,并定时到世贸中心查看,警告投资者不要利用现在的混乱局势抬高商品价格,使城市生活逐渐恢复正常。

3. 快速反应原则

危机的危害性很大,影响的范围很广。危机的危害性不仅会造成生命和财产的损失,还会影响社会和组织系统的正常运转,如果不及时控制,将如"千里之堤,溃于蚁穴"。同时,危机时刻,也是考验企业的整体素质和综合能力的关键时刻。因此,危机爆发后,企业必须快速做出反应,以最快的速度设立危机管理机构,迅速调动人力、财力和物力来实施救助行动。只有快速反应，才能及时地遏制危机影响范围的进一步扩大，才能使危机造成的损失降到最低。

小案例

麦当劳的快速反应

众所周知，在每年的 3 月 15 日国际消费者权益日来临的时刻，中央电视台打假行动特别晚会，都会成为全国民众关注的焦点。与此同时，让国内外企业紧张的一刻也将到来，因为，只有在"3·15 晚会"的现场，你才能知晓谁将成为"被打"的对象，由此将带来一系列对被打对象不利的市场负面影响。我们看到太多在"3·15 晚会"被曝光之后翻船的企业，而 2014 年的"3·15"典型——麦当劳，却是险中求生，很巧妙地化解了一场在其他企业眼中实为难熬的危机，其中一个很重要的原因就是速度制胜。麦当劳在中央电视台曝光后的 1 个小时，即用微博形式发出第一条官方声明，对曝光事件进行正面对待，并阐明自己观点。这是公关危机处理速度上的胜利，至少从回应速度和态度上，已经获得媒体的响应。

4. 公共利益至上原则

危机管理最根本的理念在于公共利益。危机发生后，会危害到个人的利益、企业的利益、部门的利益和公共的利益。此时，公共利益应当居于首位。企业在处理危机时，要从全局的角度出发，站在广大民众的立场上来处理危机，做到局部利益服从整体利益。通常情况下，危机可能是由局部的突发事件引发的，但是危机的危害会影响全局。因此，在处理危机时，不能只考虑局部利益而牺牲全局利益、公共利益。

小案例

面对卡特里娜飓风灾害沃尔玛做到了

危机管理的特定意义和价值，当卡特里娜飓风侵袭美国东部海岸时，沃尔玛的体会应该是最深刻的。

在卡特里娜飓风侵袭美国海岸的前六天，沃尔玛持续运营部门主管贾森·杰克逊为当地分店店长打电话给全国供货商，并请分店加快订货流程，订购紧急事件能够派上用场的物品，如干粮、毯子、寝具、煤油灯、收音机等。沃尔玛增加路易斯安那州与密西西比州分店的补给，再加上水、罐头、发电机、卫星导航系统与无线射频识别装置等用品的铺货，并命令货车在当地待命，直到可以进去当时被视为灾区的城市为止。他们的任务是运送、捐赠必需物资给受到风灾影响的人，任务真的完成了。事实上，沃尔玛是完成了联邦政府不可能完成的任务：他们快速、高效地分送物资至灾区。这家企业常因不重视员工福利而备受批评，但没有人能够批评它在灾难发生时危机物流系统的优越表现。当暴风逐渐消失时，沃尔玛派遣损失预防小组成员前往市场，此小组的主要目的是防止各分店受到冲击或破坏。小组成员对于当时景象感到十分震惊，新奥尔良商店街已被暴民洗劫一空，沃尔玛的员工则奋力抵挡暴民并将补给给真正需要的人。一名当地损失预防成员指出，在新奥尔良城郊的杰斐逊·帕里什，有人用堆高车撬开他的仓库，运送干净的水给困在养老院的 100 名老人。而在靠近路易斯安那州马雷罗的地方，沃尔玛员工则为无处可去的警察将分店改造成临时总部;当装备不足的国民警卫队进城时,他们更提供了子弹与手枪皮套。风灾过后一个星期,沃尔玛找回了97%在海岸地区的126家分店的员工;而相比之下,万豪酒店集团承认他们还在寻找2800名员工,沃尔玛的成功体现在找到失散的员工,有计划、有策略地随时更新紧急联络电话的联系网也在此时发挥了最大功效。

这就是锻造世界500强第一的力量所在,它做了很多连政府都无法做到的事情,由这种佩服而产生的对沃尔玛的信任是无法估量的。

5. 主动面对原则

在公众受到危机危害时,组织应积极面对、果断决策、认真指挥和协调危机管理的各项工作,以最大的主动性负起责任。要根据危机性质,采取有力措施来控制危机的进一步发展;主动配合媒体的采访和公众的提问;主动向公众通报实情,加强与公众的信息沟通,帮助公众克服恐慌心态。主动面对原则就是要求企业将公众利益放在首位,敢于负起责任,积极主动来应对危机。坚持这一原则有助于提高企业的信誉。

从危机管理的角度来说,只有坚持实事求是,不回避问题,勇于承担责任,向公众表现出充分的坦诚,才能获得公众的同情、理解、信任和支持。例如,2005年12月,广州地铁公司就即将投入运营的广州地铁3号线票价问题而举行听证会,在听证会上,有市民代表提出质疑,"地铁公司除了政府规定的票价优惠政策以外,对地铁员工也实行免票政策,每个员工还有3名直系亲属的名额可以免票。整件问题让市民非常疑惑"。广州地铁公司领导在会后回应,"众所周知,目前国际恐怖势力猖獗,地铁又是恐怖分子的重点袭击对象,所以必须加强地铁车站、月台、车厢内的反恐力度,地铁员工的力量毕竟有限,而地铁公司又希望每趟列车在碰到任何情况时都有人能够及时地指导救援,那么这些地铁家属就义不容辞地担负起地铁义务安全员的重要职责"。广州地铁的"反恐论"一出,全国民众哗然,更迅速成为媒体追逐评论的焦点。一时间广州地铁家属免票事件和"反恐论"成为2005年年底国内最热的话题。在巨大的舆论压力面前,广州地铁公司决定从12月16日起,取消地铁家属免票"福利",这意味着实行了九年之久的广州地铁员工家属坐地铁免费的政策正式取消。

对于处于危机风波中的企业来说,最大的致命伤便是失信于民,一旦媒体和公众得知企业在撒谎,新的危机又会马上产生。处于危机风波中的企业,切记:在不能回避的问题面前,态度至上。[①]

6. 坦诚相待原则

当危机爆发后,公众最不能忍受的事情并非危机本身,而是危机的管理机构故意隐瞒事实真相,不与公众沟通,不表明态度,使公众不能及时地了解与危机有关的一切真相。这实际上就是不尊重公众的知情权。因此,当危机爆发后,如果企业不坦诚相待,不实事求是,故意隐瞒事实真相,或谎报虚报灾情,不仅会招致公众的愤怒、反感,而且会让公众在混乱的表象面前产生种种猜疑、误解,甚至会出现谣言泛滥的局面,造成人心惶惶,社会动荡,这样一来,会使危机管理工作陷入更加复杂和困难的境地。所以,在危机发生后,要及时与公众沟通并讲明事实真相,以取得公众的理解和配合。坚持这一原则会使危机管理工作更

---

① 刘敏,徐雅楠.浅析危机公关的处理原则[J].大众文艺,2011(4):194.

容易开展,使企业处于更主动的地位。

小案例

陈馅月饼事件

2001年9月,南京知名食品企业冠生园被中央电视台揭露用陈馅做月饼,事件曝光后冠生园公司接连受到当地媒体与公众的批评。面对即将掀起的产品危机,南京冠生园既没有坦承错误、承认陈馅月饼的事实,也没有主动与媒体和公众进行善意沟通,反而公开指责中央电视台的报道蓄意歪曲事实,并在没有确切证据的情况下振振有词地宣称"使用陈馅做月饼是行业普遍的做法"。这种背离事实、推辞责任的言辞,激起一片哗然。一时间,媒体公众的猛烈谴责、同行企业的严厉批评、消费者的投诉控告、经销商的退货浪潮令事态开始严重恶化,也导致冠生园最终葬身商海。在空前的危机面前,冠生园这个具有88年悠久历史的著名食品品牌毫无抵抗地被击倒。

7. 灵活性原则

由于引发危机的因素很多,危机的形式及其造成的危害也是多种多样的,因此,在进行危机管理时必须遵循灵活性原则,要具体情况具体分析,不能教条照搬以往的做法,要有针对性地采取措施。这是创新性的表现,同时也是对管理者处理突发事件能力的一个考验。特别是在危机爆发阶段,由于形势严峻、局势较混乱,在时间紧迫的情况下,更需要决策者能冷静、果断、灵活地应对危机。

小案例

青岛啤酒在"非典"期间的创新

在"非典"时期,大多数企业都遭遇了危机,而青岛啤酒转换思路,通过"两个创新"给企业带来了活力。首先是在渠道上有所创新,青岛啤酒开始在许多城市通过与供水系统联合,利用供水系统的配送网络,实现了"非接触式"的送货过程。其次在零售终端上创新,改变以酒店作为终端的重点,逐步将力量集中在社区和农村市场,进一步开发了家庭消费终端市场。

8. 全员性原则

危机的防范和管理不只是几个专家的工作,也不是仅靠企业就可以进行的一项工作,而是要依靠全社会的所有力量才能完成的一项重要社会工作。要减少危机以及危机的危害性,全社会都应该增强危机意识来防范危机。当危机爆发后,企业更需要调动和依靠整个社会的力量来进行危机管理这项工作,只有将全社会的力量都动员起来,才能更有效地控制和管理危机。

小案例

蒙牛和格兰仕绝不孤军奋战

蒙牛有一年遭遇"投毒危机",有人在武汉声称将毒药放入蒙牛产品中,对蒙牛进行敲诈打击。面对这种严重的突发事件,仅企业自身的能力是无法解救的,而且若不及时处理,后果将不堪设想。面对此情此景,牛根生想这下完了,赶忙和副总一行赶赴北京,频频给总理写信,向中央救援。总理获悉后做出指示,大意是,不仅要保护消费者,也要保护企业。责令公安部派出强大警力(包括顶级的侦破人员)快速在武汉抓捕到了凶手。

2002年4月23日,格兰仕突遇危机:网上传播"微波炉有害健康"一文,该文立即被全国近600家媒体转载,给格兰仕微波炉销售带来致命的伤害。格兰仕一方面调查实情,同时立即赴京,寻求国家权威部门的支持,以"正面引导消费、规范竞争环境"为主题邀请国家工商管理局、中国质量技术监督局、中国家电协会、中国消协、中国名牌推进委员会、中国预防医学会、中国营养学会等相关机构组织的领导和专家在京举办研讨会,发出辟谣的权威声音,稳定了不利局势。后经查,操纵者是早两年在中国微波炉市场辉煌过,后又落马败走的一家跨国企业,其目的是想推出他们的第五代新产品。

9. 善始善终原则

危机的爆发会给公众带来生命和财产的巨大损失,所以,一旦重大危机爆发,处理和控制危机便成为组织的头等大事。实际上,危机造成的不良影响或危害具有传递性,会在危机过后仍然存在。因此,企业必须善始善终,做好危机的善后工作,包括对前面的危机管理工作进行分析、总结,提出改进措施,开展对公众进行损害补偿和救济工作等。危机的善后也是一项复杂的工作,工作效果的好坏直接影响企业在公众心目中的地位。

◎ 小案例

富士康跳楼事件

2010年1—6月,一共13位年轻的富士康职工选择跳楼结束他们鲜活的生命,富士康被贴上"血汗工厂"的标签。2010年5月26日,在深圳龙华厂,富士康科技集团总裁郭台铭首度公开面对数百家媒体,当着千余人,他深深地三鞠躬,表示"除了道歉还是道歉,除了痛惜还是痛惜"。

郭台铭鞠躬道歉的形象被境内媒体广泛报道,"精神血汗工厂"等名词出现在境外媒体上。作为全球最大的IT、消费电子产品代工企业,富士康的连续自杀现象让苹果、惠普等全球知名IT企业发表声明表示高度关注,富士康连跳事件已经成为境内外舆论广泛关注和探讨的话题。

随后,富士康开展了一系列的危机公关策略:主动配合政府彻查事件;宣布为所有员工加薪30%以上;成立庞大的心理咨询团队进驻富士康,定期为员工提供心理咨询;邀请外部专家成立企业监察团,监察富士康用工情况,同时为富士康企业管理提供决策参考;在全工厂加装自杀防护措施等。

2010年的跳楼事件使富士康不仅认识到了危机管理的重要性,更认识到一个透明化的时代企业进行透明化管理的重要性。

【思考】

富士康处理跳楼事件体现了哪些危机管理原则?

2.1.5 危机管理的模式

从时间序列的角度来看,危机管理实际上是一种过程管理。对于危机管理过程的认识与划分,有如下几种较有代表性的观点。

1. 斯蒂文·芬克的"F模型"

斯蒂文·芬克在1986年提出了危机传播四阶段论模式的分析理论,揭示了企业危机的生命周期,即征兆期(prodromal)、发作期(breakout)、延续期(chronic)、痊愈期(resolution),如图2-1所示。

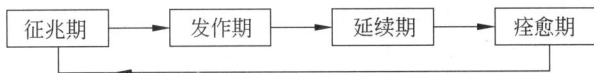

```
征兆期 → 发作期 → 延续期 → 痊愈期
  ↑_____|
```

图 2-1　芬克的"F模型"

第一阶段:危机潜在期。潜在期是危机处理最容易的阶段,但却是最不为人所知的阶段;

第二阶段:危机突发期。突发期是四个阶段中时间最短但却是最长的阶段,它对人们心理造成的冲击也是最严重的;

第三阶段:危机蔓延期。蔓延期是四个阶段中时间较长的一个阶段,如果危机管理运作恰当,将会极大地缩短这一阶段的时间;

第四阶段:危机解决阶段。解决阶段是从危机的影响中完全解脱出来,但是仍需保持警惕,因为危机可能会去而复来,这提示了危机管理的循环往复的过程性。

斯蒂文·芬克对危机生命周期的划分方式,强调的是危机因子从出现到处理结束的过程中会有不同的生命特征。就如同人的生命周期,从诞生、成长、成熟到死亡,都有不同的征兆显现。芬克的危机生命周期理论是对于危机的症候学研究或过程学研究。

2. 奥古斯丁的六阶段模式

诺曼·奥古斯丁(Norman R. Augustine)将危机管理划分为六个不同的阶段[①],如图2-2所示。

(1)第一阶段:危机的避免。危机的避免即预防危机发生。在这一阶段,一个管理者必须竭力减少风险,对无法避免的风险必须有恰当的保障机制。

(2)第二阶段:危机管理的准备。在危机准备过程中有诸多任务,包括建立一个危机处理中心,制订应急计划,事先选好危机管理小组的成员,提供完备、充足的沟通系统等。

(3)第三阶段:危机的确认。确认危机的发生并探究其根源。在寻找危机发生的信息时,最好听公众的看法,或请独立调查员和知情者帮助了解情况。

(4)第四阶段:危机的控制。这个阶段的危机管理,要根据不同情况确定工作的优先次序,将危机的损失控制到最低。

---

① 诺曼·奥古斯丁.危机管理[M].北京新华信商业风险管理有限责任公司,译.北京:中国人民大学出版社,2004:8-31.

（5）第五阶段：危机的解决。通过采取有效的措施，成功地使组织度过危机。在这个阶段，速度是关键。

（6）第六阶段：从危机中获利。危机管理的最后一个阶段就是总结经验教训，如果前五个阶段处理得完美无缺，第六阶段就是提供一个至少能弥补部分损失和纠正错误的机会。

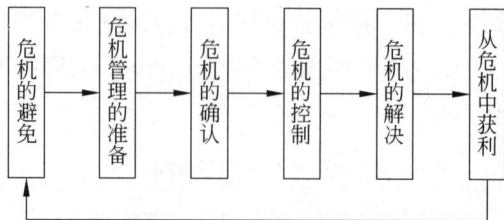

危机的避免 → 危机管理的准备 → 危机的确认 → 危机的控制 → 危机的解决 → 从危机中获利

图 2-2　奥古斯丁的六阶段模式[①]

3. 罗伯特·希斯的 4R 模式

罗伯特·希斯将危机管理过程概括成 4R 模式。分别是缩减（Reduction）、预备（Readiness）、反应（Response）、恢复（Recovery）。有效的危机管理是对 4R 模式所有方面的整合。表 2-2 和图 2-3 是希斯 4R 模式各阶段的主要工作[②]。

表 2-2　希斯 4R 模式各阶段的主要工作

危机管理过程	主 要 工 作
缩减阶段	确认危机的隐患，进行危机预防、风险评估和风险控制
预备阶段	制订危机管理计划，提高员工的抗危机能力
反应阶段	开展措施来控制危机，避免负面影响进一步扩散
恢复阶段	对受影响的人、物、工作流程进行恢复工作，进行反思和改进

（1）缩减阶段。在缩减阶段，企业的主要任务是对危机进行预防，扫清可能引起危机的隐患；如果发生危机，减小危机发生后对企业的冲击程度。缩减是这一阶段工作的核心，最成功的危机管理往往始于缩减阶段，因为该阶段的工作可以使企业以最小的成本来获取最大的发展利益。千里之堤，毁于蚁穴，企业在该阶段应该建立有效的预警和监测机制，防微杜渐，动员组织成员加入危机预防的行列中，尽最大可能减小危机的隐患，降低危机发生的概率。

（2）预备阶段。等到危机发生之后再进行危机演练已经为时过晚。在预备阶段，企业的主要工作就是要制订危机管理计划，同时对员工进行技能培训和模拟演习，提高员工的抗危机能力和心理素质，保证企业在危机发生之时能够沉着应对。目的在于一旦危机爆发，能够以最小的成本度过危机，使损失最小化。

---

① 胡百精.危机传播管理［M］.北京：中国传媒大学出版社,2005：16.

② 罗伯特·希斯.危机管理［M］.王成，宋炳辉，金瑛，译.北京：中信出版社,2001：22.

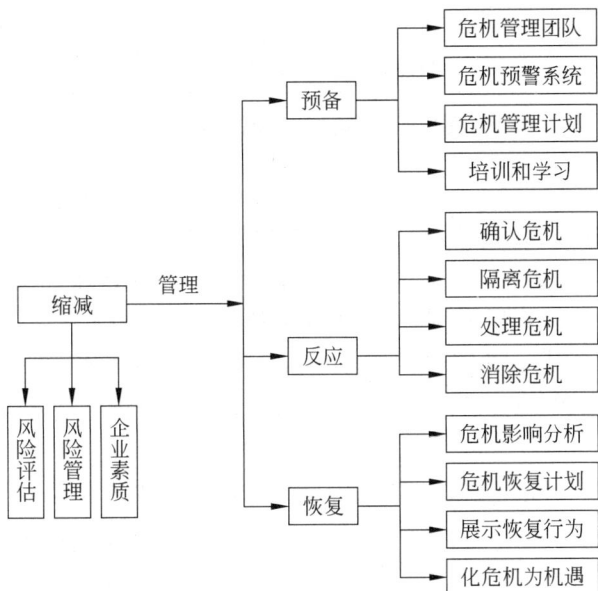

图 2-3　希斯的危机管理 4R 模式

（3）反应阶段。在这一阶段,企业的重点在于动员一切人力、物力、财力在最短的时间内解决危机或遏制危机的进一步发展,避免事态恶化扩散。

（4）恢复阶段。企业在经历危机之后,都会有不同程度的损伤。一旦危机得以控制,企业就应该尽可能恢复正常的运营。在这个阶段,重点是要从危机中走出来,并恢复到正常状态。同时,企业还应该就危机中反映出的问题进行反思和学习,增强企业未来的抗危机能力。

4. 米特罗夫和皮尔森的五阶段模式

安·米特罗夫(Ian I. Mitroff)和克里斯汀·皮尔森(Christine M. Pearson)认为危机管理由如下五个阶段构成:①危机信号侦测阶段,即识别危机发生的预警信号;②危机准备与预防阶段,对可能要发生的危机做好准备和预防工作;③危机损失控制阶段,即在危机发生后,尽可能将损失控制在最小;④危机的恢复阶段,尽可能从危机带来的损害中恢复过来,使组织恢复正常运转;⑤学习阶段,即总结经验教训,以避免危机、改善危机管理效率。[①]

5. 国内学者提出的危机管理模式

国内对危机管理模式的研究很多,其中比较有代表性的是薛澜、张成福、张玉波、饶常林等对危机管理过程的模型研究。

（1）薛澜的危机管理五阶段理论。清华大学的薛澜教授等人认为,危机管理可以分为以下几个阶段,如图 2-4 所示[②]。

---

①　余明阳,张惠彬.危机管理战略[M].北京:清华大学出版社,2009:15-16.

②　薛澜,张强,钟开斌.危机管理——转型期中国面临的挑战[M].北京:清华大学出版社,2003:56.

```
┌────────────────┐   ┌────────┐   ┌────────┐   ┌────────┐   ┌──────────┐
│ 危机预警及危机准备 │──▶│ 危机识别 │──▶│ 危机隔离 │──▶│ 危机管理 │──▶│ 危机后处理 │
└────────────────┘   └────────┘   └────────┘   └────────┘   └──────────┘
        │ 反馈          │ 反馈         │ 反馈        │ 反馈
```

图 2-4　薛澜的危机管理五阶段

① 危机预警以及危机管理的准备。这一阶段是为了有效地预防和避免危机事件发生,主要包括避免危机、危机管理预案、组织系统建立和模拟演习。

② 识别危机。信息是影响危机管理成败的关键因素,该阶段的关键问题是通过危机监测或信息监测处理系统认识和辨别出危机潜伏期的各种症状。

③ 隔离危机。当危机发生时,危机管理人必须要充分运用危机发展过程,通过迅速采取对策,发挥启动危机管理机构"防火墙"的作用控制危机事态的蔓延,以保证其他相关部门的正常运转。

④ 管理危机。当危机发展到一定程度,就会对组织及社会带来很大的损失,严重的甚至会影响整个社会秩序,这时组织要积极行动起来,采取一些可行的方法甚至不惜运用国家资源,争取在较短时间内控制危机,将危机造成的损失降到最低。

⑤ 危机后处理。这个阶段是危机管理的最后一个阶段,在这个阶段,要做好危机善后处理,消除危机隐患,通过反思,总结经验教训,提出应对危机的改革方案。

(2) 张成福的危机管理四阶段模型。张成福认为危机管理过程包括四个阶段,即危机的舒缓、危机的准备、危机的回应和危机的恢复。其中在危机的舒缓阶段,要减少或消除危机的出现;危机的准备,为更好地处理危机,应提前做好危机计划工作;对于危机发生的情况,有必要采取各种有效措施来解决问题,以降低危机对企业自身和外界的危害;危机的恢复,危机过去后要通过适当的措施恢复正常的社会运作和秩序。这四个阶段是一个系统的过程,而且一直在不断循环。与国外学者的理论相比,这种划分类似于罗伯特·希斯的危机管理过程的 4R 模式,但它缺乏对危机管理过程的评价、学习和积累。[①]

(3) 张玉波的危机管理过程三阶段模型。张玉波将危机管理的过程划分为三个阶段,分别是危机预防与预警阶段、危机处理阶段、危机总结与评价阶段[②],如表 2-3 所示。

表 2-3　张玉波的危机管理过程三阶段模型

危机管理过程		主 要 工 作
第一阶段:危机预防与预警		分析并采取措施预防可能发生的危机及其产生的危害,提前做好预警工作
第二阶段:危机处理	开始阶段	增强危机意识,尽早发现危机,果断采取措施
	蔓延阶段	有针对性地采取措施隔离危机的蔓延
	重塑形象阶段	搞好与公众的沟通,诚实和坦率,对公众负责
第三阶段:危机总结与评价		进行工作总结,找出经验教训,改进管理工作

---

① 张成福.公共危机管理:全面整合的模式与中国的战略选择[J].中国行政管理,2003(7):9.

② 张玉波.危机管理智囊[M].北京:机械工业出版社,2003:24-43.

（4）饶常林的危机管理过程三阶段模型。饶常林将危机管理过程分为三个阶段，即危机预防和预警阶段、危机救治阶段和危机评估复原阶段，如表 2-4 所示①。

表 2-4　饶常林的危机管理过程三阶段模型

危机管理过程	主要工作
第一阶段：危机预防和预警	建立知识信息系统、自我诊断制度，为危机的分析做好准备，开展危机管理教育与培训工作
第二阶段：危机救治	建立危机管理指挥系统、危机管理监测系统、危机管理行动系统，开展危机救治工作
第三阶段：危机评估复原	分析危机处理过程中存在的问题，评估危机救治方案的得失，并将结果反馈给相关部门，改进工作

（5）杨铁民的危机管理智能模型。杨铁民等人根据管理职能理论创建了危机管理的职能模型，将危机管理过程划分为五个主要管理职能，即危机信息分析、制订危机应对计划、危机应对组织工作、危机应对领导和危机应对控制。

① 危机信息分析。信息分析主要是对危机来源、征兆、态势和扭转机会进行分析，为危机管理的其他职能做好准备。

② 制订危机应对计划。制订应对计划就是做好危机计划，其中包括风险预防与控制、预警系统的建立、危机反应与恢复计划。危机应对计划是指导企业进行危机管理活动的行动纲领，该职能对危机管理活动有关键性的影响。

③ 危机应对组织工作。确定危机应对组织是确保危机管理计划的执行和危机管理目标实现的关键。它主要是成立危机管理小组或部门，并把各项任务进行合理分配，使各小组或部门相互协调，共同完成目标任务。

④ 危机应对领导。成立了危机应对组织后，就需要有一个领导者来领导，各小组或部门之间协调危机应对决策、统一思想和行动以及对组织成员的指导等任务就需要有相应素质的领导者来完成。

⑤ 危机应对控制。应对控制主要是对危机管理活动进行控制，以确保按照计划进行，争取危机管理目标尽早实现。

此外，学者鲍勇剑、陈百助提出了危机管理的 5P 模式，即端正态度（perception）、防范发生（prevention）、时刻准备（preparation）、积极参与（participation）以及危中找机（progression）。学者胡百精提出了危机管理的三范畴模式：危机战略规划、危机预控和危机应急管理。其中危机战略规划包括危机发展观与危机理念体系、日常化危机管理制度、危机管理战术框架；危机预控主要包括风险评估、危机预警与危机应对训练；危机应急管理包括危机决策、决策执行、恢复与评估等内容。

6. 对危机管理模式的总结

以上几种危机管理的模型在界定危机管理的阶段时虽各有侧重，但都从时间序列的角度将危机事前、事中、事后管理纳入了危机管理的范畴。几乎所有的学者都愿意接受危机

---

① 饶常林. 从 SARS 事件看政府危机管理［J］. 中国地质大学学报，2004（1）：36-37.

管理不仅仅是对危机本身进行管理,而是对危机发生前、解决后也要进行管理,正是这种阶段性的、过程性的危机管理的理念使我们对危机管理本身充满了动态分析的必要性,也给了追求危机管理更好的结果的可能性。因此,根据以上几个较有代表性的国内外专业人士对于危机管理阶段模型的分析,我们可以得出以下几个方面的结论①。

(1)危机是一个动态管理过程。危机是一个动态管理过程,不同阶段的危机管理具有其阶段性的特定要求从而表现了某一阶段的特殊性。

(2)重要的是危机管理中的表现。上一个阶段危机管理的结果会成为下一个阶段管理的条件,所以危机起因并不重要,重要的是在危机管理中是强化了有利条件还是制造了更多的麻烦,这往往是因人而异的,这给了危机管理无穷的可能性和希望。

(3)危机管理离不开有效的危机管理领导机构。任何危机管理都要从设立一个有效的危机管理领导机构开始,这个领导机构的组成与具体危机发生后的危机管理小组以及危机恢复阶段的危机恢复小组一般人员的配置上有相同的地方,但在具体成员的构成上可以有所区别,我们正是根据危机发展的不同阶段所面对的不同的任务来补充、调整危机管理的人员,为了保证危机管理每个阶段的有序进行,首先需要建立一个危机管理的组织机构。

2.1.6 科学的危机观

企业危机事件的出现,具有较大的随机性,无法预测,而且往往受到不可控因素的牵制,时间短,来势凶猛,任何企业组织都希望能与之无缘。但是,就总体而言,只要有社会组织,就可能出现危机事件,有时是事出有因,有时是飞来横祸,有时就是不白之冤……总之都是以破坏企业组织形象为代价的。因此,在思想认识上,企业要高度重视危机管理工作。而要搞好这一工作,就离不开科学的观念。科学危机观念,不仅反映了企业管理人员的业务素养,而且也是策略化、实效化、艺术化地处理企业危机的保障。

著名心理学家弗洛伊德通过研究发现,任何个人都会对具有负面影响的事物产生抵触情绪,也就是说,任何人对外界都有某种抵御机制。同样一个组织的领导对于危机也有这种态度上的抵御机制,这就成为一个组织的抵御机制,这种态度上的抵御机制使一个组织试图避免直视危机的存在,或者否认组织危机管理的重要性,这样的组织往往会编制一套理由来解释为什么它没有危机管理的机制存在。

对于危机企业管理者不正确的态度主要表现为以下几个方面。

(1)感到无能为力。企业领导认为由于危机发生的概率很小,只有精确计算概率和后果,才有可能采取措施,然而预测危机何时发生和在何地发生非常困难,因此即使危机发生,企业对待危机也是无能为力的,所以采取的措施要么是根本没有用,要么就是效果甚微。在这样的态度下,企业是不会重视危机管理的,而正是这样的企业,一旦发生危机就会出现手足无措的局面。

(2)存在侥幸心理。企业领导认为,危机是会发生的,它们对企业也会产生很大的影响。但是这些领导人或许怕麻烦,或许不在乎,虽然看到危机征兆,却心存侥幸心理,只要危机不出现,就得过且过。他们就像鸵鸟一样,一头扎进沙堆里,以为什么都看不见,危机

① 熊卫平.危机管理:理论·实务·案例[M].杭州:浙江大学出版社,2012:70.

就不会找上门来。即使危机已经发生，它们还会采取不见人，不解释，一走了之躲起来的策略，以为这样自己就对危机没有责任。有些官员在重大危机时往往住进医院，对外声称生病治疗，因而对危机的发生和过程一概不清楚，以为这样就可以推脱责任，其实这就是一种侥幸的心理。

（3）自以为是。他们认为只要企业经营得好，或者企业资产雄厚，有着傲人的品牌，卓越的管理人才，即使危机发生，也不会动摇企业的根本。而且大企业往往是由许多相对独立的部门或子公司组成，危机发生在某个部门或者某个子公司，并不会影响整个企业的营运。实际上，再大的企业，再实力雄厚的企业，在重大危机出现时，就是这个企业生死存亡的关头。

（4）自我清白。这种态度认为危机都是因为坏人的破坏而产生，如果没有坏人的破坏，企业的危机是不大可能发生的，因此危机管理的关键在于如何防范坏人的破坏。持有这样的态度的企业往往会忽略这样一个事实，即许多危机的发生并不是因人为破坏而产生，有时候甚至是因为好人出于无知甚至善意的想法而产生，这样的企业往往会忽略最基本的危机管理。

影响行为的最根本点是人的态度。生活在 1800 年前的古罗马皇帝奥勒利乌斯曾经说过：“你有什么样的意念，就有什么样的生活。”心理学家弗洛伊德说过：“改变行为最好的方法是改变你的观念。”意志决定结果，观念改变命运。当态度发生变化时，行为就会改变，行为改变了，就会产生不同的结果。因此，危机管理的起始点应该是企业领导层态度的改变，只有领导层充分意识到危机管理的重要性，并愿意为此付出一定的精力和财力，危机管理才可能有效，危机产生的概率才会减少，即使危机发生，所产生的影响也能得到控制。那么，什么才是对待危机的正确态度？

对待各类危机，企业经营管理者应具备以下基本观念。

1. 端正对危机的认识，“预防是解决危机的最好方法”

①要端正对危机的认识。企业的管理者，特别是领导层必须意识到，虽然危机是小概率事件，但是一旦发生对企业所产生的影响有可能是致命的。②必须意识到，无论是什么样的企业，财力再雄厚，经营再完善，危机时刻都会找上门。③危机往往都是人为的，但并不一定是有人故意破坏才产生的，因此危机管理的重要性并不止于领导层，管理危机的意识必须从上至下贯彻到企业的每一个员工。④虽然任何企业都有可能发生危机，但是危机是可以防范的，也可以通过危机管理来减少其对企业的影响。⑤对待任何危机的先兆都不能掉以轻心，对待危机的态度绝不能敷衍了事，得过且过，而是应该一丝不苟。①

“预防是解决危机的最好方法”，这是英国著名危机专家迈克尔·里杰斯特的名言。我国古代就有“生于忧患，死于安乐”“长将有日思无日，莫等无时思有时”“千里之堤，溃于蚁穴”“听于无声，见于无形”等说法，这些说法集中反映了居安思危、未雨绸缪的危机预防意识，它是人们对待危机的一条重要法则。

① 鲍勇剑，陈百助.危机管理——当最坏的情况发生时[M].上海：复旦大学出版社，2003：73-74.

众所周知,企业危机事件的发生,不仅给企业组织带来有形的物质财产损失,也会给企业带来无形的形象信誉破坏。因此,企业在对待危机事件的问题上,应该具有高度警觉的"防火意识",在这种意识的支配下,企业领导者、管理者应该在日常工作中,尽力协助、指导有关部门科学地设计生产工艺、科学配方,把好原料质量关,搞好生产调度安排,加强工厂的安全保卫工作和财务管理,完善售后服务制度等,使企业组织远离危机事件。这是对待危机事件的上上之策,是第一道防线。但是由于种种原因有些危机事件是"防不胜防"的。此时第二道防线应及时发挥作用,即果断采取措施,把潜伏的危机事件消灭在萌芽阶段。一般而言,除了一些自然灾害、机船失事、火灾等非人为危机外,大多数危机事件都有一个演进过程,先由失误而形成危机隐患,由隐患而形成"苗头",由"苗头"而发展为抗争,然后爆发出危机事件。优秀的经营管理者不应坐视危机事件的前期酝酿、恶化,等危机事件爆发出来后,才着手工作,而应以消除隐患、扑灭"苗头"为首选之责。

2. 正视问题,认真对待是处理企业危机的出发点

对待危机事件,管理者理应"明察秋毫",然而他们不可能"火眼金睛",有些危机事件突如其来,终于爆发出来了。面对危机事件,任何愤懑、隐瞒、掩盖,都于事无补。此时企业最明智的办法是,面对事实,正视事实,实事求是,认真对待,要敢于公开,及时地向社会公众开放必要的信息沟通,以尽快求得公众的谅解和信任。企业要采取"三不主义"的态度,即对危机事件不回避、对危机事件造成的后果不避重就轻、对自己应该承担的责任不推脱,实事求是地解决危机问题。美国许多管理成效好的公司牢固地树立了这一观念,他们做到:

一旦发现,他们就毫不犹豫地正视它。

一旦他们感到情况不妙,就进行彻底大检查,以便在清理过程中能找到爆发危机的原因。

一旦他们发现危机来临,立刻通过传播媒介,及时向社会各界通报危机的真实情况。

一旦危机降临,他们就集中所有部门的意志和力量去对待它,在任何关系到生死存亡的形势下,没有比求生更重要的。

······

实际上,危机事件出现后,规模有一个由小到大的发展过程,公众态度有一个由轻度不满到严重敌视的变化过程。在此初发阶段,如果能面对事实,面对公众,采取相应的改进措施,企业组织就能赢得公众的谅解,得以重整旗鼓,奋进发展。

3. 及时果断,处乱不惊,方能安渡"危险期"

危机事件出现后,企业组织可能会"四面楚歌",新闻记者、政府官员、顾客公众等,都会来指责企业组织,一时可谓"风雨俱来",新闻曝光、政府批评、公众意见信等纷至沓来,企业组织压力极大,处于"危险期"。但是,"危险期"不可能一直延续下去,总有一个"终期"。这主要是因为社会在不断变化与发展,新生事物、新的危机事件层出不穷,公众不可能一直只关注某一社会组织、某一危机事件,他们的关注热点会随着时间流逝而变化。但是在公众关注焦点未转变之前,企业组织如同危重病人一样,处于"危险期",公众高度敏感,措施采取不当或稍有不慎,都可能激起公众的群愤之情,严重的还会断送企业组织的生存权。反之,若能采取有效措施,及时化解危机,那么企业组织就能迅速赢得公众的谅解,重新获得

公众的信任,顺利渡过危难,获得新的生存机遇和发展机会。

4. 通过危机事件处理可以使坏事变好事,危机成良机

通过危机事件处理可以使坏事变好事,危机成良机。"危机"一词在汉语中大有讲究,一方面代表着危险的境遇;另一方面代表着大量的机会。这就是说,我们如果能以危机为契机,精心策划,则不仅能化险为夷,转危为安,而且还能变危机为良机,变坏事为好事。古人云:"福兮祸之所倚,祸兮福之所存",讲的就是这个道理。

危机的危害性与机遇性是并存的,危机中既包含危害也包含机遇,它是企业家和企业命运出现转机或者恶化的分水岭,如图 2-5 所示[①]。企业是在危机中倒下,还是在危机中获得重生,这取决于企业的危机管理能力。

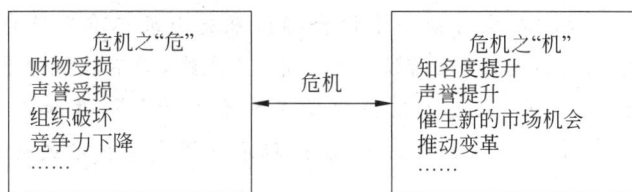

危机之"危"
财物受损
声誉受损
组织破坏
竞争力下降
……

危机

危机之"机"
知名度提升
声誉提升
催生新的市场机会
推动变革
……

图 2-5　危机所带来的"危"与"机"

危机事件既已发生,就要认真处理,利用它来完善企业组织的形象。这是完全可能的,因为危机事件期间,企业组织成为新闻组织报道的热点对象,也是公众议论的热门话题,虽然公众开始是带着恶意来关注企业组织的,但是这毕竟也是一种关注。因此这就为强化企业组织的形象提供了一个机会。这好比一件衣服,被不小心烧了一个洞,自然不是值得庆幸的事,但也成为裁缝师施展艺术才能的机会,优秀的裁缝师不会只是简单地把洞补好,他会利用补洞的机会,在洞处补出一朵美丽的鲜花,一个可爱的小动物,从而使衣服变得比以前还好看。在危机事件过程中,我们也要善于变坏事为好事,使本来不利于企业组织的危机事件,演化成宣传企业组织形象的机遇。具体而言,"变坏事为好事",应视危机事件的不同性质而确定不同的目标。常见的情形:一是无中生有的危机事件。如果是无中生有的危机事件,我们不仅要澄清事实,而且还要进一步强化形象,发展形象,通过危机事件的处理,使各方面的社会公众更加信赖企业组织。二是由企业自身不当引起的危机。如果确实是企业组织自身不当而引发的危机,企业不仅要主动承担责任,而且要采取果断措施,塑造一种"脱胎换骨"的新形象。古人云:"君子之过也,如日月之食焉。过者,人皆见之;更也,人皆仰之。"人是这样,一个企业也是如此。企业的发展过程中,因为工作不负责、失误而造成对公众的损害,只要能"闻过即改",仍然能赢得公众的理解与信任——一种基于企业组织新形象之上的理解与信任。

总之,让每个企业以积极的、正确的心态去面对不可知的命运,并在"危机"突如其来时做出正确决策,是企业危机管理的最终目标。企业组织只有端正态度,树立正确的危机观念,才能更好地处理危机,重塑企业形象。

---

① 夏洪胜,张世贤.企业危机管理[M].北京:经济管理出版社,2014:5.

2.2 能力开发

2.2.1 案例分析

1. 农夫山泉"标准门"事件

2013年3月8日,有媒体报道消费者李女士发现自己公司购买的多瓶没有开封的农夫山泉380毫升饮用天然水中出现很多黑色的不明物。当时农夫山泉对这一事件的回应遭到媒体质疑,这也成为农夫山泉"标准门"事件的开始。

4月12日,《京华时报》撰文称饮用水协会确认农夫山泉标准不及自来水。任何瓶装水企业都必须以国家强制性标准《生活饮用水标准》为底线,若不能执行则有违反国家食品安全法之嫌。4月12日当天,农夫山泉微博发布关于质量与标准的声明——复《京华时报》报道,称指责农夫山泉标准不如自来水、浙江标准低于广东标准或者国家标准,是不严谨不科学的。

4月13日,《京华时报》再次撰文称农夫山泉的声明混淆视听,自认自来水标准为底线,回避了其所执行的浙江标准中,重金属指标未达到自来水标准的问题。4月14日,农夫山泉再发声明称《京华时报》无知。2011年至2013年浙江省质监局对农夫山泉天然水监督抽查共13批次,全部合格。《京华时报》拿整套标准中的几个指标做判定属强词夺理。

4月15日,《京华时报》发文称浙江部分指标是为农夫山泉特设。在农夫山泉发布声明自辩后,浙江质监局紧接着称"地方标准并不宽松",中国民族卫生协会指出地方政府涉嫌袒护做假。4月15日上午,农夫山泉通过微博警告《京华时报》"你跑不掉,也别想跑",称信口开河的时代过去了,"农夫山泉产品标准不如自来水"这个问题必须给公众讲清楚。再次申明农夫山泉砷、镉、硒、硝酸盐和溴酸盐五项指标检测结果优于国标2~11倍。

4月16日,《京华时报》四度撰文称检测报告佐证农夫山泉不如自来水,称由上海某检测出具的检测报告显示其仍采用浙江地标,其中砷、镉、硒、溴酸盐的指标限值仍不及自来水标准。4月16日下午,农夫山泉也发布声明四度回应《京华时报》,称137项内控指标的检测报告原本是企业机密、核心技术,但为了洗刷冤情不得不公布于众,《京华时报》根本不给农夫山泉辩白的机会。农夫山泉"标准门"事件连续27天,67个版面,《京华时报》对农夫山泉的报道堪称锲而不舍,在各界关注和讨论下,事件也持续发酵升级。

5月6日农夫山泉举办新闻发布会,董事长钟睒睒宣布退出北京大桶水市场。同时,在召开新闻发布会同期前后启动了包括邀请媒体参观厂区活动在内的危机公关方案,缓解了舆论压力。

直到5月9日,《人民日报》要闻版刊发了《农夫山泉抽查合格率100%》的消息,浙江省卫生厅就标准问题明确表态,并为农夫山泉的产品质量正名,也令该品牌重新赢得了公众的信任。

至此,整个农夫山泉危机事件终于告一段落。

咨询机构AC尼尔森公布的数据显示,2012年,中国瓶装饮用水排名依次为康师傅

22.6%、农夫山泉21.8%、华润怡宝8.5%、可口可乐7.9%。按照瓶装饮用水市场年8%的发展速度推算,2012年,农夫山泉瓶装水的销售额将接近40亿元人民币。在北京市场,农夫山泉每天的产量为1万多桶,基本处于供不应求的状态,按照市场价每桶20元来计算,年销售额1亿元,约占北京市桶装水销售市场1/60。2012年12月开始,其销量同比增长几乎是100%;北京市场在4月10日(有关质量问题的报道)之前,增长也达到30%以上。而现在一系列纠纷使农夫山泉增长率停滞。2012年北京市场利润420万元,原本计划2013年实现利润500万元。去除一季度正常生产的利润,农夫山泉从4月起停止生产使企业利润约损失375万元。农夫山泉经销商损失惨重。经销商的信心一旦丧失,农夫山泉渠道重塑将会难上加难。截至2013年4月底,农夫山泉"标准门"造成的损失超过6000万元,农夫山泉的销售不可避免地受到了严重影响。同时,农夫山泉宣布:放弃北京桶装水市场。对于消费者和用户,农夫山泉表示,三个月内给消费者解决方案,凡是手中有19L水票的消费者,一张票可换取5桶4L装农夫山泉,也可全额退款。员工若想继续留在农夫山泉,公司一方面提供培训,安排在北京的其他工作岗位;另一方面安排员工在老家附近的工厂工作。

在危机事件后,农夫山泉积极作为,采取行动再塑企业形象,努力重建消费者对企业品牌的认可。2013年8月,农夫山泉先后邀请消费者在广东万绿湖国家森林公园、浙江淳安千岛湖看水源看工厂,开展"寻源"之旅,让消费者亲身见证农夫山泉品质;此外,农夫山泉还携手媒体在乌鲁木齐开展"和谐社区电影展"活动,通过这些公关活动,来证明"农夫山泉一直致力于为消费者提供健康安全的饮用水",重塑消费者对企业的信任。

思考·讨论·训练

(1) 农夫山泉公司危机应对有何不当之处?

(2) 结合本案例谈谈自媒体时代应怎样应对企业危机事件?

2. 苹果公司的"后盖门"

苹果企业是全球知名大企业,在中国有很多果粉。有的果粉为在第一时间买到一款新产品,往往不辞辛苦通宵在寒风中排队;有的果粉则为了追逐所爱精打细算、节衣缩食。但苹果公司对果粉的热情与执着是什么呢?

2013年中央电视台"3·15晚会"揭开了这个谜底:①苹果iPhone等设备在国内的三包保修服务存在问题:苹果在维修iPhone时声称整机更换,但不更换手机后盖;在韩国、澳大利亚、英国等国,整机维修都是连同后盖一起更换。②苹果给予iPad整机一年的保修,但按照国内三包政策,主要部件包括主板、驱动器、显示卡、CPU、硬盘、内存需要保修两年;苹果公司以保留后盖的方式规避政策,在更换后不重新计算保修期。

"后盖门"不亚于平地惊雷,惊呆了果粉,也惊呆了苹果公司,其反应措施总体表现为呆若木鸡、否认事实、文过饰非、粉饰太平。

第一,闭门防记者。代理商苹果计算机贸易上海有限公司在事件曝光之后,大门紧闭,"坚守"保安回应说:对"3·15晚会"曝光的苹果售后问题,上级领导未作任何指示,不便接受采访。苹果采购运营管理(上海)有限公司则把记者关在门外,工号为20173的年轻男子甚至气愤地质问记者说:"你要和苹果里面的经理(manager)预约过,你要报出他的名字,而且我们要有据可查。如此你们才可以来采访,否则你们是没有采访资格的。"另一位摘掉工牌的男子虽"彬彬有礼"地留下了记者的联系电话,并答应会将此事呈报上去后再与我们联系,但实际没有下文。

第二,推诿责任。调查者拿着音量键损害的苹果手机到上海浦东苹果零售店维修,但回复却是不能维修,只能另花 1598 元更换整个主机。"官方的维修政策就是这样的,你要维修的方案就这一个。"在提到"3·15 晚会"曝光了苹果公司只针对中国市场的霸王条款后,该店员说:"你投诉啊,苹果有很多部门,唯一没有的就是投诉部。这个问题已经被说了一年半了,(苹果总部)从不到中国来。"

第三,拖延时间、拒不回应。北京西单大悦城的苹果专卖店值班经理最初表示"已经联系公司负责人,五分钟后过来统一回应记者问题"。待记者退出门店外等候之后,值班经理立即组织保安锁上两扇玻璃门,仅留下一道玻璃门和商场内入口;大约 30 分钟后,替代值班经理的工作人员说:"公司负责人正从大北窑赶过来,还在路上"……许久之后,该工作人员改口说:"负责人过不来了,另找时间做电话连线。"对于苹果用户售后维修的咨询问题,工作人员也不予解释,只表示"这些问题都将由公司公关部门说明",当晚再无回应。

第四,危机公关手段乏善可陈,声明缺乏诚意。3 月 16 日,苹果公司首度发布声明回应"售后服务中外有别"一事,称公司"高度重视每一位消费者的意见和建议",但没有谈及逃避国内"三包"政策、保修期缩水、售后"中外有别"等问题;2 月 23 日,苹果公司再次回应时出现文过饰非、指鹿为马的行为,为自己对中国消费者采取的不公平维修政策寻找借口[1]。这些"毫无悔意"的举措急剧恶化了问题情势,中国最权威媒体之一《人民日报》从 3 月 25 日起,连续 5 天刊文质疑苹果[2];CCTV-1 继"3·15 晚会"曝光苹果售后"中外双重标准"问题之后,又连续在《新闻联播》《焦点访谈》等节目中曝光苹果的售后问题。这两家在中国有着巨大影响力的媒体先后密集发声,让苹果陷入进入中国市场以来最大的舆论危机中,也让这个众人心中神圣的品牌第一次出现了裂痕。

面对权威媒体对其保修政策的持续诟病,2013 年第一财季财报显示苹果产品在相关市场增速放缓后,前期态度强硬的苹果公司终于向中国市场低头[3];2013 年 4 月 1 日其官网上挂出 CEO 蒂姆·库克的署名道歉信,表示 iOS 设备在更换全新整机之后,保修期将重新计算。

---

① 苹果公司"关于售后服务致消费者的声明"称:中国消费者享有 Apple 最高标准的服务,售后服务政策完全符合中国本地法律法规;苹果在中国所提供的保修政策和在美国及世界各地大致相同;在一些维修方式上,会根据中国的法律法规调整具体做法,例如维修中不使用翻新或再制造的零部件。该声明还详细解释了 iPhone 4、iPhone 4s、iPhone 5 不同的维修处理办法:iPhone 4 和 iPhone 4s 如遇故障,Apple Store 零售店和授权服务中心在处理绝大多数维修时,均用包括屏幕和天线在内的整套全新部件为消费者提供更换服务,并保留原有后盖。苹果称,这种做法较之简单更换单一部件的考虑更为周全。维修后的 iPhone 随即享受 90 天的保修期或者延续其原有保修时长——以较长时间为准。中国法规在这类情况下规定的保修期仅为 30 天。由于 iPhone 5 设计独特,在绝大多数情况下,苹果会根据 Apple 的政策提供整机更换服务。

② 《人民日报》在 3 月 25 日到 3 月 29 日期间对苹果的评论报道题目非常吸引眼球,例如,自我表扬应付质疑苹果咬了"上帝"一口;霸气苹果伤了啥;打掉苹果"无与伦比"的傲慢;苹果到底躲了多少税;维修条款换汤不换药。

③ 2013 财年第一财季财报显示,苹果净利润为 130.78 亿美元,比 2012 年同期 130.64 亿美元仅增长 0.1%。自 2003 年以来,除了一个季度之外,苹果的季度利润增幅均超过 10%,本次财报终结了苹果的利润"神话"。同期,苹果在中国市场的销售收入增长却达到 67%(至 68 亿美元)。

思考·讨论·训练

(1) 苹果公司针对央视"3·15晚会"曝光采取了哪些危机管理措施？试评价这些措施的有效性。

(2) 如果你是苹果公司在中国地区的管理者，你会采取哪些措施应对央视"3·15晚会"对苹果售后服务不满的曝光？

3. 雀巢公司险遭灭顶之灾

当一个巨大的多种经营跨国公司把经营范围扩展到许多产品时，宣传机构对它的某种产品进行的恶意宣传以及公众对此产生的消极反应并不值得大惊小怪，对此可以不必在乎，它是会自行消亡的。但雀巢公司的上述判断错了。宣传机构的反面宣传，抗议者的口头抗议，使普通公众对公司的看法不断改变，从而数年之内使公司的形象越来越坏。受影响的不仅是特定产品，其他产品及公司别的部门也成了公众强烈抗议的对象。雀巢公司长期以来忽视他人对其公共形象的攻击，导致现在要使公众接受其产品已经步履维艰。

雀巢公司是瑞士一家全球知名的跨国公司，产品主要有三大类：乳制品、速溶饮料、烹调用品及其他用品。它拥有卓著的经营业绩，1982年销售额达136亿美元，产品行销五大洲。

婴儿奶粉是20世纪20年代初作为母乳的一种代用品而被开发出来的，专用于6个月以下的婴儿，是一种牛奶、水和糖的混合物，按照母乳的营养成分比例调制而成。婴儿奶粉在第二次世界大战后销量迅速上升，到1957年达到顶峰。之后，西方国家出生率开始下降，一直持续到20世纪70年代。这种形势造成婴儿奶粉销路日窄，迫使生产厂家寻求新的市场，它们不可避免地把目光投向第三世界。

在发展中国家的婴儿奶粉市场中，雀巢公司占据40%～50%的市场份额，但该产品在公司全部产品中所占的比重只有3%。

到20世纪70年代初，上述市场风云突变。有人开始怀疑第三世界国家婴儿的高死亡率与婴儿奶粉的误导宣传有关，因此，他们把目标对准那些无力解读饮用说明或因生活条件所限无法正确饮用奶粉的消费者，在一些国际会议上，医务人员、工业界代表和政府官员公开谈论婴儿奶粉饮用不当和婴儿死亡率之间的联系，但公众对此尚不知晓。

1974年，一家英国慈善机构"为需求而战"，出版了一本28页的小册子《婴儿杀手》，点名批评雀巢公司在非洲的营销策略，雀巢开始成为公众瞩目的对象。

不到一年，德国的"第三世界工作组"将该册子译成德文出版，文中内容未做多少改动，但题目却被换成《雀巢——婴儿杀手》，原因是这家组织认为，雀巢作为婴儿奶粉产业的带头羊，理应承担更多责任。

雀巢总部被激怒了，与该组织对簿公堂，控告它的"诽谤行为"，案件的审理持续了两年，引起全世界的关注。虽然雀巢最终打赢了这场官司，但法庭建议公司就其营销手段作全面审视。"我们胜诉了，但从公共关系的角度讲，这是一场灾难"，雀巢后来承认。"婴儿杀手"的控诉玷污了雀巢的名誉。

1939年，一位医生曾悲愤地写道："如果你们像我一样，每天都悲惨地目睹无辜的婴儿由于喂养不当而死去，那么，我相信，你们会和我怀有同样的感觉：关于喂养婴儿的误导宣传作为最恶毒的煽动应该予以惩罚，由此造成的婴儿的死亡应被视为谋杀。"风波发生后，这段重新被人们拾起的话题,注定要开启公众对婴儿奶粉的谴责与抗议之声。

问题的关键在于饮用奶粉不当。大量第三世界国家的消费者生活在贫困中,卫生条件恶劣,医疗保健匮乏,文盲率居高不下。在这种情况下,缺乏正确的饮用方法成为不可避免的。饮用水取自污染严重的河流,或从井中打出,装在肮脏的容器里。

因此,人们可能用污染的水冲奶粉,然后倒入未经消毒的奶瓶中。此外,贫穷的母亲为了让一罐奶粉能喝更长时间,每次喝时都尽量用水稀释。据牙买加一位医生对两个营养不良的婴儿(大的 18 个月,小的 4 个月)的观察报告说,一罐奶粉通常只够一个 4 个月大的婴儿喝 3 天的,可是这两个孩子的母亲竟然用它喂了他们 14 天。这位母亲十分贫困且不识字,家里没有自来水和电,但孩子却有 12 个之多。

崔巢在第三世界国家的销售攻势很猛。它的营销努力不仅仅是针对消费者,还针对医生和其他医疗人员。使用的媒介包括广播、报纸、杂志、广告牌——甚至还出动了装有大喇叭的宣传车。它还大量免费赠送样品、奶瓶、奶嘴和量匙。在某些国家,崔巢雇用护士、营养师和接生婆组成自己特殊的宣传队伍,正是这一手段成为激烈点评的焦点。

批评者认为,这些人实际上是带有欺骗性的销售人员,她们入室拜访年轻母亲,散发样品,劝说这些母亲停止母乳喂养。由于她们有职业身份,对于天真的消费者来说无疑带有诱导的意味。

针对医生和医疗人员开展的促销活动也引起争议。这种促销形式的具体过程是,派推销员前去向儿科医生、护士和其他有关人员宣讲产品的质量和特点,并提供诸如海报、图表、样品等宣传物品。公司还出钱资助医生和医院里的其他人士出席医学会议。

批评者指出,崔巢的这些促销手段过于直接,造成母乳喂养人数的下降。他们对崔巢的做法,主要抨击的几点如下:①奶粉喂养造成发展中国家婴儿死亡率的上升;②关于婴儿营养的小册子对母乳喂养忽略不提或是贬低其作用;③媒介进行误导宣传,以鼓励那些不识字的贫穷妇女选择奶粉喂养而不是母乳喂养;④广告刻意将母乳喂养描述为原始的和不方便的;⑤免费散发样品和礼品以诱导母亲使用奶粉喂养;⑥雇用护士组成宣传队伍以及在医院中开展促销,都可视为厂家操纵消费者的行为;⑦奶粉定价过高,使许多消费者使用时易于发生稀释过度的行为。

随着“婴儿杀手”的英文、德文版本出版和崔巢官司了结后,消费者保护积极分子成立了专门的民间组织反对崔巢公司的做法。同时,一些机构,包括世界健康大会和世界卫生组织,也开始寻求减少婴儿奶粉产品的宣传活动。

在外界日益增长的压力下,崔巢和其他同类公司不得不有所收敛。1975 年,它们通过了一个公约,保证在今后的促销活动中做到:承认母乳喂养是最佳的哺育方式;告诉消费者婴儿奶粉只是一种补充性代用品,使用时应寻求医生帮助,等等。

但是,随后几年各地的报告表明,崔巢在许多场合又故技重演。因此,1977 年,美国的民间组织发起了一场抵制崔巢产品的活动,很快扩展到其他 9 个国家。这一活动一直持续到 1984 年 1 月。

抵制者的要求是:停止雇用护士作为宣传人员;停止免费散发样品;停止向医务人员开展促销活动;停止针对消费者的促销活动和广告宣传。他们开展的活动十分有效,不仅导致了崔巢利润的下跌,而且引发了舆论的认同和政府的行动。

在风波初起之时,雀巢的管理阶层认为,这不是一个大问题,也许用不了多久就会销声匿迹。然而,他们完全打错了算盘,公司的形象持续受到损害,问题不仅不能在短时间内消失,反而越来越糟。更为严重的是,这一灾难已超出婴儿奶粉的范围之外,危害到公司的其他产品。

1977年,当抵制活动刚刚兴起时,雀巢把它作为一个公关问题来处理。公司的公关部升级为企业责任办公室,雇用世界上最大的公关公司伟达公司协助开展工作。30万份宣传品被邮寄给美国的教会人员,指出他们一味谴责雀巢是错误的。随后,公司又聘请著名的公关专家丹尼尔·爱德曼,他建议公司保持低姿态,努力让第三者发言。

这些办法都未能奏效。1981年,雀巢停止雇用公关公司,转而开始自我恢复名声的工作。新策略的目标是,树立公司人道的、负责的"企业公民"形象。

第一步是批准采用世界卫生组织的《母乳代用品销售守则》。这一守则禁止向一般公众做广告和向母亲发放样品。第二步是大力改善和新闻界的关系。

雀巢同新闻界的关系一度曾降到最低点。在1981年的头6个月中,仅《华盛顿邮报》就发表了91篇批评雀巢的文章。现在雀巢开始采取一种"门户开放、坦率交流"的政策来同新闻界打交道。

最有效的措施是建立了一个10人委员会来监督雀巢对《母乳代用品销售守则》的遵守情况,并调查和处理消费者的投诉。委员会由医学专家、教会人士、社会活动家和国际问题专家组成,美国前国务卿爱德蒙·马斯基任主席。它成立于1982年5月,其成员同世界卫生组织、联合国儿童基金会的代表及民间组织的代表一起工作。职责主要集中于观察雀巢在四个方面的行为:其散发的教育材料是否对母乳喂养和奶粉喂养的社会健康后果进行了对比;其产品说明是否宣扬了母乳喂养的好处和对使用有污染的水冲奶粉提出警告;公司是否已不再向医务人员赠送礼物;公司是否已不再向医院发放样品。雀巢在四个方面都做出了积极的回应。

思考·讨论·训练

(1) 雀巢雇用世界上有名的公关公司来处理婴儿奶粉事件为何没有产生预期的效果?

(2) 企业的市场营销策略对其形象有怎样的影响?试结合本案例谈谈看法。

(3) 企业在处理危机的过程中,可否运用法律手段?应注意哪些问题?

4. 三鹿三聚氰胺毒奶粉事件

2007年12月以来,三鹿集团公司就陆续接到消费者关于婴幼儿食用三鹿牌奶粉出现疾患的投诉。但"三鹿"没有认真展开调查,却一直努力找办法掩饰存在的问题。

从2008年3月南京出现全国首例肾结石婴儿病例后,我国多省均发现类似病例,长沙、南京、北京多名婴儿家属开始投诉"三鹿",称患病孩子们出生后一直吃"三鹿"奶粉。但是"三鹿"一直没有对此做出回应,并未进行信息披露、产品召回等工作。

2008年6月,企业检验发现奶粉中的非蛋白氮含量异常,确定其产品中含有三聚氰胺,有关问题仍在深入调查中。7月24日,企业将16批次婴幼儿系列奶粉送往河北省出入检验检疫局检验技术中心检测,考虑产品的声誉,在送审过程中,隐瞒了此为三鹿奶粉样品的事实,并在2008年8月1日获悉送检的产品中有15批次含有三聚氰胺物质,此后三聚氰胺在三鹿集团内部被取名为A物质。8月2日,三鹿集团公司向石家庄市政府做了报告。在之前2007年12月至2008年8月2日的8个月中,三鹿集团公司未向石家庄市政府和有关部门报告,也未采取积极补救措施,导致了事态进一步地扩大。石家庄市政府2008年8月2日接到三鹿集团公司关于三鹿牌奶粉问题的报告后,虽然采取了一些措施,但直至9月9日才向河北省政府报告三鹿牌奶粉问题。

2008年9月8日,甘肃《兰州晨报》等媒体首先以"某奶粉品牌"为名,爆料毒奶粉事件,三鹿稳坐泰山,一副事不关己的模样。由于报道中有关该奶粉的品牌名称等信息都被隐去,网友还对该奶粉展开人肉搜索,号召找出该涉嫌致病奶粉的品牌名称,以免更多无辜婴儿受害。

2008年9月9日,国家质检总局对三鹿奶粉进行抽样检验。

2008年9月11日凌晨3时,三鹿作为毒奶粉的始作俑者,被新华网曝光。7名患儿父母联名写下了申请书,上书甘肃省卫生厅,要求彻查病因。10时,三鹿集团通过人民网公开回应:三鹿是奶粉行业的品牌产品,严格按照国家标准生产,产品质量合格,目前尚无证据显示这些婴儿是因为吃了三鹿奶粉而致病。如果真的有这样的问题,相信质检部门会查个水落石出。三鹿集团委托甘肃省权威质检部门对三鹿奶粉进行了检验,结果显示质量是合格的。同时,三鹿集团表示,造成婴儿肾结石,原因是多方面的,哺养小孩子需要多方面的知识培养。13时,中国西部天地商贸有限责任公司(三鹿集团合作公司)周浩义董事长信誓旦旦地说:"1个月前,我们听到了一些情况反映,也是消费者反映,他们的孩子食用了我们的奶粉后,身体不舒服,因此,我们主动找到省卫生厅,通过省卫生厅上报卫生部,把我们所有流放市场的系列产品送样进行了检测,结果是我们的产品没有一样是不合格的。因为我们的产品都是严格按照国家标准生产和检测的,我们的态度也是对消费者高度负责的。我们可以肯定地说,我们所有的产品都是没有问题的。"19时,三鹿集团传媒部部长崔彦锋回应:"作为具有60多年历史的国家知名企业,三鹿几乎成了我国奶粉的代名词,因此我们具有极高的社会责任感,婴儿奶粉是专门为婴儿生产的,在生产中对理化、生物、卫生等标准也是完全按照国家配方奶粉的标准执行并全面检测的。我们可以肯定地说,我们所有的产品都是没有问题的。"

"我们可以肯定地说,我们所有的产品都是没有问题的!"成为三鹿各方对事件的统一回应口径。20时50分,中国卫生部发布消息:经调查,高度怀疑石家庄三鹿集团股份有限公司生产的三鹿牌婴幼儿配方奶粉受到三聚氰胺污染。三聚氰胺可导致人体泌尿系统产生结石。直至21时30分,三鹿集团股份有限公司发布产品召回声明,称经公司自检发现2008年8月6日前出厂的部分批次三鹿婴幼儿奶粉受到三聚氰胺的污染,市场上大约有700吨。

2008年9月12日,卫生部会同中华医学会组织专家制定了《食用受污染三鹿牌婴幼儿配方奶粉相关的婴幼儿泌尿系统结石诊疗方案》,供临床参考使用。国家质检总局表示对此事件也高度重视。当日下午,三鹿集团发布消息,此事件是由于不法奶农为获取更多的利润向鲜牛奶中掺入三聚氰胺。并宣称通过对产品大量深入检测排查,在8月1日就得出结论:不法奶农才是这次事件的真凶,并立即上报,而且通过卫生部发布会召回婴幼儿奶粉的声明。三鹿一改常态,显示自己在事件中是一个"功臣",是自己生产毒奶粉后"高尚"地向卫生部门"毛遂自荐"的。然而,在数小时前还声称自己产品都是没有问题的。而且既然三鹿集团声称8月1日就得出结论奶粉中有三聚氰胺,为何要召回8月6日前出厂的奶粉?这就是说,在明明知道自己在生产毒奶粉之后,三鹿集团还继续生产了至少5天毒奶粉。

2008年9月12日21时,甘肃省质量技术监督局召开新闻发布会,声明该局从未接受过三鹿集团的委托检验。而28个小时之前,三鹿集团曾向媒体称委托甘肃省质量技术监督局对三鹿奶粉的蛋白质含量等多项指标进行逐一检验,结果显示各项指标符合国家的质量标准,因此三鹿奶粉质量是合格的。甘肃省质量技术监督局新闻发言人魏光华说:"我郑重声明,我局技术机构至今未曾接受过三鹿集团的委托检验。正在检验中的样品,是我们在调查中从流通领域抽取的。因此,这个报道是不真实的和没有任何事实根据的。"

2008年9月14日,河北省对外通报,三鹿重大食品安全事故目前被刑事拘留的19名犯罪嫌疑人中有18人是牧场、奶牛养殖小区、挤奶厅的经营者,河北警方正全力彻查,可见重点仍然放在奶农身上。

2008年9月15日,石家庄三鹿集团股份有限公司向因食用三鹿婴幼儿配方奶粉致病的患儿及家属道歉。道歉信全文如下:

"三鹿牌婴幼儿配方奶粉"重大安全事故,给众多患儿及家属造成严重伤害,我们非常痛心!三鹿集团向你们表示最诚挚的道歉!9月15日9时,我公司从河北省公安厅的新闻发布会上获悉,涉嫌向我公司原奶中添加三聚氰胺的案件已经取得重大进展,19名嫌疑人已经被刑事拘留,其中两人被依法逮捕。我公司真诚感谢公安部门夜以继日、不辞辛苦地快速侦破案件。我公司郑重声明,对于8月6日以前生产的产品,我们全部收回,对8月6日以后生产的产品,如果消费者有异议、不放心,我们也将收回。同时,我们将不惜代价积极做好患病婴幼儿的救治工作。最后,再次向广大消费者和患病婴幼儿及家属真诚道歉!

从道歉信来看,三鹿集团仍然没有对自己内部的问题进行反省,只强调是外部原因。

2008年9月16日,鉴于三鹿集团股份有限公司法人代表田文华对事故负有很大责任,石家庄市委已做出决定,责成新华区委免去田文华石家庄三鹿集团股份有限公司党委书记职务,按照董事会章程程序罢免田文华董事长职务,并解聘其总经理职务。河北省副秘书长、新闻发言人宋振华16日上午在新闻发布会上通报说,为进一步加大对三鹿集团污染事件的调查力度,公安部门进行彻底调查,分为四个工作组,分别是生产流程调查组、三鹿集团管理和技术人员调查组、出入库和成本分析调查组、维护稳定组。河北省委常委扩大会研究决定,同意石家庄市委提出的有关建议,在前一段事实调查认定的基础上,对先期部分"三鹿奶粉事故"负有领导责任的相关人员做出组织处理。初步调查所获得的证据表明,"三鹿奶粉事故"目前主要发生在奶源生产、收购、销售环节。为此,石家庄市委向河北省委报告,建议通过相关法律程序,免去石家庄市分管农业生产的副市长张发旺的职务,同时免去石家庄市畜牧水产局局长孙任虎的职务。石家庄市人大常委会16日晚召开会议,按照有关法律程序,通过了对上述人员的行政免职决定。鉴于对奶源质量监督不力,石家庄市食品药品监督管理局局长、党委书记张毅,石家庄市质量技术监督局局长、党组书记李志国16日也被上级主管机关免去了党内外职务。

2008年12月25日,河北省石家庄市政府在新闻发布会上宣布,三鹿集团资不抵债,破产清算申请已经被石家庄市中级人民法院受理。

2008年12月31日8时,深陷"毒奶粉丑闻"的原三鹿集团董事长田文华等4名高管因被控生产、销售伪劣产品罪,首次在石家庄市中级人民法院出庭受审。

2009年1月22日,社会关注的三鹿集团刑事案件,分别在河北省石家庄市中级人民法院和无极县人民法院等4个基层法院一审宣判。依照《中华人民共和国刑法》的有关规定,石家庄市中级人民法院做出判决:被告人张玉军因以危险方法危害公共安全罪,被判处死刑,剥夺政治权利终身;被告人耿金平犯生产、销售有毒食品罪,被判处死刑,剥夺政治权利终身,并处没收个人全部财产;被告单位石家庄三鹿集团股份有限公司因生产、销售伪劣产品罪,判处罚金人民币4937.4822万元;被告人田文华犯生产、销售伪劣产品罪,判处无期徒刑,剥夺政治权利终身,并处罚金人民币2468.7411万元。

思考·讨论·训练

(1) 三鹿集团倒闭的原因是什么?

(2) 面对危机,三鹿集团采取了哪些错误策略?

(3) 我国企业在危机管理中应吸取三鹿集团的哪些教训?

(4) 在"毒奶粉"造成婴儿死亡后,是否还能成功地解决这起危机事件?应该怎么做?

2.2.2　实践训练

1. 危机管理能力测试

测试导语:危机既是危险又是机会,危机管理是企业在"刀尖上的舞蹈",危机管理绝不是危机出现以后才开始管理,而是要在危机发生之前采取措施,做到及时处理,但效果有双面性,处理不好就会产生恶劣的后果。作为管理者,你不妨通过下面的测试来看看自己是否善于危机管理吧!

(1) 以往的成功经验让你陶醉,认为危机离你还很远,等危机到了再说。是这样吗?

　　A. 就这样

　　B. 不,保持了一定的清醒

　　C. 十分注意居安思危,危机意识强

(2) 危机出现,你是否会迅速组织企业成员为决策提供咨询?

　　A. 这是公关部门的事

　　B. 偶尔过问、组织一下

　　C. 是的,一个人的力量有限,会组织相关人员作为智囊团

(3) 当智囊团意见不一时,你会如何处置?

　　A. 不知所从,左右摇摆

　　B. 听从主流意见

　　C. 在危机压力的影响下,团体思维会有一定局限,会找出大家想法中的遗漏,在全面审核基础上做出决策

(4) 你是否会很快查明并面对危机事实?

　　A. 问题棘手,选择逃避

　　B. 偶尔过问、催促一下

C. 会直面事实,尽快澄清事实

（5）你是否会尽快成立危机新闻中心?

A. 没有注意到这方面

B. 发布部分消息

C. 会尽快公开、坦诚、准确地告诉媒体实情,以免媒体从其他渠道探听不确实的消息

（6）你是否会动员民间力量协助处理危机?

A. 没有注意到这方面

B. 偶尔会借助他们的力量

C. 民间力量是一种潜在资源,对舆论有很大说服力,会运用这方面的资源

（7）你是否会与政府官员、消费者、利益关系人直接沟通?

A. 很少如此

B. 偶尔如此

C. 会及时告诉他们危机处理中的进展

（8）你是否会通过内部渠道与员工沟通,尽量做到与发言人口径一致?

A. 没想到这一点

B. 偶尔如此

C. 会组织员工一起共渡危机,让每个人的发言都能代表公司立场

（9）你是否会采取相应的补救措施?

A. 很少如此

B. 偶尔为之

C. 会付诸补救行动,换回声誉

（10）你是否会注意事后沟通与改造?

A. 没有注意到这方面

B. 有这个意识,但很少付诸行动

C. 是的,从危机中吸取经验教训,从而推出更完善的产品和服务

积分标准：选 A 得 1 分,选 B 得 2 分,选 C 得 3 分,然后将各题所得的分数相加。

测试结果：

（1）总得分为 24～30 分。说明你的危机应变能力较强,尽管形势十分紧急,但你心里已经有了一套清晰的处理方案。不过,你应该清楚居安思危、防范危机更加重要。

（2）总得分为 17～23 分。说明你的危机应变能力一般,在危机应变处理中,虽然你并没有逃避或者反应不及时,但不明朗的态度令你被动。记住：必须全力以赴处理危机,这关系到你和公司的未来。

（3）总得分为 10～16 分。说明你的危机应变能力较差,危机频发所造成的损失也日益严重,这是企业管理者无法避免的现实。因此,你需要提升危机管理意识和敏感性,建立预防机制,责成自己在危机发生时敢于站出来积极应对。

（资料来源：佚名. 危机管理能力测试［EB/OL］. http：//china. findlaw. cn/info/anquan/sgyjjy/289588. html,2011-05-11.）

2. 企业危机管理现状调查

实训目的：通过调查企业的公共关系工作部门，了解企业危机管理体系的现状，发现问题，积累成功经验。

实训内容：

(1) 设计一份企业危机管理体系构成现状的访谈调查问卷。

(2) 到企业相关部门进行访谈。

(3) 做好访谈记录。

(4) 整理调查资料，撰写一份调查报告。

实训组织：把班级同学分成 8～10 人/组。每组确定一名组长，由组长确定小组成员任务，并带队到老师联系好的企业实施调查。

实训考核：

(1) 要求每位学生写出访谈调查报告或小结。

(2) 将实训体会在全班交流。

(3) 教师点评。

2.2.3 拓展阅读：危机管理的"金科玉律"

危机是指由意外事件引起的危险和紧急状态。望文生义，危机有危有机，危即危险，绝不能等闲视之，轻则使企业元气大伤，重则致命；机即机遇，孕育在危险中，能否生根发芽、枝繁叶茂，并无定数，取决于企业的危机管理的水平。

危机的"三大效应"要求我们时时刻刻都要加强危机管理。英国危机管理专家迈克尔·里杰斯特在《危机公关》[①]一书中提出了危机管理的基本指导方针，为国内外学者和企业所认可和采用，值得企业参考。

1. 做好危机准备方案

(1) 对危机持一种积极的态度；

(2) 使企业的行为与公众的期望保持一致；

(3) 通过一系列对社会负责的行为来建立企业的信誉；

(4) 时刻准备在危机过程中把握时机；

(5) 企业应建立一个危机管理小组；

(6) 分析企业潜在的危机形态；

(7) 制定种种预防危机的对策；

(8) 为处理每一项潜在的危机制定具体的战略和战术；

(9) 组建危机控制和检查专案小组；

(10) 确定可能受到危机影响的公众；

(11) 为最大限度减少危机对企业信誉的破坏，建立有效的传播渠道；

(12) 在制订危机应急计划时，多倾听外部专家的意见；

---

① 迈克尔·里杰斯特.危机公关[M].郭惠民，译.上海：复旦大学出版社，1995：131-135.

（13）把有关计划落实成文字；

（14）对有关计划进行不断的演习；

（15）为确保处理危机时有一批训练有素的专业人员，平时应对他们进行培训。

2. 做好危机传播方案

（1）时刻准备在危机发生时，将公众利益置于首位；

（2）掌握报道的主动权，以企业为第一消息来源，例如向外界宣布发生了什么危机，企业正采取什么措施来弥补；

（3）确定传播所需的媒体，如名称、地址及联系电话；

（4）确定媒体需要传播的外部其他重要公众；

（5）准备好背景材料，并不断根据最新情况予以充实；

（6）建立新闻办公室，作为新闻发布会和媒体索取最新资料的场所；

（7）在危机期间为新闻记者准备好通信所需的设备；

（8）设立危机新闻中心，以接收新闻媒体电话，若有必要，一天24小时开通；

（9）确保企业内有足够训练有素的员工以应付媒体和其他外部公众打来的电话；

（10）应有一名高级公关代表置身于危机控制中心；

（11）如果可能，把危机控制中心设在一间安静的办公室内，以便危机管理小组的领导和新闻撰稿人能在危机控制中心工作；

（12）准备一份应急新闻稿，注意留出空白，以便危机发生时可直接充实发出；

（13）确保危机期间企业电话总机能知道谁打来的电话，应与谁联系。

3. 危机处理

（1）面对灾难，应考虑最坏的可能，并有条不紊地及时采取行动；

（2）在危机发生时，以最快的速度建立"战时"办公室或危机控制中心，调配受过训练的高级人员，以实施控制和管理危机的计划；

（3）使新闻办公室不断了解危机处理的进展情况；

（4）设立热线电话，以应付危机期间外界打来的各种电话，要选择接受过训练的员工来负责热线电话；

（5）了解公众，倾听他们的意见，并确保企业能了解公众的情绪；如果有可能，可通过调研来调整企业的计划；

（6）设法使受危机影响的公众站到企业的一边，并帮助企业解决有关问题；

（7）邀请公正、权威性机构来帮助解决危机，以协助保持企业在社会公众中的信任度；

（8）准备应付意外，随时准备改变企业的计划，不要低估危机的严重性；

（9）要善于创新，以便更好地解决危机；

（10）别介意临阵脱逃的人，因为还有更重要的问题要处理；

（11）把情况传给总部，不要夸大其词；

（12）危机管理人员要有足够的承受能力；

（13）当危机处理完毕，应吸取教训，并以此教育其他同行。

4. 危机传播

（1）危机发生后要尽快地发布背景情况，表示企业所做的危机传播准备，准备好消息准确的新闻稿，以告诉公众发生了什么危机，正采取什么措施来弥补；

（2）当人们问及发生什么危机时，只有确切了解危机的真正原因后才对外发布消息；

（3）不要发布不确切的消息；

（4）了解更多事实后再发布消息；

（5）宣布召开新闻发布会的时间，以尽可能地减轻公众电话询问的压力，做好新闻发布会的全面准备工作；

（6）记住媒体通常的工作时间，如果发生巨大的灾难，企业也许会接到世界各地（不同时区）打来的电话，另外如果必要，新闻办公室应 24 小时工作；

（7）如果报道与事实有误，应予以坚决回击；

（8）建立广泛的消息来源，与记者和当地的新闻媒体保持良好的关系；

（9）要善于利用和控制危机传播的效果；

（10）在危机传播中，避免使用行话，用简洁明了的语言来说明企业对所发生事情的关注；

（11）确保企业在处理危机时，有一系列对社会负责的行为，以增强社会对企业的信任度。

5. 检验危机管理能力的七个方面①

以下问题可以帮助我们检验企业危机管理能力。

（1）如果是在非办公时间出现危机，公司有什么样的内部沟通系统？例如，如果我们周日上午 9 点遇到危机，需要多长时间可以把相关信息传达到每一位相关负责人？

（2）公司是否建有危机预警机制？有什么样的危机反应计划？这项计划最后一次更新是什么时候？以前使用过该计划吗？它的有效性如何？它与公司的其他反应计划能否匹配？

（3）公司内部问题或弱点一旦曝光后会对公司的经营造成什么损害？如果某一个心怀不满的员工或股东的诉讼案、政府调查或者新闻调查被公布于众，公众的反应将是如何？我们将如何做出解释以降低事件对公司经营和公司财务的影响？已经采取了哪些措施把问题发生的可能性降到最低？

（4）如果出现危机，谁将是发言人？或者由谁去与大家沟通？如果发言人不在或者不适合这样的场合，由谁替代？他们应对记者尖锐提问的能力如何？对他们的可信度和说服力，公司有多大信心？在没有危机发生时，谁是指定的发言人？

（5）如果公司发生了危机，发言人应该与公众沟通多少信息？由谁来决定沟通信息的内容？决定的过程如何？

（6）公司如何与管理队伍和员工沟通，使他们能首先从公司内部而不是新闻媒体或者客户等外部获得公司信息？公司如何与顾客、供应商和其他重要公众进行沟通？公司应该

① 雷盟. 检验危机管理的七个步骤[J]. 中国企业家，2002(3)：114.

如何做？用多长时间去做？

（7）公司的竞争对手在过去几年有什么危机被"曝光"？他们是如何处理危机的？用了多长时间？到目前为止，他们为此付出了多少成本、业务损失多少？他们被起诉和政府调查的前景如何？甩掉这样的麻烦用了多长时间？从他们的危机事件中学到了哪些经验？

课 后 练 习

1. 什么是危机管理？它具有哪些特点？

2. 危机管理应遵循哪些原则？

3. 请结合一个典型的危机事件，分析其特征和类型，并谈谈科学的危机管理的重要意义？

4. 你认为企业危机管理的关键是什么？为什么？

5. 危机管理的模型有几种？它们之间有何异同？

第3章 危机成因分析

知晓危机形成的原因，才能有的放矢地进行处理与传播。

——张岩松

管理者所推行的运作结构可能无法觉察到环境上的细微变化，短期效果可能很出色，但是成功的果实就隐藏着失败的种子，公司的生存开始受到威胁，最后终将有一天危机爆发，而且往往是致命的。建立具有较强免疫功能的危机管理系统的最佳组织结构，则是运作型组织在向学习型组织转变。这个危机管理系统便是能调动公司所有人员进行开放式的交流与传播，并激起人们使命感的灵活性体系。

——[美]戴维·赫斯特

📋 学习目标

- 明确企业危机的内部环境原因；
- 明确企业危机的外部环境原因；
- 掌握危机与振兴理论。

🔷 故事导入

森林之王

狮子听说人类叫他森林之王，非常得意，于是决定去验证一下自己在森林中的威信。

狮子遇见了一只猴子，于是大声问道："我是森林之王吗？"猴子吓得魂飞魄散，连连称是；接着狮子遇见了一只狐狸，又大声问道："我是森林之王吗？"狐狸早已屁滚尿流，一个劲儿地说："如果你不是森林之王，那还会是谁呢？"

狮子更加骄傲起来，觉得普天之下森林之王非它莫属。这时迎面走过来一头大象。狮子气势汹汹地问道："森林之王是谁？"

大象没有答话。而是伸出长鼻子，把狮子卷起来，重重地摔了出去。

可见，盲目自大是造成危机的重要原因之一。

3.1 知识储备

据零点调查公司公布的《京沪两地企业危机管理现状研究报告》显示，如果将正面临1～2种危机的企业界定为一般危机状态企业，将正面临3～4种危机的企业界定为中度危机状态企业，将正面临5种及以上危机的企业界定为高度危机状态企业，那么目前有超过半数的被访企业处于中高度危机状态中（其中40.4%处于中度危机状态，14.4%处于高度危机状态），仅有45.2%的企业处于一般危机状态。危机，对于企业来说，就像人对病痛一样，可恨却又要经常面对，是一个不能回避和惧怕的现实。无论是过去还是现在，一些知名的中国企业，在危机来临中，不是轰然倒塌，就是元气大伤而回天无能，他们的故事使人扼腕、令人叹息。[1]

那么，为什么会发生危机呢？探究和分析危机产生的原因，对于制定正确的预防和处理对策有着十分重要的意义。

3.1.1 企业危机的内部环境原因

1. 素质低下，蔑视公众

企业自身素质低下不仅可能引发危机，而且在企业危机出现之后也难以自觉有效地处理危机。就企业自身素质构成来说，企业自身素质低下的核心是企业组织人员素质低下，

---

① 徐殿龙.中国企业危机处置的主要问题及对策[J].中国建材，2014(3)：130.

这又包括领导者素质低下和员工素质低下。这两类人员素质低下都有引发危机的可能。特别是如果企业领导者自身素质低下,导致企业危机的可能性更大。现阶段由于我国的企业家正在逐步向职业化过渡,有些企业领导人知识结构不完善,素质低下,水平较差,对内部员工缺乏威信和感召力,不能激发员工的工作积极性,使企业缺乏凝聚力;同时,对外部公众缺乏平等意识和必要的尊重,有的耻笑外部公众,有的冷落外部公众,有的甚至谩骂殴打外部公众。企业员工素质低成为制约企业发展的"瓶颈",这个问题不解决,企业随时都有可能与公众发生纠纷,产生危机,并因此成为舆论的焦点,这是每个企业最不希望看到的。

2. 企业管理,缺乏规范

这里讲的规范主要是指企业的管理制度和员工行为规范。管理缺乏规范的含义有两个:一是指企业组织基础工作差,管理的规章制度不健全,以至于工作无定额、技术无标准、计量无规矩、操作无规程给组织管理带来极大的麻烦,也给公众带来诸多的隐患;二是指员工的行为无规范,以至于员工工作不讲质量,不讲服务礼节,不讲商业信誉,不讲职业道德,甚至严重损害公众利益和伤害公众感情。这些都有可能成为引发危机的祸根。如近年来全国各地相继发生了因产品质量引发的企业危机,一些产品先后受到消费者投诉,企业形象面临挑战。之所以存在产品质量隐患,深究起来企业管理缺乏规范是主要原因。

3. 单纯逐利,道德缺失

一些企业个体的视觉范围更多的是关注企业现实的生存状况,对社会和公众索取意识的增强,一定程度上冲击了企业对承担社会责任和服务公众的关注。事实上,国内大部分企业仍处于"利润最大化"的认识层面和行为层面,社会责任意识不强,同时国家和政府对企业应担当的社会责任缺乏应有的监督制约机制。在这样的情境下,一些企业往往冒着较大的道德风险,而这种道德风险一旦暴露在社会公众的利益诉求面前极易转化为商业风险。[①]

2005年6月,《东方今报》曝出光明乳业郑州子公司——光明山盟公司利用变质过期的回奶重新加工成品,即"回奶问题",引起消费者强烈不满。随后不久,《中国经营报》又曝光了光明乳业乳品二厂存在"早产奶"的问题。媒体的深挖和跟进将光明奶事件的炒作推向了高潮,迫使光明乳业对河南光明山盟公司的高管做出了停职处理,此举仍然没有得到媒体的同情和支持,全国各地光明奶制品的消费量不同程度地受到影响。光明乳业在消费者心目中的美誉度也大打折扣。

4. 目无法制,观念淡薄

企业经营活动的正常开展,除了必须遵循企业经营的基本准则和社会伦理道德之外,还必须要守法,严格依法办事。因为现代社会是法制社会,市场经济是法制经济,企业的任何一员是否具有法律意识,是否知法、守法,是否将企业的经营活动置于法律的监督、保护下,这对于正常开展经营活动,规范企业管理行为,树立良好的企业形象有十分重要的意

---

① 陈亮,秦娜,张桂香.论转型期我国企业的危机管理[J].集团经济研究,2007(9):158.

义。事实上,的确有的企业法律观念极为淡薄,置国家法律于脑后,霸气十足,随意践踏公众作为人的起码权利,终于酿成企业危机。

5. 经营决策,屡屡失误

在现代社会中,企业的经营决策都应自觉考虑社会公众、社会环境的利益和要求,不能有损于公众,不能有损于环境,反之,即属于决策的失误。经营决策失误情况繁多,主要体现为方向的失误、时机的失误、策略的失误等。各种失误都可能导致企业危机的出现,特别是其中的方向性和策略性失误更是导致企业危机的关键原因。如背离公众和环境的利益与要求做出决策,或采取有损公众和环境的策略实施各种决策,都是可能严重危及公众和环境的,也都有可能引发公众对企业的抵触、排斥和对抗,从而使企业陷入危机状态。

6. 公关行为,失策失范

现代社会十分重视公共关系工作,公共关系工作实际上是一种社会信息交流工作。在信息交流的过程中,严格遵循以客观事实为基础的原则,是保证信息交流正常进行,求得企业与公众之间消除隔阂,达到动态平衡的基本要求。如违背这些原则,传播不真实,甚至有意弄虚作假、技巧运用不得法,严重损害公众利益,那么再多的信息交流也无益于企业与公众间关系的协调,它只能被公众坚决反对和抵制,使企业与公众之间的关系走向恶化,形成危机。这具体表现如下。

(1) 策划不当,损害公众利益。公众利益优先,以公众利益为出发点,是企业形象策划应遵循的基本原则。如南京某房地产开发公司曾向某女电影明星赠送价值20万美元的别墅,结果并未引起轰动效应,反而伤害了公众感情,招来公众"向谁献爱心"的争论,这说明不从公众利益出发的策划是必然失败的。

(2) 公共关系活动缺乏必要的准备。企业要取得以塑造形象为目的的公共关系活动的成功,就得做好公共关系的前期准备工作,准备工作做得越充分越扎实,公共关系的成功率就越高,如果企业缺乏必要的准备,或者准备不周,都有可能引发危机,使好事变成坏事。

(3) 企业忽视与公众的信息交流、传播沟通。通过企业和公众之间的信息交流,可以优化组织结构,增进人际关系的和谐,取得公众对组织活动的谅解和支持,所以传播沟通对企业至关重要,但恰恰有些企业却形成了无视沟通或传播沟通意识淡薄的缺点,从而酿成企业危机。疏于传播沟通主要表现在:重视纵向的关系而忽视横向的关系,线条比较单一,缺乏双向传播的主动性,满足于上通下达和组织的自身评价,对外界发展变化缺乏迅速反应和反馈的机制;在工作方法上不愿意向公众宣传自身建设的情况,不愿意在平等的地位上与公众进行协商、交流,习惯于号召式的宣传,懒于做琐碎的沟通工作;企业发布信息不及时,缺乏针对性,使公众不能及时地了解到所需要的信息等。可以说,在信息爆炸、误会频起的市场经济社会,"沉默"对企业来说不再是"金"。

(4) 媒体关系处理不力。企业在公关危机来临时,采取的措施普遍不力。企业与媒体的关系主要是在常态时建立的较肤浅的表层和谐关系,而一旦企业处于公关危机状态时,应对媒体的报道比较消极被动,对于媒体不利于自己企业的报道采取过激的反应,导致与媒体关系紧张不和谐。如何在危急关头利用好新闻媒体、引导舆论方向,促使突发性事件朝着有利于社会公共安全大局的方向转化,关键在于与各类新闻媒体建立良好的沟通渠道和合作关系。

(5)忽视公关调研,损害企业声誉。调研是公共关系运作的四个程序中最重要的一步,是制订公关计划、开展公关活动的基础,这就犹如中医看病必须首先"望闻问切"一样,没有"调研"必然贻误公关良机,出现偏差,使"病症"加剧,给企业带来不必要的麻烦,使之陷入企业危机中。

小案例

GHE 公司危机

GHE 集团是世界领先的单一品牌卫浴制造商和供应商,成立于 1936 年。其中 GHE 的龙头系列的产品最为出名,深受五星级酒店和高档住所的青睐。

2008 年 3 月 2 日,GHE 公司的售后服务部接到了一起投诉,一消费者使用淋浴房的恒温龙头而导致烫伤,致电 GHE 公司要求其负责并提出索赔。接到投诉后 GHE 公司的售后服务部把事件汇报给了部门经理,由于部门经理当时正在外地出差,因而只是委托其下属先去了解情况。对于这款恒温龙头的投诉是第一次,谁也没想到这款好评如潮的产品会发生烫伤事件。而受伤的客人索取包括医疗费、误工费、营养费、精神损失费等各项费用,累计高达 50 万元的经济补偿。

GHE 公司负责产品质量的经理将此事汇报给了总经理,召开了内部会议进行讨论。最后决定跟消费者方进行交涉,并强调产品本身质量不存在任何问题。而消费者认为 GHE 公司的产品确有质量问题才会导致恒温状态失控,水温无法调节,将消费者烫伤。双方各执一词,僵持不下。

2008 年 3 月 15 日,在双方各自僵持期间,此次事件的伤者通过消费者保护委员会进行投诉,并向媒体求助。媒体在当天下午赶到现场对伤者以及 GHE 公司的管理人员进行采访,GHE 的管理层对采访非常抗拒,示意前台阻止媒体进行拍照,并拒绝了记者的采访。最后由于记者的坚持,迫于无奈的 GHE 公司派产品的售后经理接待了记者,以这次的事故绝非公司产品的质量问题所造成为由而不对此次事故予以表态。当记者问起将如何对消费者进行补偿或赔付时,公司没有明确的回答。

此番态度使原本中立的媒体此时纷纷偏向受伤的消费者,在此事的报道中对 GHE 高层的处理态度做出了批评。而在此期间,由于此事故传得行业皆知,不少购买过 GHE 产品的消费者纷纷致电该公司,询问自己购买的产品有没有质量问题,那些刚下了订单的客户则纷纷提出退货。一时间,GHE 公司的危机事件闹得沸沸扬扬。

2008 年 3 月 20 日,GHE 公司派了售后部人员以及技术部支持人员一起前往该用户家进行设备的检修,发现此款恒温龙头确实不存在质量问题,但是按照批次显示,这款龙头是 2 年前的产品,阀芯已经有些老化。并且发现伤者的住宅属于房龄较老的公房,存在水压比较不稳以及自来水管老化的迹象,检查自来水管道,发现其中有些细小的颗粒。这些对于恒温龙头的使用来讲都是不太有利的条件。因为恒温龙头需要定期维护,一旦出现出水不稳定的情况,要及时检查、清理阀芯或检查出水口是否畅通。由此,GHE 公司认为此次事故责任并不在于自身,而在于用户的不正当操作,以及没有定期致电公司的售后人员做上门维护。而消费者则认为 GHE 公司在安装前后也没有给予必要的指导,坚持 GHE 赔偿其损失。GHE 公司却不打算给予如此高额的赔付，争执不下双方只能对簿公堂。6 月 10 日，接到法院诉状的 GHE 公司立即展开内部管理层的讨论研究。为了不把影响扩大，高层们决定采取庭外和解。GHE 这起恒温龙头的伤人事件闹得沸沸扬扬，最终在 7 月 1 日以双方签订庭外和解书，GHE 赔付 15 万元告终。

此次危机事件的发生，使接下来的几个月里 GHE 损失的订单额达到 2 亿欧元，一些豪华酒店也不再与 GHE 签约，其公众形象大打折扣。GHE 在此之后的一年里销售额一直处于低迷状态。市场部策划不断地推出广告或者各类促销活动来挽救其岌岌可危的品牌形象，而这款恒温龙头持续滞销，最终以停产告终。

7. 危机管理，亟待加强

发生危机不可怕，可怕的是在危机来临时没有好的处置办法，甚至是处置失误，以致贻误战机，致企业于灾难甚至死亡的境地。一些企业在处置危机中大多存在三种不当行为：一是侥幸过关，总认为企业发生点问题没什么大不了的，不值得大惊小怪，过了几天就风平浪静，依然故我。二是据"理"硬抗，总站在企业的局部利益，抱住或力争"片"理不放，以受委屈被冤枉的姿态进行顽抗，不管三七二十一，不问青红皂白，既不顾自身的眼前和长远利益，也不顾及消费者的耐力和承受力，一味地强词夺理，死"拼"硬"抗"到底，结果是"赔了夫人又折兵"，既损失了市场又影响了品牌信誉。三是诡秘运作，遇到危机，不敢公开面对，总想不张扬、不公开，企图通过诡秘手段，采取不正当手段，走捷径，找门路，拉关系，依靠某些个人，内部摆平，结果不仅没有"摆"平，反而越"摆"越不平，贻误了危机处置的最佳时机，使企业危在旦夕甚至死亡[①]。

企业的危机管理水平不高，面对危机，不知所措，难以做到科学应对是造成上述不当行为产生的直接原因。其表现如下。

（1）危机意识空白导致预警机制缺失。一些企业没有认清面临的环境，首先就应该从认识上高度重视，把危机当作社会常态，及早发现危机，采取措施解决危机。而这些企业很少有根据危机征兆来预测公关危机发生的预警系统和机制，只是根据某些部门人员的经验来判断、预测，主观意识很强烈，缺少科学性。

（2）危机人才缺失引起体系缺陷。企业没有健全的处理公关危机的管理系统，在危机爆发时，公司董事长亲自披挂上阵，疲于应付，采取鸵鸟政策这种不得已的应对方式。加之目前我国还没有设置专门的岗位和部门来应对相关突发事件的危机管理人员，企业处理危机还是依靠摸索经验，基本上没有严格的教育与培训，相反几乎所有的西方跨国企业在这方面都是倾注大量人力、财力。危机管理人才的缺乏造成危机管理的主观随意性和非专业性。

（3）危机识别能力薄弱。企业管理者普遍存在危机识别能力薄弱的"通病"。据零点公司调查显示：仅有 18.0% 属于较高危机识别能力者。企业管理者在危机识别时还具有短视性，表现在对于与企业的生产经营和效益直接关联的危机敏感度较高，而与企业的经

① 徐殿龙.中国企业危机处置的主要问题及对策[J].中国建材，2014(3)：130-131.

营和效益关联不直接的危机如并购、诉讼、工作事故、天灾人祸等则较低。[①]

🔍 小案例

雅芳一步步陷入危机

全球最大的化妆品直销公司雅芳（AVON）近年来在欧莱雅、雅诗兰黛等品牌夹击下，业绩不断下滑，2012年雅芳全球亏损4250万美元，营收下降到107亿美元；2013年全球营收99.6亿美元，亏损额5640万美元；2014年全年营收88.5亿美元，净亏损3.85亿美元。连续三年亏损的雅芳集团不得不采取剥离非核心业务的方式强化其资本结构，提振投资者信心。但是"质量门""行贿门"等负面消息不断，2013年和2014年其信用评级先后被惠誉、标准普尔"BBB−"下调至"BB＋"，市值持续下跌，到2015年仅约48.5亿美元，不足2013年全年营收的一半。在雅芳一步步陷入绝境的过程中，中国市场变化、政府监管政策调整和雅芳在中国的一些作为起到了推波助澜的作用，尽管中国市场仅占雅芳全球销售额的1％。

1990年雅芳以直销模式进入中国，"给中国女性带来第一支口红"，扩张速度极快，直销人员一度达35万，1997年营销收入超过10亿元人民币。1998年6月中国政府明文禁止传销和直销，雅芳中国被迫转型为零售模式，缺乏零售经验的雅芳以"销售额"为核心，认为"只要能卖东西的地方就可以卖雅芳"，除了设立专卖店，还将杂货店、超市甚至复印店都作为销售终端。1999年至2006年，雅芳中国专卖店6300多家，商场专柜2000多个，年度销售收入一度达到近30亿元，但这也是雅芳走向绝境的第一步。

雅芳总部一直希望中国市场回归直销模式，并为此付出了很多努力，包括行贿官员。2005年4月11日，雅芳中国宣布准备回归直销；2006年2月22日，雅芳如愿获得第一张直销牌照；2007年，正式宣布全面回归直销模式，却未想这正是雅芳走向绝境的第二步，直观表现是在中国销售业绩逐年下滑，2009年至2013年的销售额分别是28亿元、18亿元、10亿元、7亿元和3.6亿元。

雅芳在中国市场陷入绝境的第三步与销售模式争议直接关联，虽然全面回归直销模式，却没有下决心取消专卖店，结果长时期内专卖店和直销人员并存，双方潜藏的客源冲突和价格冲突，导致北上广一线大城市的化妆品经销商对雅芳兴趣持续减弱，三四线城市专卖店又无助于维持雅芳的品牌形象；不同经销网点之间的恶性价格竞争加剧了经销商和直销员之间的冲突，一些资深直销员离开雅芳。

当行贿丑闻和"质量门"危机事件发生后，雅芳的消极回应沉重地打击了品牌的国际声誉，这是雅芳陷入绝境的第四步。2008年4月雅芳收到内部举报，称雅芳中国存在与经营相关的"不适当"差旅费、招待费和其他费用，但直到6年之后，雅芳中国公司才承认在中国先后行贿9600笔，行贿总额165万美元，且未在会计记录中准确反映相关费用，行贿目的是获得直销经营许可、逃避罚款和压制官方媒体负面报道。雅芳因违反《美国反海外腐败法》相关规定，被罚款1.35亿美元，额外需要承担调查带来的3.4亿美元法律和其他成本。2013年12月2日，"雅芳玫瑰亮白洁容霜"被检测出含有致癌物质苯酚，被国家食品药品监

[①] 张靖.国有企业公共关系危机处理策略探究[J].现代营销,2012(10):110.

督管理总局点召，随后雅芳回应称此产品"已不在中国目前生产和销售的产品目录之列"，对含违禁药丑闻的态度含糊不清，对媒体采访非常不重视，事隔 22 天才回复记者邮件说："雅芳只出售安全的产品，产品均采用安全的原料并严格遵循产品销售国家和地区的相关规章制度。"

雅芳产品线齐全但品牌打造模糊、直销层级与直销人员激励机制不足等因素也都是雅芳在中国市场节节败退的原因，积重难返的雅芳也许会考虑退出这个市场。

3.1.2　企业危机的外部环境原因

1. 自然环境突变

自然环境突变包括天然性自然灾害和建设性破坏灾害两个方面。天然性自然是自然环境运动中完全遵循大自然规律（即不受人类行为影响的）的环境要素所构成的，如山脉、河流、海洋、气温等。天然性自然灾害是不以人的意志为转移的变化，它往往给企业活动带来意想不到的突然打击。如地震、海啸、旱灾、涝灾、火山爆发、河流改道等。这些灾害具有很大的突然性、无法回避性和重大损失的特点，常常使遭受打击的企业面临灭顶之灾。建设性破坏灾害是一种人为的灾害，它指人类由于短视、无知、疏忽、决策失误等原因，没按客观规律办事所酿成的破坏机制。这种建设形同"破坏"，且建设的规模越大，灾害损失就越惨重，所以，它是比自然灾害更严重的、影响面更广泛的、迄今仍未被予以足够重视的潜在致灾源。"建设性破坏"灾害不仅包括人工诱发地震、滑坡、工业三废污染引起的全球性气候异常和臭氧层破坏、乱砍滥伐加剧水土流失和沙漠化以及烟雾事件和城市噪声等新公害现象，还包括企业规划与设计欠妥造成的企业防灾能力脆弱等弊端，比如，企业动力、热力、供水、污水及垃圾的处理等无防灾和减灾能力，加剧着灾害的隐患。

2. 企业恶性竞争

恶性竞争即不正当竞争，是指市场经济活动中，违反国家政策法令，采取弄虚作假、投机倒把、坑蒙诈骗手段牟取利益，损害国家、生产经营者和消费者的利益，扰乱社会经济秩序的不良竞争行为。恶性竞争作为引起企业危机的一个外部因素，是指本企业受到外部其他企业的不正当竞争，使本企业面临严重的经营危机和信用危机，从而发展成为企业危机。在现实生活中，一些不正当竞争者或采用散布谣言恣意损害竞争对手的形象，或盗用竞争对手的名义生产假冒伪劣产品，或进行比较性广告宣传有意贬低竞争对手的能力，或采取恶劣行径严重扰乱竞争对手的经营秩序等，这些恶性竞争行为，都可能导致严重的企业危机。

小案例

鲁花 摞上金龙鱼

食用油巨头山东鲁花集团有限公司（以下简称鲁花集团）与益海嘉里集团旗下的金龙鱼（以下简称金龙鱼）之间原本存在股权关系，但两者因同业市场竞争日趋白热化而在2010 年产生了一场公关对战。事情缘起于服务鲁花的公关公司北京赞伯营销管理咨询有限公司（以下简称北京赞伯）策划总监郭成林，在网络上发表了一篇名为《金龙鱼，一条祸国殃民的鱼》的文章。

郭成林 2004 年加入北京赞伯,后任项目策划总监。2010 年 8 月北京赞伯与鲁花集团签订了"营销策划咨询协议",鲁花集团出价 180 万元委托北京赞伯进行鲁花集团坚果调和油营销整合服务,北京赞伯指派郭成林负责该项目。

9 月 15 日,郭成林即在天涯等网站论坛和个人博客上发表博文《金龙鱼,一条祸国殃民的鱼》,首先明确宣称转基因大豆对人类健康危害严重,而金龙鱼则控制了全球转基因大豆产业链;其次质疑金龙鱼大豆油浸出法生产工艺有铅汞等物质残留,食用者存在致癌风险。

有媒体报道称,以上内容是郭成林与鲁花集团沟通之后提炼出来的。因此金龙鱼向深圳警方报案,10 月 23 日郭成林被深圳市公安局南山分局刑事拘留,11 月 30 日因涉嫌犯有损害商业信誉罪被逮捕,随后检察院以"捏造并散布虚伪事实,损害他人商品声誉"为由对郭成林提起诉讼。

审理过程中,郭成林的说辞几度变化,一开始说是个人行为,后来又说是公司安排、客户要求。而鲁花集团则声称公司跟北京赞伯仅是商业合作关系,郭成林攻击竞争对手的"行为"只代表他个人,与鲁花无关。

鲁花集团与金龙鱼之间恩怨已有前科。2004 年 9 月,很多媒体刊登了一则关于中国粮油学会斥责金龙鱼 1∶1∶1 调和油涉嫌虚假宣传的声明。事后,鲁花负责人对媒体坦承,这些声明一部分是鲁花集团出钱做的,一部分是中国粮油学会自发做的,并表示此举是为了回应此前金龙鱼利用广告形式对鲁花花生油进行的攻击。

3. 政策体制不利

国家经济管理体制和经济政策是企业难以控制的外部因素,它对企业的经营和发展产生重大影响和制约作用。一般来讲,任何企业都希望国家经济管理体制和经济政策有利于本组织的生存和发展,但这些希望在某些特定情况下又总是不可能完全达到的。如果体制不顺,政策对企业发展不利等,都有可能使企业在经营活动中遭遇很大风险,出现严重问题,甚至陷入一种欲进不能、欲退不忍、欲止不利的困境。在这种情况下,出现暂时的企业危机是完全有可能的。特别是传统经济体制的约束,传统经营观念的影响,行业封锁、产品垄断等种种弊端都可以把一个企业逼向绝境。

4. 科技负面影响

人类社会的科学技术进步,既可以给企业带来创新发展的机遇,也会导致企业原有技术的落后与贬值而出现危机。新材料、新工艺的出现,会使企业如虎添翼;而新技术、新标准的颁布也会使企业的产品在顷刻之间由合格变为不合格。因此科技进步规律导致的企业危机往往具有突发性的特点。因科技进步而导致企业危机的原因表现在两个方面:一是技术本身的危险性导致危机。高技术本身含有较高的风险性和危险性,因而,其导致的危机往往表现为重大技术设备的严重事故。如举世震惊的苏联切而诺贝利核电站爆炸事故,使 6000 多人丧生。二是技术进步带来技术标准变化导致危机。技术进步所带来的技术标准的变化,对企业的影响是广泛的。由于企业技术手段(设备)不可能总是处于先进发达状态,所以企业总是受到高新技术及其高标准规范的冲击。每项新质量标准的实施就意味着在原标准下的合格产品变为新标准下的不合格产品。

5. 社会公众误解

公众对企业了解并不都是全面的,有的公众会因获得信息的缺乏或专听一面之词对企业形成误解,尤其是当企业在产品质量、原料配方、生产工艺、营销方式、竞争策略等方面有了新的进步、新的发展、新的探索时,但公众一时还不能适应,或一时认识跟不上,用老观念、老眼光,主观判断,草率下结论,更易弄出一些危机事件来。公众误解包括以下几个方面:①服务对象公众对企业的误解;②内部员工公众对企业的误解;③传播媒介公众对企业的误解;④权威性公众对企业的误解等。无论是哪一类公众对企业的误解,都有可能引发企业危机。特别是传播媒介公众和权威性公众对企业的误解更可能使误解范围扩大,程度加深,形成极为不利的舆论环境,带来严重的企业危机。

6. 社会公众自我保护

随着现代科技的发展和保护消费者权益的法律不断完善,消费者正在觉醒,并且学会了运用法律的手段保护自己的利益。企业原来认为合理的、正常的东西,现在在消费者的思想中已变成不正常的和非合理的,他们对企业的所作所为提出抗议,如反暴力行为、反污染行动,等等,这就使企业面临着新的危机。所以客观上公众自我保护意识的增强也是企业危机增多的一个原因。

2010年3月16日,东北新闻网(沈阳)在显著的位置推出《辽宁省2009年十大消费维权典型案例》,其中将"东芝笔记本保修卡丢失不提供保修案件"作为案例首推。大连的杨女士在某商场购买了一台东芝笔记本电脑,该笔记本电脑硬盘出现问题,杨女士因无法提供购买凭证东芝售后服务中心拒绝给予维修。无独有偶,消费者丛先生购买了一台东芝笔记本电脑,笔记本电脑显示屏"花"了,由于发票丢失,售后同样不予保修。消费者投诉到消协,此事件经媒体曝光,东芝公司的信誉度在东北遭遇严重危机,笔记本电脑销售一度受到严重影响。作为一个国际知名品牌,东芝应该注重自己的企业形象,尊重消费者的权益诉求。不遵守所在国保护消费者权益的法规,轻视消费者,必将致使企业及其品牌出现信任危机[①]。

7. 新媒体对危机管理的新挑战

新媒体又被称为"第五媒体",是继报刊、广播、出版、影视四大传统意义媒体之后的一种重要媒体形态。新媒体的勃兴,冲击着传统媒体的领地和霸主地位,也重新界定着公共关系、特别是危机公关的含义和范畴。如今,网络上无处不在、无孔不入的"虚拟围观""键盘关注",能瞬息间将虚幻无形的舆论汇集,整合成冲堤决坝的爆炸性力量。新媒体时代,危机爆发的临界点似乎在大幅降低,危机应对的"黄金时间"也在大幅收窄,而对于危机管理者来说,仿佛身处一个"无物之阵"里,四面都是危险,但却看不到敌人。

在2013年广告主生态调研中,被访广告主认为最先曝光该危机的媒体类型,涵盖了网络媒体、报纸等平面媒体以及电视媒体,但网络媒体占比最高,达到了60%(报纸等平面媒

---

① 张爱民.市场经济转型期我国企业危机频发的原因及处理策略思考[J].黄山学院学报,2013(8):40.

体约为20%,电视媒体为10%,其他媒体约为10%),较2012年的48.1%仍然有大幅度提升,网络媒体持续成为广告主危机曝光的重灾区。正是在这样的背景下,越来越多的广告主开始意识到新媒体在危机预警、危机处理以及危机修复方面的重要性,于是也有更多的广告主将新媒体作为危机管理中与公众沟通的平台。

当下新媒体形式不断涌现,危机信息的传播渠道更加多元化,媒体融合的大背景下,立场不同和关注点迥异的媒体承担起对同一危机信息共同传播的责任,因此与传统媒体时代相比,新媒体环境下,"危机信息旋涡"的威力也更大。新媒体的角色也由以往危机信息的传播者,向危机披露的首发人转变;由沟通工具,向事件参与者的角色转变。在新媒体环境下,企业危机管理挑战重重。具体来说,吴亚博、阮萍晶、李坤在其《新媒体环境下企业危机公关研究》一文中总结为如下5个方面①。

(1)新媒体环境下,企业危机爆发的源头增多。首先,传统媒体时代,受众只是信息的接收者,很少做出反馈,信息传播的渠道也是单向的、单一的;但新媒体时代,信息传播渠道多元,也变为多对多的网状传播,而每一个节点都可能对信息有新的加工与处理,危机爆发的隐患增多。其次,信息的不确定性增加,网络环境下人人都成为可以自由发声的媒体,每个人都可能既是消息的传播者,又是消息的产生者和加工者,大大增加了发布信息的不可控性和随意性,任意一个潜在的触点都可能引爆企业危机。而网络、手机等时效性更强的媒体形式,更加快了危机传播的速度和传播的范围,又加剧了这一状况。如2013年10月多名网友微博爆出国航发放过期的牛肉烧饼事件,乘客与乘务员沟通,并要求其告知尚未吃烧饼的乘客请勿食用,但遭乘务员拒绝,然而在发餐后不到半小时的时间,机上乘客开始出现上吐下泻、肚子剧痛等症状。一时间国航被舆论包围,引发了众多网友的"围攻",国航的品牌受创。而由网友首发的企业危机事件呈现增长的态势,企业危机爆发的源头大大增加。

(2)新媒体环境下,企业面临的噪声增大。新媒体增加了人们辨识信息的难度。信息更替与传播的速度加快是新媒体的显著特征,人们处理信息的过程中很难细致分析、去伪存真,导致危机在传播过程中容易受到流言、谣言的影响,企业在处理危机中面临的噪声也越来越大。实践表明,手机短信、微博等已成为流言、谣言传播的重要渠道。曾经,一条"四川广元'蛆虫柑橘'的谣言"短信充斥全国,原本的正常病虫害,在新媒体的病毒式传播中被演绎过度,导致价格猛跌,柑橘企业损失惨重。而2012年夏天,在杨梅成熟的季节,网上流传"浙江余姚慈溪杨梅喷洒膨大剂"的消息,同样引起消费者的恐慌。接连不断的谣言之所以能"一呼百应",自然有新媒体环境的影响:大家的话语权多了,但是责任感少了,不加追究对谣言进行传播,"病毒效应"的影响也更为严重。毋庸置疑,新媒体环境下企业正面临着更大的噪声威胁。

(3)新媒体环境下,企业面临的次生危机增加。信息传播的渠道越来越多元,网民的力量被放大,企业一旦发生危机就会被公众聚焦,而关于该主体的各种信息就会被再次深挖并传播,企业的"信用历史"就会被轻易曝光。因此,一旦企业发生一则危机就会立即引来相关信息的高度曝光和聚合,并引起一连串反应,增加次生危机出现的可能性。2013年

---

① 吴亚博,阮萍晶,李坤.新媒体环境下企业危机公关研究[J].东南传播,2014(6):65-66.

2月,苏泊尔被贵州工商局抽检,有部分燃气灶不合格,企业及时发出声明表示抽检产品是假货。然而危机远没有停息,随后苏泊尔锅具锰超标、苏泊尔电饭煲保护装置不达标等负面事件再次被媒体挖掘出来,加之"贵州抽检燃气灶半数不合格"令人唏嘘的抽检结果,使舆论质疑苏泊尔管理漏洞,并怀疑其委托一些小工厂贴牌生产,以致对品牌造成负面影响。

(4) 新媒体环境下,企业与利益相关者的博弈更复杂。新媒体环境下,各个利益相关方都会利用媒体争取话语权,表达自己的利益诉求,并努力让危机向着有利于本企业的方向发展。迈克尔·里杰斯特就曾说:"要善于利用媒介与公众进行传播沟通,以控制危机。[①]"于是在现实生活中,一方面企业为转嫁危机,往往会将行业中同类企业牵扯进来,以转移公众视线,从危机中抽身;另一方面,公众也"由点及面",进行联想,同类品牌面临被"挖",于是"群体性"行业危机增多,企业与利益相关者之间的博弈也变得越发复杂。"传承湘西悠久的民间传统工艺,独创中国白酒馥郁香型"的酒鬼酒曾经遭遇"塑化剂"危机,门户网站首发该消息,微博纷纷转载,专业社区讨论热烈,引起网民的极大关注。在食品安全不容乐观的环境下,单品牌出现危机,一旦经由公众关注,最终很容易发展为行业危机。"塑化剂"事件也沿袭了以往行业危机的发生模式,在随后网友的送检中,茅台被查出指数超标,并卷入其中。而"塑化剂"风波的冲击远不止这两个白酒品牌,酒类股集体下跌,群体效应极为明显,白酒行业告别"黄金时代"。

(5) 新媒体环境下,企业应对媒体的难度增大。当下,媒体种类繁多,尤其是自媒体蓬勃发展,企业在危机处理中应对的媒体数量增多,应对的难度也增大。对于广大草根的自媒体用户而言,自媒体成为其表达个体利益和价值的窗口,企业应对危机的过程中,更应该增加对该阶层的关注和尊重,稍有大意就会造成极大的恶果。2013年年初,奢侈品牌D&G可不好过,在其海港城店面由于禁止我国香港地区顾客拍照,允许中国内地游客拍照而被热议,也由一件单一的消费者与商家的冲突事件发展成为区域歧视的话题。尔后消费者以千人拍照的方式集体抗议,要求该店公开道歉。显然,在事件的始末,D&G都忽视了消费者的正当权益,且不当的回应策略使其遭遇品牌危机。

正是由于新媒体环境下受众的角色发生了如此翻天覆地的变化,人们对于信息的参与和互动不仅难以删除,而且一旦形成舆论,将难以驾驭。在新媒体时代,针对一些群体性事件,尤其是带有负面性甚至曝光性质的信息,大多数网民都抱有一种同理心态,在无法辨别真伪时,宁可信其有不可信其无,对所获得的信息进行大量的转发,希望引起有关部门的关注或是有人站出来对事件进行说明,特别是作为普通民众无法左右权势,则寄希望于舆论造势,将事件不断发酵以期获得更好的解决问题,这使信息的传播极其迅速而影响也相当巨大。

而在新媒体环境下,企业公关已不再是打打广告、开个新闻发布会,或是依靠与几个主流媒体记者搞好关系就能轻松平息事态了,此时的企业公关如果稍有不慎,则很有可能被大众舆论所牵制手脚,不仅无法消除负面影响,甚至有可能将事情的发展推向更加不利的一面,引发危机。

以上是从企业组织所处的内外部环境分析容易诱发危机的诸多方面原因,实际上任何

① 迈克尔·里杰斯特.危机公关[M].陈向阳,陈宁,译.上海:复旦大学出版社,1995:10.

危机的发生都并非一个原因促成,都是多个原因综合作用的结果。只有对造成企业危机的原因进行深入剖析,才能拿出充分的依据,为正确处理危机奠定坚实的基础,同时,明确导致危机的因素也为企业预防危机的发生提供了可能。

3.1.3 企业危机发生的根本原因——危机与振兴理论

美国管理专家戴维·赫斯特在其所著的《危机和振兴:迎接组织变革的挑战》一书中揭示了企业组织成长过程中危机发生的根本原因,提出了危机与振兴理论,现予以总结提炼主要内容如下。[①]

1. 学习型组织——猎人社会的动力机制

一个组织发展的幼年期(初创时期)是一个典型的学习型组织,如图 3-1 所示,是一个"猎人社会"的动力机制。处在这一时期的组织注重学习各种东西——学习掌握高难技术,学习对不同公众的要求做出反应,学习筹集幼年企业发展所需的资金,等等。

(1)创业者(人员):他们是具有非凡技术和经验的人,具有特殊热情的人,对该领域里的异常现象和未开发的机遇十分敏感。

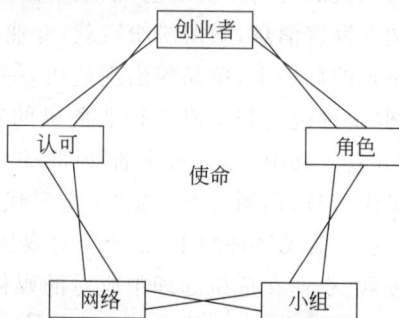

图 3-1 学习型组织

(2)角色:角色是自行选择的,每个人的角色都反映了其天生的爱好和本领,每个人都身兼数职,承担着自制机制认为最合适的角色。这个阶段没有组织来选择人选,组织与其外部环境之间没有清晰的界限,组织与其外部环境之间同步发展。

(3)小组:人们以无固定程式的方式来开展工作,这一要求通过建立一些非正规、多技能的小组来实现。小组内部之间密切合作与交流,便于人们解决每个"幼年"企业都面临的复杂、无序和"棘手"的问题,在紧急情况下(在"幼年"组织里,几乎每件事都是紧急的),人们没有时间考虑等级和规矩,谁能干就由谁来干,人们好像从天而降,问题解决之后又同样接踵而至。

(4)网络:组织通过在一些人之间进行一些相对固定的交易而组成,这些固定的交易形成了一个小型的、有着相对密切联系的系统,成员聚会,进行大量交流,加强网络成员联系的强度,并使之可能形成联系密切的系统,这个系统就是网络,交流是自然的、公开的。

(5)认可:最初由于共同的兴趣,大家志同道合,将组织成员吸引到一起来,使其齐心协力往往是精神上的东西,而不是金钱,将企业凝聚到一起的报酬制度不是以金钱为前提的。

(6)使命:在"幼年"时期组织成长过程中,所有组织员工树立起一种超越个人抱负的共同使命感,使人们在协调一致的基础上,充分发挥个人的独创精神,而不是对人们进行监督与控制,这种价值观赋予个人以行动的权利,又使他们互相协调一致,这种使命感的建立

---

① 戴维·赫斯特.危机和振兴:迎接组织变革的挑战[M].王恩冕,等,译.北京:中国对外翻译出版社,2000:27-48.

往往是某个人——通常是创始人对未来的展望而促成的。

2. 运作型组织——牧人社会的动力机制

由于初创的企业在起步时是非正规的学习型组织,组织在"幼年"时期其学习通常是试错式的,而在残酷无情的竞争环境里,错误往往是致命的:许多初创组织将以失败而告终,组织的成员会像猎人们一样,不是加入其他较为成功的团队里,就是自己去创业,可是幸存下来的组织迟早会变得越来越像牧人。他们的重点会从学习转向运作、从建立常规转移到恪守常规中。这些组织当然还会学习,但是,在诸如产品特性、生产技术和市场等重大问题得到解决之后,即使是在新兴的行业里,学习的范围也会逐渐缩小,组织从"学习为主"向"业绩为主"过渡,由"猎人"而成为"牧人",如图3-2所示。

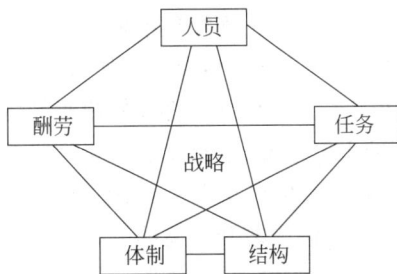

图 3-2　运作型组织

(1)使命→战略。随着一个共同的组织目标——使命的建立和明确,人们就可以采取相应的、有条理的组织行动。由于弄清了因果关系,组织内部的行为变得合理了,人们便开始借助一个理论框架来解释他们的行动。一向被证明是成功的行动模式被一再重复。这种模式被归纳为统一的概念并确定下来之后,便称作战略。战略是"硬性的"使命,战略把使命变成了可操作性的东西,限制人员的流动,为组织的所有要素划定界限,并把限制加以制度化,由于有了这些限制,羽翼未丰的学习型组织转变成运作型组织,猎人社会的动力机制向牧人社会的动力机制转变。试错式的学习成果被转化为运作常规,个人在组织背景中的学习成果被整理成条文,并且在等级结构中加以正规化。

(2)角色→任务。组织在"幼年"时期,每个成员的角色是自行选择的,现在不同了,每个成员都有明确的工作内容和标准的操作规程,所需技能变得越来越容易理解,业绩也可用常规标准来加以衡量。由于组织将重点转到了创造可靠业绩所需的常规和技能上,理想便退到了第二位,创始人原有的激情开始降温。

(3)小组→结构。这时组织的运作常规及各部门职责范围也相应落实,分工明确,责任到位,以确保整个机构正规化运行,那些参与性强、技能种类多且灵活性大的小组被专业化部门所取代,这些专业化部门的活动由各种规章制度、规程和各级管理人员的计划来加以协调。如果不把日常活动变成常规,管理部门就什么也干不了,只能随时准备救急。等级制的出现,很可能是成熟组织中最难以觉察的老化的开始。因为一方面,它对组织生产的有价值的产品和服务、生产工艺和技术等起着至关重要的控制作用;另一方面,它又是一个主要的制约因素,防备人们轻易改变生产工艺、产品和服务。

(4)网络→体制。"幼年"组织提供"密集"信息的那些细密、丰富的网络,被专门使用"稀薄"信息的系统所取代,变得薄弱、微不足道。非正规的"信息小道"将作为原先学习型组织的残余而幸存下来,但它的功能也会因为缺少面对面的交流机会而难以发挥。在极端正规的组织中,可能会把小道消息称作"流言蜚语"和"阴谋诡计",会损害羽翼渐丰的组织形象。初创时期的那种亲密的同志关系在一个数量众多、人员分散的劳动大军中不可能再存在下去。创始人的时间被分割得越来越细,员工们见到他们的机会越来越少,信息被越来越多地运用在控制方面——及时发现与预定目标和标准不符的环节。组织与环境也被清晰地划分开了,通过一系列条条框框来取代一度是乱纷纷的信息,打着战略的旗号,在审视自我时,即使面对否定这些框架的证据,却依然维护这已被认可的框架。

(5) 认可→酬劳。随着组织的经济稳定增长,非正规的精神鼓励在一开始会有所增加,但是,由于正规物质报酬制度所确定的现金付酬可能最终完全取代精神上的鼓励。任务内容一旦明确,相应的技能就能确定下来,工作进度也能确定下来了,正规的工作评估方法也有了。组织成员将开始收集炫耀成功的装饰物,"老资格"的成员会把自己同"新来乍到"的人区别开,这都将加快正规报酬分配制度的建立。

(6) 人员也发生了变化。人是组织中最后一个发生变化的,而且是变化得最慢的要素。元老们厌恶开创新的领域,留下的"空缺"由专业管理人员填充,由于专业管理人员的到来,组织往往离"死亡"近了一点。他们无视组织变化,忽视组织历史,无视组织原有宗旨。管理者所推行的运作结构可能无法觉察到环境上的细微变化,短期效果可能很出色,但是成功的果实就隐藏着失败的种子,公司的生存开始受到威胁,最后终将有一天危机爆发,而且往往是致命的。

危机的到来如同人体发烧,组织内将会调动所有力量去抗争,去抵御内外病毒的侵袭。这时如果组织内免疫系统增强,就会使公司重获新生。建立具有较强免疫功能的危机管理系统的最佳组织结构,则是运作型组织在向学习型组织转变,如图 3-3 所示。这个危机管理系统是能调动公司所有人员进行开放式交流与传播,并激起人们使命感的灵活性体系。

所以建立新的"学习型组织",形成相应的危机管理组织系统,使组织内部进行自上而下的统一行动是企业摆脱危机的根本所在。

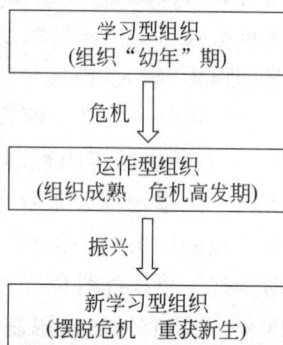

学习型组织
(组织"幼年"期)

危机⇩

运作型组织
(组织成熟 危机高发期)

振兴⇩

新学习型组织
(摆脱危机 重获新生)

图 3-3 危机与振兴理论

3.2 能力开发

3.2.1 案例分析

1. 锦湖轮胎危机事件

锦湖轮胎是由韩国八大集团之一的锦湖韩亚集团在中国投资兴建的大型专业轮胎生产企业,经过十余年的发展,锦湖轮胎已经成长为中国最大的轮胎制造企业之一,为推动中国轮胎产业的蓬勃发展做出了巨大的贡献。

2006 年 5 月锦湖在中国上海成立了销售有限公司,全面负责锦湖在中国四大工厂的产品销售工作,实行了产销分离。目前在中国设立了 16 个办事处,建立起了一个拥有 250 余家经销商、5000 多家分销商的庞大销售网络。为多个汽车厂家提供配套轮胎,在国内配套市场占有率第一。

锦湖轮胎拥有完备的生产线,产品覆盖了轿车轮胎、商用车轮胎、越野车轮胎、载重车轮胎等多个类别。面对竞争日趋白热化的中国轮胎市场,锦湖不断以高品质的产品抢占市场,如今,锦湖已成功与重庆福特、一汽大众、上海通用、北京现代、东风神龙等多个知名汽车制造企业形成稳定的合作关系,并配套它们的多款主力畅销车型。目前,锦湖在中国的配套车型已达30余款,配套的汽车数量已突破数百万。锦湖同样专注于产品研发,多年来致力于开发适合中国路况的轮胎产品。公司投资3600万美元,在天津建设研发中心,并配备世界先进的设备[①]。

2011年中央电视台"3·15晚会"上,锦湖轮胎被揭露在轮胎制造过程中存在违规生产的严重问题。为了保证轮胎品质,锦湖轮胎制定了严格的作业标准,然而,在制造过程中,却大量添加返炼胶。至此,锦湖轮胎事件引起了社会的广泛关注。

3月16日中午,在其官方微博上发布消息,坚称报道"不准确"——"原片胶、返回胶的添加比例是按照重量来进行计算,并非直观的数量比例"。

3月17日,央视跟进报道,反驳锦湖的澄清声明。对此锦湖轮胎称,公司正配合国家质监部门进行检测,会公布官方声明以做回应。无论是否中央电视台冤枉了它,各大汽车厂家都忙着与锦湖轮胎作"切割",有的厂家表示:"我公司汽车所用轮胎非曝光厂家生产";有的表示:"马上进行全面检查"。

3月18日,工信部办公厅发布消息称,将"积极配合有关监管部门进一步查处"。大批媒体开始跟风深入挖掘锦湖问题:媒体质疑锦湖其他工厂生产的轮胎也有质量问题,锦湖不予回应;媒体继续爆出锦湖3C认证被没收,锦湖否认。国家质检总局最后出面确认锦湖轮胎有13张3C认证证书被收回……媒体口诛笔伐,锦湖轮胎的躲闪应对,加剧了消费者的反感。

3月21日下午5点,锦湖轮胎全球总裁金宗镐、中国区总裁李汉燮通过中央电视台《消费主张》栏目,面对镜头正式向广大消费者发布道歉声明并承认其天津公司产品和管理有问题。同时宣布天津公司管理负责人员被免职;承诺在最短时间内确定锦湖轮胎(天津)有限公司问题范围后申请召回;承诺公司对于锦湖轮胎质量问题进行快速处理。但是对召回具体时间、具体步骤并没有提及。上海通用、北京现代、一汽大众、东风标致、奇瑞汽车纷纷发表声明称:已经采取了一些紧急应对措施,并在积极地与锦湖轮胎方面沟通,等待他们的结论及解决方案,目前使用的不是天津工厂生产或者不是锦湖轮胎。

4月2日,国家质检总局新闻发言人李元平在新闻发布会上通报称,锦湖轮胎(中国)公司决定从4月15日起,在全国范围内,召回部分2008年至2011年4年间生产的锦湖轮胎产品,涉及数量共计302 673条。

4月8日,一辆装配锦湖轮胎的全顺牌警车行驶途中因爆胎发生交通事故,1名民警当场死亡,4名民警受重伤。

4月10日,国家质检总局发布公告称,因使用锦湖轮胎,从4月15日开始,东风悦达起亚、长城汽车以及北京现代将共计召回75 480辆问题车。

4月11日,锦湖轮胎在官方网站正式公布了召回细则,就召回轮胎具体规格、识别方法、召回检测流程、免费检测点及相关服务内容进行了详细介绍,并以磨损率以及鼓包状况

---

① 百度百科.锦湖轮胎[EB/OL].http://baike.baidu.com/view/630569.htm,2015-11-18.

为标准判断轮胎是否予以补偿。

同一天,北京现代、东风悦达起亚以及长城汽车三家车企也发布了对旗下匹配锦湖轮胎的部分车型予以召回的通告。但是细则中对一些问题仍没有给出明确具体的回答,如所涉及的召回批次是如何确定的,为何仅有天津工厂生产的部分批次实施召回;返退胶的违规操作对于车辆在行驶中会产生哪些影响;锦湖指定维修点的检测流程又是否和官方给出的流程保持一致等。

4月15日,锦湖轮胎(中国)公司召回2008年至2011年生产的部分轮胎,有媒体评论称,锦湖轮胎召回,从开始就注定了是一场闹剧,归结起来讲:其一,锦湖轮胎召回完全只是以中央电视台曝光素材作为依据,仅限于被曝光的工厂和被曝光的时段,这就造成了只召回天津生产的锦湖轮胎,而上海、南京分厂则不在召回范畴之内;其二,召回的数量只是"毛毛雨",召回数量为30万条,仅占总生产量的1.5%;其三,"理赔范围"至今没有细则公布,显然,这种"具体情况具体分析"的形式存在很大不确定性;其四,轮胎召回批次明显糊弄人。所涉及的召回轮胎批次,大都是节假日生产,这期间不是产能最低,就是停产,这意味着,所谓召回,只不过走走形式,让大家看看罢了!

5月15日是锦湖轮胎宣布正式召回满月的日子,在沉默两个月后,锦湖轮胎(中国)董事长李汉燮携几大高层赴京接受媒体"拷问"。李汉燮表示,截至5月11日,宣布召回的32万条轮胎里已经更换了3.4万条,完成率约为11%。此外,不在召回批次里通过免费检测给予免费更换的轮胎达3.3万条。不过,不管是召回的轮胎还是因检测而更换的轮胎,品质都没有问题,锦湖轮胎在产品质量没有问题的情况下进行了一次召回,他同时呼吁轮胎行业尽快出台统一的行业标准。

9月1日下午,经济学家贾康及家人驾车行驶于京沪高速沧州至德州段时,车辆爆胎,发生车祸受伤。贾康在病床上发微博讲述此事,并控诉锦湖轮胎,疑因其质量问题致车祸发生。针对全国政协委员、经济学家贾康在微博上提出的控诉,锦湖(中国)回应称锦湖(中国)轮胎销售有限公司非常重视这一事件,对伤者表示慰问,锦湖轮胎已责成相关人员积极配合有关方面调查事故原因,如事故确因锦湖轮胎造成,锦湖轮胎愿意承担相应的责任。事故调查结果及后续工作将在锦湖轮胎官方微博给予回复。

9月27日,国家质检总局透露,2011年3月锦湖轮胎事件后,到目前为止,质检总局已督促召回锦湖轮胎30余万条,韩泰轮胎召回了240余条。

10月10日,锦湖召回工作仍然在继续,原定免费检测服务是2011年4月15日至10月15日,现在又增加了两个月,延长到12月31日。轮胎的质保时间从三年变为五年,也就是说,生产日期起5年之内的产品,如果存在制造上的质量问题,可以得到商务理赔。

11月3日,羊城晚报报道称,与大家想象的不同,锦湖轮胎出事后,中国消费者反而更青睐国外的品牌,中国国内轮胎品牌并未得到更多的市场。

思考·讨论·训练

(1)锦湖轮胎危机事件发生的原因是什么?

(2)请对锦湖轮胎应对危机事件的做法予以分析评价。

2. 百度的"竞价门"

提到大名鼎鼎的搜索引擎"百度",估计中国的网民没有几个不知的。这个于 2000 年 1 月创立于北京中关村,创始人为李彦宏、徐勇的搜索引擎目前是全球最大的中文网站和最大的中文搜索引擎。

"众里寻她千百度","百度"二字正是源自辛弃疾的《青玉案》,它象征着百度对中文信息检索技术执着的追求。

在 2008 年 9 月 19 日,正望咨询公司发布的《2008 年中国搜索引擎用户、市场调查报告》称,在京沪穗等一线城市中,百度的市场份额为 60.9%,遥遥领先于其他对手,在坊间也一直有"内事不决问老婆,外事不决问百度"的戏言,虽然只是戏言,但是百度的地位从中略见一斑。但是百度在 2008 年却陷入一桩丑闻中,一时之间舆论沸沸扬扬,对于百度的企业形象造成了损伤。

2008 年 11 月 15、16 日,中央电视台《新闻 30 分》连续两天报道百度的竞价排名黑幕,百度竞价排名被指过多地人为干涉搜索结果,引发垃圾信息,涉及恶意屏蔽,"勒索营销",从而引发了公众对其信息公平性与商业道德的质疑。

在过去数年中,百度一直自称"更懂中文",获得了中国网民的青睐。这家公司因为其搜索竞价排名在市场上收入丰厚,获得了长足的进步,不过,这种赢利模式正在受到越来越多的质疑。这次将其带入舆论旋涡的同样是竞价排名。

先是有人指出在三鹿事件中,百度收受了三鹿 300 万元封口费,屏蔽了对三鹿的不利消息,尽管百度一再声明否认,但仍然打消不了网民心中的疑虑。此次再次将百度拉入风口浪尖的是河北省唐山市一家名为人人信息服务有限公司的企业,该公司与百度陷入竞价纠纷。近日,中央电视台接连两天对百度竞价排名的弊端进行了报道,百度的媒体形象一度跌入低谷。

百度深陷舆论旋涡时,其竞争对手纷纷发表议论。11 月 13 日,在由中国互联网协会召开的"搜索——未来"互联网主题论坛上,谷歌中国区总裁李开复表示,"Google 中国不会人为干预搜索结果,除非有非法内容出现,客户付钱也不会令 Google 中国删除搜索结果或增加搜索结果"。向来声明不对竞争对手发表议论的谷歌发表了针锋相对的言论。17 日谷歌中国工程研究院副院长刘骏驳斥百度关于"垃圾信息是搜索不公正主要原因"的论调说,"在搜索结果中按照广告价码高低来排序的方式,违背了搜索公正性的根本"。

在这次危机事件中,百度的表现还是十分中肯的,为迅速地平定危机也起了很大的作用。

百度在应对危机时采取了三步走的策略。

第一步,召开紧急会议,迅速处理中央电视台曝光事件。

据报道称,中央电视台周六曝光后,下午百度就召开会议做出决定:"没有医药许可证的网站将在 18 日全部下线,等医药用户提供正规医药许可证后,并通过百度总部严格审查后方可上线。"11 月 18 日,百度 CEO 李彦宏就"竞价排名"问题首度发表公开信,李彦宏在信中说,近一段时间百度所呈现的问题伤害了广大的百度用户和竞价排名客户的感情,并表示"知错能改,善莫大焉"。

第二步,按照严重程度,先后批量删除相关广告内容。

要求员工批量删除被曝光的竞价排名广告，首先删除中央电视台曝光的关键词，然后处理其他网站。"百度各分公司运营部门员工被要求在周一早上8点提前到公司处理不合格医药网站的关键词下线工作。"

第三步，迅速处理当事人。

对中央电视台曝光的相关营销人员做出迅速的处理。另有消息称："涉嫌违规操作竞价排名的相关业务责任人，也将受到百度内部的处理。"

面对此次危机，百度在第一时间迅速行动，没有顾左右而言他，而是直接就事件暴露的问题进行了处理，这在危机的平息中起到了很大的作用。

从李彦宏在中央电视台曝光排名内幕后给员工的邮件中可以看出，百度的态度还是比较负责任，对用户负责其实恰恰是对百度自己负责。

思考·讨论·训练

(1) 造成百度此次危机的原因有哪些？

(2) 当今互联网企业应着重应对来自哪些方面的危机？

(3) 百度应对本次危机的成功经验有哪些？

3. 东航的尴尬

2008年3月31日，东方航空公司云南分公司多个航班在飞离昆明后，却又纷纷选择返航，导致1500名旅客滞留昆明机场。

东航云南分公司方面表示，3月31日东航云南分公司执行航班295个，其中自昆明飞往云南大理、丽江、西双版纳、文山等地的18个航班因风切变、低空扰流等天气原因先后返航回昆明，造成较大面积航班延误。

随后中央气象台专家在接受中央电视台采访时，驳斥了"因天气原因导致飞机无法正常起降"的说法。经调查，3月31日，丽江是晴天，西双版纳虽是阴天，但天气尚好。更令人气愤的事情是，同一时间段同一区间内执行飞行任务的国航、南航等航空公司的航班却都正常地两地降落和起飞。随后，滞留旅客中开始传出对于东航此次"倒飞事件"的原因解释：东航的飞行员由于薪金、福利、补贴及缺乏人文关怀等因素，集体策划和导演了这次航班的倒飞事件。

4月1日，针对18个航班在两天内相继返航的事件，东航仍公开解释为"天气原因"并否认外界所说的薪酬分配的原因。在乘客方面，东航的上述解释也没有得到当日乘客的原谅。部分被延误的乘客准备以"商业欺诈"为名对东航提起诉讼。

4月2日，民航西南地区管理局派出调查组赶赴昆明，展开首轮调查。

4月3日，罢工飞行员全部返航飞行。民航西南地区管理局的调查组做出调查报告。

4月4日，民航总局封存返航航空资料、目的机场天气实况及相关飞行数据。

4月5日，中国民用航空局派出工作组，对东航航班不正常原因进行详细调查。中国民用航空局表示，一旦出现飞行员有悖职业道德的行为，将责成有关方面视情况依法依纪对当事人做出严肃处理。东航云南分公司一负责人说，该公司正在积极配合调查工作，待调查最后结果出来后依据事实来进行相关处理。

4月6日，东航正式派出工作组调查航班不正常原因。

4月7日，东航就"返航门"事件首次承认存在人为因素，并向社会道歉。通过对相关数据分析及与当事人调查谈话初步显示,从3月31日到4月1日的18个返航航班中,有部分航班并非当时机组所反映的"天气原因"返航,存在明显的人为因素。有飞行员透露,限期"补税"是导火索。东航总部、云南分公司在内的高层领导,召集所有留在昆明的飞行员,以座谈会的方式进行了一次直接沟通,飞行人员随后收到短信称税收问题将延期。东航云南分公司已对涉嫌人为原因返航的当事人实施暂时停飞、接受调查的处理。待调查结束后,将做出严肃处理。

4月9日,东航"返航门"补偿乘客最高标准每人400元。据航班延误组介绍,如果是航班取消的乘客,东航将补偿400元;如果是延误1~2个小时、没有安排宾馆住宿的乘客将补偿100元,延误8小时以内的乘客将补偿200元。乘客可以将名单报到航班延误组,由延误组查看是否在当日补偿过,如果未补偿,公司将通过电话通知,并以信函的方式将补偿金邮寄给乘客。

4月18日,中国民用航空局公布对东航云南分公司3月31日和4月1日航班返航事件做出处罚决定。民航局责令东航尽快妥善处理好此次返航事件涉及的旅客权益问题,继续就航班返航的非技术原因进行深入调查,依法依规对有关责任人进行严肃处理,并将结果上报,对此次返航事件负有责任的相关领导进行严肃处理。东航云南地区昆明至西双版纳、昆明至丽江两条航线被停航,交由其他航空公司经营,同时罚款150万元。

7月2日,东航对云南分公司"3·31返航门"事件的责任人员进行了严肃处理。经过对"3·31"返航事件的调查,东航对所认定的11次人为返航的13名飞行人员进行了严肃处理。对在返航事件中情节较重的1名机长停飞,给予开除党籍处分;3名飞行教员分别停飞1~2年,给了留党察看处分,对于另外2名飞行教员和2名机长,分别取消教员和机长资格,降为副驾驶,并给予党内严重警告处分;其他5名参与返航情节较轻的飞行人员也已暂停飞行,经教育整顿和严格检查后重新认定从业任职资格。

针对此次事件暴露出的管理问题,东航追究了8名相关领导人员的责任。对云南分公司总经理、党委书记和分管副总经理给予党内警告处分,免去原任职务;对云南分公司飞行部、相关飞行分部5名领导人员分别给予党内严重警告或警告处分,其中4人免去职务。

受该事件影响,东航4月以来的客座率已经由3月的72%下降至60%,而2007年同期的客座率为75%,被砍掉的东航在昆明至西双版纳、昆明至丽江等航线则是客座率与收益率双高的黄金旅游航线,据初步估算,东航的间接损失在4亿元以上。进入5月下旬,随着返航门事件逐步淡出公众的视线,特别是在汶川大地震灾害发生后,东航以超常规的运输组织方式,确保以最快的速度把部队官兵、医疗人员以及所需物资运送到抗震救灾第一线。此外,东航还组织开展"救灾爱心月"活动,通过义拍、义卖、义工、义务献血等各种形式的献爱心活动,一定程度上挽回了企业的品牌形象。

思考·讨论·训练

(1) 东方航空公司遭遇此次危机的原因是什么?请进行分析。

(2) "3·31返航门"事件对东方航空公司造成了怎样的影响?

(3) 请为东方航空公司制定一份详细的消除影响、挽回声誉、重塑形象的危机管理方案。

3.2.2　实践训练

能力训练一组

1. 开发你的沟通表达能力

实训目标：该项训练有助于提高你的语言沟通能力。

实训内容：做一名志愿服务者，在食堂维持就餐秩序，并劝导同学们在用完餐后把餐具送回回收处。

实训时间：一周。

实训步骤：

（1）班级派代表与后勤部门取得联系。

（2）轮流值勤，每人至少安排两次。

（3）注意劝导用语及语调、语气。

（4）注意如果有不服从的学生，是否需要老师出面？

（5）事后讨论，大家交流体会。

2. 开发你的信息搜集、分析能力

实训目标：该项练习有助于强化你的信息收集能力。

实训内容：请你搜集 2016 年在中国出现了哪些谣言。

实训时间：三天。

实训步骤：

（1）老师提出要求，谣言必须是已经有传媒报道的。

（2）同学在规定时间内搜集各类谣言。

（3）可以小组合作进行。

（4）形成书面文字材料交老师审阅。

3. 开发你的合作能力

实训目标：该项练习帮助你加深对于合作能力的认同。

实训内容：讨论《西游记》唐僧师徒四人的取经故事。

实训时间：两节课。

实训提示：

（1）分组讨论内容：①四人是如何分工的？②他们各自职责是什么？③猪八戒是负面角色吗？假如没有猪八戒，取经任务能否完成？④如果孙悟空没有"紧箍咒"，取经任务是否会完成得更快？

（2）汇总讨论结果，请老师点评。

4. 开发你的创新能力

实训目标：该项训练旨在强化你的创新能力与劝说能力。

实训内容：春暖花开正是春游时节，但学校为安全起见，明令禁止组织集体性春游活动，对此同学们都很失望。你能否策划一个理想的春游方案，既能满足学校对于安全方面的要求（车辆安全是关键），又能让同学们享受大自然那明媚的春光。

实训时间：课余时间。

实训提示：

(1) 注意安全的两大难题，即车辆和旅游距离。

(2) 也许当天返回能令学校更放心。

(3) 说服辅导员或者学院学工部负责老师，让他们帮你们"说话"。

(4) 提供一份周密的春游计划，也许更能说服他们。

3.2.3　拓展阅读：人力资本视角下的企业危机原因分析

企业危机的产生有多种原因。从人力资本的视角分析，企业危机产生的原因体现在如下方面。

1. 人力资本非市场化配置与企业危机

国有企业的人力资本非市场化配置，使政府和企业领导人都不能或不愿意作企业接班人计划，一旦企业领导人被撤换或出现问题，外派的新领导人如果不能保持企业的战略和文化的延续性，企业就可能陷入危机。

对比国外的大企业，有没有一套完整的接班人计划，是衡量一个企业领导人是否称职的重要指标。GE 公司前 CEO 韦尔奇说："一个优秀的企业家首先应该是一个教育家，他的主要任务是培养队伍，传播思想，然后分配资源，让开道路。"韦尔奇在没有执掌 GE 时，就已经被前任总裁问道："假如你乘坐的飞机掉下来，谁来接任你"这个问题，而能否很好地回答这个问题，是决定接力棒是否交给韦尔奇的重要影响因素。

2. 人力资本生命周期现象与企业危机

美国管理学者哥伦比亚大学的 Hanbirek 和 Fukutomi 近年提出了总裁管理生命周期理论。他们认为：

(1) 企业总裁的领导经验长短与企业业绩高低之间是一种抛物线曲线的相关关系；企业业绩下降的原因主要不是激励机制，而是企业家思维方式、领导方式和企业决策机制的问题。

(2) 思维方式、领导方式在每一个企业家身上有一个从逐步形成到不断刚性化的过程，这构成了企业家的管理生命周期：受命上任、探索改革、形成风格、全面强化、僵化阻碍。

(3) 上升、持平和下降的抛物线现象，主要与认知模式、职务知识、信息源质量、任职兴趣和权力 5 种要素有关，最主要的是认知模式刚性和信息源宽度与质量。认知模式刚性，一方面是指个人的世界观和价值观，即长期形成的信仰偏好和习以为常的思维方式，另一方面是指企业家的领导方式，即与个人世界观、价值观紧密相连的一套得心应手、轻车熟路、用惯的工作方式、分析手段和办事方式。总裁的管理生命周期蕴含了认知模式的形成、调整、完善、强化，最后僵化而走向反面的辩证过程。

企业领导人的管理生命周期与企业绩效呈抛物线似的相关关系，当企业领导人的管理生命周期进入僵化阻碍阶段时，会出现企业危机的前兆：高层对部下的建议听不进去，不信任部下,猜疑心强,固执己见,一意孤行,下属报喜不报忧,班子内"持不同政见者",或挂冠而去,或被排斥出决策圈子。创业阶段的那套思维方式、领导方式成为新一轮创新的障碍。原来的成功经验不再符合实际,成为包袱。僵化阻碍成为管理生命周期急剧下降的拐点,是企业家人力资本质量急剧下降的转折点,也是企业危机的多发点。

3. 人力资本结构和企业发展阶段的匹配与企业危机

在企业迅速发展、缓慢发展、调整和快速发展或衰退期,人力资本在结构配置上,也会走过高级人才低位使用、低级人才高位使用、高级人才高位使用和低级人才低位使用4个时期,任何一个时期的人力资本结构配置不当,都可能使企业陷入危机。

4. 人力资本严重流失与企业危机

关键核心人力资本的严重流失,会带走企业的商业秘密,包括客户关系及其企业赖以生存的技术等,损害企业文化,使企业核心竞争力下降,严重时也会导致企业危机的发生。

因此,我们的结论是:人力资本作为一种企业的主动资产,既是企业危机产生的一个根源,也是防范和化解企业危机的主体力量。

有效地经营人力资本,也是防范企业危机的一个重要措施。我们的建议是:实行国有企业领导人的市场化配置;完善并认真执行企业接班人计划;在领导人进入管理生命周期的最后阶段前做好交接班工作;在企业发展的4个关键环节,注意人才结构的配置与及时调整;实现薪酬市场化,保证人力资本得到应有的回报,防止因人力资本的逐利性而造成严重流失,致使企业陷入危机。

(资料来源:王淑华,于桂兰.人力资本下的企业危机原因分析[J].经济视角,2003(11).)

课后练习

1. 企业为什么会发生危机?
2. 引发企业危机的因素有哪些?
3. 结合某一案例说明如何分析企业危机的成因?
4. 为什么说"互联网增加了企业危机发生的概率"?

第4章 危机处理程序、原则与策略

以积极的心态去面对不可知的命运，并在危机突如其来时能做出最佳决策，是企业危机管理的最终目标。

——张岩松

不管一切如何，你仍然要平静和愉快。生活就是这样，我们也必须对待生活要勇敢、无畏、含着笑容地不管一切如何。

——[波兰]罗莎·卢森堡

学习目标

- 掌握危机处理的含义；
- 明确危机处理的意义；
- 掌握危机处理的工作程序；
- 明确危机处理中相关公众的对策；
- 掌握企业危机的处理原则；
- 掌握危机处理的基本策略；
- 明确常见企业危机事件处理要点。

故事导入

公牛与老鼠

公牛被老鼠咬了一口，非常疼痛。它一心想捉住老鼠，老鼠却早就安全地逃回到鼠洞中。

公牛便用角去撞那座墙，搞得筋疲力尽，躺倒在洞边睡着了。

老鼠偷偷地爬出洞口看了看，又轻轻地爬到公牛的肋部，再咬它一口。

公牛醒来后，伤痕累累，却无计可施。

老鼠对着洞外说："大人物不一定都能胜利。有些时候，微小低贱的东西更厉害些。"

公牛虽然强大，但却因行动迟缓饱受老鼠的折磨。

危机处理同样如此。如果没有按照规律办事，即使有很强的实力，也难免会招致灾难。

4.1 知识储备

小案例

一汽大众速腾召回事件

2012年后半年开始，陆续有车主反映自己的速腾车掉漆生锈、行驶中有异响等问题，甚至出现了高速后悬直接断裂导致车辆几乎失控的案例。咨询一汽大众厂家后，官方的回应却说这是个别车辆在使用中遇到的问题，属于个例，否认是汽车质量问题。此后，有关速腾后悬挂的投诉越来越多，而一汽大众始终采取沉默或者否认的态度。

2014年5月，2014款新速腾宣布上市，"板车悬挂"变更为独立悬挂，加量不加价。这一下子激怒了花同样的钱购买了"板车悬挂"的消费者。维权队伍快速扩张，仅"全国速腾后悬挂维权群""全国速腾后悬挂维权2""全国速腾后悬挂维权3"三个群人数就累计超过3000人。与此同时，线下维权活动也全面展开。据媒体报道，7月，全国各地新速腾车主多次自发组织了现场维权活动。

2014年7月22日，针对持续升温的速腾后悬挂问题，一汽大众官方发表了一段声明，明确表示速腾后悬断裂并非产品的质量问题,而是个别案例被"别有用心"的人扩大化了。该段声明态度非常强硬,且不承认自己有任何错误。2014 年 8 月 14 日,针对新速腾后轴纵臂断裂问题,国家质检总局启动了缺陷调查,约谈一汽大众,并开展用户回访、现场勘察、缺陷技术分析工作。2014 年 10 月 17 日,一汽大众向国家质检总局备案了召回计划,至于召回措施,就是在后轴纵臂上安装金属衬板,以消除安全隐患。公告并没有公布导致车辆后轴纵臂断裂的具体原因。然而召回方案并没有使车主满意,"这明显是在糊弄我们,大众太让我们失望了""我们希望一汽大众能重新考虑一下解决方案,不要打补丁,一次性解决问题"。此后,车主们的持续维权投诉将速腾"断轴"事件再一次推上风口浪尖。直到 2015 年 9 月,一汽大众再次发表声明,提出置换新车的解决方案,一直在舆论下发酵升温的"速腾断轴"事件终于有了结果。一次本可以及时解决的危机却让一汽大众与消费者对立起来,使一次关于问题汽车召回的普通事件吸引了如此众多的目光。

由非常性因素引发的企业危机,是企业的一种具有严重危害的不良状态。面对这种状态,企业绝不能置之不理,任其自流,而应采取一切有效措施做出妥善处理。

所谓企业危机处理,是指企业的领导者和管理人员,针对由非常规性因素引发的企业危机事件,采取有效措施,做出妥善处理,以维护企业的良好形象,改善企业的形象状态的运作过程。企业危机实质上是企业状态的一种强烈的逆转。一般地说,这种逆转的情形是,企业由于受非常规性因素的影响,会直接或间接地形成企业的自身、公众、社会舆论环境等各方面的无序紊乱状态,企业的各种社会关系严重失衡,公共关系水平下降到危险地步,企业现有的状态与应有的状态之间的差距越来越大,企业处于一种公众压力和社会舆论环境压力下,导致其经营管理活动和各种正常的业务活动受到严重影响,有时还会出现生存危机。如何面对与处理危机,变不利因素为有利因素往往成为衡量一个企业成熟与否的标志。面对严重的企业危机局面,企业必须立即行动起来,通过各种有效手段,迅速控制危机事态,理顺与各类公众和社会环境的关系,解决危机问题,扭转危机状态。只有通过企业危机处理,才能减少各种损失,维护良好企业形象,增强内部团结,扩大社会影响。

4.1.1 危机处理的程序

危机的处理程序如图 4-1 所示[1],包括三大步骤。

1. 采取紧急行动

(1) 成立临时专门机构。危机爆发后,企业应立即成立临时的危机处理专门机构。临时的专门机构是危机处理的领导部门和办事机构。一般由企业的主要领导负责,公关人员和有关部门负责人参加。成立这样一个机构,对于保证危机事件能够顺利和有效地进行处理是十分必要的。

危机处理的专门机构,即 The public relations emergency headquarters(PRHQ),主要有三方面作用:①内外通知和联络;②为媒介准备材料;③成为公共信息中心,加强对外

---

① 吉姆·麦克纳马拉.管理者公共关系手册[M].刘海梅,等,译.北京:中央翻译出版社,1999:186.

界公众的传播沟通,如图 4-2 所示。

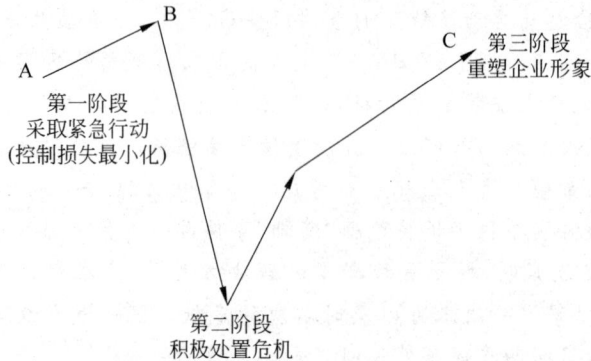

图 4-1　危机处理程序

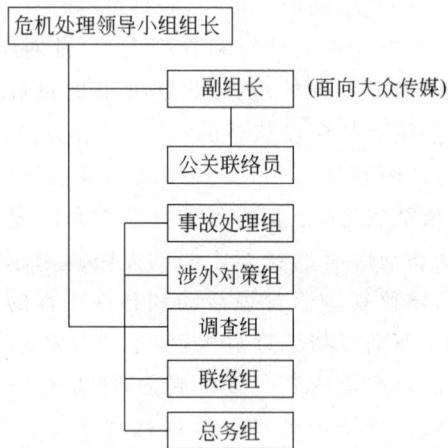

图 4-2　危机处理临时专门机构的体制(例)

　　根据日本危机管理的权威研究机构的研究成果,危机管理小组的涵盖面要具有广泛性,应该包括总务、对外联络、宣传、保险、法规、补给、制造、修理、修复、派遣等方面。各个危机管理小组的职责如表 4-1 所示。

表 4-1　各个危机管理小组的职责分工

负责领域	职责内容
总务	(1) 与紧急对策有关的设施等的维修、管理及安全保护; (2) 取得各负责区域人员的电话及其通信线路资料; (3) 取得和统一管制一般电话和临时电话; (4) 当地派遣小组的出差及出国手续; (5) 车辆、飞机、直升机等可能运输工具的准备; (6) 因紧急对策而随之发生的出纳业务及紧急支用物品的筹措及管理; (7) 对公司内外相关人员提供饮食、住宿等与生活有关的准备; (8) 负责危机管理小组因危机而产生的其他事务

负责领域	职责内容
对外联络宣传	(1) 掌握与该危机有关的资讯,同时彻底执行; (2) 统一对公司内外发布信息; (3) 撰写对外各相关声明等公文; (4) 与客户、供货厂商及其他关系人之间的联络; (5) 提供资讯给大众传播媒体和准备、举行记者沟通会; (6) 与行政机关的联系; (7) 接待外来者或者与之交涉; (8) 与受害者家属之间的联络; (9) 应对与其他紧急情况有关的宣传业务
保险法规	(1) 决定保险处理方针; (2) 与保险公司之间的联络; (3) 与法律顾问等关系人之间的联络; (4) 对损害赔偿的支付及请求有关的业务; (5) 其他与保险、法规有关的业务
补给	(1) 准备与取得原料等的物资补给; (2) 准备与取得货物流通的渠道; (3) 产品的保管及对客户的送货业务; (4) 其他与补给有关的业务
制造	(1) 与工人或提供服务单位之间的联络; (2) 关于执行制造业务的资讯搜集、分析及实际状态的掌握; (3) 在制造或服务现场中,有关制造或服务方面的建议及指示; (4) 针对制造业务或服务业务的执行,与消防队等行政机关之间的联络; (5) 取得替代产品及充实国内外的资源体制; (6) 其他与制造方面有关的业务
修理、修复	(1) 对工厂采取紧急措施和与修复有关的建议及指示; (2) 选定和储备修缮事业者; (3) 估计损伤程度和筹措修理、修复的资财; (4) 其他与修复有关的业务
当地派遣	(1) 任命危机爆发地总指挥; (2) 与销售有关的组织; (3) 实施对策以救助人命、避免财物上的损失为优先处理顺序; (4) 与总指挥联络之后,赋予当地一切权限; (5) 执行其他当地业务

(资料来源:赵冰梅.危机管理实务与技巧[M].北京:航空工业出版社,2007:21-22.)

🔍 **小案例**

中美史克公司的危机管理小组

中美史克公司在 2000 年 11 月国家药检部门关于 PPA 的禁令,使感冒药的行业领导者康泰克被醒目地推上了第一审判台。十余家感冒药生产厂家受到影响。中美史克公司一下子失去了其在感冒药市场 40% 以上的份额。面对这次危机,中美史克沉着积极地应对。公司首先建立了专门的应对危机的管理领导小组,并划分了职责:危机领导小组、沟通小组、市场小组和生产小组。各个小组分工明确,积极开展工作。做出不停投资和"无论怎样,维护广大群众的安全和健康是康泰克公司自始至终坚持的原则,将在国家药品监管部门得出 PPA 的研究论证结果后,为广大消费者提供一个满意的解决方法"的态度和决心。同时其总经理作为新闻发言人频频接受国内知名媒体的专访,争取为中美史克公司说话的机会,向媒体发出"禁药品有十几种,单单把康泰克当作靶子,这不公平"的呼吁。经过危机管理小组的一番努力,历时 262 天不含 PPA 的新康泰克面世后仍然受到欢迎。

(2)迅速隔离危机险境。当出现严重的恶性事件和重大事故时,为了确保企业及其公众的生命财产不受损失或少受损失,要采取各种果断措施,迅速隔离险境,努力使各种恶性事件和重大事故所造成的损失降到最低限度,为恢复企业良好经营状态提供保证。危机险境的隔离应重点做好公众的隔离和财产的隔离,对于伤员更是要进行无条件的隔离救治,这也是危机过后有可能迅速恢复企业形象的基础。

(3)控制危机蔓延态势。在严重的恶性事件爆发后的一段时间内,危机不会自行消失,相反,它还可能进一步恶化,迅速蔓延开来,甚至还要引起其他危机的出现。因此必须采取措施,控制危机范围的扩大,使其不致影响别的事物。

小贴士

美国国家半导体公司的危机行动步骤

在快速反应原则的指导下,很多企业的危机应对具体化为危机处理的每个时间点都有很具体细致的要求,如美国国家半导体公司对付危机的行动步骤中就有如下要求。

在危机发生的 10 分钟内:

① 安全人员必须通知危机协调人员和企业公关部门;

② 危机协调人员再通知出事现场驻地的总监或经理、指定的发言人(如果不是总监或经理)、驻地公关联络人员和危机记录人员。

在危机发生的 20 分钟时间内:

① 通知危机支援团体成员;

② 起草临时声明并按照雇员传播的规则发送到雇员的手里。如有必要,也可发送到外部与企业利益相关的任何人;

③ 通知电话总机以便危机团队有专人负责接受和答复有关危机的提问,记录任何有关危机的电话问询;

④ 专门指定和设立"指挥中心"和"媒体中心",让危机管理团队人员知道这些中心的存在和作用;

⑤ 按事情发生的次序记录危机的过程以及危机询问的答复。

在危机发生的 30 分钟之内:

① 开始与企业公关部门和/或公关公司专门人员协调对内对外声明的制定;

② 随时随地关切雇员并尽力回答他们的提问。

将时间安排到分的程度恰恰是体现了危机处理的速度第一原则的要求。

2. 积极处置危机

经过第一阶段采取紧急行动,控制了危机损失,尽力做到危机损失最小化,这之后,企业要从危机反应状态进入积极处理状态。在这一阶段关键是要遵循正确的工作程序,融积极性与规范性于一体,确保有效地处理危机。

（1）调查情况,收集信息。企业出现危机事件后,应及时组织人员,深入公众,了解危机事件的各个方面,收集关于危机事件的综合信息,并形成基本的调查报告,为处理危机提供基本依据。

危机调查在方法上强调灵活性和快速性。一般主要运用公众座谈法、观察法、访谈法等方法进行调查。在内容上,危机调查强调针对性和相关性,一般侧重调查下列内容:一是迅速收集现场信息,以便准确分析事故的原因;二是详细、细致收集危机事件的信息,包括危机发生的时间、地点、原因、人员伤亡情况、财产损失情况、事态发展情况、控制措施以及公众在事件中的反应情况;三是根据危机事件提供的线索,了解危机事件出现的企业组织背景情况和公众背景情况,找出企业、公众与危机事件的关节点;四是调查受害公众、政府公众、新闻媒介及其他相关公众在危机事件中的要求。

要注意从事件本身、亲历者、目击者和有关方面人士那里广泛全面地搜集本次企业危机的信息,无论是现场观察还是事后调查,都应详细地做好记录,除一般文字记录外,最好利用录音、录像、拍照等进行更为客观的记录,为进行危机处理提供充分的信息基础。危机事件的专案人员在全面收集危机各方面资料的基础上,应认真分析、形成危机事件调查报告,提交企业的有关部门。

危机事件调查程序如图 4-3 所示。

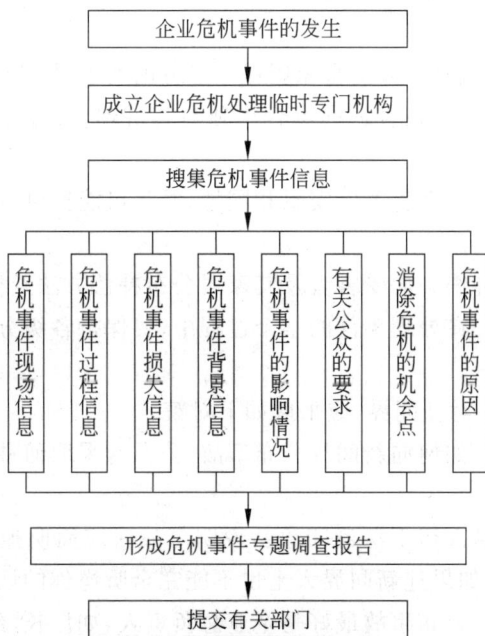

图 4-3　危机事件调查程序

（2）分析研究,确定对策。企业危机处理人员提交危机事件的专题调查报告之后,应及时会同有关职能部门,进行分析、决策,针对不同公众确立相应的对策(主要有企业内部对策、受害者对策、新闻媒介对策、政府部门对策、业务往来单位对策、消费者对策、社区公众对策等),制订消除危机事件影响的处理方案。在这个环节中,最重要的工作就是对危机影响的各方面公众采取相应的对策。对策如何,直接影响着处理方案的运作和效果。

① 企业内部对策。在企业内部应采取的对策,有如下几个方面。

其一,立刻设置处理事件的专门机构。由本企业一名主要负责人任机构领导,公关部会同各有关职能部门人员组成有权威性、有效率的工作班子。

其二,制订方案协同行动。迅速而准确地把握事态的发展,制订总体方案并通告全体人员,以统一口径,协同行动。

其三,公之于众。制定处理事故的基本方针和基本对策,及时地向外界公布事故的真相。

其四,善后服务。本企业职工如有伤亡,应立即通知其亲属,并提供一切条件,满足职工家属的探视或吊唁,还要组织周到的医疗工作和抚恤工作。

其五,挽回影响,追查原因。如果是本企业生产的产品质量所引起的恶性事故,应立即收回不合格产品,或立即组织检修队伍,对不合格产品逐个检验,通知销售部门立即停止销售这类产品。然后,详细追查原因,立即加以改进。

② 对受害者的对策。对受害者,应采取如下对策。

其一,了解情况承担责任。认真了解受害者的情况,实事求是地承担相应的责任,向受害者表达歉意并通知有关各方。

其二,倾听意见,赔偿损失。冷静地倾听被害者的意见,了解和确认有关赔偿损失的要求。

其三,把握分寸,表现风格。如受害家属提出过分的要求,要大度、忍让,应避免在事故现场与受害者发生争辩。而应在合适的场合单独与其讲理,有分寸地让步,拒绝时要注意方式方法。

其四,提供善后服务。给受害者以安慰和同情,并尽可能提供其所需的服务,尽最大努力做好善后处理工作。

其五,尽快实施物资补偿。向受害者及其家属公布补偿方法及标准,并尽快实施。

其六,稳定工作人员。在处理事件的整个过程中,要保持各级分工人员的稳定性,不要无故更换工作人员。

③ 对新闻界的对策。对新闻界,应采取如下对策。

其一,统一发言口径。如何向新闻界公布事故,公布时采取何种措辞,应事先在企业内部统一认识、统一口径。

其二,语言表达应当给人留下深刻印象。说明事故时应简明扼要,尽量避免使用专用术语或晦涩难懂的词句。如果连新闻界人士也不能完全听懂你的话那就糟糕了。

其三,权威人士发言。公布事故最好是企业总负责人,如厂长、经理等。

其四,提供准确消息。一方面主动向新闻界提供真实、准确的消息,公开表明组织的立场和态度,以减少新闻界的猜测,帮助新闻界做出正确的报道;另一方面对重要事项应以书面材料的形式发给记者,避免报道失实。

其五,切忌推测。要谨慎传播,在事实未完全明了之前,不要对事件发生原因、损失以及其他方面的任何可能性进行推测性的报道,不轻易地表示赞成或反对的态度。

其六,表示出与新闻界合作的态度。对新闻界表示合作和自信的态度,不可采取隐瞒、搪塞、对抗的态度。对确实不便发表的消息,不要简单地"无可奉告",而应说明理由,求得记者的同情、理解与协作。

其七,从公众的立场和观点出发,注意引导新闻界以公众的立场和观点来进行报道,不断提供公众所关心的消息,如补偿方法和善后措施等。除新闻报道外,可在报纸上刊登有关歉意广告,向公众说明真相并向有关公众表示道歉及承担责任。

其八,及时采取新闻补救措施。当记者发表了不符合事实真相的报道时,可以尽快向该报提出更正要求,指明失实的地方,并提供全部与事实有关的资料,派遣重要发言人接受采访,表明立场,要求公平处理,但要注意避免产生敌意。

④ 对上级部门的对策。对上级主管部门,应采取如下对策。

其一,及时汇报。事故发生后,及时向企业直属的上级主管部门汇报,不能文过饰非,更不能歪曲真相,混淆视听。

其二,定期和及时联系。事件处理中,应定期报告事态发展,及时与上级主管部门取得联系,求得上级主管部门的指导和支持。

其三,总结报告。事件处理后,形成详细报告,包括事件处理经过、解决方法以及今后的预防措施。

⑤ 对业务往来单位的对策。对业务往来单位,应采取如下对策。

其一,传递信息。尽快如实地传递事件发生的信息。

其二,传递对策。以书面的形式通报正在采取何种对策。

其三,当面解释。如有必要,选派组织职员到各单位巡回解释。

其四,传达处理进程。事件处理中,定期向各界公众传达处理进程。

其五,书面表示歉意。事件处理后,应用书面的形式表达诚恳的歉意。

⑥ 对消费者的对策。对消费者及其团体,应采取如下对策。

其一,疏通零售点渠道。通过零售点渠道向消费者发布说明事件梗概的书面材料。

其二,疏通报纸广告渠道。如有必要,还应通过报刊登载广告来公布事件经过及处理办法和今后的预防措施。

其三,热情接待消费者团体及其代表。因为他们代表消费者利益,在新闻界很有发言权。因此,当他们前来询问有关情况时,要热情接待,并慎重接触。

⑦ 对社区公众的对策。对企业所在社区居民,应采取如下对策。

其一,企业组织出面登门道歉。例如火灾、爆炸等突发事件给所在社区居民带来了损失,企业应向居民登门致歉。

其二,职员出面分别道歉。根据事件的性质也可以派遣本企业职员去每个家庭分别道歉。

其三,发表谢罪广告。在全国性的报纸和地方性报纸上分别刊出谢罪广告,面向所有公众,告诉他们急需了解的情况,明确表示出企业敢于承担责任的态度。

其四,赔偿损失。根据实际情况,赔偿必要的经济损失。

(3)分工协作,实施方案。企业制定出危机处理的对策后,就要积极组织力量,实施消除危机方案,这是工作的中心环节。在实施过程中应注意:第一,调整心态,以友善的精神风貌赢得公众的好感;第二,工作中力求果断、精练,以高效率的工作风格赢得公众的信任;第三,认真领会活动方案的精神,做到既忠于方案,又能及时调整,使原则性与灵活性均得到充分的体现;第四,在接触公众的过程中,注意观察、了解公众的反应和新的要求,并做好劝服工作。

(4)评估总结,改进工作。企业在平息危机事件后,一方面,要注意从社会效应、经济效应、心理效应和形象效应诸方面,评估消除危机的有关措施的合理性和有效性,并实事求是地撰写出详尽的危机处理报告,为以后处理类似的危机提供参照性文献依据。另一方面要认真分析危机事件发生的深刻原因,切实改进工作,从根本上杜绝危机事件的发生。

企业危机处理的一般工作程序如图 4-4 所示。

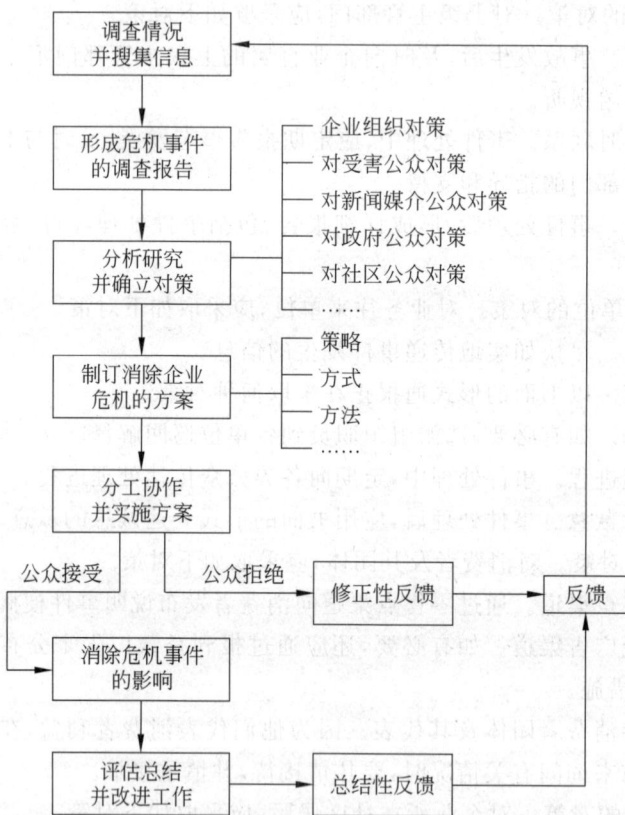

图 4-4　企业危机处理的一般工作程序

3. 重塑企业形象

即使企业采取积极有效的措施处理危机,企业的形象和销售额都不可能完全恢复到危机发生前的水平,危机对企业形象造成了损害,其不利影响会在今后企业的生产经营中日益显露出来。因此,企业危机得到处置,并不等于企业危机处理结束,企业还要进入重建企业良好形象的运营阶段,只有当企业形象重新得以建立,才谈得上转"危"为"安"。

(1)树立重建企业良好形象的强烈意识。在危机处理中,企业必须树立强烈的重建良好形象的意识,要有重整旗鼓的勇气,要有再造辉煌的决心,而不能破罐破摔,须知,只有当企业的形象重新得以建立,企业才谈得上进入良好的经营状态,企业危机处理才能谈得上真正圆满完成。

(2)确立重建企业良好形象的明确目标。在重建良好企业形象的过程中,确立重建良好形象的目标是一个必不可少的步骤。总的来说,重建良好企业形象的目标是消除危机带来的形象后果,恢复或重新建立企业的良好声誉和美好声望,再度赢得社会公众的理解、支持与合作。具体来讲,大致可以分为四个方面:①使企业危机事件的受害者或其家属得到最大的安慰;②使利益受损者重新获得作为支持者的信心;③使观望怀疑者重新成为真诚的合作者;④获得更多的事业上的新的关心者和支持者。只有达到上述目标,危机处理才算是全面的和完善的。

(3)采取建立良好企业形象的有效措施。企业在确立了重建良好形象的明确目标之后,关键是采取有效措施实施,达到这些目标。这些措施包括对内和对外两个方面。对内,一是要以诚实和坦率的态度安排各种交流活动,以形成企业与其员工之间的上情下达、下情上传,以及横向连通的双向交流,保证信息畅通无阻,增强组织管理的透明度和员工对企业组织的信任感;二是要以积极和主动的态度,动员组织的全体员工参与决策,做出组织在新的环境中的生存与发展计划,让全体员工形成乌云已经散去,曙光就在前头的新感受;三是要进一步完善企业组织管理的各项制度和措施,有效地规范组织行为。对外,一是要同平时与企业息息相关的公众保持联络,及时告诉他们危机后的新局面和新进展;二是要针对企业组织形象受损的内容与程度,重点开展某些有益于弥补形象缺损、恢复良好状态的公共关系活动,与广大公众全面沟通;三是要设法提高企业组织的美誉度,争取拿出一定的过硬的服务项目和产品在社会中公开亮相,从本质上改变公众对企业组织的不良印象。

如图4-5所示的企业危机处理的线性模型[①]表明,通过这三个阶段的工作,受到危机损害的企业是可以恢复的,进而可能发展得更好。然而,一个企业危机的处理曲线图并不是一个简单的下滑和复原的过程,图4-4描述了危机处理的几个阶段和影响,它是一个比较复杂的模型。只要企业按上述三个阶段的工作来有效地处理危机,那么,企业一定会"柳暗花明又一村",获得新的生机和活力。

◎ 小案例

红牛的添加剂事件

在全球140多个国家和地区畅销的功能性饮料红牛,却在中国遇到了麻烦。2012年2月8日,黑龙江省电视台的一则报道,让红牛饮料陷入了违规使用添加剂的疑云中。该报道称,红牛产品罐身的成分标注与其生产批文不相符合,属于违规使用食品添加剂的行为。

消息一经媒体披露,对红牛饮料的质疑声音便迅速蔓延开来。在经历了蒙牛、果粒橙和

① 吉姆·麦克纳马拉.管理者公共关系手册[M].刘海梅,等,译.北京:中央翻译出版社,1999:190.

危机发生前　　产生危机　　危机发生后

第三阶段
重塑企业形象

第一阶段
采取紧急行动
控制损失/损失最小化

有效地处置危机，可以"紧缩环圈"，导致尽快地恢复原状

在一次危机中，企业形象受损失，销售额和市场地位下降

第二阶段
积极处置危机

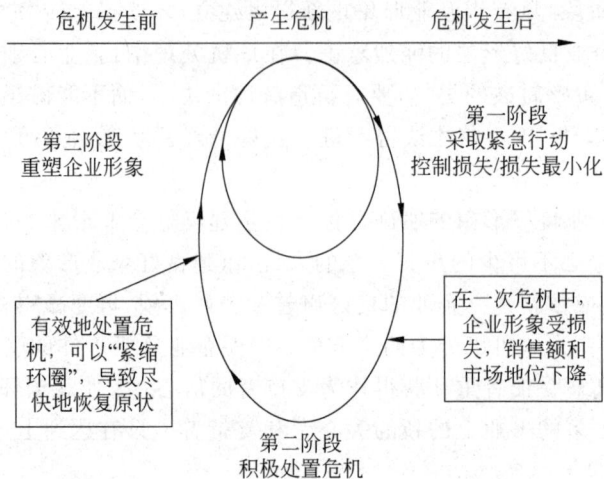

图 4-5　企业危机处理的"倒置的环圈"模型

营养快线等被诸多曝光的食品安全问题后，人们不禁担心，这次红牛是不是也要倒下了？而在事发后的第三天，国家食品质量监督检验中心和哈尔滨药监局于 2 月 11 日分别发布了检测报告和核实公告，却使事态发生了戏剧性的转折。国家质检中心出具的《关于红牛维生素功能饮料的长期抽检情况报告》称，"自 1998 年以来，红牛维生素功能饮料产品多年来的检测结果表明，红牛饮料从未检出任何未经批准而添加的物质，产品品质安全稳定"。哈尔滨药监局官方网站登出的《哈尔滨市食品药品监督管理局对红牛维生素功能饮料标签标识相关情况进行核实》的公告表明，红牛维生素功能饮料不存在任何非法添加，红牛维生素功能饮料罐体标签标注的所有配料，均是经国家食品药品监督管理局批准并允许添加的。

在两个公告发布之后，一些城市商场又开始重新上架红牛产品，风波趋于平息。

为了尽快消除不利影响，重塑产品形象。红牛公司特别策划了林丹全英赛场特别展示"红牛"活动。

羽毛球巨星林丹为"红牛"代言，从 2012 年 3 月全英羽毛球顶级赛决赛林丹对阵马来西亚名将李宗伟可以看到：林丹战胜李宗伟夺冠后特别展示了"红牛"，比如在赛场接受主持人采访时在镜头前饮用"红牛"，在颁奖仪式上红牛公司中国区美女经理两次拥抱林丹，捧杯拍照时特意将"红牛"饮料罐放置在显著位置等。仔细分析可以推断，林丹所有这些行为无不与 2012 年 2 月媒体报道"红牛"含有多种非法添加剂引发"红牛危机"有关。这是红牛公司特别策划的重塑企业和产品形象的危机处理举措之一。

4.1.2　危机处理的原则

小贴士

过期的食物

在一个炎热的夏天，又渴又累的你从外面回来，打开冰箱，发现里面只有一瓶橘子汁。你打开喝了一口后，才发现这东西已经过期一星期了。这时你的反应是：

A. 不喝了,扔掉

B. 赶紧想办法把喝掉的吐出来

C. 过期一星期,应该没什么事,继续喝

D. 马上去看医生

参考答案:这个测试其实暗喻你处理危机的态度。

选择 A:你思维敏捷,并且顾全大局,不过却往往有侥幸心理。

选择 B:你警惕性很高,但是想法过于简单,成功率不高。

选择 C:你是一个粗枝大叶的人,不过也算是粗中有细,内心比较理性。

选择 D:你是一个极其认真的人,面对危险一丝不苟。如果你本人就是一名医生那还好;如果不是,那你就有点防卫过度了,你这种习惯会让你的其他亲友感到很难适应。

企业危机的处理必须按照一定的程序进行外,还必须坚持有关处理原则,这对于尽快平息企业危机,有效重塑企业的形象,迅速恢复改善经营状态,具有十分重要的意义。

1. 主动性原则

在企业危机处理时,无论面对的是何种性质、何种类型、何种起因的危机事件,企业都应主动承担义务,积极进行处理。即使起因在受害者一方,也应首先消除危机事件所造成的直接危害,以积极的态度去赢得时间,以正确的措施去赢得公众,创造妥善处理危机的良好氛围,而不应一开始就采取消极、被动的态度,追究责任,埋怨对方,推诿搪塞,从而耽误处理危机的时间,造成危机处理的被动局面,引发更大的危机。积极主动还表现在维护公众利益,公众之所以反抗企业组织,"制造"出危机事件来,最基本的也是最重要的原因就是公众感到在利益上受到了一定程度的损害,他们要运用新闻、法律武器,保护自己的合法利益。因此,企业要以公众利益代言人的身份出现,主动弥补公众的实际利益和心理利益。

小案例

支付宝快速回应"金融寄生虫"的指责

2014 年 2 月 21 日,中央电视台证券资讯频道执行总编辑兼首席新闻评论员钮文新发表博文《取缔余额宝!》称,"余额宝是趴在银行身上的'吸血鬼',典型的'金融寄生虫'"。此文一出,在互联网上顿时引起巨大的风波。在一片质疑声中,支付宝官方于 2 月 22 日凌晨发表说明,并以长微博的形式——《记一个难忘的周末》幽默回应。支付宝表示,余额宝加上增利宝,一年的管理费是 0.3%、托管费是 0.08%、销售服务费是 0.25%、利润只为 0.63%,除此之外再无费用。并对吸血鬼一说加以调侃称,"老师您能别逗了吗? 我查了一下,2013 年上半年,16 家国内上市银行净利润总额达到 6191.7 亿元人民币,全年起码翻一番,12 000 亿元吧?"支付宝快速主动出击,防止舆论进一步蔓延,使支付宝有效地走出质疑。

2. 情谊性原则

在危机事件中,公众除了利益抗争外,还存在强烈的心理怨怒,因此在处理中,企业不仅要解决直接的表面的利益问题,而且要根据人的心理活动特点,采取恰当的心理情谊策略,解决深层次的心理与情感关系问题。情谊联络策略,主要是为了弥补、强化企业组织与公众的情感关系。有的因生疏造成的危机事件,直接利用情谊联络的方式,就可以达到消除危机、增进友谊、发展感情的目的。公众都是有感情需要的人。公众情感是在对企业组织的评价和情感体验的基础上形成的,具有重要的行为驱动作用,是公众理解和支持企业组织的动力源泉之一。在大量的危机处理过程中,有意识地施加情感影响,可以大大强化其他措施的影响力,树立组织的良好形象。

3. 真实性原则

企业危机处理的一个重要原则就是如实宣传,实事求是。危机发生后要如实地与公众沟通,并主动地与新闻媒介取得联系,公开事实真相。对于新闻媒介记者和广大公众,都不能因为他们不在现场,不知底细,或不懂某一专门行业,对其弄虚作假,更不能对其采访和打探情况设置障碍。总之,对各方面公众都要如实宣传,这也是危机处理的基本要求。

⊛ 小案例

聚美 CEO 的不当反应

2014 年 7 月 18 日,新闻惊爆聚美优品的供货商之一的祎鹏恒业向数家网商平台提供假货,证据确凿。面对这一局面,聚美优品采取了措施,发布声明称已启动紧急调查,关闭"祎鹏恒业"的店铺,并将所有商品已从第三方平台紧急下架停止发货。近年来对于聚美优品的假货事件层出不穷,但 CEO 陈欧曾公开表示,聚美因为薄弱的媒体关系,售假才会被反复说事。陈欧将负面产生的缘由推向第三方,在危机事件中缺乏真诚,公众必然会觉得这种做法缺少解决问题的诚意,影响公司的声誉。

4. 公众至上原则

公众的权益高于一切,在危机中切实保护公众的利益,把危机对公众造成的损失降到最低是企业危机处理的最根本要义。因为公众是组织赖以生存和发展的基础,组织的一切行为都必须以公众的利益为考虑。不坚持这条原则,就不可能真正处理好危机。

5. 创造性原则

处理企业危机要发挥创造性,渗透着创造性的危机处理,其结果往往是"旧貌换新颜",有时甚至还会出现一个出乎人们预料的美好结局。其实,所谓创造性策略就是在设计危机处理方案时,在充分考虑各方面的条件和因素的前提下,因人、因地、因事而制宜,达到对公众、社会、企业都有益处。

6. 利益兼顾原则

处理危机时,企业不能只考虑眼前的经济利益,但是又不能抛开经济利益。企业危机管理行为同样需要考虑危机处理的成本与收益。危机处理的(长期)潜在的总收益(包括损失的减少)应当高于危机处理的成本。也就是说,危机处理投入的净现值为正。一般来说,危机产生之后立即会发生两项成本。企业一方面要面临危机可能带来的损失,另一方面又要承担处理危机的成本。这两者之和构成了企业为危机付出的总代价。而通常企业处理危机的强度越大,支出越高,危机可能带来的影响和损失就会越小,反之亦然。企业要做的其实就是使两者之和达到最小。为此,企业必须估计危机处理成本和相应的危机影响,对两者之间的相互关系进行估算,最终选择损失最小的点。这就是所谓的成本—收益原则,它也是企业处理危机时的一个基本原则。

除了组织自身的利益,出现危机时,管理者也不应忽视其他利益相关者的利益,包括员工、股东、合作伙伴、供应商、渠道商以及相关的政府管理部门等。管理者必须就危机处理的办法与他们进行有效的沟通,才能全面地防范危机的波及影响,更好地控制危机可能造成的损失。[①]

4.1.3 危机处理的策略

【小故事】

北风与太阳

北风对人们称赞太阳是万物之灵一直愤愤不平,认为他自己才是这世界上最厉害的。于是北风向太阳挑战:谁能使行人脱下外衣,谁就是强者。比赛开始后,北风使出浑身解数,刺骨的寒风使行人紧紧裹住自己的衣服。风刮得越猛,行人衣服裹得越紧。最后北风不得不承认失败。而太阳却把温和的阳光洒向行人,行人慢慢地热起来,脱掉了外衣。行人的外衣就是公众的防卫心理,而北风和太阳则是使用的不同手段来应对它。

从危机处理角度来看,这个寓言故事给我们的启示是:面对危机采取正确的处理策略是十分重要的!

在企业危机处理的过程中,策略是针对公众心态、需求的不同而进行的决策定位,它要为维护、恢复和发展企业形象服务,同时要适应公众的心理特征、个性背景。

1. 危机处理的五大战略理论

开创危机管理战略分析理论的学者威廉·班尼特(William Benoit)曾提出危机处理的五大战略方法,其中很多又可细分出不同的战术差异。

(1)第一个战略:否认。班尼特把否认分为简单否认和转移视线两种。所谓简单否认,就是企业可以直接表示"未做亏心事,不怕鬼叫门",企业不应该承担责任。

转移视线策略,则类似于金蝉脱壳、李代桃僵,就是企图转移利益相关者的视线。在戴尔"邮件门"事件中,戴尔就曾打出这样的声明:该行为只代表员工的个人行为,并非公司行为。转移视线的好处在于它可以把个人或组织描绘成不公正环境的牺牲品,以引起人们对替罪羊的直接责问。但是这种策略的缺点是颇有推卸、逃避之嫌,可能不利于危机的解决和形象的修复。

(2)第二个战略:逃避责任。这是最复杂的策略。这个策略有四种具体战术:被激惹下的行为(Provocation)、不可能的任务(Defeasibility)、事出意外(Accident)、纯属善意

---

① 余明阳,张惠彬.危机管理战略[M].北京:清华大学出版社,北京交通大学出版社,2009:47-48.

(Good Intentions)。

被激惹下的行为：公司行为是对外在挑衅的防御和正当防卫，可以谅解，将责任归咎于对方的挑衅。

不可能的任务：公司不是不愿处理，而是非公司力所能及，这时至少可以将风险和责任分给其他相关部门。

事出意外：承认是公司所为，但是并非有意为之，可以谅解，但必须承担小部分的责任。

纯属善意：公司行为完全是出于公益或慈善的善意基点，但是没想到后果会是这样。尽管如此，公司还是会承担相应的责任。

（3）第三个战略：减少敌意。如果确实是因企业的错误而导致危机，则可以采取六种策略降低外界对自己的口诛笔伐，减少负面舆论，以保护企业声誉和形象。

这六种策略包括：支援与强化（Bolstering）、趋小化（Minimization）、差异化（Differentiation）、超越（Transcendence）、攻击原告（Attack Accuser）、补偿（Compensation）。

支援与强化：答应承担必要的责任，同时运用自己公司的业绩和社会贡献来唤起利益相关者昔日的情感和支持，借此抵消负面情绪。

趋小化：也就是"大事化小、小事化了"。尽量将事态和舆论控制在最小范围内，防止事态进一步恶化。

差异化：以竞争对手为基点做参考，表明自己处理危机的能力和方式比对手优越得多，希望利益相关者可以知足。

超越：企业也应在危机时期让利益相关者明白自己对社会的贡献、对利益相关者利益的维护远远超过自己所犯下的过错，希望大家能够谅解。

攻击原告：攻击是最好的防御，如某企业收到某新闻媒体的不实报道，这家企业就可以对这家新闻单位采取"攻击"策略，使其更正道歉。

补偿：用于担责，对受害者进行补偿，这是最积极的沟通策略，当然代价不菲，应量力而行。总而言之，第三个战略就是从各个方面减少错误行为传播的范围和程度。

（4）第四个战略：亡羊补牢。这种战略是通过制定相关法律、规定来减少以后类似事件的发生。这种亡羊补牢式的做法，与上面提到的补偿的区别，在于它是针对未来的，而补偿则针对当前的损失。塞农（Srllnow,1998）认为亡羊补牢法应该和其他改善形象的战略共同使用，如否认、援助等，以促进组织重建、维护其合法性。

（5）第五个战略：自责。这项战略包括道歉、忏悔和寻求公众的宽恕。班尼特认为，其他战略必须相互信赖，而这项战略可以单独发挥作用。

综合来看，班尼特的前两个战略强调责任，后两项与消除敌意有关，最后一项则是表达自责。班尼特认为个人或组织是追求声誉最大化的，它们总是不断提高声誉，减少负面影响。而公众可能会包括各种不同的利益群体，需要对他们实施不同的战略措施。媒体作为沟通一个组织和公众的中间因素，在危机管理中发挥着重要作用。班尼特和他的助手，在运用其模式来分析一系列危机方面取得了显著成绩，包括飞机坠毁、产品损害等。

2. 危机处理的基本策略

危机处理策略是对危机处理的整体性思考。选择适当的危机处理策略,有助于危机管理者厘清思路,改善危机处理的效果,减少危机的危害程度,甚至可以促使危机转变为商机。危机处理策略可以分为以下几种[①]。

(1) 危机中止策略。危机中止策略针对的是危机诱因,这在危机尚未曝光或者负面影响尚不严重之前尤其重要。如果危机的根源在于企业产品的质量出现问题、企业的生产经营过程造成污染等,企业就应立即实施中止策略,如停止销售、回收产品、关闭有关工厂或分支机构等,主动承担相应的损失,赔偿受害者损失,防止危机进一步扩散。例如,大众由于旗下部分柴油车在尾气检测中作弊的"排放门"事件而在全球大范围进行汽车召回。再如 2014 年轰动一时的福喜事件,上海福喜食品公司因被曝使用过期劣质肉而被调查,危机发生后,对经营、使用福喜公司产品的麦当劳、肯德基等洋快餐产品的企业均停止了销售,并采取下架、封存等控制措施,福喜母公司也宣布从市场中收回上海福喜所生产的所有产品。案例中企业对问题产品采取召回和停止销售等做法就是使用了中止策略,特别是在产品伤害危机中,产品的缺陷可能会危害到消费者的健康和安全,必须快速地实施中止策略才能缩小危机造成的伤害,控制危机负面影响蔓延。

(2) 危机隔离策略。由于危机的发生往往具有"涟漪效应",如果不加以控制,危机影响的范围将不断扩大。隔离策略旨在将危机的负面影响隔离在最小的范围内,避免造成更大的人员伤亡和财产损失,殃及企业其他的生产经营部门或相关公众。隔离策略主要有以下两种情形。

情形一:危害隔离。危害隔离即对危机采取物理隔离的方法,使危机所造成的财产损失尽可能控制在一定范围内。比如,当火灾发生之后,采取果断措施切割火场,以避免"城门失火,殃及池鱼"。对于一些多元化经营的企业,在某一产品线发生信誉危机之后,要采取有效隔离措施,避免对其他产品线造成不利影响。此外,同行业内的某同类产品一旦出现质量危机等,其他相关企业也应当提高警惕,采取行动,以免遭受由危机带来的"连锁反应"的影响。

情形二:人员隔离。危机发生后,应进行有效的人员隔离,即在人员资源上让以危机管理者为首的危机管理小组成员专门负责处理危机,让其他人继续从事企业正常的生产经营活动,以防止危机对企业正常的生产经营活动造成巨大冲击。如康师傅在我国台湾地区"馊水油事件"爆发之后立即发布声明,称在中国内地制造及销售的方便面,不涉及向中国台湾地区进口相关原料或成品,且全部生产过程严格遵守国家相关标准,在保证食品安全卫生的要求下,不存在隐患。康师傅这一做法正是使用了隔离策略,切断内地产品与台湾地区产品的联系,隔离开两个市场从而避免内地市场受到危机的不利影响。

(3) 危机消除策略。危机消除旨在消除危机所造成的各种负面影响,转变人们的态度和看法。这种负面影响极可能包括物质财富上的损失,如企业生产场地遭受破坏、产品大量积压等,也可能包括精神上的损失和打击,如员工士气低落、股东信心不足、企业形象受

① 余明阳,张惠彬.危机管理战略[M].北京:清华大学出版社,北京交通大学出版社,2009:52-57.

损等。面对突如其来的危机,组织应尽可能地保持沉着冷静,根据当时外部与内部环境,选择恰当的途径消除危机带来的负面影响。例如,IBM 历史上的第二次转型期。当时,IBM 已经非常接近现金断流的境地,可以说整个企业处在生死存亡的关键点。当时的 CEO 郭士纳就是利用了消除策略,通过裁员以削减成本,并且迅速把业务从大型机向个人计算机转型,对一些 IBM 的传统业务进行取舍与更新,才使 IBM 在这次生死之战中存活下来,并成功实现了从大型机到分布式系统的企业转型。

(4) 危机利用策略。危机利用策略就是企业在处理危机时除了减少危机造成的损失,更要利用危机,让危机成为企业品牌的宣传契机,力求造成有利于企业某些方面利益的结果,促进企业发展,也就是我们通常说的"转危为机"。管理是一门科学,更是一门艺术。危机处理也是如此。危机能考验一个企业或者说是企业领导者的危机管理的艺术性,如果拥有高水平的整体素质和综合实力,那么就更容易使危机为企业所用①。

如 2005 年的肯德基"苏丹红事件"就是一个使用危机利用策略而转危为机的经典案例。

2005 年 2 月肯德基的"新奥尔良烤翅和烤鸡腿堡"的辣椒粉中检测出含有"苏丹红"这一具有致癌性的原料。而肯德基在关键时候的应对方式不仅有效地顶住了苏丹红事件对于销售的负面影响,还进一步强化了企业的形象。肯德基所属百胜餐饮集团在第一时间撤下问题产品,并主动向消费者致歉。成立"食品健康咨询委员会",发布"食品健康白皮书",采取三项食品安全措施等。肯德基还把这次危机当作宣传的绝佳机会,他们拿苏丹红事件做广告的卖点,推出了两期电视广告,非常巧妙地对其食品的安全性做了一番介绍,宣传了他们的经营理念,可以说是"塞翁失马,焉知非福"。

以上四种危机处理策略并非是彼此割裂的。在危机处理过程中,往往综合运用不同的危机处理策略,以达到相辅相成的效果。在危机处理的不同阶段,应有针对性地采取不同的处理策略。通常而言,中止策略和隔离策略在危机处理的前期广泛被采用,消除策略和利用策略则在危机处理的后期使用较为普遍。

3. 常见企业危机事件处理要点

企业可能出现的危机事件很多,对各种不同的危机事件进行处理的方式及侧重点也不同,这一点必须引起企业的高度重视,以努力保证对危机处理适宜而有效。

(1) 公众误解事件的处理要点。在企业的发展过程中,有时自身的工作、产品质量没有任何问题,经营中也没有发生损害公众利益的事件,但由于种种原因,被公众误解了,公众无端地指责企业,企业因此而陷入危机中,这就是误解性危机事件。不利的社会舆论导向、社会流言、新闻工作者的误报、竞争对手的误导乃至造谣破坏等都是误解性危机事件发生的外部诱因,企业面临此类事件后,不能"无为而治",而应及时采取措施加以解决。处理误解性事件的要点如下。

① 调查此类事件发生的原因、误解性信息的传播范围、公众对误解性信息的相信程度、误解性信息对企业已造成的不良影响以及其潜在的影响等。

② 策划公共关系传播作品、宣传活动,巧妙地公布事实真相,澄清事实,消除误解性舆

---

① 向荣,岑杰.企业危机管理[M].北京:电子工业出版社,2016:68.

论的不良影响。对于因竞争对手的误导特别是造谣破坏而产生的误解性危机事件,企业还可以考虑借助法律武器来保护自己的形象。

③ 反省企业传播工作中存在的问题,改善企业的公共关系宣传工作。公众之所以会轻易盲从他人意见,从公众方面来说,存在随大流、从众等心理问题;而从企业方面来说,说明企业平时与公众沟通不够,没有让公众了解到具体情况,导致公众不太信任企业。因此,企业应亡羊补牢,全面审视企业的公共关系工作和对外宣传工作,并加以整顿,强化企业与公众之间的沟通与信任机制。

小案例

圣元乳业的危机处理

2012 年 1 月 11 日,媒体报道江西都昌县一龙凤胎一死一伤,疑因食用圣元优博所致。消息一出,一石激起千层浪,将刚走出"激素门"的圣元乳业再次推到舆论的风口浪尖。如何澄清事实,还原事件的本相,对于圣元乳业来讲又将是一个无法回避的问题。最终,事情的结果如圣元所愿,圣元乳业得以沉冤昭雪,成功化解了此次危机。

2012 年 1 月 7 日,死者去世后,家属找超市和圣元奶粉经销商,事件开启。

2012 年 1 月 10 日,死者家属将尸体摆放在超市门前停尸问责,圣元江西分公司主动向当地工商局和公安部门报案,事件升级。

2012 年 1 月 11 日,圣元营养食品有限公司、客服部人员、生产总监表态积极配合相关部门调查,公司统一向外界发布信息。

2012 年 1 月 12 日,圣元发布《20111112BI1 批次出厂检验报告》,所有检验项目检测结果均为"合格",圣元国际董事长兼 CEO 张亮表示,非常同情遭受了这一悲剧的家庭,与此同时,坚信这是与圣元产品无关的孤立事件,已决定不召回其任何产品。

2012 年 1 月 13 日,第三方检测结果出炉,九江都昌县人民政府也对该事件发布公告,江西二套《都市现场》就事件采访了都昌县工商局秦局长,事情得以澄清。

尤其在事实澄清后,圣元及时在其官方网站公布称:"九江都昌政府在江西电视新闻发布:权威检测结果已出,圣元奶粉合格,与孩子死因无关。"并在一些其他相关媒体发布或转载正面文章,如网易财经《工商部门为圣元正名,龙凤胎一死一伤事件与奶粉无关》、新华网《权威检测结果还圣元奶粉清白!》、新华报业网《圣元奶粉最新事件结果:质量才是硬道理》、新浪博客、大周网《圣元奶粉检测合格 婴儿死因与奶粉无关》等。这些正面文章为自己消除了事态的后续影响。

至此,圣元"致死门"事件画上一个圆满的句号。

【思考】

圣元乳业成功地平息危机事件给我们哪些启示?

(2) 事故性事件处理要点。在企业发展过程中,由于自身的失职、失误,或者管理工作中出现问题,产品质量上出现问题,由此引发的危机事件,会使企业形象受到严重破坏,并且这种事件的责任完全在于企业自身,因此,对于此类危机事件的处理,要把握以下要点。

① 果断采取措施,有效制止事态扩大。

② 真诚接受公众批评,及时向公众及新闻界披露真情、公开致歉,以期迅速获得公众的谅解、宽容。

③ 组织专门人员,立即采取善后措施,尽量减少公众损失,主动提出合理的赔偿方案。

④ 认真检查,切实做好改进工作。

⑤ 适当宣传,把事态的发展情况、改进措施、对公众的承诺和服务等内容,通过适当的媒介、传播方式公之于众,以消除公众的不良印象,恢复公众的信任。

⑥ 借此向全体员工进行教育,避免今后再度出现类似的问题和差错。

小案例

新加坡航空公司的危机管理

2007 年 1 月 24 日 9:00,新加坡航空公司执飞 SQ811 航班的一架波音 777-200 飞机在起飞后不久,发现右侧发动机火灾告警器报警,机长随即决定返航。10:40,SQ811 航班返回北京首都国际机场。坏事中的好事是,这家世界上客户满意度最好、赢利能力最强的航空公司在关键时刻的表现,给其中国同行小小上了一课。

13:50,国内所有相关媒体就收到了发自新航中国区公关部的一份简短声明,声明表示:"尚无确切消息表明告警器是因着火引起告警。飞机当时搭载有 227 名乘客和 16 名机组人员。新航正在协调安排,以保证乘客能够在第一时间继续成行……"

15:30,全部滞留乘客被送往中国大饭店和国贸饭店休息。

17:20,《商务周刊》再次收到来自新航中国区公关部的"最新声明"。这是一份更为详尽而准确的情况说明。事故的原因已然明了:"由于气流干扰了隔热层,导致发动机火灾告警系统发出了错误的告警指示。"新航还阐明了此时的工作重点,即"为那些受这一事件影响的乘客安排其他航班前往新加坡,或是他们的最终目的地"。同时新航"将为那些不能在今天被转送的乘客安排住宿,费用由新航承担"。

1 月 25 日 10:50,休息了一夜的滞留乘客乘坐 SQ811 航班离开北京,飞往新加坡。

短短 8 个小时内,新加坡航空公司,这家几乎是被公认为亚洲客户满意度最高的航空公司,完成了媒体通报、故障鉴定以及滞留乘客安排等工作。国内媒体于事故发生当日纷纷发布了关于新航飞机返航的消息,清楚地阐明"飞机并未起火,事故是由于火灾告警器出错所致",由此外界因为"飞机发动机失火"的猜测而可能对新航产生的信任危机被化解。滞留乘客被新航安排在了两家五星级酒店,并于次日清晨得以重新出发。

新加坡航空公司中国区公关部相关负责人表示,之所以在第一时间向媒体发出声明,"是为了解除不必要的误会",他希望媒体能够在第一时间了解到事件的真相。而在 1 月 24 日当天,这位负责人回复了数十个来自媒体的问询电话,向全国媒体发出了声明稿件,并在第二份声明发出前后,主动对相关媒体追加了口头解释和沟通。

这次 8 小时的危机管理中,新航无论在细节或战略上都体现了其"高顾客满意度"的公司理念。

【思考】

我国民航应该从新航的危机管理中学到什么?

（3）他人假冒事件处理要点。这主要是他人未经许可假冒企业的包装式样、商标、名义等推销伪劣产品，使企业形象受到损害，名誉遭受损失。由于他人的假冒，企业自己陷入困境，在这种危机事件中，企业是牺牲品，但要消除它的影响，还要靠企业自己的努力。一般而言，处理因他人假冒而形成的危机事件，通常有以下几种途径。

① 诉诸法律，拿起法律武器，借助法律渠道，澄清是非真假，恢复企业的真实形象。

② 借助大众传播，开展新闻揭丑活动，赢得公众的支持，提高公众的辨别力，使假冒伪劣产品没有市场。

③ 强化产品个性，同时增加产量，以创造规模效应为手段，进一步降低成本，使假冒者无利可图，从根本上杜绝假冒现象，维护企业形象。

④ 策划公共关系活动，充分调动企业员工和公众力量，共同打假，维护企业形象。

（4）火灾事件处理要点。火灾事件是企业的一种严重安全事故，它对企业形象损害极大。处理火灾事件的要点如下。

① 发现火警后，应立即通知消防公安部门，并根据已知情况当即做出安排，组织灭火。

② 迅速进入现场，奋力抢救各类人员和财产。

③ 及时抓好对伤亡人员的抢救和处理工作，并对其亲属做好安抚。

④ 深入调查，对火灾事故责任人做出严肃处理。

⑤ 将调查结果、事故原因、损失情况、处理情况，实事求是地提供给政府部门及新闻单位，控制舆论走向。

⑥ 发动员工总结经验教训，制定防火措施，并将落实情况及成效公之于众，求得各方理解与支持，逐渐恢复企业的形象。

（5）内部纠纷事件处理要点。企业内部纠纷事件往往是由于职工的物质利益被忽视，工资奖金分配不合理，福利待遇偏低，职工有后顾之忧，工作环境差，职业病得不到很好的医治，处理问题不公平，对待职工不能一视同仁等引起的。内部纠纷事件处理的要点如下。

① 心平气和地倾听职工群众的批评、意见和建议。

② 给职工心理上、物质上的补救，为化解矛盾做好铺垫。

③ 引导职工"向前看"，把组织的困难向职工"交底"，求得职工的了解与理解。

④ 对因搞不正之风引起职工强烈不满的个别干部做出严肃处理，以平息职工群众的不满情绪。

⑤ 事件平息后，把对事件的处理结果向职工公布，从各方面争取职工的谅解。

（6）通报批评事件处理要点。通报批评事件是指企业受到政府及主管部门通报批评而出现的企业危机事件。企业组织受到通报，其声誉必然下降，无形中会使企业内部处于低潮，企业外部公众信任度降低。因此，企业必须正确对待通报批评事件。通报批评事件处理的要点如下。

① 以诚恳的态度接受通报批评，向上级或主管部门对本企业的热忱关心表示感谢。

② 认真学习、研究通报文件和批评意见，努力吸取教训，提出改进工作的有效措施。

③ 以实事求是的态度对待通报批评，如发现通报中有不当之处，可诚恳地请求通报机关进行调查更正。

④ 当企业的整改见到成效时,应及时恢复企业声誉。

◎ 小案例

蒙牛黄曲霉素事件

2011 年 12 月 24 日国家质量监督检验检疫总局公布,蒙牛乳业有限公司生产的产品被检出黄曲霉毒素 M1 超标 140%,且黄曲霉毒素 M1 是致癌物。26 日蒙牛相关负责人称,问题出现的原因是饲料因天气潮湿而发生霉变。28 日爆出蒙牛官方网站被黑事件,让蒙牛致癌事件再度升级,同日其股票市值蒸发约 137 亿港元。30 日国家质检总局公布,组织全国质检机构开展液体乳黄曲霉毒素 M1 专项监督检查。2012 年 1 月 5 日蒙牛牛奶销量大跌。10 日蒙牛与现代牧场就问题奶相互推诿,调查至今无果。

【思考】

蒙牛黄曲霉素事件处理有何不妥?

(7) 改变决策事件处理要点。改变决策事件是指企业组织在其经营管理过程中,为避免原已做出的错误决策造成不良后果而重新做出正确决策的行为,所导致的企业危机事件。从错误决策转向正确决策,本是一件很好的事情,但由于公众对原有决策业已适应,突然地改变,可能使他们一下难以适应,因此,也可能形成企业危机状态。改变决策事件的处理要点如下。

① 采取各种有效途径和措施向公众宣传企业改变决策的重大意义和必要性,特别要注重宣传改变决策将给公众带来什么好处和利益,以争取公众的了解、理解和支持。

② 通过各种渠道和媒介向公众解释与说明企业改变决策的主要原因,切实把握舆论导向,努力防止以讹传讹的现象发生,为企业营造一个有利的舆论环境。

③ 对于伴随改变决策事件而产生的关系各方的利益调整,要认真对待,妥善处理,特别是对于改变决策事件给有关公众所造成的重大经济损失,要视情况给予补偿。

④ 对于改变决策后产生的阶段性成果,应通过新闻传播媒介予以宣传报道,以使企业的新的决策深入人心,让公众及早适应。

(8) 失实报道事件处理要点。失实报道是指新闻媒体发布出来的与客观事实不相符的一些新闻、消息、评论等。从性质上,失实报道可分为片面报道和虚假报道两种。片面报道是由于媒体发布的信息量不足,导致公众对企业形象的片面理解。虚假报道则是由于新闻媒体发布信息失真,从而诱导公众,对企业形象产生负面理解。造成新闻媒体失实报道的原因,首先来自企业方面。①企业出于某种目的对其所有或部分信息进行封锁,容易激起新闻媒体挖掘新闻的决心,他们会千方百计地从其他公众(如竞争者、消费者或不了解企业情况的社会人士等)那里了解信息,从而造成新闻报道与事实之间的偏差,这是"信息源"的失实。②企业出于自身的原因,仅仅向新闻媒体提供部分信息,甚至只报喜不报忧,也是引发失实报道的根源。③出于自身的考虑,企业向媒体故意提供一些虚假的信息,以其影响公众,达到自己的某些目的,也是造成虚假报道的根源。造成新闻媒体失实报道的原因,其次来自新闻媒体方面。某些新闻媒体工作人员工作态度浮躁,不踏实,不愿深入企业一线去采访真实素材,而是自以为是,偏听偏信,易于产生失真报道。某些新闻媒体或其人员出于某种目的,对某些问题带着个人好恶,戴有色眼镜去报道,该报道的不报道,不该报道的反而出笼了,甚至有所夸大。更有个别的新闻媒体人员缺乏职业道德,以制造虚假信息,进行新闻炒作为能事,到处煽风点火,唯恐天下不乱,以揭示所谓的企业"丑闻"来迎合部分公众的心理,易于造成新闻报道的失控。失实报道事件处理要点包括以下内容。

① 充分重视新闻媒体在危机管理中的作用。企业要慎重对待媒体的宣传报道,尽量减少自身在新闻报道中的失误,在"源头"上杜绝失实报道的出笼。美国著名企业家艾柯卡警惕地说,有时企业可能对新闻报道的动机产生怀疑,但任何人如果低估了它的作用,那他就是天真的,简直是愚蠢的。艾柯卡特别忠告:"一个得不到新闻界信任和好感的企业,是不可能有大发展的。能得到新闻界的信任是一个企业最重要的财富。"

② 企业认真对待新闻媒体。企业要协助媒体做好新闻报道工作,为其提供各种条件和便利,帮助澄清事实真相,把客观实在的信息传递给公众,不管这些报道是正面的,还是负面的,企业均应持积极欢迎的态度,有则改之,无则加勉。注意加强与新闻媒体的日常交往,重视相互间的感情沟通,并在可能的情况下帮助新闻媒体解决一些难题,树立企业的良好形象,这样能够最大限度地防止有关的失实报道。

③ 及时化解不利报道的新闻效应。艾柯卡在处理企业与媒体关系时曾经说:"当某一个人因某事受到谴责时,新闻界马上给予公布,而当事实证明他无辜时,新闻界的报道见分晓很迟缓。"在出现错误的媒体报道时,企业行动的关键是要采取正确的公关措施,迅速行动,查清事实真相;可以对记者开放企业,实地参观,借记者之口挽回声誉损失,使流言不攻自破。

④ 消除面对失实报道的消极心态。一是不能对失实报道疏于应对,听之任之。一些企业对于危机不愿声张,盼望随着时间推移,公众会忘记这一切,其结果是不但没有消除失实报道的影响,反而有可能越演越烈。二是不能与媒体针锋相对,与新闻媒体对抗。企业对失实报道的气愤之情在所难免,倘若以此态度来对待新闻媒体,与新闻媒体针锋相对,甚至对簿公堂,现实中许多事例都说明其结果多是得不偿失。

🔍 小案例

深航机组成功处置机上纵火事件

2015 年 7 月 26 日 0 点 40 分,从台州路桥机场飞往广州新白云机场的深航 ZH9648 航班在降落时,一名旅客纵火企图破坏机舱设施,严重危及飞行安全。9 名年轻机组成员临危不惧,在空中启动应急处置程序,控制住该旅客,并第一时间通知空管、白云机场等相关机构。飞机于 26 日 0 点 58 分安全降落,机组启动紧急撤离程序及时疏散旅客,机上 97 名乘客生命财产和飞机安全得到保障。8 月 5 日上午,深航在总部隆重举行成功处置"7·26"机上纵火事件表彰大会,对 9 名机组成员和两位见义勇为的乘客进行嘉奖。

视频、事件亲历者回忆与媒体采访还原了事件及其处置的全部过程。①

（1）乘务员闻到可疑汽油味后立即报告。5 号乘务员董雪琼闻到飞机后舱部有疑似汽油味，即向乘务长周晨菲报告，周晨菲悄悄安排安全员、乘务员分工检查。董雪琼提醒在 25 排座位歇息的乘客回到自己座位，但坐在 25C 的男子似乎充耳不闻，直到她再次提醒才离开座位走向客舱前部。稍后，她整理 25 排座位，闻到了刺鼻汽油味，发现 25 排 A、B 座位上下和壁板上都有明显的液体痕迹，立即将事情告知安全员王浩鹏和兼职安全员杜福。当安全员赶到后舱检查时，25C 座男子却跑到前舱点火。突如其来的火情吓坏了乘客，客舱发生了慌乱，此刻飞机开始降落。董雪琼担忧乘客慌乱走动影响飞机平衡、危及飞行安全，就立即冲到客舱中间高声喊："请大家坐好！坐好！！请相信我们！相信我们！！我们有能力的！"同时询问"有没有军人武警在？"

（2）乘务员拿起大瓶可乐砸向纵火歹徒。在 25C 座男子点火时，乘务长周晨菲正在播放下降安检广播，调整客舱灯光，此时距离正常飞机落地还有 30 分钟。听到乘客尖叫声，她随即撩开前服务间与头等舱之间的门帘，看到一名男子站在头等舱 2D 座位旁，座位附近有明火。本能反应下，她马上抄起前服务间的灭火器冲了上去，3 号乘务员张小匆则迅速拽下隔帘灭火，然后拿起身旁的大瓶可乐砸向歹徒。

（3）安全员与持刀歹徒搏斗被刺伤。安全员王浩鹏和杜福在与董雪琼寻找刺鼻汽油源头时，发现一名男旅客离开前排座位朝头等舱方向快速走去，不久就听到前面旅客惊呼"着火了！"他赶紧跑到头等舱，发现这名男子想向头等舱旅客行凶。他冲上前一脚踹开这名男子，与男子搏斗，争取时间让随后赶到的杜福与乘务组协同灭火，并保护受到歹徒威胁的前排旅客撤到后舱："前排旅客往后退，我们受过专业训练，请相信我们！"乘客张学关、陈金彪一起参与控制歹徒，直至飞机安全降落。

（4）机长命令紧急降落，飞机提前安全着陆。收到驾驶舱内观察员袁成雨和"客舱发现明火！"的报告后，机长蔡小戈立即与空管、机场联系，操控飞机开始紧急降落，"机组就各位！"同时向客舱广播，稳定旅客情绪："所有人坐好，飞机开始紧急下降。"袁成雨紧盯监视器，随时向机长汇报客舱情况，保障驾驶舱安全。0 点 58 分，航班比原定时间提前 10 分钟在广州机场安全着陆。飞机脱离跑道刹停在滑行道上后，机长下令："紧急撤离！紧急撤离！！"机组人员打开舱门让大家从滑梯紧急撤离，并喊话："我们是经过专业训练的，请相信我们！请大家撤离时听从乘务员的指挥，不要携带行李，性命更重要！"乘客撤离后，机长带领机组成员进行全机检查，清点旅客人数，查看旅客情况。

凌晨 2 点多，机组人员配合公安机关做完笔录。早上 7 点多，所有乘客离开机场。

---

① 事件亲历者回忆：事发时飞机已准备降落，广播提醒乘客："调直座椅靠背，收起小桌板。"没多久，一名 50 多岁的男人拿着一份报纸从经济舱向头等舱走去。一会儿前排发出尖叫声，头等舱冒出黑烟，"机舱里满是汽油味和奇怪的味道。""两个乘务员手持灭火器将火扑灭。"点火后男子返回经济舱，手里拿着一把匕首挥舞，威胁乘客"给我老实点"，一名乘客的手被划伤。两名男乘务员一前一后将男子堵回头等舱。在对峙过程中，空姐一直在提醒乘客保持冷静，呼吁保护好儿童和妇女安全，号召男乘客站出来，"大家就把行李架上的行李拿下来堆在过道上，把那男子堵在过道上"。那男子再次点燃了火。"火比第一次还大，都是黑烟。"但火马上被扑灭，几分钟后飞机便落地了，机场外已有消防、公安等车辆在等候。"在这过程中那男子也跳下去了，我下机时候看到他趴在地上，好像也受伤了。旁边机组人员将其控制。"下了飞机后，"前排乘客都做了笔录，所有乘客都留了电话和身份证号等信息。"

你觉得深航机组的危机处理水平如何?

4.2 能力开发

4.2.1 案例分析

1. 某公司的企业危机事件处置策略

某公司在项目建设过程中,因征地安置补偿问题引发村民上访,并因上访村民被当地政府"学习",从而引发村民到该公司办公楼静坐的周边关系事件。该公司行动迅速、开诚布公、主动沟通、积极应对,妥善处理了村民静坐、记者突击采访、网络舆情等危机事件,为我们提供了很多值得借鉴的做法,是企业应对突发事件、舆情危机的一次良好实践。

(1)事件发生

由于某公司项目征地安置补偿问题,5月4日,该项目周边的某某村组织了70余名村民到省城上访。抵达目的地时,时逢该省党代会即将开幕,时期敏感,为此,省信访局即通知了上访村民所在市。5月5日凌晨,该市150余名便衣警察将上访的村民带回了该市委党校"学习",并且断绝了其与外界的联系。三天后,一名我国香港籍村民以心脏病为由,获得了释放。但释放有一个前提,就是必须签订"三不"协议(不闹事、不上访、不阻工),并承诺按政府要求按期搬迁。

随后,该村得知了村民被"学习"的情况,为了让政府早日放人,5月8日至12日,该村组织了30多名妇女、老人、小孩到该公司办公楼静坐、冲击、堵路,以期通过该公司向政府施压,逼迫政府放人。5月9日,某报记者也闻讯而来,态度不友好、语气强硬,要求该公司提供相关材料,以证明在征地安置补偿纠纷中的公开、公正、透明,否则就对外披露"黑幕"等;网络上也相继出现报道该事件的博客、帖子、微博、传单甚至视频,而且传播速度较快,网民关注度较高。至此,一场夹杂着村民闹事、记者采访、网络舆情的危机发生了。

(2)原因初探

调查显示,该项目曾发生较长时间的阻工,而当地政府之前都无作为,本次村民上访,政府的态度为何如此坚决,长时间不肯放人? 我们认为,弄清楚这个有助于解决问题。

① 该项目为何遭遇长时间的阻工? 调查发现,以前,村民阻工主要是因为移民新村建设严重滞后,部分补偿未到位。但目前,移民新村6月底已全部建成,具备搬迁条件,政府对村民的各项补偿也已完成。而近期仍有村民阻工、上访,主要在于几个关键人物无理取闹:一是甲乙两人要求政府按同样的拆迁标准补偿其孙子,实际上其孙子出生时间已超过政府统计人口截止日期,政府当然不答应,以免引起其他村民类似情况的连锁反应;二是丙想取代别人当村干部;三是丁通过非法关系,帮25人把户口从外村迁入本村,企图骗取拆迁补偿费,政府不给,遂闹事;四是部分香港人回来要房、要地。

② 政府的态度为何如此强硬? 我们认为,一方面,该省党代会召开在即,这时去上访,无疑给当地政府上"眼药",政府肯定得采取行动。另一方面,对该项目的阻工问题,作为责

任主体的地方政府一直解决不了,不仅解决不了,而且还有越演越烈之势,以前是某某村,现在连之前还比较听话的该村也开始阻工了。所以,地方政府这次比较强硬,不签订"三不"协议,绝不放人。

(3)应对措施

为了妥善处理该事件,该公司兵分几路,采取了即时处理、应对记者采访、应对网络舆情危机的三管齐下的方式。

第一,事件发生后,该公司立即召开会议,明确两条应对原则——不与村民发生冲突、注意防范有人失去耐心时的过激行为,并采取了如下应对措施。

①及时向政府报告,请求支援,传单请公安部门协助回收;②提醒员工和保安保持克制,不与村民发生冲突;③暗中做好录像,并保护好监控室,随时复制、撤走;④把公司车辆撤到政府大院内,以免遭到砸坏;⑤保管好贵重物品,锁好各层房门,关闭电梯;⑥提醒现场工作人员:万一有群体性过激事件发生,以确保员工人身安全为首要,确保员工安全撤离到镇政府大楼内,并及时报告市领导和公司领导;⑦领导全天候在现场值班,并针对具体事件,随时制定各种应急预案;⑧领导和员工在现场耐心给群众做工作,向群众解释企业没有能力去干预政府的行为,请群众体谅公司的难处,让群众明白冲击办公楼不但无助于问题的解决,而且是违法行为。

第二,针对记者强硬采访事件,该公司首先致电该记者,了解采访意图、采访内容等,并派相关人员赶往现场与记者见面,途中,通过各方关系证实记者身份。制定了如下应对原则:①身正不怕影子斜,不要慌张、自乱阵脚;②此事的责任主体是政府,必须紧密依靠政府,与政府保持高度一致,不可单方行动;③强调该项目是国家重点项目,一直以来都坚持合法合规经营,感谢媒体朋友对项目的关注,并欢迎其对此进行监督;④既要礼貌待人,也要不卑不亢。

采取了如下应对措施:①耐心向记者解释原因;②认真严肃地告诉记者,该公司没有所谓的黑幕;③积极配合记者,提供相关不涉密材料;④通过该报地方记者站,做好该记者的思想工作;⑤及时通知地方政府有关人员,通报有关信息,让政府提前做好准备。

第三,针对网络舆情危机,该公司坚持了两条原则:一是不能自乱阵脚,要有所甄别,不能眉毛胡子一把抓,到处救火,有些火是没有必要救的;二是紧密依靠专业力量,及时向上级有关部门报告事件的最新动态,发挥网络舆情监控和处理的专业优势和能力。

在此原则指导下,该公司与政府共享信息、互相通报、分工合作。对那些指向政府的负面网络信息,由政府去解决;对那些指向该公司的负面信息,由该公司运用各方关系解决,包括请求集体支援,通过媒体关系删帖、屏蔽微博,调动网络通信员参与网评等,从正面或其他角度转移公众的注意力。

事实证明,这种方法是奏效的。如有一个视频,公司网络监测平台发现了,该公司即密切关注该视频的关注度,并调动网络通信员积极参与讨论。结果是:虽然该视频转发量较大、评论数较多,但总体基调并非指向该公司,而是指向了地方投资环境。

由于措施得当、有力、及时,该事件得到了良好的控制,村民在办公楼静坐两天后自行平静离去;记者采访完毕后即返回报社,没有在周边村镇再逗留,而且后续的报道也有利于该公司;网络舆情危机基本平息。

思考·讨论·训练

（1）案例中的这家公司在处理危机构成中,针对哪些利益关系人进行危机处理? 各采取了怎样的危机应对措施?

（2）该公司在处理网络舆情危机上有何独到之处?

2. 泰诺中毒事件

泰诺是麦克尼尔实验室开发的,而这家制药公司则于 1959 年被强生公司收入旗下。在 1960 年之前,泰诺是作为处方药被专卖的,其中仅有的活性成分对乙酰氨基酚是任何一家制药公司都能够生产的化合物。

在整个 20 世纪 60 年代和 70 年代早期,作为对肠胃刺激较小的阿司匹林的替代品,泰诺仅仅通过医疗贸易杂志刊登广告,直接向医生和药剂师推荐。但是到了 20 世纪 70 年代中期,这种药物开始飞黄腾达。

1976 年强生公司又推出了超强泰诺。超强泰诺是第一种每粒胶囊含有 500mg 止痛剂的非处方止痛药(一般情况,止痛药每粒含有 325mg 止痛剂,"超强"药每粒含有 400mg 止痛剂)。因此,超强泰诺被鼓吹为"在没有处方的情况下所能买到的最有效的止痛药",其销售额也不断飙升。到 1979 年,泰诺品牌已经占据非处方止痛药市场 25% 的份额,其中超强泰诺的销售额占 70%。由于超强泰诺的成功,一些竞争者纷纷开始效仿。1981 年,泰诺占据了 35% 的市场份额,是位列 2~4 位止痛药物所占市场份额的总和,而各种泰诺产品当年为强生公司带来的销售额预计超过 4 亿美元。

到了 1982 年年初,在首席执行官詹姆斯·伯克和强生公司的其他高层管理者看来,泰诺的增长势头已经不可阻挡,然而一场危机却悄悄地降临到了泰诺的头上。

（1）泰诺的第一次中毒事件

1982 年 9 月 29 日,星期三。这天上午,居住在芝加哥近郊且相距不远的 12 岁的小女孩玛丽·凯勒曼和 27 岁的邮政职员亚当·贾纳斯神秘死亡。当天晚些时候,贾纳斯的兄弟也因同样的原因神秘死亡,他的妻子则陷入昏迷,并且后来再也没有醒来。由于两起事故惊人地相似,医疗卫生监管部门准备整个地区隔离。在这两起事件中,受害者近期都曾服用过超强泰诺。现场检查很快证实了当局最坏的担心。在超强泰诺胶囊中发现了氰化物,这是一种作用迅速的剧毒物质,而几位死者正是因为服用了这种药物而死亡的。

① 迅速反应。1982 年 9 月 30 日(星期四)上午,詹姆斯·伯克得到了有关中毒事件的消息。这种悲剧的发生是不可思议的,这个行业从来没有发生过这样的事情。伯克立即意识到,他的公司面临着非常严重的公共卫生问题。他最担心的是,麦克尼尔的某个工厂可能发生了污染事件。

来自芝加哥的报道基本上算是好消息。库克县的卫生官员在对所有死者没有进行完尸检工作之前拒绝发布任何数据。

11:30,又传来消息说,27 岁的家庭主妇——4 个孩子的母亲玛丽·赖纳当天早些时候死亡。她的钱包中有 6 粒超强泰诺胶囊,其中的 4 粒氰化物测试呈阳性。

伯克决定在公司层面上承担起危机管理的责任。负责麦克尼尔管理工作的公司集团董事长韦恩·尼尔森当时正在澳大利亚。伯克回忆道:"我的第一反应就是打电话找到他,并了解可能发生的情况。我记得他说,他愿意拿他的奖金和一年的薪水来实施控制措施。这让我有些放心,但我依然非常担心,因为我们当时不知道中毒事件仅在芝加哥地区发生。"

中午时分,库克县的官员举行了一个新闻发布会,他们在会上确认所有的死者均死于氰化物中毒。他们指出,在死者附近发现的超强泰诺药瓶中,只有随机的几粒胶囊发现有氰化物。所有的瓶子的批号都是 MC2880。这些胶囊来自麦克尼尔在宾夕法尼亚州华盛顿堡的一家工厂,这家工厂总共生产了 93 000 瓶超强泰诺,共 470 万粒。

麦克尼尔消费产品子公司董事长,48 岁的戴维·科林斯在得知危机后的半个小时内就乘坐直升机飞往华盛顿堡。当他到达时,他发现工厂的管理者正在电话和麦克尼尔总裁约瑟夫·奇萨的办公室之间来回奔跑。科林斯前往麦克尼尔的首要任务是搞清楚工厂何处用到氰化物。高层管理者向他保证,在这个工厂内根本没有氰化物,他把这个消息发到公司总部。然而,令科林斯吃惊的是,他后来了解到,工厂内的确有少量的氰化物,这是按照 FDA 的要求所进行的质量控制程序的一部分,用于测试泰诺生产原料的纯度。强生公司公关人员随后不得不向媒体说明这一情况,因为公司此前宣传在制造场所没有使用氰化物。

② 关键举措。1982 年秋天强生公司在泰诺危机的早期阶段中采取了两个关键性举动,维持了新闻媒体和公众对它的信心和信任,并在后来重振了泰诺业务。

首先是它对新闻界迅捷而自发的回应。从接到记者的第一个电话开始,到后来最初几周内的 2500 个甚至更多的记者电话,公司的态度是完全坦率和真诚的。媒体和公众能获知一切现有的信息从而得到保护。新闻媒体赞扬了公司这种公开性的积极回应,并得出了早期结论——强生公司也是芝加哥悲剧的一个牺牲品。

公司的另一个重要举措是立刻采取行动来保护它的客户,这是公司信条的第一要旨。后来的结果是,公司从全国市场收回所有强力泰诺胶囊,这耗费公司数百万美元的资金,使公众了解这个决策的意义,并继续给予强生公司、麦克尼尔和泰诺品牌以信任,以表达他们对公司决定的赞赏。正是这种持续的信心和信任,使公司后来将产品推回市场,并使其再次成为最受欢迎的处方类止痛药品。

公司还通过其他方式表现了它对客户的重视。危机发生的当天下午,强生公司就设置了"800"热线来处理铺天盖地的客户质询。成百上千的电话得到答复,志愿员工们耐心地给打电话的客户以尽可能多的信息。这种场面持续在位于新布朗思维克和福特华盛顿的公司总部上演。

9 月 30 日的傍晚麦克尼尔召回了已分销到 31 个州的 MC2880 批次产品,尽管实际上目前发生的死亡仅限于芝加哥地区。同日,450 000 份电报发往医生、各家医院和商业部门,警告禁止使用泰诺,直至芝加哥事故得以澄清。各种形式的泰诺广告被无限期地中止。傍晚,第六位牺牲者,这次是一位来自伊利诺伊州埃尔姆赫斯特的两个孩子的母亲,死于氰化物中毒。在她家中发现了一瓶标有 1910MD 编号的超强泰诺胶囊。在抽查的三粒胶囊中发现其中一粒含有氰化物。

批号 1910MD 生产于得克萨斯州的朗德罗克,除了部分被装船运往芝加哥,其余被全部分销到美国西部各州。中毒会同时在两个不同的生产车间发生是极不可能的,至少有一瓶有毒的胶囊来自其他胶囊不同的地点,这一事实强有力地表明中毒事件发生在芝加哥而不是在生产过程。然而，从星期五全天到周末，17.2万瓶批号为1910MD的胶囊被确认并撤离货架。同时，强生公司与FDA联系，开始撤回所有芝加哥地区的超强泰诺胶囊，并在美国全国的媒体发布禁用超强泰诺胶囊产品的警告。麦克尼尔关闭了在圆岩和福特华盛顿的工厂，直至芝加哥的死亡原因得以澄清。

虽然超强泰诺胶囊已经撤出了许多地方的货架，但还没有大范围地调回和销毁该产品。1982年10月1日，星期五，伯克和强生的总裁戴维·克莱尔开始秘密讨论从全国撤回药品的选择。公司内部有反对这项举措的争论。强生公司药品撤回会引发全行业的恐慌吗？应该撤掉哪些泰诺药品呢？强生公司药品撤回会完全满足杀手的欲望并给他(她)以向其他药品下毒的动机吗？

无谓的惊慌已经充斥四周。近1亿美国人过去已服用了泰诺，每一个由药物致死的人都成为可疑的牺牲品。伯克说："我可以给你举一个令人难以置信的例子：一个卡车司机被发现死在路边他自己的车厢里，身边有一瓶已开启的他曾用过的泰诺，他被送往医院，氰化物检验呈阳性，于是被归咎于发生于该国不同地点的又一起中毒事件牺牲品。这与芝加哥是无关的。如今，我们要花费时间来解决这样的问题，当你进行氰化物检验时，你要先检验这个人是否是氰化物过量者。而吸烟过量往往是氰化物过量者。该司机是患有心脏病的嗜烟者，恰巧服用了泰诺。"

伯克决定等到周末结束再做出最后决定。

③ 重要决策。10月4日，星期一清晨，伯克飞往华盛顿会见FBI主任威廉·韦伯斯特和FDA主管阿瑟·海斯。上周末，第七个牺牲品，芝加哥35岁的葆拉·普林斯被确认身份。对伯克而言，显然危机已上升到美国国家级别。这不再是麦克尼尔的紧急事件。匿名和满不在乎的恐怖行动危及了美国的零售业。伯克和戴维·克莱尔留下这样的印象，在美国的商店中发生的疯子般的放纵事件具有可怕的寓意。

出乎伯克意料的是，韦伯斯和克莱尔都坚决认为从美国全国收回药品会在当时构成矫枉过正。FBI主要关注仅有几星期之遥的万圣节，担心收回药品的这个剧烈举动可能会激发每一年万圣节他们都必须面对的美国国内的疯狂举动。"我听后表示同情。"伯克回忆，"但无论站在公众的立场还是从公司的业务着眼，我都认为这不是正确的解决方法。我有合法的权利收回药品，但我也不想使两个监督机构感到为难"。

10月5日，星期二的晚上，消息传到华盛顿，在加利福尼亚奥罗维尔发现泰诺胶囊中含有士的宁(又名番木鳖碱)。这是芝加哥以外发生的第一个中毒事例。随着新闻界蜂拥而至，政府对撤回药品的反对消失了。10月6日，星期二，公司宣布3100万瓶泰诺被撤出了全美所有商场的货架，并将被销毁。

第一个星期结束时，强生公司在FBI和FDA的帮助下，对超过800万粒泰诺胶囊进行了检验。共计75粒胶囊发现含有氰化物，全部在芝加哥地区。泰诺的市场份额跌落至不到7%。除此之外，强生公司还必须承担收回、检验和销毁上百万瓶胶囊的代价。伯克估算公司在整个过程中的损失超过1亿美元。

随着时间的推移，行业分析家对泰诺的市场复苏能力变得更加悲观。《纽约时报》预测泰诺销售会持续下滑，《华尔街日报》报道，"一段时间过去了，没有一个嫌疑犯被抓到，也没有证据表明这种看似随机性的谋杀的动机，这不利于泰诺声誉的回升"。

纽约大学的市场营销教授本杰明·利普斯坦在《华尔街日报》中指出："强生公司面临他们所遇到的最困难的问题——如何驱逐恐惧过后的残留因素。我头疼，但这次我服用了拜耳（另一种止痛药）。在家里我有泰诺胶囊，但若有人要用它，我将被人咒骂。"《纽约时报》引用了广告代理机构执行官杰瑞·德拉·弗米那的话："我认为在这种声誉下麦克尼尔不可能再卖出任何产品。也许会有广告人认为他能够解决这个问题，如果我想雇用他，那也只是因为他会变戏法。"

强生公司在第一次中毒事件发生后不到一星期，就开始自己做消费者研究调查。公司发现虽然人们不把中毒归咎于服食了药物，但他们还是对此感到恐惧。10月8日，星期五，强生公司宣布了将泰诺胶囊全部换成泰诺药片的计划，这种形式被认为不容易做手脚，因为更加安全。同日，伯克在《华尔街日报》上说道："我们觉察到大家内心对强生公司及其品牌极大的善意和信任。公众不会责备我们，他们感觉我们和其他人一样也是牺牲品。"

在公司内部，伯克告诉他的员工只要每个人做好本职工作，公司就能挽回70%～80%的业务。事后伯克承认这只是他的推测，但他必须用这句话给员工以信心来完成所面临的艰巨工作。

10月11日，危机发生后的第10天，强生公司的执行官们做出了挽救品牌的决策——成立了由伯克、戴维·克莱尔、威恩·尼尔森、劳伦斯·福斯特、普通辩护律师乔治·弗莱泽和执行委员会成员阿瑟·奎提等人组成的泰诺战略委员会，集中了泰诺公司的全部力量。"我们决定早上8点在我的办公桌前会面，晚上6点再次碰面以回顾全天发生的状况。"伯克回忆，"实际上我们在办公桌前花费了大量的时间，整整六个星期我们互相冲着对方大喊大叫。我们剖析组织中的每一个人，动员他们去了解这项工作。"

后来的独立调查显示，有45%以前使用泰诺的人由于最近发生的事故将不再服用该产品。许多人没有意识到有中毒事故仅涉及泰诺胶囊而不是药片。美国的零售商把所有类型的泰诺全都撤下了货架。

中毒事故发生不久，美国全国泰诺的零售订购下降超过了25%，而安那辛的生产者则全天开工来提高其产品的产量。10月中旬，百时美—施贵宝开始对百服宁和艾可斯丁实行降价25%的优惠措施。

仍然会有挥之不去的负疚感。"我猜这是人类的本性。"伯克讲道，"我们感觉似乎自己做了什么糟糕的事，尽管我们知道我们没有。我指的是，这是世界上最大的健康保护企业，经销使人们安康和解除痛苦的产品，我们对此感到骄傲，但事实上有人死亡并且死于服用了我们生产的药品"。

强生公司的执行官们还是有理由乐观的。首先是10月15日，麦克尼尔的消费者产品主管约瑟夫·奇萨正式收到了FDA的来信，证明麦克尼尔对泰诺胶囊中毒事故没有任何过失和疏忽的罪责。而且，由于泰诺以前在市场上的优势地位，竞争者似乎还没有其他产品能够填补空白。调查发现，撤下泰诺的货架要么是空的，要么是贴着私人商标和普通品牌的药品——没有摆上诸如安那辛和百服宁这样在美国属于国家级的主要品牌。尽管安那辛和百服宁都是解热镇痛产品，在10月收到了大幅上涨的订单，但在中毒事故发生前它们占有的市场份额太小，以至于这种产量上升并没有对市场总体产生影响。竞争者们还发觉，很难做到不显得用心险恶地来利用发生在泰诺上的麻烦。

想到这些,公司的执行官们就重新充满热情地投入去重建品牌的工作中。10月22日是返货三个星期后泰诺的广告首次露面的日子,强生公司的医疗主管托马斯·盖茨医生出现在广告中,他强调说中毒只是地区性的事故,而且仅包括胶囊。他还请求消费者们继续地给予泰诺信任。早在几天前,强生公司已发出了61 000份署有盖茨签名的"亲爱的医生"信,描述了公司应对危机时所采取的步骤,包括自发地收回泰诺胶囊。在信和广告中,盖茨建议患者和消费者使用非胶囊形式的泰诺,直至麦克尼尔重新销售能够抗击侵害的胶囊药物。

④ 重新包装。没有什么比引进新包装更重要的任务了,伯克亲自领导着委员会向抗击侵害产品的方向前进。整个行业竞相推出抗击侵害型的药物包装领先市场。

紧随着泰诺中毒事故,一连串产品被侵害的事件,使行业先于监管要求而考虑采取行动。来自丹佛的报道说,在三瓶强力艾可斯丁药中发现了含汞的氯化物,在药性最强的安那辛中发现了老鼠药,维生(Visine)眼药水中含有盐酸。艾可斯丁的生产商,百时美—施贵宝将其产品撤出了丹佛零售商的货架;美国家用产品公司和Pfizer分别作为安那辛和维生的制造商,将这种侵害产品行为标注为"隔离事件",没有采取行动。

医药企业分析家预测,持久保护性的包装技术将会耗费制造商们好几百万美元,主要包括给目前市场上尚不能抗击侵害的药品包装进行替换的成本。并且没有证据显示,更安全的包装会重建非处方类止痛药物的消费者的信任。一些分析家预测,如果消费者对适度疼痛放弃使用药物,市场会萎缩至10亿美元以下。

强生公司仍然以快速的行动来重新包装它的药品。1982年11月4日,FDA公布了新的药物包装要求,规定在1983年2月前,"易受侵害的"药品,如胶囊,一定要包装起来:a.阻碍侵害行为;b.能明显觉察出经过不恰当处理的产品。向非处方药制造商进行说明的产权协会推荐了下列选择:

- 包装薄膜。
- 泡状/条状包装,每粒药需分别撕开单独使用。
- 泡沫包装,把药品安置在一张显示卡中,并用塑料进行密封。
- 缩短密封条或封口带使其与瓶盖外包装相吻合。
- 使用必须撕开的锡质、纸质或塑料包装袋。
- 瓶装药的封条须安装在瓶盖内并横跨瓶口。
- 在盒盖和瓶盖上贴上胶条。
- 瓶盖须毁坏才能开启。
- 密封管必须打孔。
- 密封盒必须毁坏才能开启。

FDA要求执行以上至少一条的安全防范措施,此外还在药品包装上告诫消费者,如果他们怀疑药品被侵害,就不要服用。11月11日强生公司第一个执行了FDA的规定。公司举行了一个闭路电视新闻发布会议,宣告几星期后将在市场上重新推出经过三重安全密封包装的泰诺。这是可防止破坏的包装,包括:a.泰诺外层包装盒上封口的黏合边;b.在瓶颈处的塑料密封条;c.瓶盖里面用强力金属箔片密封。此外,瓶子上还贴有明黄色的商标,上面标有红色警告:"如果安全封条被撕破,请不要使用。"新的包装成本——每瓶2.5

美分——由强生公司来承担。

现场电视广播通过卫星传到了30个城市,聚集了600家媒体的代表进行了报道。伯克宣布未来四星期内将启动四个广告,消费者可以用他们可能废弃的泰诺来换取2.5美元的优惠券。消费者可通过拨打免费电话来获取优惠券。这项举措背后的战略意图是给丢弃泰诺的消费者,再次使用三重安全密封包装的新产品的机会,而且是没有成本的。公司执行官们认为,当务之急是重建公众对泰诺品牌的信心。公众积极回应,共分发了超过4000万张的优惠券。

伯克的目标是在年底前完成新包装胶囊的分销。在伯克发表讲话后,来自纽约、费城、华盛顿、芝加哥和洛杉矶的记者可以通过闭路电视广播系统进行提问。

一些评论家指责公司的行动太快了。中毒事故发生不久就以如此攻势推销产品,会有引起消费者反感的风险,甚至会变得更容易再次遭受产品侵害事故。公司坚决地维护自己的行动,断定这是恢复消费者对品牌信心的最重要的工作。"为了达到这个目的",戴维·科林斯说,"我们必须使泰诺回到消费者的家庭中"。

到1982年11月底,调查显示泰诺重新夺回了中毒事件发生前市场份额的55%,比10月底上升了20%。这些数字仅反映了账面销售,毕竟曾占据泰诺业务量40%的胶囊在当时才刚刚重新推出。《华尔街日报》把它作为市场营销的奇迹。许多行业分析家对泰诺重返市场的速度感到惊讶,对公司处理危机的手段表示赞赏。分析家引证了两个消费者情绪迅速发生转变的主要原因。其一,公众很快明白与以前产品有关的不同悲剧,错不在泰诺。其二,据耶鲁大学的斯提芬·普马特说,"一连串的'复制猫'(copy-cat)中毒事件分散了公众集中在泰诺上的恐惧"。

中毒事件过后的一年,泰诺赢回了原来市场份额的85%,再次成为美国全国止痛药的销售龙头。强生公司在1983年用了约6200万美元取得的这个市场地位,比前一年上涨了近2000万美元。1983年9月,泰诺品牌占据了非处方类止痛药13亿美元市场总量的30%。

1985年中期泰诺品牌仍在16亿美元的非处方类止痛药市场上以35%的零售份额居于领先地位。泰诺品牌看来是经得起考验的。

(2) 第二次中毒事件

1986年2月7日星期五晚,23岁的纽约韦切斯特县的居民黛安娜·埃尔斯诺思,因为头疼服了2粒强力泰诺胶囊后上床休息。12小时后,她在房间里被发现死于氰化物中毒。验尸结果显示泰诺与氰化物"非常接近"的迹象,给官方提示有毒物质是和药物一起咽下的。

① 事件应对。埃尔斯诺思的死亡消息是在2月10日(星期一)的傍晚传到强生公司的。媒体质询的冲击紧随而来,公共关系人员整晚都在处理电话。

对于伯克,死亡消息带来的是似曾相识的噩梦般的感觉。"我们不相信它会再次发生。"他说道,"其他人也不会相信。"伯克的第一个行动是联系FDA和FBI。几小时后,两个机构与韦切斯特县的官员取得联系,在以前曾销售过有毒胶囊的A&P药店为中心的方圆三英里为半径的范围内,开始收集泰诺胶囊。伯克还发起了一系列消费者调查来帮助确定人们对于所有泰诺产品的恐惧和紧张心理。同日,大西洋与太平洋茶叶公司从美国

26个州内超过1000个商店货架上订购了所有的泰诺胶囊。

生产有毒胶囊的地点是福特华盛顿和菲律宾，有20万瓶。于1985年8月装船运到美国密西西比河东部的31个州。韦切斯特县的官员报道，在有毒药瓶内剩下的21粒胶囊中有三粒含有氰化物。星期一晚上，纽约市卫生部门发布电视通知，警告消费者不再使用任何类型的泰诺胶囊。所有有关泰诺的电视广告都无限期停止了。

2月11日，星期二，伯克在强生公司位于新泽西州新布朗斯维克的总部举行了三场电视新闻发布会的首场直播。会上主要声明的是由韦切斯特和联邦权威机构支持，黛安娜·埃尔斯诺思的死亡只是一个单独的、地方性的药品掺毒事件，认为其他批量药品是在1985年4月和5月生产以及在1985年8月26日这天销售的。这批产品仅含有24种大小胶囊型号之一的强力胶囊。

"既然这种个别型号凑巧是我们流动性最强的产品——它的交易速度比其他产品都要快。"伯克补充，"基于这一点，我们没抱找到很多这个批次产品的预期。我们相信，在数学计算的基础上，本批次的大部分产品已经被公众安全消费了"。如果下毒发生在工厂，许多瓶药已被掺毒，那么近半年后才被发现似乎不可能。因为产品在很久之前就已经生产并进入销售，所以强生公司的执行官和联邦权威人士在某种程度上相信中毒只是地方性事件。媒体并不容易信服，但伯克仍坚持当前形势下并不足以构成收回全部产品的理由。他向公众保证强生公司会继续以泰诺的名字来经销产品。

同时，强生公司、FBI和FDA对从韦切斯特地区商店货架撤回的胶囊继续进行测试。对大约200万个胶囊进行了分析。2月13日，星期四下午，FBI通知强生公司，又鉴定出一瓶泰诺胶囊中有五粒含有氰化物。第二瓶来自一家距A&P药店仅两个街区的伍尔斯药店，A&P药店是第一瓶有毒胶囊被销售的地方。瓶子的型号是AHA690，1985年6月生产于波多黎各岛。在首次检查中，看起来工厂在所有三个点处的密封印仍旧完好。五粒胶囊中的氰化物与黛安·埃尔斯诺思致死物相吻合。在麦克尼尔的质量控制实验室所使用的氰化物被证实是不同的类型。

一接到消息，强生公司就举行了美国全国新闻发布会，敦促消费者不要使用任何类型的泰诺胶囊直至进一步的通知。而且新闻发布中陈述："公司恳请全国的商贸行业仅将胶囊撤离货架，代之以泰诺药片和肠溶片。这将给上百万泰诺止痛药的使用者提供了可以接受的选择。"当晚，在韦切斯特县开始收回泰诺胶囊。所有型号的泰诺胶囊的生产都被无限期地停止了。除了超强和常规强度药性的胶囊，公司还停止生产了胶囊形式的塞恩，一种治疗瘘的药物；药性极强的泰诺，也是治疗瘘的药物，以及迪克辛——一种缓解痛经的药物。

第三瓶泰诺在纽约的"灌木—橡树"药店被发现其中一粒胶囊有掺杂不明物质的迹象。官员们说这种物质绝无可能是氰化物。同日，纽约的卫生部门负责人禁止在本州销售泰诺胶囊。FDA也宣布了它的观点：1982年的中毒事件与目前的情况没有明确的联系。随后一天，第二场新闻发布会在强生公司举行。

在开场白中，伯克将中毒事件定为"一种恐怖主义行为，纯粹而简单"。用他的话来说，"这是一个令人无法忍受的问题"，"是一个需要我们全体社会行动起来帮助解决"的问题。伯克还对地方媒体将事态变成了一个马戏团的行为进行了谴责。他继续说道："正如你今天看到这个问题一样,我只希望和试图解决它……当这个问题与你的朋友和家人相关时,你会问自己想做什么,因为他们处于危险中。强生公司在这里相对不重要了。社会是非常重要的。我认为当你和"灌木—橡树"药店的店主见面时,甚至当 FDA 告诉你商店没有有毒的胶囊时——一再地使用像恐惧和国家噩梦这样的字眼时——我认为这是不可容忍的。"

伯克还批评了媒体对泰诺药片和肠溶片能够安全使用的宣传不得力,而仅提及现有的竞争产品的事实。"我认为当你意识到泰诺是全国最受欢迎的药物之一,你就知道你未能给公众提供很好的服务,因为很多人指望你对他们要做的事提供指导。"伯克总结道。

戴维·科林斯那天早上汇报了在美国几个主要城市完成的调查结果。根据他的数据,1/3 的回答者不确定是否中毒事件只发生在纽约地区。伯克对这份低质量的报告的不确定性表示不悦。"我相信,其中的一些混淆产生于这样的事实,每个人都感觉有必要回到芝加哥,再三反复地重游。"他说,"我认为重访芝加哥是合理的,提醒我们自己,我们正在使全国人受到本不必要遭受的惊吓,除非我们向公众澄清这只是韦切斯特的问题。"

科林斯还报告,被调查的 78% 的泰诺使用者相信药片是安全的。他感觉,"这是一个不错的数字,但还应该更高一些。正如我们都知道的,现在唯一有问题的产品和 1982 年一样,是我们的胶囊药品。"

② 困难抉择。回到公司总部,伯克开始感觉到从市场上撤回胶囊药品的外来压力。首先是 1986 年 2 月 14 日(星期五),他非常确信,无法让强生公司保证其胶囊药品不会被掺毒。同时,美国有 14 个州已无限期中止了泰诺胶囊的销售。第二瓶有毒泰诺胶囊被发现后的民意测验显示消费者忠诚情况在恶化。在某种程度上,伯克被如何维护公众对强生公司及其产品的信任的问题所困扰。他希望在 2 月 18 日前有一个确定的行动计划,因为在这一天他被安排参加菲尔·多纳希的谈话节目。他的感觉如此之糟,以至于难以继续巧妙处理从美国全国收回产品的问题。其他的担忧还有股票价格的进一步下跌以及竞争对手可能会迅速行动来占领泰诺胶囊撤出后空闲的货架。竞争者在中毒事件发生不到一星期就发起的攻击与 1982 年事件后的松懈麻痹形成了鲜明的对比。

来自公司内部极端反对派的争论也施加了压力。麦克尼尔的负责人正在抵制强生公司最高执行层日益增长的将危机作为全国性事件来对待的感觉。他们辩驳说,撤回货物的行动太猛烈,从而将全国的注意力吸引到危机上来肯定是利大于弊的。麦克尼尔的主席戴维·科林斯认为,这次说服使用胶囊药品的用户转而使用肠溶片,将比 1982 年使其信服去购买用强生公司引进的防掺毒包装的胶囊困难得多。

2 月 15 日和 16 日的周末,伯克和泰诺战略委员会的戴维·克莱尔、戴维·考林斯、劳伦斯·福斯特、乔治·弗莱泽和约瑟夫·奇萨苦心推敲出一个决策方案。星期日达成了一致意见。委员会得出结论是,除了放弃所有的非处方胶囊药物别无选择,公司还没有走出困境。

2 月 17 日,星期一,股票市场因总统日而关闭一天。伯克选择这个日子在强生公司的总部安排第三次,也是最后一次新闻发布会。在挤满了媒体代表的房间里,伯克宣读了一个郑重声明,宣布强生公司将退出所有的非处方类胶囊产品市场,因为在一定程度上它不能再按照其对消费者承诺的义务标准来确保胶囊药物的安全性。他表达了"对黛安·埃尔斯诺思的家人及她所爱的人真心的同情"。

伯克敦促消费者转而使用泰诺肠溶片。公司还提出用肠溶片来交换消费者最近购买或丢弃的胶囊,无须购买凭证。伯克估计,用肠溶片来交换胶囊将使公司承担1亿~1.5亿美元的税后成本。

泰诺退出市场的新闻成为美国全国报纸的头条。《纽约时报》推测,强生公司从胶囊药物市场的退出将耗费公司泰诺销售收入——5.25亿美元的6%或每年3150万美元。比强生公司年度销售总收入的1%的一半还要少。

弗兰克·E.扬是FDA的委员,称强生公司的决定是"在艰难环境下的一个负责任的行为",但他又说,在没有获得更多的关于黛安娜·埃尔斯诺思死亡一事的消息前就采取进一步的行动"还为时过早"。几个主要制药公司公开对委员的观点表示诚心诚意的赞同。一些分析家建议强生公司尝试"促使"竞争对手也做出停止胶囊业务的决定。强生公司否决了这个主张。但消费者似乎反应积极。2月21日强生公司报告,有超过20万个消费者对公司用泰诺胶囊换取肠溶片的提议进行了响应。

在接下来的日子里,许多篇赞扬强生公司在危机中的表现的文章,出现在全美各家报纸上。《纽约时报》称赞了伯克的领导力,叙述道"他毫无疑问是公司的领袖"。评价上均出现诸如"为强生喝彩""公共安全第一"和"有良知的公司"等标题。《迈阿密新闻》的汤姆·布莱克波恩写道:"企业日常的训练突然成为今日的头条,然后有泰诺制造商处理危机的方式。"布莱克波恩继续写道,"日常训练会派出一位身穿灰色格子花呢的副主管来令人信服地模仿一个一无所知的人,让他向公司的律师请教所有的问题,这些律师永远在开会而且从不回电话……强生公司是营利性企业。但它做得非常好。当情况变得棘手时,公司得到了人心,这在无情的商业世界中是有些特别的。现在无论股票市场怎么看待这件事,道德家都会持赞同态度"。

在危机结束两个星期后的白宫招待会上,里根总统说:"我们非常欣赏强生公司的吉姆·伯克先生。你和强生公司所表现出的崇高责任感,以及面对压力时的从容不迫,让我们钦佩不已。"

2月27日,FBI扭转了它的早期看法,即"在韦切斯特县含有氰化物的泰诺药瓶没有被下毒的迹象,从而免除了强生公司的所有罪责的看法"。一位发言人说"使用精密的科学检查,发现了以前没有察觉的下毒迹象"。

1987年年初,联邦调查局证实,投毒案系一名叫斯蒂拉·尼克奈尔的寡妇所为。1987年12月9日,斯蒂拉被捕。1988年5月9日,斯蒂拉被判重刑。

强生公司不惜一切代价保卫其品牌,使泰诺品牌起死回生。依据强生公司信条,强生在第一次危机发生后对药品迅速全部回收,在第二次中毒事件中更是勇于承认错误,推出非处方类胶囊市场,这是一个深谋远虑的营销决策和成功的危机处理策略。在企业发展史上,还没有一家企业在危机处理问题上像美国强生制药公司那样获得社会公众和舆论的广泛同情。该公司由于妥善处理泰诺中毒事件以及成功的善后工作而受到人们的称赞。很快,强生公司东山再起,到20世纪80年代后期,泰诺品牌给公司带来的税后利润达1亿美元以上。

附录:强生公司信条(由罗伯特·约翰逊起草)

我们首先要对医务人员、患者、母亲和其他所有使用我们产品和服务的用户负责。我们的产品必须永远保持最佳品质。我们必须不断努力来降低产品成本。必须以迅捷而准确的服务来响应客户的订单。我们的分销商要能够赚取可观的利润。

我们的第二个职责是要对和我们一起工作的男性和女性员工负责。他们必须对自己的工作有安全感。薪酬必须是合理和适当的,管理是公正的,时间是合理的,工作环境要清洁有序。员工应该通过有组织的体系提出建议和申诉。主管和部门领导应该称职并有公正的意识。每个人都必须被看作一个个体,我们必须尊重他们的尊严,认识到他们的优点,所有合格的员工都有被优先晋升的机会。

我们第三要对管理层负责。我们的执行官必须是有才能、受过教育、经验丰富和有能力的人。他们必须有判断力并能充分谅解别人。

我们第四要对我们生活的社区负责。我们要做优秀的市民——支持有益的城建和慈善活动,合法纳税。我们要正常维护我们被特许使用的财产。我们要参加那些促进市民的进步、健康、教育以及建设良好的政府的活动,并使社区熟悉我们的活动。

我们第五和最后的义务是对股东负责。要建立储备制度,坚持开展研究,大胆开发项目以及为错误付出代价。要为不景气的时期做准备,合理纳税,购进新机器,建造新厂房,开发新产品和发展新的销售计划。业务必须取得合理的利润。我们要尝试新想法。当我们在做这些时,股东应当得到合理的回报。

我们决心,借助上帝的仁慈,尽最大可能来履行这些义务。

思考·讨论·训练

(1) 如果公司决定不更改关于泰诺胶囊的最初声明,而且不回收产品,会出现什么样的结果?

(2) 在对第一次事件的回应中,强生公司在危机应对方面还有什么其他的选择?

(3) 你认为强生公司再一次推出强效泰诺产品的决定明智吗?

(4) 很多公司在面对危机时常常不能迅速做出反应。你认为强生公司有必要在1986年的第二次危机中,迅速替换所有的泰诺胶囊产品吗?

(5) 在两次中毒事件中,强生公司能够走出危机的原因是什么?

(6) 你认为强生公司对这两次危机的处理中,有哪些危机处理方面的经验值得借鉴?

(7) 试分析公司信条和道德因素在强生公司解决危机中的作用。

(8) 试分析在两次中毒事件中公司领导层面临危机的异同。

(9) 请查阅强生公司在泰诺网页上(www.tylenol.com)提供了什么样的信息? 网页提供的诸如"关爱卡(Care Cards)""家庭电话卡(House Calls)"和FAQ等链接,是否体现了强生公司对消费者的关心? 如果再度发生药品有关的危机,你认为强生公司应该如何利用这个网页与公众和消费者沟通呢?

3. 百事可乐罐里的针头

1993年6月10日,美国西雅图的一家电台报道了这样的一则消息:一对当地夫妇在一听百事可乐饮料中发现了一个注射器。不久,在西雅图又出现了同样事件。这使美国FDA(联邦食品药品管理局)发布了一项区域性信息,提醒顾客在喝百事可乐前先把饮料倒入玻璃杯里。然而,这则警告引起了国内其他媒体的注意,24小时内,不同地区的新闻媒体都在报道百事可乐有注射器的消息。公众反应强烈,要求上级管理部门详细调查(即饮料是否还存在受注射器污染的可能），加之 7 月 4 日国庆节期间是可乐销售高峰，使百事可乐公司的品牌及声誉面临前所未有的挑战。由于从大规模机器生产的角度来讲，对这个奇特事件没有合理的解释，所以，FDA 建议，不要做退货回应。但新闻媒介对此却无法保持沉默，他们坚持报道此事，并要求百事可乐做出解释。

（1）调查

很久以前，百事公司就确立了预防处理危机的计划和指导方针，随着百事公司的规模和结构在不断地发展和变化，通过近十年的研究和考验，危机计划已经由初步的、操作性的灭火程序演变为成熟的沟通网络。"百事"以其他世界级公司解决危机的方法为基点，进一步完善了其处理危机的指导方针：持续高效率的沟通是解决危机的关键因素。危机计划在解决 1993 年注射器恶作剧事件中得到了成功的应用，百事危机小组计划和执行了危机反应对策，迅速地结束了这场危机事件，恢复了公众对产品的信心。

（2）计划

百事公司在西雅图的瓶装厂开始调查是哪里出现问题，以便对新闻媒介和公众做个交代，经过一个星期的恐慌之后，百事可乐公司的危机反应计划被促成了。在那个星期里，危机小组的工作人员，努力使顾客确信百事产品及大规模生产操作程序的安全性，以及保留人们对有着 95 年历史的百事商标的信任，保护公司 80 亿美元的生意而努力工作着。

公司公共关系工作的目的是协调公司上下及来自生产部门、法律部门、危机调查组专职专家的关系，赢得他们的支持，其目的是使公众确信他们生产的产品是安全的，确信那所谓计划好的"注射器事件"的发生是不合逻辑的，而且回收是不能解决问题的。

这一策略将对新闻媒体全面公开，并且迅速而经常地向公众告知事实，"百事"与 FDA 紧密配合调查可乐中存在注射器的真实原因。"百事"的中央联络网是为了所有受到影响的群体而建立的，例如，顾客、媒介、专职官员、装瓶工、股东、雇员及在零售店、饭店和所有百事外卖点里的顾客，这样就能使这些人逻辑、理性地看待此类事件。"百事"为执行此计划的预算经费高达 50 万美元。

（3）执行

危机小组不断地评估媒体报道及事态的发展，并告知所有的相关公众。在最初阶段，百事可乐公司开展工作迅速，排除了给大规模的生产过程带来的损失，并且同意发一个新闻稿来让公众确信百事公司一定会弄清楚事情真相。西雅图瓶装厂同意公众现场参观，允许当地新闻记者等人员进入生产车间，来给高科技高速度瓶装线拍照。危机小组运用了信息和工具——包括电视新闻报道、报纸新闻报道、顾客讨论话题、瓶装厂顾问、雇员简报、贸易信件、照片、图片和访问——来联络那些可以帮助的百事公司的顾客及 FDA 调查员，从而使这次恐慌快速平息。

百事公司依靠电视尽可能快地联络最广泛的顾客公众。危机小组聘请了长期电视制片人和媒介顾问，罗伯特制片公司来制作电视片，形象地阐明公司的主旨。经过全国卫星的传播，这些电视片带领公众参观了百事工厂，显示了生产过程的迅速和安全，消除了公众的抱怨。百事公司经理在每个主要网络新闻节目中正式宣布有 99.99％ 的肯定性表明，在百事工厂不可能发生上述事件。

危机期间百事公司 6 个公关人员处理了来自报社、电台和电视台记者的 2000 个电话，与此同时,24个销售专家,由40位志愿者协助,回复了成千上万的电话。每天"百事"400个瓶装厂都会收到两次通过传真发来的询问,而且有6个人被派去指导装瓶工作及从事现场工作。在经历了产品危机之后,FDA组织担任了百事的危机顾问。FDA官员在全国尤其是具体地区集中精力寻找对注射器申诉的起因,而百事公司则集中全力展示其包装及生产线是经得起危机事件的。

(4)评价

注射器事件在开始出现后不到7天就结束了。虽然这次危机使百事公司销售额减少了2500万美元,但不到夏季中期时,公司就恢复了元气,销售额达到五年里的最高峰,比前一个夏季增长了7%。在危机之中和危机之后,消费者明显对百事公司及其产品恢复了信心,购买力上升,并对"百事"对待该事件的态度和认识给予了肯定。

在危机高峰期间,94%的消费者认为百事公司正以令人值得信赖的方式处理着危机,他们中3/4的人说他们感到百事公司的产品更好了,因为公司处理问题的方法很好。从新闻网中百事公司VNR卫星输送服务来看,在危机出现的一周内,新闻网传送VNR公司中百事可乐公司的使用率最高。观看全部四个VNR的观众超过了5亿人次。在打给百事公司的800多个电话和成百的信件中,消费者表达了他们对百事公司的支持。而且在全国的评论中,媒体评论了其自己在使事件升级及消费者对未证实的产品控告和瓦解控告中所扮演的角色。美国众议院鉴于百事公司快速而果断地结束了全国恐慌的行动而在国会记录中称赞了百事公司。

思考·讨论·训练

(1)百事可乐公司为什么能够成功处理这起针头事件?

(2)百事可乐公司的成功表现在哪些方面?你能总结一下吗?

4.联合碳化物公司毒气泄漏惨案

美国联合碳化物公司是在1917年由林德气体产品公司、国民碳素公司、联合碳化物公司以及它们的子公司在纽约合并而成。1920年建立了碳化物和碳化学公司,成为美国最早生产石油化工产品的企业之一。1957年改名联合碳化物公司。

这样一个业务庞大的公司在1984年却陷入了一场灾难,致使该公司多年不振。1984年12月2日子夜,印度博帕尔市郊联合碳化物公司农药厂的一个储气罐的压力急剧上升。储气罐里装的45吨液态剧毒性异氰酸甲酯,是制造农药西维因和涕灭威的原料。1984年12月3日0时56分,储气罐阀门失灵,罐内的剧毒化学物质漏了出来,以气体的形态迅速向外扩散。一小时之后,毒气形成的浓重烟雾已笼罩在全市上空。

从农药厂漏出来的毒气越过工厂围墙首先进入毗邻的贫民区,数百居民立刻在睡梦中死去。火车站附近有不少乞丐怕冷拥挤在一起。毒气弥漫到那里,几分钟之内,便有十多人丧生,两百多人出现严重中毒症状。毒气穿过庙宇、商店、街道和湖泊,飘过整个市区。那天晚上没有风,空中弥漫着大雾,使毒气以较大的浓度继续缓缓扩散,传播着死亡。

在这次灾难中,中毒人数达20多万人,10多万人终身残疾,5万人双目失明,3000多人死亡。对于死者来说,他们经历了短暂而又悲惨的痛苦就离开了人间,而对于那些可怜的幸存者来说,悲剧、痛苦才刚刚开始,人们丧失了劳动能力,他们的孩子简直成了痴呆儿。

事故发生后,博帕尔降生了许多畸形怪胎,博帕尔被人们称为"死亡之城"。

这是一起震惊世界的毒气泄漏事故,是有史以来最严重的一次工业事故,造成了无法估量的巨大损失。事后印度政府向联合碳化物公司索赔139亿美元,也导致这家大公司在成立50周年之际一蹶不振。

造成这次事故的最直接原因是农药厂将原先设计的互不连通的安全阀排气孔总管道与工艺流程中的排气孔总管道用软管连通,致使储罐进水,引起化学反应而使毒气恶性泄漏。

该厂在制造农药西维因时,是用一根导管将甲基异氰酸酯从储罐送至反应釜,在反应釜中经过一系列的反应后经常剩有少量反应物。大多数化学公司都将其回收,并尽量再循环利用。经过分离之后将甲基异氰酸酯中的杂质除去,然后,再返回储罐。由于联合碳化物公司的净化装置不能正常运转,杂质通过排气管和软管进入储罐发生化学反应,导致温度升高,压力增大,最终毒气从储罐喷出。

本来,如果安全预防系统时时处于良好状态,并且定期清除储罐内的杂质并及时检测,各种监测仪器、仪表反应灵敏,操作人员责任心强,具备应有的操作技术和安全知识,并能按要求做好工作,那么即使有杂质进入储罐,甚至已引起化学反应,泄漏事故也是可以避免的。但实际情况却是事故发生时该厂的5个安全系统都未在正常工作状态,有的装置正在修理,有的因缺少配套设备而闲置一旁,工人又缺乏必要的防护知识,最后酿成惨祸。因此对于事故的发生,联合碳化物公司负有不可推卸的责任。

当位于美国康涅狄克州的联合碳化物公司总部得到灾难消息时,采取了如下行动。

① 立即向全世界各地的分公司发出指令,停止该种气体的生产和运输。

② 危机当天公司在康涅狄克举行了新闻发布会。公司向与会记者表示,他们正在向印度方面提供帮助,并成立技术专家小组调查事故原因。

③ 派出一个由1名医生、4名技术人员组成的小组赴印度调查事故原因。

④ 第二天,公司董事长沃伦·安德森冒着被逮捕的危险飞到了印度博帕尔做第一手调查。到1984年12月7日星期五那天,总共有超过2000的当地居民死亡,另有2万多人因中毒得病。

⑤ 董事长沃伦·安德森在被印度官员释放后说道:"我现在最关心的是那些受灾难影响的人们。"这句话立刻引起了大家的共鸣。在他的声明中没有提到他被印度政府逮捕的事。

整整一个多月,这一事件成了新闻报道的热点。联合碳化物公司为此付出了巨大代价。一时间新闻媒介的记者、环境组织的代表、政治家、毒气专家都介入了这场灾难。有关博帕尔事故的报道在几小时里就出现在报纸的头版,成了头条新闻,电视广播也在主要的新闻节目中对事故进行专门报道。整整一个多月,这一事件成了新闻报道的热点。

尽管博帕尔灾难是一个突发性的事故,但事实上还是有可能抓住处理危机的主动权。联合碳化物公司基本上做到了这一点,危机当天公司就在康涅狄克的一家饭店举行了新闻发布会,当时新闻发布会内的会议大厅里挤满了记者,到会的记者们提出了许多的问题,当然大部分是带有猜测性的。

当时情况非常紧急,记者们都被要求尽快报道这起事件。联合碳化物公司告诉记者们的就是公司正向印度方面提供帮助,如送去医疗设备和防毒面具,派出医务人员等。最后公司宣布它正派去一个技术专家小组检查工厂的情况并调查事故的原因。

总体上看,联合碳化物公司基本上摆脱了被动的地步,逐步赢得了主动权。

思考·讨论·训练

(1) 美国联合碳化物公司在处理博帕尔事故中,其危机管理整体运作上具有哪些特点?

(2) 这次危机是偶然的吗?为什么?

(3) 对处理此次危机你还有什么更好的建议?

5. 傲慢的埃克森公司

1989年3月24日晚上9时,埃克森"瓦尔代兹"号超级油轮满载原油从阿拉斯加起航。起航仅仅3小时,油轮突然在阿拉斯加州威廉太子湾附近触礁,5000万升原油泄漏,1300平方千米海面变成了浓稠的油面,2000多千米的海岸线油污遍地、受到侵蚀。作为美国和加拿大的交界处,这里以前很少有石油货船通过,从未受到过污染。这里海水湛蓝,沿岸山青林密,风景如画。这里还盛产鱼类,海豚、海豹成群。事故发生后,这片海域尸横遍野,3万只海鸟以及海獭、鱼类等动物纷纷惨死。在后来的统计中,有10万~30万只海鸟以及4000头海獭死于这场事故。泄漏的5000万升原油只蒸发了30%~40%,回收了10%~20%,其余仍滞留在海洋中。如果要使这片海域的生态系统恢复到漏油前的状态,需要15~25年时间。

事故发生以后,地处较偏僻的阿拉斯加地区少有记者光顾,偶尔有几个,他们也只是随处拍几张照片,报道的只不过是一般性的泄油事故。环境保护组织对这一突发事件感到伤心。加拿大和美国政府的官员敦促埃克森公司尽快采取有效措施解决这一难题。然而,埃克森公司却极其轻视这一事故的影响力。它既不彻底调查事故原因,也不采取及时有效的措施清理泄漏的原油,更不向加拿大和美国当地政府道歉,结果使事态进一步恶化,污染区越来越大。

对此,美国和加拿大地方政府、环保组织和新闻界对埃克森公司这种不负责任,企图蒙混过关的恶劣态度极为不满,由此发起了一场"反埃克森运动"。各国新闻记者纷至沓来。电视台、电台、报纸、杂志、新闻电影制片厂等媒体,像发动一场战争似的,向埃克森公司发起总攻。

由于各国新闻媒体的群起围攻和国际环境保护组织的批评,惊动了布什总统。1989年3月28日,布什总统派遣由运输部部长、环境保护局局长和海岸警卫队总指挥组成特别工作组前往阿拉斯加进行调查。然而为时已晚,埃克森公司的油轮此时已漏出原油1000万加仑,成为美国历史上最大的一起原油泄漏事故。特别工作组和新闻界在经过详细调查后才得知,这起恶性事故的原因是由于管理失误造成的。为此,埃克森公司陷入了极为被动的境地。

在这关系到埃克森公司生死存亡的紧要关头,埃克森公司终于被迫主动求"和"。他们以重金请工人使用高压水龙头冲洗海滩,甚至用双手刷洗礁石。事故发生在初春,阿拉斯加寒风袭人,海滩清理工作十分费力,清理工作进展缓慢。埃克森公司仅此一项就付出了几百万美元,加上其他的索赔和罚款,埃克森公司不仅在经济上蒙受了重大损失,而且其形象也遭受了严重的破坏,西欧和美国的一些老客户纷纷抵制其产品,形成了反埃克森运动。

看了上述案例,不禁使我们想起了1971年在旧金山海湾泄油后埃克森公司的公关活动。1971年1月的一个午夜,浓重的大雾弥漫着旧金山的上空,好像一个又大又宽的纱帘把一切都遮住了。只听一声巨响,埃克森公司的两艘油轮不幸相撞,导致一艘油轮船体破裂,船上84万加仑的原油流入港湾。

事故发生后,埃克森公司立即采取了两方面的行动。一方面是仅在一小时之内,公司迅速组织数百台不同型号的清油设备,几百名公司的工人和数千名志愿者赶赴出事现场清理泄油,其规模足以对付比实际泄油大20%的事故;另一方面公司的公关部门动作迅速,事故刚发生,公司公关负责人的床头电话铃就响了。早晨7点30分,公司的新闻处开始对外工作,到10点钟左右,公司电话铃声持续不断,由于电话太多使公司新闻处和记者的联系几乎中断。为此,公司又专门安装了特别线路,每天编辑两次简报,报道事故现场的处理情况。一是派专人向外发送简报;二是通过传真将简报传送到北加利福尼亚的30多家报社。

埃克森公司公关部门策划活动的主要目的是让人们知道原油泄漏之后的补救和处理工作正在有条不紊地进行着,并使人们相信埃克森公司将尽最大努力及时完成善后工作。这些活动效果非常好。撞船后的一个月内,旧金山地方报纸就发表评论指出,埃克森公司出色地完成了清理工作,媒体的宣传使那些谴责和不实之词不攻自破,埃克森公司还收到了大量赞扬清理工作的信件。

1971年,旧金山海湾原油泄漏,埃克森公司尽职尽责地及时处理了这一灾难事故,不仅赢得了公众的理解,还获得了社会的赞誉。相反,1989年,同样是埃克森公司,面对阿拉斯加原油泄漏,却表现出了无所谓的态度,根本就不把环境保护和公众的意愿放在眼里,结果成为众矢之的。很显然,前者是个成功的危机处理案例,后者是个失败的危机处理典型。

思考·讨论·训练

(1) 比较埃克森公司1971年和1989年两次面对危机所采取的危机处理策略,为什么会产生截然不同的效果。

(2) 在1989年危机中,埃克森公司错过了哪些重要的与公众沟通的机会?

(3) 请为埃克森公司制订一份正确的危机处理方案。

(4) 企业应该怎样应对突发性危机? 请谈谈有哪些具体措施。

4.2.2 实践训练

设计危机处理方案

实训目的:

(1) 强化学生对企业危机相关知识的掌握能力;

(2) 培养学生处理企业危机事件的能力。

实训内容:

根据《可口可乐"含氯门"事件》这一案例,为可口可乐公司制订危机处理方案。

可口可乐"含氯门"事件

可口可乐是中国最著名的国际品牌之一,在中国软饮料市场上占据主导地位,其系列产品在中国市场上是最受欢迎的软饮料。2012年4月17日,可口可乐(山西)饮料有限公司的员工对媒体的爆料引发热议。该员工称公司在管道改造中,将消毒用的含氯处理水误混入饮料中,涉及9个批次、12万余箱可口可乐,价值可能高达500万元,目前这部分被疑含氯饮料可能已经流入市场。

新华网报道称,记者就此事向可口可乐(山西)饮料有限公司核实时,该公司给记者提供了一则声明,称所谓"公司内部信息",经查并不符合事实,并保留依法追究的权利。该公司声明称,鼓励员工通过合适的渠道向公司反映其关心的问题,并确保该渠道畅通。该公司公共事务及传讯部经理高旭峰表示,公司不接受当面采访,对于记者提出的任何疑问,可以通过电子邮件提问并予以答复。从16点40分通过电子邮件提出采访问题,新华网记者等待近2个小时,该公司未给出任何答复。

4月18日早间,山西省质量技术监督局就可口可乐(山西)饮料公司9批饮料疑混入含氯消毒液事件召开第二次新闻情况通报会,向媒体公布了山西省两家国家级检测中心的检验结果、山西省食品安全协调委员会办公室组织专家组论证后得出的意见。专家组认为:送检样品检验结果符合国家标准要求,该9批次产品不会对人体健康造成危害。当天,可口可乐(山西)饮料有限公司发声明称所有出厂产品都经过严格的质量保障体系的检验,符合国家有关质量的法律、法规。所谓"公司内部信息",经查并不符合事实。

然而山西省质监局网站在4月28日发出通告又称,针对媒体披露的"可口可乐(山西)饮料有限公司含氯软化水混入部分批次饮料产品"中的问题,山西省质监局于4月19日组成调查组,通过现场检查、抽检样品、查阅记录、询问员工等方式,认定媒体报道情况属实。同时在调查中,还发现该公司存在个别生产条件不符合相关规定的问题。

根据相关法律、法规规定,4月28日,山西省质监局对可口可乐(山西)饮料有限公司做出了停产整改的行政处罚。4月30日,可口可乐(中国)公司通过微博发声明致歉并称媒体有误读,但其对已流入市场的可口可乐饮料没提及是否要采取召回或退货措施。

实训步骤:

(1)将学生分成5~6人小组,让他们通过讨论的方式明晰案例细节,就如何应对危机交流意见;

(2)小组制订可口可乐危机公关方案;

(3)小组派代表讲解所制订的危机公关方案;

(4)教师总结点评。

实训考核:

以危机公关的原则和要点作为参考,点评学生的方案并根据学生方案的优劣评定成绩。

(资料来源:朱晓杰,蒋洁.公共关系项目式教程[M].北京:清华大学出版社,2014.)

4.2.3 拓展阅读:《孙子兵法》在企业危机处理中的应用

《孙子兵法》是一部跨越时代的经典著作,是全人类的精神财富。《孙子兵法》一共

13篇,只有不到6000字,但内容博大精深,涉及战争规律、哲学、政治、外交、天文、地理等多方面内容。《孙子兵法》所体现的战略思想和哲学精神早已跨越军事领域,被广泛地应用到商场上,对企业的危机处理也有很大的启发。

1. 五事思想——树立危机意识,建立危机预警机制

"故经之以五(事),校之以计,而索其情:一曰道,二曰天,三曰地,四曰将,五曰法。"孙子认为,作战之前要先进行战略设计,从5个方面了解双方的情况。这"五事"中,道为首,可以理解为企业的战略思想和定位。应对企业危机,企业首先应该从战略上树立危机意识,防范危机,才能在危机来临时泰然处之,甚至转危为安。这种以"道"为主旨的指导思想是任何一个组织、企业或政府的战略思想,是保证企业全体员工与管理高层领导同心同德、齐心协力地为了共同的目标而努力的根本所在。比尔·盖茨常说"微软离破产永远只有18个月",海尔的生存理念是"永远战战兢兢,永远如履薄冰",正是这样的强烈的忧患意识和危机意识,带领着公司经历一次又一次的考验,不断向前发展。"天""地"指的是企业所处的环境,包括政治经济、社会文化、政策法律以及市场竞争环境、资源环境等,相当于所说的宏观环境与微观环境[①]。企业建立信息监测系统,应系统、持续地搜集"天""地"方面的信息,尤其注意听取消费者的意见,严肃对待消费者的不满或者投诉,不断努力修正和完善产品建设;第一时间掌握政策决策信息,研究和调整企业的发展战略和经营方针;倾听政府、专家、媒体和合作伙伴等的声音,了解企业产品和服务在用户心目中的形象;研究竞争对手的情况,做到"知己知彼,百战不殆"。

2. 兵之情主速——危机发生,应及时处理,争取主动权

危机发生后,及时反映和掌握信息发布的主动权是关键的两个方面,不管哪个方面,都可以从孙子的思想中得到启示。

首先,孙子认为"兵之情主速""故兵贵胜,不贵久"。思科CEO钱伯斯也说过:我们已经进入一个全新的竞争时代,在新的竞争法则下,大公司不一定打败小公司,但是快的一定会打败慢的[②]。危机爆发后,企业应在第一时间成立专门的危机处理工作小组,明确责任,授予充分的权利,进行相关工作。先要稳定民心,发表公开声明,对危机事件做出正面诚恳的回应;稳定军心,召开公司内部会议,与员工开诚布公地交流,告知事件发展的原因和动向,取得员工的信赖和支持,上下一心;与政府之间达成协议,应及时与有关部门沟通,了解有关部门的态度和事情发展的动态,争取相关部门的支持;稳定供应商或者渠道商等利益相关者,坦诚告知事件的发展,明确表态企业的态度。这一切措施的实施都贯在一个"速"字,分秒必争,每一秒钟的拖延,都有可能导致更多负面信息和小道消息的蔓延。

其次,《孙子兵法》的第六篇虚实篇论述主动权的夺取并巩固问题,孙子指出:如果有了这种主动权,就可以"攻而必取,守而必固""进而不可御,退而不可追",就"能为敌之司命"。而要做到这一切,则需要全面准确地掌握信息,"知己知彼,百战不殆""知天知地,胜

① 宁建新. 浅析《孙子兵法》在企业战略规划中的具体应用[J]. 企业活力,2008(3):20-22.
② 林景新. 酷睿营销:笔记本品牌竞争新法则[EB/OL]. http://www.17pr.com/html/59/7559-type-blog-page-4.html,2007-07-23.

乃可全"。在危机处理中,媒体起着关键的作用,企业应该主动面对媒体,争取发布信息的主动权。在现代社会中,信息技术高度发达,而媒体对传播信息具有极强的加速、放大,甚至是扭曲效应。媒体可以说是企业与公众之间沟通交流的窗口,平时就应保持这个交流窗口的干净明亮,保证交流畅通无阻。越是危机,越要加强沟通,不要害怕面对媒体,把自己封闭起来。企业应主动联系公正的、与企业保持良好关系的主流媒体,发布信息,向社会公众公布事件发展动态,对影响恶劣广为流传的谣言进行公开澄清,对一些恶意的攻击或保持沉默泰然处之或进行反击,总之在保持企业形象的同时尽量避免再度成为媒体报道的焦点。

3. 凡战者,以正合,以奇胜——危机后抓住机遇,再塑形象

"是故智者之虑,必杂于利害。杂于利,而务可信也;杂于害,而患可解也。"孙子认为,要从事物正反两面的联系中去考虑问题,同时兼顾利和害,充分考虑利的一面,所从事的事业才能顺利完成,充分考虑害的一面,祸患才能预先排除。危机也具有双面性,古语有云:"祸兮福所倚;福兮祸所伏",辩证地阐明了危机本质的双重性。危机的危险性不言而喻,危机的机遇在于:首先,危机可以暴露企业的弊端,使企业能够对症下药,为进一步发展清除障碍;其次,企业在危机中往往会成为公众关注的焦点,如果危机处理得当,可以比在常态下更为有效地提高企业的知名度和美誉度,是提升企业公众形象的一次机遇。

"凡战者,以正合,以奇胜。故善出奇者,无穷如天地,不竭如江河。"用兵作战总是以正兵当敌,以奇兵取胜。善于出奇制胜的人,其战术变化,就像天地万物那样无穷无尽,像江河之水那样通流不竭。要让企业在危机中转危为安,变危机为转机,需要出奇制胜。

面对复杂的不断变化的内外部环境,任何企业都有可能遭遇危机,危机处理得是否得当关系到企业的生死存亡,只有妥善处理,企业才能长存。《孙子兵法》虽然是2000多年前的著作,但其体现出的哲学思想和战略意识,至今仍适用于很多领域。"五事"思想启发人们要事先做好战略规划,了解企业所处的宏观、微观环境,树立危机意识,建立公关部门和信息监察制度;"速胜"思想体现在危机处理中要及时快速对危机做出反应,以控制局势不往更加恶劣的方向发展;"杂于利害""以奇胜"的观点启发人们危机具有双面性,虽是危机,也有商机,只有以"奇"招制之,方有可能转危为安。这些思想对于企业的危机处理有深刻的指导意义。

课后练习

1. 如何组成危机处理小组? 它有哪些职能?
2. 有人说,企业危机的程式化处理策略会引起公众的反感,你认为呢?
3. 危机发生后,在企业内部应采取哪些应对措施?
4. 危机发生后,对相关社会公众应采取哪些措施?
5. 危机发生后,如何进行企业形象的恢复与重建?
6. 危机处理的一般策略有哪些?
7. 一家经营食品的公司因为产品变质出现中毒事件,引发了危机。该公司采取了许

多办法和措施来挽救公司面临的危机局面,取得初步成效。这时,公司领导宣布,危机已经基本结束,要求抓紧时间组织生产,夺回经济损失。请问,公司领导的行为是否正确?他还需要做哪些工作?

8. 一天,某市的一家皮鞋店的经理,发现不久前进的一批牛皮鞋是劣质品,于是赶紧让仓库保管员和柜台营业员清点存货,发现已经售出了 6 双。如果你是这位经理,你会怎样处理这件事情?

9. 危机处理的过程中必须遵循哪些基本原则?请试用这些基本原则分析评述一个具体的危机事件。

10. 著名化妆品集团生产的一种名牌摩丝多次在国内化妆品评比中获奖,得到了广大消费者的认可。可是,近期却意外地出现了数宗该品牌摩丝在居民家中自爆的事件,新闻媒介对此进行报道后,引起不少消费者的恐慌,商家纷纷要求退货,这个大型跨国企业正在被变成了"定时炸弹"的产品推向崩溃的边缘。请问企业应如何处理这一危机事件?

11. 假如你在一个知名的大酒厂工作。最近有媒体报道,在你所在工厂的酒中发现了死老鼠,导致厂产品销量下降。后来经过调查,发现有老鼠的酒是假酒。如果你是这个厂的公关主管,请问你怎样处理这件事情?

第 5 章　危机传播管理

善不由外来兮,名不可以虚作。

——屈原

我自己对危机最基本的经验,可以用六个字概括:"说真话,立刻说。"

——[美]诺曼·奥古斯丁

学习目标

- 明确危机处理中的传播沟通策略；
- 能够开展危机处理中的内部沟通；
- 危机处理中能够做好正式和非正式发布新闻；
- 能够建立良好的媒介关系。

故事导入

山羊与牧羊人

很多山羊被牧羊人赶到羊圈里。有一只山羊不知在吃什么好东西，单独落在后面。

牧羊人拿起一块石头扔了过去，正巧打断了山羊的一只角。

牧羊人害怕了，请求山羊不要告诉主人。

山羊说："即使我不说，又怎能隐瞒下去呢？我的角已断了，这是十分明显的事实。"

这个故事说明，不要试图去隐瞒事实。这也是危机传播管理中传播沟通攻略的核心。

5.1 知识储备

传播沟通在管理的任何时候都十分重要，缺乏良好的沟通，任何的管理行为都无法有效地实施。企业危机发生后更离不开传播沟通，它是迅速处理企业危机的关键。

5.1.1 危机处理中的传播沟通策略

企业危机事件发生后，为了求得公众的准确了解、深入理解，全面谅解，很有必要向广大公众传播有关信息。因此，在形象危机的处理中，为了增强信息传播的有效性，策划者必须提出一定的传播对策，以确保企业危机处理的顺利进行，取得良好的危机处理效果。

1.迅速开放信息传播通道

企业危机事件的出现，往往会引起新闻媒介和广大公众的关注和瞩目，这时企业必须做到迅速开放信息渠道，把必要的信息公之于众，让公众及时了解危机事态和企业正在尽职尽责地加以处理的情况。面对新闻界的竞相报道和社会公众的刻意打探，如果企业组织在这时隐瞒事实，封锁消息，不仅不会给企业带来什么好处，反而会引起新闻界公众的猜疑和反感，促使他们千方百计地从各种渠道收集材料，挖掘信息，这就很容易出现失实和不利的报道，从而更有可能给该企业的危机处理带来麻烦，产生新的形象危机。这时的社会公众也是最容易产生猜疑、误传或者轻信不良情况的，这更会给企业造成不利的社会影响。因此明智的做法是，开放信息传播渠道，公布事实真相，填补公众的信息空白，让新闻界传播客观真实的信息，让广大社会公众接受客观的事实。当然，开放信息传播渠道并不是让企业危机事件及其处理情况的有关信息放任自流，而是要让其有秩序地传播。这样，便要求企业做好信息传播的基础工作。

（1）准备好要传播的信息。这主要包括信息的搜集、整理、分析、加工等内容。一是信息的搜集，信息的搜集一定要全面，要通过有关途径取得完整的企业危机事件及其处理情况的一切信息。二是信息的整理，其关键的问题是对已搜集的信息进行分类存档，以备查用，或为新闻界提供原始材料。三是信息的分析，即分析各种信息的真实性、可靠性，以及这些信息反映的企业危机事件及其处理过程的发展情况，此外还要对这些信息中哪些应尽早传播，哪些应稍缓传播，哪些应大范围传播，哪些应控制范围传播等做出具体分析，拿出具体意见。四是信息的加工，即对需要的信息进行内容和形式的加工，其目的是确保信息传播的真实性和准确性，帮助新闻界做出正确的报道。

（2）确定信息的发布者。确定信息的发布者即确定企业危机事件及其处理情况的正式发言人。发言人最好由危机处理专门机构正式确定，也可以临时委任。发言人的人选应视危机事件的性质和严重程度而定。在发生重大危机事件的情况下，一般由总经理担任。在发生一般危机事件的情况下，一般由公关部经理担任。确定发言人的目的是确保对外传播信息的准确性和权威性，因此，在企业危机处理的过程中，危机处理专门机构的信息要全部汇向指定的发言人，发言人要完全了解和明白企业将要发布的信息。

（3）设立一个信息中心（PIC）。在企业危机事件，尤其是重大的危机事件发生后，前来采访的记者会很多，前来咨询的公众也会川流不息。这时必须考虑设立一个信息中心。信息中心的任务是负责接待前来采访的记者和前来咨询的公众；负责为新闻记者指引采访的路径，并为其提供通信、休息乃至食宿的方便；负责向公众解答有关的咨询问题，并将公众的意见做好记录；在危机处理专门机构的统一部署、统一指挥下负责公布危机处理的进程。信息中心的负责人一般由危机处理专门机构委派的发言人担任，也可以由企业公关部经理担任。

（4）始终坚持两个原则。在企业危机处理的过程中，整个传播过程都要贯彻两个基本原则：一是统一口径原则（a one-voice principle）；二是充分显露原则（a full-disclosure principle）。危机处理的传播工作很重要，因为一言既出，事关全局，影响甚大，传播出去，驷马难追，所以必须注意统一口径，避免企业人员的言辞差异。坚持统一口径原则还能给公众留下企业是团结战斗的整体，企业领导人有能力、有决心、有诚意处理好这一危机的美好印象。

对于同一件危机事件，企业内部传出不一样的声音是危机管理的大忌。这不仅会令原本简单的事态趋于复杂，更会暴露出企业内部的"矛盾"，甚至可能由此引发新的危机。所以对内必须杜绝未经授权便擅自发表声明的情况；对外则应根据事前的部署，由危机事件管理者指定的发言人发布信息。对同一事件传出不同的声音不但让人觉得企业管理混乱，更会令舆论和受众对其真实意图产生怀疑。2005年11月21日和22日，哈尔滨市自来水公司通过市人民政府两次发布停水公告。第一次停水公告的解释是要进行市政供水管网设施全面检修，第二次停水公告的原因是中石油吉林石化公司双苯厂爆炸后导致了松花江水体污染。虽然在第二次公告中说明了实情，但由于在短短的时间里发出了两种声音，再加上居民生活几乎天天离不开水，一时之间，谣言四起。人们纷纷扑向超市，抢购饮用水和食品，导致局部出现治安骚动的现象。[①]

---

① 陈力丹，陈俊妮.松花江水污染事件中信息流障碍分析[J].新闻界，2005（6）：25.

坚持充分显露原则也是十分重要的,对有关危机事件及其处理的信息知道多少要传播多少,不要有所取舍,更不要隐瞒或歪曲。

2. 有效控制新闻传播走向

开放的信息传播通道有利于避免新闻记者和广大公众的猜疑、误传,为人们提供了可靠的信息来源。但是,由于新闻记者和广大公众对于企业危机事件所持的态度不同,看问题的角度不一,因而也有可能使信息传播朝着不利于企业危机顺利处理及企业形象恢复重建的方向发展。所以,在开放了信息传播通道后,还必须有效控制信息传播的走向。

(1) 尽力进行事前控制。这是指在新闻媒介发布有关信息之前所进行的新闻传播走向控制,它是新闻传播走向控制的最为主动的办法和最为有效的措施。具体办法有:请权威人士发布信息;以书面形式发布信息;制作完整的新闻稿件,聘请权威新闻机构的新闻记者担任新闻代理人;邀请政府官员出面发表见解等。企业若能做好事前控制,对尽快摆脱危机,恢复正常的经营状态是十分有利的。

(2) 适当进行即时控制。这是指新闻媒介即将发布有关信息之时进行的新闻传播走向控制。这种控制一般难度较大,原因是记者将如何写一般不容易知道。所以必须多动脑筋,设法进行。一般来说,主要要掌握前来采访记者的情况,如有哪些记者曾前来采访过,他们是哪些新闻机构的记者。在此基础上,可通过两条途径进行控制:一是通过向新闻机构及时传达信息,达到对偏向新闻进行及时纠偏的目的;二是通过原来与新闻机构建立的各种联系,借助于内线人物达到对偏向新闻进行纠偏的目的。

(3) 设法进行事后控制。这是指新闻界在发布了有关偏向信息之后所进行的新闻传播走向控制。这方面的办法主要有:当新闻记者发表了不符合事实真相的报道时,可尽快与新闻机构接洽,向其指明失实之处,提出更正要求;当新闻记者或新闻机构对更正要求有异议时,可派遣重要发言人,如当事人或受害者本人接受采访,反映真实情况,争取更正机会;当新闻记者或新闻机构固执己见,拒不更正时,可用积极的方式在有关权威媒介上发表证明,正面申明,表明立场,要求公正处理,必要时可借助法律手段,但要慎重采用。

3. 消除危机处理中的谣言

谣言是毁坏企业形象,涣散企业组织的恶魔,企业在危机处理过程中,应注意预见谣言产生的可能性,一旦谣言产生要沉着应战,遇事不慌。危机事件中产生谣言的主要因素有:公众缺乏可靠的来自正常信息渠道的信息,人们得不到正常渠道的消息,就会向非正常渠道获取,就难免谣传纷起;公众缺乏完整的信息,信息不完整就会给人留下想象或捏造的空隙,从而产生谣言;危机形势紧迫,公众担忧和恐惧,感到形势无法控制,对前景丧失信心,悲观失望,任由事态发展,也会产生各种谣言;传闻失实,小道消息流传,使公众对正常渠道的信息产生怀疑,这种怀疑使一些人信谣和传谣;从企业传出的信息有出入,不是统一口径,公众从企业听到不同的声音,自然会产生思想疑虑,这种疑虑是导致谣言产生和流传的基础。

企业消除谣言首先要消除产生谣言的气候和土壤。在企业危机处理中,要认真研究以上因素,仔细分析和观察事态的发展,保证信息渠道的通畅,积极沟通,这样,就能在一定程度上防止谣言的产生,一旦谣言产生,企业要以积极郑重的态度对付谣言。辟谣的对策包括：首先，要分析谣言传播的范围、造谣者的意图和背景、谣言的起因，以及谣言造成的影响。在分析的基础上寻求阻止谣言流传的最佳方案。其次，要选择恰当的媒介，及时提供全面的、确凿的事件真相，让事实讲话，让行动证明。动员一切可以动员的力量（包括企业员工和本地区的行政首脑、知名人士、舆论界权威和一切有社会影响的人），通过多种渠道，多层次的宣传，对付谣言的流传。最后，在企业内部广泛地开展谈心活动，进行各种形式的信息发布，让企业全体人员体会到企业辟谣的决心，加强企业的凝聚力。辟谣方案实施前，应召开基层人员座谈会，听取意见，保证辟谣工作的实施。

小案例

宝洁应对谣言

1999年，一个无名网站对外发布了一条谣言，说宝洁公司新生产的一种名为"纺必适"（Febreze）的针织品除味剂会导致家中的狗和猫等宠物死亡。这个谣言引发了一系列连锁反应。宝洁公司总部每天收到超过1500个电话或电子邮件，询问该谣言提及的情况是否属实。

宝洁公司从一开始就很重视这次互联网危机，并立即采取了应对措施：公司向宠物饲养者和兽医发出了超过60 000封的信件，向他们说明"纺必适"是无公害产品，对宠物来说是安全的。

同时，宝洁公司还开设了一个网站，邀请第三方组织发表声明，反驳这个谣言的论调。

宝洁公司特别制作了一期反击性的电视节目，印刷了大量的广告宣传品，向消费者保证这种产品对宠物是绝对安全的。

在此次危机的每一个回合，宝洁公司都直接给造谣者以有力的还击，回答了由这则互联网谣言而引起的所有问题。此外，公司还从美国防止虐待动物协会、美国动物人道协会和美国兽医学会等组织得到了相关证明。

最后，宝洁公司还与那些号称"都市奇侠"的网站接洽，要求它们在发现了任何中伤宝洁公司的网上言论时，立即通知宝洁公司。这些"都市奇侠"网站专门追踪和针对散布不道德、无根据的谣言的网站。

宝洁公司为了应对此次危机共耗资10万美元。由于看不见对手，采取法律诉讼等手段是徒劳的。所以，在遇到这类互联网谣言危机时，最好而且通常也是唯一的方法就是像宝洁公司那样：高度重视，谨慎应对。

4. 发挥新媒体的作用

借助新媒体新型的媒体形式和其病毒式的传播效果，企业危机传播沟通迎来了新的机遇。虽然新媒体环境给企业危机管理带来了困难，但新媒体平台的实时性、互动性、点对点等优势却犹如一柄双刃剑，在给企业危机管理带来问题的同时也创造了更多可能。在危机沟通上，新媒体有以下两大优势。

（1）提供了未雨绸缪的技术可能。在新媒体环境下，舆论动态的把握相当重要，如果能在事件初期就能进行干预，那么企业危机管理就取得了四两拨千斤的效果。而在互联网技术迅猛发展的今天，把握舆论动态显得尤为轻松，在各大搜索引擎平台将企业名称、行业名称等关键词进行新闻定制,在有新闻形成的时候进行主动推送;在各大主流论坛和版主进行联动及敏感词汇的设置,一旦出现负面信息,马上回应,将事态消解于雏形。新媒体平台使企业公关能更快速有效地监控负面信息,做到未雨绸缪。

(2)提供了及时反馈的可能。新媒体时代,"快速、诚实、负责"是企业危机管理解决问题最关键的法宝。一方面积极运用新媒体平台的功能,听取受众的声音,随时使用最新的技术及工具与广大受众进行沟通,如微信、微博,同时通过这些平台时时更新,在潜移默化中进行企业形象的构建,积极地参与到各大社交媒体中,不仅能扩大企业影响,也能第一时间获取受众反馈,及时把握舆论走向。另一方面,在群体事件中,企业想要把握住舆论风口,必须第一时间发出自己的声音,态度诚恳,避免隐瞒,主动承担责任,并且持续不断地发出自己的声音,预防形成一边倒的舆论态势。

处在新媒体环境下的企业危机处理中的传播沟通,可遵循以下应对策略。

(1)做好受众心理研究。抓住新媒体环境下社会心理的特点,才能为企业危机传播找准方向,尤其是对于细分群体的心理研究,抓住其立场和诉求,以设计出应对观点。一方面,舆论方向其实掌握在极少数人手里,而在这个快时代,眼球效应、粉丝效应等成了各方争夺利益的手段,所以研究受众心理,努力成为极少数主导舆论方向的人之一,是企业危机传播沟通中的一种可能的应对策略。另一方面,受众对媒体的信任度及对于平台的忠诚度的研究也能有效帮助企业公关找到应对的工具和阵地。

(2)言行要谨慎。在新媒体环境下信息传递迅速,在应对企业危机时,无论是企业高层还是员工个体,对于自身言论都应本着高度负责的态度,谨慎对待自己发布的信息,若在错误的时间或是错误的地点进行的对公言行不当,最终会飞速传播而导致受众铺天盖地的口诛笔伐,之前为之所做的努力最后溃不成堤,企业形象破败不堪。

(3)反客为主,转移视线。在新媒体环境下,媒体公信力大不如前,公众往往会认为辟谣并不可信,反而对谣言深信不疑,稍有不慎则会越描越黑,反而加速事件的发酵。在阿里巴巴"新 CEO 人选"事件上可以发现,若不正面接战,转而另辟蹊径,反而有事半功倍的效果。由此可见,在新媒体环境下,人人皆为信源,企业公关不仅要应对,还应该在应对中寻找合理有效的反击途径,也许柳暗花明也未为可知。

互联网技术日新月异,媒体平台也随之百花齐放,这将导致媒体环境的加速变化。未来企业危机传播策略又会有怎样的发展不得而知,但挑战与机遇并存,紧跟互联网技术革新的浪潮,精准运用新媒体平台,始终是企业危机管理不可忽视的重要举措。[①]

5.1.2 危机处理中的内部沟通

真正做好危机管理工作,需要企业高度重视内部人力资源的利用与潜力挖掘,在内求团结的基础上才会使员工为企业的转危为安贡献才智。这时,企业内部沟通发挥着巨大作用,对于危机中的企业来说是至关重要的事情,必须提到议事日程上。通过沟通,员工可以详细了解危机状况,容易焕发出对企业处境的同情并增强责任感;通过沟通,员工会减少对企业的胡乱猜测,避免去做任何他们认为可能伤害到企业的事情,不会主动去传播有关企

① 杜鹃.浅析新媒体环境中的企业危机公关[J].现代经济信息,2015(1):111.

业的谣言;通过沟通,员工安心于本职工作,保持工作的积极态度,自觉地充当企业危机管理的宣传者,有助于说服顾客、供应商和其他公众产生同感。

1. 危机中如何与员工进行沟通

(1) 尽快和员工沟通。对于危机中的内部沟通,很多危机管理专家都强调一个"快"字。在危机发生之后,员工们应该得到在通过其他途径了解危机情况之前获知危机真相的权利,让他们成为企业喜怒哀乐的分享者。企业应该就危机形势与所有员工开诚布公地进行沟通,让员工清楚地知道企业可以公开的信息,如果有可能,可以采纳员工对危机的建议。如果危机比较严重,发生员工伤亡损失事故,要尽快通知员工家属,做好慰问及善后处理工作,并争取把这些坏消息毫不隐瞒地告诉其他员工。

(2) 尽可能多地向员工传达有关信息。在危机中,员工希望知道尽可能多的危机情况,尤其是一些核心信息,谁也不希望被隐瞒。如果员工觉得自己能够以一种真实的不被操纵的方式了解整个情况,他们可能会更支持企业,但如果企业认为员工想要知道的是机密的事,要注意向员工解释为什么现在不能告诉他们。此时,企业可以根据需要细分员工,根据不同级别,采取不同的沟通方式,发布不同的核心信息。

(3) 让员工同时得知重要信息。设身处地地为员工着想,确保所有的员工基本上能同时得知所有重要的信息。站在员工的立场上,用企业希望被对待的方式来对待员工,想一想如果企业是他们,那么他们想知道什么,企业有义务说明什么,会希望通过什么途径知道这些信息,时间间隔会是多长?此时,同时将消息传达给所有的员工可以使被传达的信息保持一致性,可以减少员工通过其他的途径得知这些信息而出现信息偏差的机会,有利于企业沟通工作的开展。

(4) 为员工提供更多的机会来表达个人意见。在危机中,员工需要有机会来提问题,探究问题的根源以及发泄不满。企业要通过诸如领导个别接见、部门或员工大会等途径给员工提供充分的提问机会,收集和了解员工的建议和意见,做好说明解释工作,让员工知道在出现新的信息和事情有所改变时,企业会及时与他们进行沟通,确保员工对于危机变化的情况都能及时了解,让员工随着企业的行动而行动。

2. 企业内部沟通的途径

在危机中,企业要考虑选择效果最好的沟通工具来传递信息,向员工告知事故真相和企业采取的措施,使员工同心协力,共渡难关。下面是一些企业可能会采用的沟通途径。

(1) 员工大会与部门会议。这是企业说明重要问题的惯用做法,也是最权威、最正式的内部沟通方法之一。当企业员工人数比较少或者员工分散在许多地方但不可以召开电视、电话会议时,所宣布的事会对企业产生很大冲击,需要一个人同时向所有的人传达同一个信息时,员工大会这种形式是很实用的,通常效果也最好。要注意的是,应该留有大量的时间用于回答员工的问题,倾听他们的评论和建议。如果所宣布的事并不是很紧急或者企业太庞大以至于无法召开员工大会时,所传达的信息对某些部门的影响要超过对其他部门,部门层次的会议就是最合适和有效的。在企业高层官员简要传达后,各部门的经理可以根据自己的领域进行发言,以表达他们对企业所采取行动的支持和信任,也要注意留出足够的时间来回答问题或听取员工的意见和评论。

（2）企业简报、公告牌或企业报纸。在危机中，企业简报、公告牌或企业报纸是强化关键信息和提醒员工有关企业的信息和行为的便利工具，可以承担起内部沟通的媒介作用，因此，其内容尽可能真实反映危机的真实情况以及危机管理的措施。只是由于企业报纸的出版周期会长一些，不利于危机的快速反应。一般来说，企业多采用企业简报、公告牌在企业内部随时发布信息，及时向员工通报企业的行动趋向。

（3）单独会见。单独会见是企业领导经常采用的内部沟通措施，可以很直接、随意地交流看法。当所传达的信息只会影响少数员工，并且需要他们理解企业决策以及对他们产生的特殊影响非常重要时，或者传达的信息特别敏感和重要时，单独会见是最有效的。

（4）电话与电话会议。电话作为便捷的沟通工具，在企业里应用最为广泛，危机管理中很多信息的传递都会涉及电话。当企业需要快速传达所要沟通的消息，并且不会因为这样做过于私人化而让员工反感时，可以考虑打电话。当只向很少的人传达信息，并且在传达时不需要同时联系多个员工时，电话是最有效的。而当处于危机中的几组员工都需要迅速知道信息而且能有机会提出问题并给予反馈时，电话会议也是一种有效的沟通方式。

（5）互联网。互联网是现代社会沟通的便捷手段，很多企业通过内部局域网的建设，构筑了企业的网上世界。企业可能采用电子邮件、网络寻呼与电子公告、公告牌等方式随时向员工发布最新的重要信息，提供最新的管理策略，以及寻求员工们的建议与支持。

（6）非正式传播渠道。员工在工作中形成的人际关系构成了企业内部非正式信息传播的交流网络，传播形式多表现为小道消息。这种小道消息往往传播速度快，不受时间、地点限制，容易使双方产生亲切感，能够立即得到信息反馈并可根据信息反馈及时调整谈话内容，能够获得正式传播达不到的效果。小道消息具有两面性，如能善加利用，通过员工在生活中形成的一定人际关系所构成的非正式传播交流网络进行传播，传递正式传播所无法传送或不愿传送的信息，可以达到理想的传播效果。

5.1.3 危机处理中的新闻发布

1. 新闻发布的基本规范

企业建立新闻发言人制度，重点要规范以下内容。

（1）建立健全的日常工作机制。主要是要成立固定的新闻发言工作小组，对有关新闻发布工作明确进行分工。比如要确定由谁担任新闻发言人、谁接听记者日常来电、谁组织策划新闻发布会、谁起草新闻发布稿和准备应答内容等。

从事新闻发布的工作人员，尤其是新闻发言人，应该具备较高的职业素质。因为他们要直接与记者打交道，任何一点失误就可能对企业造成极大的影响。目前，大多数企业都是由传播部门担任新闻发布的工作，但是，由谁来担任新闻发言人一职，各企业的做法却是五花八门。有的企业由老总担任，有的由公关部长或传播部长担任，有的由媒介经理担任，有的则由长相较好的女职员担任，还有的请公关公司的人担任。

新闻发言人一职最好由企业内部熟悉公关传播工作的高层领导兼任，退而求其次，也应该由负责公关传播的部长级干部担任，绝不能交给企业其他人员或外部人士。因为担任新闻发言人的人员，如果本身在企业的职位不高，就接触不到企业经营的实质层面，对记者提出的诸如企业发展战略、营销策略等问题，不会有准确而且较深刻的认识，自然也就做不出有利于企业的回答。

（2）建立规范的媒介记者档案。知己知彼，百战不殆。企业要在新闻发布活动中把握主动权，就应该事先对出席发布会的各个记者的特点做到心中有数。这就要求平时要建立起规范的记者档案。比如要对各主流媒体的记者的生日、籍贯、兴趣、爱好、特长等进行详细记录。包括哪些记者侧重行业发展的问题，哪些侧重经营管理模式问题，哪些关注企业文化建设问题，哪些提问的角度较偏刁钻等。企业只有事先建立起详细的记者档案，才能预测与会记者可能提出的问题，才能够做到有的放矢、有备无患。

（3）建立舆情跟踪分析机制。主要是平时应指定专人收集报纸、电视、网络上媒体和记者对企业报道的信息，对报道内容加以研判分析，为新闻发布和回答记者提问提供参考。比如记者所报道的内容对企业的经营工作有哪些看法？ 正面的有哪些？ 负面的有哪些？哪些对企业不利，需要澄清？ 哪些虽然对企业不利，但不宜炒热？ 哪些对企业有利的信息被忽视掉？ 这些都需要经常性的跟踪和分析。否则，就难以掌握记者会问什么，也不知道怎么回答效果更好。

（4）建立新闻发布后的评估机制。在新闻发布会后，跟踪媒体对新闻发布会是如何报道的，反响如何，是否达到预期的效果。通过跟踪研究分析，总结经验教训，从中找出不足和问题，从而决定采取相应的补救措施。

2. 正式发布新闻的方式

国务院新闻办公室不久前编写了一套新闻教材，将新闻发布的形式分为主动发布和被动发布、正式发布和非正式发布。

主动发布就是主动对外发布消息。比如企业发表澄清公告、企业领导人谈话等。被动发布新闻，主要是指新闻发言人应询回答记者提问。

正式发布新闻就是通过一种正规的方式传达信息。主要方式如下。

（1）新闻发布会。这是使用最多的一种新闻发布形式。新闻发布会具有隆重、高规格的特点，更重要的是记者可以在会上就自己感兴趣的问题和自认为最佳的角度进行采访，也可以促使企业与新闻媒体更加紧密和默契地联系和合作。如果危机引起了较大的关注，企业应该考虑召开新闻发布会，但是，是否应该组织新闻发布会，何时组织，如何组织，是一个很难做出而又非常重要的决策，企业需要考虑周全，这将直接关系着企业的命运。选择好新闻发布会召开的时间很重要。在危机中，如果新闻发布会开得太早，企业所能提供的可信信息就会很少，或者根本就提不出来，反而使宣传效果不佳；太晚则会丧失转化舆论的先机，面临谣言四起的尴尬局面，增加企业危机管理的难度。企业一般只有在调查得到了足够多的信息，充分了解了企业的处境与所采取的措施之后，才会主动召开新闻发布会，而在持续时间较长的危机中，可能还要召开多次新闻发布会。

当决定召开新闻发布会时，企业应考虑以下问题：①新闻发布会要达到什么目的？②除新闻发布会外，是否有别的替代方式？③回答记者提问是有助于解决问题，还是会使问题更糟？④在危机中，企业对公众负有什么责任？ 计划采取什么措施予以解决？⑤在新闻发布会前发布一个事先准备好的声明，能否将复杂的事情简化？需要特别强调的一点是，记者往往精于判断新闻的真实性，因此，企业发布的消息是否有新闻价值要在新闻发布会之前必须予以确认，此新闻为什么要现在发布，效用如何，必须考虑清楚，除非企业能提供一个重要的、合乎时宜的声明,否则就不要轻易召开新闻发布会。

新闻发布会应避免与一些社会上重大的活动和纪念日相冲突,具体时间最好选在上午 10 点或下午 3 点为佳,这样既可以让危机管理小组成员在早上或中午再花些时间进一步对所要发布的消息进行精练处理,也方便记者到会,还可以给记者留出几个小时的时间来编辑加工的内容。一般的新闻发布会,正式发言时间不超过 1 小时,会留有时间让记者提问,发布会后,一般为记者准备自助工作餐,给记者提供交流和对企业领导人进行深入采访的机会。确定好具体时间后,企业要提前向记者发出书面邀请,最好在邀请函上附一回执,以便确认记者的身份,做好接待工作,同时也给记者留出充分的准备时间。

要注意新闻发布会举办地点的安排。一是会场选址。新闻发布会的选址应该与所要发布的新闻性质相融洽,同时,要考虑交通是否便利,电话、传真等信息传递设备是否完备等因素。通常新闻发布会选择在宾馆或新闻中心等地举行,主要是考虑上述要求。二是会场布置。选定会址以后,会场环境布置,布置格调、室温、灯光等问题要考虑周全,要选经验丰富的设计人员来布置会场,使新闻发布会现场既能体现企业精神,又能让记者及其他来宾产生宾至如归的感觉。会场应在入口处设有记者签到处,引导记者以及参会的代表入席,会场座次安排要分清主次,特别是有贵宾到会的情况下。在每个记者席上准备有关资料,以供记者们深入细致地了解新闻发布会的全部内容。

新闻发布会工作人员选择首先要确定主持人和发言人。主持人的作用在于把握主题范围,掌握新闻发布会进程,调控会场气氛,担负着化解情绪、打破僵局等特殊任务。新闻发言人要面对记者的各种提问,头脑冷静,思维清晰,反应灵敏,措辞精确,代表企业发表权威性意见。企业为了证实所发布的消息是准确的、全面的,特别是一些专业性技术问题,往往会通过一位内部专家或外部专家代表企业提供更专业和更详细的背景情况,解释事故发生的原因和解决问题的措施,协助媒体了解情况。其次,选择现场服务人员。现场服务人员要严格挑选,从外貌到自身的修养均要合格,体现出企业的风采与水平,并注意服务人员的性别比例,以便发挥"异性效益"。服务人员的主要工作有:安排与会者签到;引导与会者入座;准备好必要的视听设备;分发宣传材料和礼品;安排餐饮工作;安排一位摄影师专门拍摄会场情况,以备将来宣传之用。

(2) 记者招待会。记者招待会是一种更正式的、更大范围的发布新闻方式。一般用于发布企业经营方面的重大信息,除了发言人到场外,通常还会邀请有关领导干部、嘉宾出席。先由发言人作开场白,简单介绍被邀请来的回答记者问题的嘉宾身份和背景,然后由他们回答记者的提问。记者招待会上一般不先发布新闻。记者招待会的优点是,可以更正式、更权威、更大影响地对外传播信息。

(3) 微博等网络传播形式。新媒介语境下,微博已经成为热门的信息发布平台,企业要不断改进和完善微博平台。经营好企业微博,可以提高企业在人们心目中的形象。企业可以建立专门的部门,负责企业微博的更新和管理,准确把握微博发布时间和发布频率,合理设置微博发布内容,掌握发布技巧。在微博内容上,尽可能多地展现出企业的互动性、公开性以及亲民性,让公众更好地了解和认识企业。借助微博树立和维护企业的良好形象,公布危机信息和对危机的处理方法,及时与外界进行交流和沟通,从而更好地处理危机。

在新媒体环境下,面对危机,利用微博等网络传播形式发布信息已经成为越来越多的企业的做法。

🔍 小案例

阿里巴巴利用微博平复危机

2015年5月28日晚,杭州某地区光纤被挖断,支付宝宕机,阿里巴巴公司处理得冷静、有序。事发后半个小时即做出回应,通过官方微博对事故原因、修复措施、用户资金等关键问题向用户逐一解答、持续回复,保持用户信心,使危机迅速平复,遏制流言产生,显示出其高超的危机传播沟通能力。

(4)举办冷餐会或酒会。这一形式可以单独使用,也可与新闻发布会或记者招待会合并使用。通过这一形式,可以轻松地将有关想发布的信息传达出去。

(5)接受专访或多家联合采访。采用这种形式是为了透露重要信息,扩大影响。一般挑选影响比较大的媒体。另外,企业实施一项重大决策前,为了营造声势,也会采用这一方式。

接受新闻媒体采访是危机中企业领导和新闻发言人的必修课,因为记者总是渴望知道得更多,而企业领导和新闻发言人无疑是最佳采访对象,这时企业就要考虑如何面对新闻媒体的专访问题了。一般来说,当企业要给媒体提供特定的线索或消息时,最好是采用一对一的媒体专访,这也是与个别媒体联系的最好方法。在记者的采访过程中,很容易遇到记者提出的一些难题。记者为了获得更多的新闻素材,往往会采用职业技巧来让被采访者自动地落入记者的圈套中,甚至是采用欺骗的手段,特别是对那些不能够给予媒体很好配合的企业,记者会竭尽全力地挖掘企业的新闻价值。此时,企业领导和新闻发言人就迫切需要提高个人能力,掌握应对记者的基本技巧,这里结合中美史克公司新闻发言人杨伟强就《中国经济时报》记者的专访,谈谈应对建议。

① 错误前提。记者故意以一个声明作为问题的开端,测试企业是否会更正这个声明。真正的问题也许跟这个前提毫无关系,但记者会用它来判断企业的反应。要是没有反应,记者就会据此推断企业对于这个前提的某些看法。

对策:如果该前提不正确,在回答问题之前应立即给出实际情况,进行纠正,绝对不要接受一个错误的前提。

记者:有人认为,国家药监局的政策有点仓促,中美史克是否承担了不该承担的损失?

杨伟强:药监局作为国家药品安全管理部门,肯定要对全国老百姓的健康负责。回到我刚才说的,这就是大我与小我的关系。我是相信药监局既想保护企业,也想保护老百姓的健康,一旦两者发生冲突时,政府自然要把13亿人口的利益放在第一位,小我要服从大我。

② 假设情况。记者想要企业来谈论某些企业也许会回避的事情时,最常用的方式之一就是通过对某些可能发生或者根本不会发生的事提问,希望企业能够谈谈这件事,从而使企业透露某些具有新闻价值的信息。

对策:告诉记者企业不会就假设的情形发表看法,而且要管住自己不这么做。

记者：根据你个人以及企业所知道的专家意见，你认为康泰克到底有没有问题？

杨伟强：一个人或者几个人的看法不足为据，要想得出一个权威的结论，必须有一个专家群的统一意见。

③ 我听到一个谣言。有些记者为了对企业内部信息了解得更深入，也许会看一看企业对他们事先捏造的事情有何反应，从而在无意中从一个有趣的角度涉及关键主题。

对策：如果谣言不是真的，就应该立刻加以否定，还要注意给出企业合理的理由，最好随时准备好一些有利于企业申辩的材料，以便更有说服力地答复这些问题。

记者：PPA事情出来后，就有消费者给我们打电话说，他吃康泰克有副作用，康泰克早就应该被禁。对这一问题，你如何看待？

杨伟强：康泰克在中国销售了12年，之所以能在市场上发展这么多年，不是靠我们打广告能做到的，靠的是这种药在大多数人那里是安全的，有疗效的。从销售开始，如果平均每次服用4～6粒，那么全中国就有8亿多人次服用过这种药，如果没有疗效，恐怕早就被扔到臭水沟里了，怎么会生存12年呢？但药的副作用是客观存在的，有些人副作用可能会大些，有些人可能会小些。

④ 对竞争对手做出评论。很多时候，记者会要求企业对竞争对手进行评论，这些问题可能很自然地涉及竞争对手的新的广告活动、企业领导或转移到新目标市场的决策，但是企业要知道这有可能会引起企业与同行之间的争执与竞争。

对策：把不谈论竞争对手作为企业的行为准则，尤其是在危机中，向记者说明企业的处境并争取其理解。需要注意的是，企业不可能完全了解竞争对手所做出的决策，而且任何企业也不会愿意让竞争对手来剖析自己，所以，企业最好不要对此抱有什么幻想。

记者：你们的竞争对手在PPA事件发生后，利用这一市场空隙，你怎么理解？

杨伟强：在事情发生以后，我们的一些竞争对手必然会利用这个机会多占些市场份额，也有和我们代理商接触的，这很容易理解。但在这个问题上，我们的代理商始终和我们站在一起，这令我非常感动。

⑤ 固执的记者。有时候，有些记者为了获取独家新闻，会试图要挟企业提供他们正在寻找的信息，要是企业不愿配合，他们就会以报道不利的新闻或从其他地方查找信息来威胁，给企业造成压力。

对策：企业冷静地向记者表明记者可以做任何他们想做的事，但企业不会背离自己的原则和判断，同时简要地解释一下企业为什么不愿深入的原因。

记者：康泰克在中国感冒药市场上占的市场份额有多少？

杨伟强：说不清楚。你们知道，现在各种对市场份额的统计很难说是准确的。

记者：你们的产量有多少，是否可以透露一下全年的销售额？

杨伟强：这不可以说。药品是有季节性的，冬天和春天季节，一般是感冒高发季节，感冒药的市场需求就大，是感冒药销售的黄金季节，这段时间产量就会相对大一些，反过来，夏季的产量就小一些。

⑥ 对新闻媒体说"无可奉告"。很多经验表明，企业"无可奉告"只会显得企业本身不可信或者在试图逃避问题。

对策：在回答记者的提问时，尽可能不说"无可奉告"，只要企业有所准备，就应该多披露一些内情。为了避免说些不利的事及无法直接回答被问的问题,可以采取多种方法予以转移话题,而不要总是说"无可奉告"。

记者:康泰克的停产给企业造成了多大的经济损失?

杨伟强:暂停使用康泰克确实给企业带来了经济损失,但是这里边有一个大我和小我的关系。从大我的角度来看,我们认为,政府做出这样的决定,是对消费者负责,是有道理的。

(6)传送新闻稿。新闻稿是一个由企业自己拟定的,用来宣布有关企业信息和官方立场的新闻报道,是用于"明确"危机情况的新闻信息。新闻稿可以是企业声明,可以是企业新闻,也可以根据情况和需要决定其具体形式。通常,新闻稿篇幅应短小精悍,当危机具有新闻价值时,企业可以及时分发给有关新闻媒体。实际上,许多企业都备有新闻稿,以便紧急情况下派发。大多数危机管理专家都认为,在危机中,新闻稿很难成为企业的唯一声明,但有助于说清事实真相,提供详细的背景信息,在企业希望把同样的信息同时传递给多家媒体时,采用新闻稿是最有效的。企业一般的做法是,把具有新闻性的信息,由专门人员写成新闻稿,以电子邮件等方式,传送给记者,请他们发表或在撰写新闻时参考。

🔍 小案例

勇担责任,积极沟通的恒天然

2013年8月2日至8月28日,新西兰恒天然集团经历了自爆产品受到污染到着手调查再到公布受污染产品无害于健康的一个过程。其间,新西兰总理约翰也两度通过发布会道歉、到我国进行访问等形式,参与到新西兰奶粉业的形象维护中。

企业要坚持真诚负责原则,积极进行内外部沟通,引导舆论,迅速查清危机根源,抑制危机事件蔓延。奶粉被污染问题的爆料者是恒天然自身,该公司对待产品质量谨慎、面对问题诚恳的态度让消费者看到企业的社会责任感所在,其公开、透明的危机处理方式以及全面及时的信息,更有利于稳定消费者的情绪与信心。

3. 非正式发布新闻的方式

非正式发布新闻的方式主要有以下几种方式。

(1)公开场合交谈。一般来讲,企业高层领导应邀出席有关单位公共活动时,有可能被主办方邀请出席记者采访。在这种场合,发言人可以委婉地拒绝采访,但从宣传本企业工作,或从与记者建立良好关系的角度出发,有时还是有必要与记者聊聊天。而且,如果企业的确有一些可以发布的信息,即使记者不提问,也可主动向记者透露消息或发表看法。

在公开场合与记者交谈时,应把握一个原则,就是对敏感问题不要轻易表态。因为你事先没有准备,对记者所提的情况很可能会把握不准。同时,在这种场合谈话很可能被其他事情打断,影响观点的表达,容易让记者断章取义。如果记者一定要求回答,可以坦诚地告诉他,自己不能肯定,或者给对方名片,约他们下次再谈。

(2)背景吹风会。背景吹风会是一种非正式发布新闻的渠道。一般是企业遇到没有必要热炒,但又需在一定范围内传播的问题时采取的新闻发布形式。这种形式气氛可以比较轻松,可邀请为数不多的,平时与企业关系良好的记者,在一个小会议室或发言人的办公室里,甚至饭桌上举行。

吹风会的内容可以有几种情况:一是可以报道和不可以报道,有的内容由于时机不成熟等原因,不供即时报道,只供报道时作背景参考;二是可具名和不可具名报道,也就是说内容是可以报道的,但不能讲出消息来源。

(3)向个别记者提供重要信息。主要是选择一两家强势媒体的记者,向他们透露企业的重要信息。目的是让他们率先发布消息,吸引其他媒体进一步报道,起"四两拨千斤"的作用。

(4)请记者吃饭、喝茶。通过请记者吃饭、喝茶的形式,营造轻松的谈话氛围,既可增加彼此的友谊,又可传递或透露某些信息。[①]

5.1.4 建立良好的媒介关系

舆论、媒体可以美化一个企业,也可以压垮一个企业。每一个健康的企业都应该重视媒体的力量,做足做好公关工作,构建良好的媒体与企业的关系,把媒体关注点引导到本企业的品牌建设、形象塑造和竞争力的优化上。充分认识到媒体资源开发利用和优化配置的重要作用。

进入信息化时代,媒体的影响力越来越大,作为"第四权力"在社会经济、政治、文化等方面的力量都在增强。尤其是随着网络媒体影响力的不断加深以及诸如手机、平板电脑、微博、微信等通信工具、软件的不断普及,网络已经成了企业信息传播的重要媒介,公众逐渐转变成为舆论信息的制造者和传播者进而演化成具有相对独立性和自主性的网络自媒体。自媒体带来了媒介形态变化的同时,也让企业信息传播方式发生了根本改变。网络信息的加速传播和扩散过程,让企业的危机管理变得十分困难。而这些既为企业营销和公共关系的构建提供了新的手段和方式,也为企业的内外传播提出了新的课题、新的挑战。

同传统媒体不一样,自媒体在信息制造和传播上更快速、便捷,来源也更加多样化。在越发透明的自媒体时代,企业的用户、员工或供应商等利益相关者都是品牌的传播者。不断发展进步的数字化应用正在改变品牌和消费者之间的关系。作为消费者评判企业的重要媒介,网络也成为任何瑕疵的爆发点,良好体验的评论和观点对扩大口碑、影响力的作用不言而喻。自媒体时代下企业危机的处理成为众多企业在生存发展的道路上面临的新课题。

在自媒体和"大数据"时代,企业维持媒体关系和应对公共危机舆论的工作,需要纳入企业战略发展的角度,构建和谐的媒体关系,并构建完善且反应灵敏的舆论处理体系,确保企业在应对公共危机的过程中,维持企业与媒体、企业与社会的和谐关系,确保民众的知情权,并有效处理企业危机。

1. 良性互动,建立新型的媒体关系

媒体"需要"危机,危机管理同样需要媒体。危机事件往往具有很高的新闻价值,这是新闻媒体热衷追逐的原因所在。新闻是媒体的生命,无论是商业化的媒体还是公共媒体,

① 单业才.企业危机管理与媒体应对[M].北京:清华大学出版社,2007:315-316.

新闻都是安身立命之本。因此,媒体追逐报道危机无可厚非。对于危机管理而言,媒体是其理想的工具。大众媒体的传播能力与效率,大众媒体难得的公信力,都是危机传播管理不可或缺的渠道和手段。但通常情况下,双方的兴趣点并不对位:媒体希望"揭",而危机管理者则希望"捂"。由此形成相互之间的矛盾。

但媒体和危机管理的对立并非宿命,双方的互动既存在恶性的现实,也存在良性的可能。媒体既可以传播危机、扩散危机、制造危机,也可以缓解危机、化解危机。危机传播管理的使命就是要在看似水火不相容的两者之间找到共同的价值基点,达成双方的共识和共赢。危机传播管理,就像戴着镣铐跳舞,一支舞蹈,有两位舞者,牵引的力量是各自的利益,而始终不分离的旋转基轴是公共利益。任何一方离开这一点,就只有崩溃。因此,面对变化的媒体环境和危机传播状况,建立新型媒体关系成为危机传播管理者应该思考的话题。

社会是一个复杂的运作系统。一个事件,或者某一个部门的行为到底会对整个社会产生什么样的影响,需要从多个侧面进行思考和衡量。在某个局部立场上,有利的认识未必在整体的立场上有利,只有多方利益都被兼顾才是合理的决策。我们要追求的是全社会的和谐发展,这就需要在不同利益部门之间进行效益优化的抉择。因此,在危机报道中,媒体自身的利益和公众暂时的兴趣都不是决定危机是否应该报道和如何报道的唯一充足理由。

新闻事业追求的根本利益是什么?是公共的利益和社会的福祉,这也是新闻媒体的价值本位所在。美国著名的新闻教育家凯里认为,新闻是对人和人的生活,人们的希望与梦想,人们生活中的社会关系场景独特、历史关联的描述。这一点在1942年的哈钦斯委员会的报告中说得更明白:"我们必须承认,大众传播机构是一种教育工具,而且也许是最强大的;它们必须在陈述和阐明共同体应该为之奋斗的理想中承担起教育者的责任。"换句话说,新闻媒体要为社会的共同理想和利益负责,大众的新闻媒体不应该是某个局部利益的代言人。如果新闻媒体不能坚守这个本位,那么它也就没有资格享受作为公共领域建构者和政治民主监督者所应该享有的权利。

媒体需要经济支撑,在市场经济制度下,媒体需要获得利润。不负责任的报道也许会给媒体带来一时的利益,但是,市场是一个综合系统,媒体的新闻报道是一项长期的事业。媒体获得信赖需要自身通过长期的坚持和努力来实现,它的作为要经得起时间的检验。局部利益、眼前利益在民族利益、社会利益面前都显得微不足道。媒体的商业利益只有在和新闻媒体的根本价值相契合时才能达到最大化和最优化。如果媒体一味追求暂时的利益而忽视应有的社会责任意识、价值本位意识,媒体自身的公信力、权威度、影响力、品牌价值等都会受到损害。这必然对媒体的切实利益产生长久的不良影响,当初获得的那点利益很可能远远抵不上为此付出的代价。这是得不偿失的行为。[①]

由此,在危机传播中新型媒体关系的建设,可以把握以下三点:①媒体是朋友,不是敌人。②谋求价值共通,而不是简单的利益粘连。③寻找共同的利益点。[②]

2. 加强沟通,提升服务媒体的能力

建立良好的媒体关系,是一家企业取得社会舆论支持,树立良好社会形象的首要任务。

---

① 王朋进,高世屹,彦颜.媒体危机报道:原理与策略[M].合肥:安徽大学出版社,2010:27.
② 王朋进.媒体生态与危机传播的互动关系[J].青年记者,2013(7):71.

新闻媒体代表了政府的立场和态度,也是公众了解事实的信息来源,是企业与政府、企业与公众信息沟通的桥梁和纽带,时代的发展与进步要求企业必须加强与媒体的沟通,不断提高与媒体打交道的能力,做到善待媒体、善用媒体、善管媒体。

(1)有效地利用大众传播。我国新闻媒体包括电视、报纸、杂志、互联网、广播、通讯社等。各新闻媒体有着不同的优势与劣势,如果企业管理人员对不同的新闻媒体的信息传播要求具备一些基本常识,扬长避短,无疑能获得较多的合作机会,使信息传播更便利。企业要掌握新闻媒体的报道动向,注意分析报纸的第一版,尤其是头版头条消息,以及一些评论性文章;电台、电视台的新闻栏目中重复出现频率高的信息,也反映了他们的报道动向,从中发现企业可能利用的传播机会,使企业传播的信息与新闻媒体的重点相一致。

(2)积极参加新闻媒体活动。通过参与新闻媒体的相关活动,企业不仅能与新闻媒体保持经常性的联系,而且可以成为某一媒体的通信员,利用其发达的信息网,为企业所用,更有效地开展企业信息传播工作。

(3)尊重新闻媒介。①要以礼相待,企业的有关人员在与新闻媒介公众打交道时要注重以礼相待,即对待各媒介机构和记者要友好热情,为其来企业采访写稿、核实工作等提供必需的帮助和服务。②要以诚相待,企业要讲真话,向媒介提供真实可靠的材料和数据,既不夸大企业成绩,也不掩盖失误,更不能制造假新闻。如确系保密的技术和参数,或预见报道可能会给企业带来巨大的经济损失时,应如实向有关记者、编辑说明利害关系,请他们酌情掌握。③要平等相待,即对各新闻媒介公众一视同仁、不分厚薄亲疏,绝不因新闻单位名气大小和级别高低的不同而采取截然不同的态度。应尽可能使他们获得平等的信息量,使他们平等获得采访企业经营状况的机会。④要严阵以待,由于新闻界与企业所处的立场、需要和动机常常不同,当企业发生那些对企业形象、声誉不利的事情时,新闻界往往感兴趣,甚至还会有意报道阴暗面,以期问题得以解决。在这种时候,企业所采取的态度极为关键,企业应当严阵以待。严阵以待并不是去想方设法掩盖"家丑",也不是去对新闻媒介横加指责,而是应本着虚心接受批评、认真查明事实真相、积极承担责任的态度与新闻界公众进行合作,以期化"险"为夷。在这方面不少企业为我们提供了成功的案例,也有不少企业为我们留下了失败的教训。

(4)支持新闻媒介。新闻媒介也有需要支持的时候,如果企业在这种时候能"雪中送炭"、鼎力相助,往往能起到事半功倍的作用,使新闻界对企业形成良好的印象。此外,企业学会"制造新闻"也是对新闻界的"无私奉献",因为他们向媒介提供了"食粮",这种支持企业也不应忽视。

(5)结交新闻媒介。由于新闻具有强大的舆论力量,欧美有学者把新闻媒介看成继司法、立法和行政三大权力机构之后的第四大权力机构。服务于各大众传播媒介的记者也被尊称为"无冕之王"。所以,企业若想搞好与媒介的关系,还必须重视同媒介公众的交际,善交"无冕之王"。为此企业要经常向新闻媒介提供有新闻价值的信息,与其建立长期稳定的联系。能得到新闻界的信赖,是企业最重要的财富之一。

(6)正确地引导记者。无论是抱有表扬或批评性目的的记者,都需要对他们进行引导。这种引导不是任意扩大有利于企业的事实或者改变不利于企业的事实,扩大的事实或歪曲的事实都可能导致报道的失误,其责任会由提供事实的企业负责。正确的引导不仅提供真实的情况而且要表明企业对事件的看法,使企业与记者的观点协调起来。

小贴士

与记者交往需要掌握的 10 个方面

(1) 记者在通常情况下都是大忙人,没有时间从草丛中寻找猎物。即平时常来往,有事好商量,要经常与记者保持联系,平时多多提供一些资料。媒体对新闻的需求是永远没有满足的时候。

(2) 记者是聪明的、有个性的人,沉迷于工作,需要表现出礼貌及机智。也就是说承认记者的见识广博是我们尊重他的前提,不要在记者面前卖弄小聪明。

(3) 记者不是下级也不是上级,不可能得到他的忠顺或命令。即不要让记者听命于你,或者用强权来约束他。你是无法约束所有的媒体记者的。

(4) 记者的好奇心是无限制的,从不羞怯或讲究衣着。也就是说记者就会沉迷于提问,如果你觉得记者提问都是一件不能接受的事情,那么你还是不要与记者打交道了,因为记者的职业决定了他就是要提问。

(5) 记者很少被人愚弄,记者不会嘲弄自己的。因为记者拥有说"但是"的权利。

(6) 记者写稿子就是为了挣钱。但是"红包""封口费"是很不安全的。

(7) 记者不会在意你的职衔,不会特别地尊重别人,这不合适但不是无礼,因为他在工作。

(8) 记者的出现就是为了工作,他的冷漠仅仅是因为他在工作,同样的还是因为他在工作。

(9) 与记者交往不能要求保密,因为你越是保密越是泄露得更多,你不能要求记者不能报道,你可以不说,但是你不能要求不写,真正让他不写的唯一办法就是你可以不说。

(10) 记者发布信息与进行调查的任务与士兵保卫国家是一样的,在自由世界里,记者与士兵是平等的伙伴。

3. 依法维权,应对不法媒体的恶意中伤

危机管理讲究"化危为机",强调企业着眼于自身行为的修正和品牌形象的修复。那么,如果媒体是无中生有甚至恶意中伤,企业就只能默默地"舔伤自疗"吗?

虽然媒体掌握着话语权和新闻监督权,但公众也有权依法对媒体进行监督。相关的法律法规有很多,拿起法律的武器,是维护企业权益的必然选择。

这方面的例子可以说不胜枚举,比较有名的是奇虎 360 起诉《每日经济新闻》涉嫌虚假报道、侵害商誉案。2014 年 9 月 19 日在上海市徐汇区人民法院正式宣判,判定《每日经济新闻》虚假报道造成对 360 公司名誉权的侵害,要求《每日经济新闻》连续向 360 公司道歉10 天,并予罚款 150 万元。

如果媒体涉嫌敲诈勒索,更不能姑息。最近,上海市人民检察院第一分院以涉嫌敲诈勒索、强迫交易、非国家工作人员受贿和对非国家工作人员行贿罪,依法分别对"21 世纪网"及其母报《21 世纪经济报道》等 25 人批准逮捕。21 世纪网之所以进入公安机关视野,缘于一些企业和个人的举报,涉案企业达 100 多家。

企业在面对侵权、违法的媒体时，绝不能息事宁人，那样不但会伤害自己，还会纵容媒体继续伤害其他人的权益。依法维权，维护的不仅是企业，也是媒体。因此，在与媒体打交道时，要注意依法留存证据，如来往的信函、邮件、会谈的记录等。特别是在接受采访时，最好以可留存的方式答复，除非有十分把握，不建议接受无准备的当面采访。正如董传仪在《危机管理学》中所一再强调的："为了避免媒体的报道不准确，重要事项一定要以书面材料的形式发给记者。"

此外，企业在与媒体打交道时一定要注意自己不能逾越法律的界限。行贿与受贿一样有罪，要承受法律的处罚；企业特别是上市公司提供虚假信息要负法律责任；要求媒体有偿撤稿或删帖也是违法行为。只有严守法律底线，才能维护企业权益。[①]

5.2 能力开发

5.2.1 案例分析

1. "永和豆浆粉"事件

2011 年 7 月 28 日，一位网友在微博上曝料："5 个标着龙王豆浆粉的纸箱与肯德基其他的原料放在一起。"这一信息被迅速传播并引起了公众的广泛关注，随后，肯德基表示除北京以外肯德基的醇豆浆系豆浆粉调制。2011 年 8 月 3 日，餐饮企业永和豆浆、真功夫也被曝出使用豆浆粉调制豆浆出售。就此，"豆浆冲泡危机"已先后波及多家企业。永和豆浆是一家以豆浆为核心产品的饮食企业，其核心产品面临的安全顾虑，直接冲击着永和豆浆的企业形象和公众的消费信心，故此次危机永和豆浆经受着严峻考验。

（1）危机阶段永和豆浆重要事件

危机阶段永和豆浆重要事件如表 5-1 所示。

表 5-1　永和豆浆"豆浆粉事件"大事记

阶　　段	时　　间	经　　过
潜伏期	2011 年 7 月 28 日	网友：肯德基醇豆浆系冲泡
	2011 年 8 月 3 日	《新闻晨报》：永和豆浆非现磨
爆发期	2011 年 8 月 6 日	永和豆浆：声明部分是豆浆粉冲泡
	2011 年 8 月 9 日	永和豆浆：来自我国台湾，30 年专注
		做豆浆——媒体见面会
	2011 年 8 月 13 日起	永和豆浆：门店明示是否使用豆浆粉
恢复期	2011 年 9 月起	在永和门店发放利己的"豆浆粉"
		事件说明宣传册，公开吉林舒兰生产基地情况

① 李灿. 企业新闻危机管理的三个误区[J]. 青年记者，2014(11)：20.

(2) 永和豆浆公司在危机事件中的沟通策略

永和豆浆公司在此次危机传播中运用了如下危机沟通策略。

① 不存在。在豆浆粉事件被媒体曝光后,永和豆浆官方随即承认部分豆浆系豆浆粉调制,并在官方网站上发布声明,指出部分豆浆确实是豆浆粉冲泡。

与此同时,部分一线店员却信誓旦旦地表示豆浆是"现磨的",如《北京晨报》8月4日的报道指出,"记者拨通了北京亦庄店的电话询问。店员告诉记者,虽然店里有豆浆粉出售,但店里所售豆浆都是现磨的"。从危机回应方式来看,企业对事件持承认态度,但企业员工持"否认"态度,属于 Coombs 危机沟通策略中的"不存在"大类,意在隐藏真实信息。从危机爆发伊始,永和豆浆企业及员工在传递信息时就出现了基调不同、前后冲突的危机沟通策略,影响了永和豆浆危机沟通的开局。

② 保持距离。随着事件的升级,永和豆浆采取了快速积极的危机回应方式,对企业的危机处理有积极意义。但从危机沟通策略上看,永和豆浆主要采取了"保持距离"的危机沟通策略,包括"借口""合理化"等子策略。

其一,使用"借口"。首先,在2011年8月9日永和豆浆召开的名为"来自我国台湾,30年专注做豆浆"的媒体见面会上,当记者问及为什么永和公司不告知消费者"豆浆"系豆浆粉冲泡时,永和公司林建雄回应说:"之所以中国内地消费者不知道部分永和直营店豆浆是由豆浆粉冲泡而来,是因为消费者并没有询问。"就此把没有公示冲泡的原因转嫁到了消费者,意指消费者也应该承担一定的责任。其次,中国农业大学食品学院教授郭顺堂在见面会上表示,对于豆浆粉"还原"成豆浆,是否要标明其"还原身份"?我国的行业标准还在完善中,这同样把问题推给了"行业标准",以此来减轻企业应承担的责任。

其二,永和豆浆力图将事件"合理化"。首先,它强调危机不如想象中严重。无论是官方的声明,还是媒体见面会上高层的表态,都指出永和豆浆冲泡所使用的豆浆粉,原料来自于东北三江平原生产的高品质非转基因大豆,采用先进设备生产,去除豆渣,只保留43%的大豆精华。简言之,尽管是豆浆粉,但永和公司使用的是"高质量的可靠的豆浆粉"。总裁林建雄还表示:"目前超市销售的豆浆粉是350克,定价13元,共12小袋,1袋30克,可以冲泡200mL的水,一杯成本1元多。而门店卖的豆浆为450mL一杯,用2.5袋左右,大概2.5元。"以此来说明"豆浆粉冲泡的豆浆比现磨豆浆成本更贵,但口感更好"。在营养成分方面,林建雄介绍,无论是豆浆粉还是现磨豆浆,营养成分差异不大。"我们的豆浆,每100克含有的蛋白质含量为19%~20%,而中国内地的标准含量为18%。"就是说,他们的豆浆粉符合国家安全标准。其次,永和豆浆强调这一次的豆浆粉冲泡事件远不如过去的食品安全问题严重。针对媒体提问,永和食品董事长林炳生表示:"永和豆浆郑重承诺,在质量和安全方面,永和豆浆的制度是刚性的,是不留余地的,食品安全是永和豆浆不变的坚守和承诺。如果各位记者在永和豆浆里检验出不良添加剂,如防腐剂、色素、香料等,我可以赔100万元给大家。"这番表态意在和出现了严重添加剂危机的事件进行比较,以此强调永和公司尽管使用豆浆粉,但比起大量不安全的添加剂,这不过是个小事情。

③ 迎合。永和豆浆还使用了"迎合"这样的危机沟通策略。比如使用"支撑"策略,强调过去的正面事迹或表现。在"来自我国台湾,30年专注做豆浆"见面会上,企业大力突出永和豆浆30年来对于豆浆行业所倾注的心血,从管理到技术再到产品的不断创新,努力为

消费者提供健康营养的好豆浆。并且还指出："永和豆浆是一家专营豆制品、以大豆为核心的知名企业,自1995年进入我国内地市场以来,以餐饮门店起家,历经数十年潜心经营,发展到现今的知名中式餐饮连锁品牌,在品牌形象、餐饮品质、门店规模等方面一直保持业内领先。"

④ 修正动作。永和公司在此次事件中仅承认自己确实使用了豆浆粉进行冲泡,但并不承认公司在这个问题上需要承担多大的责任。因此公司在采取修正动作时显得十分乏力,这些动作仅仅是对豆浆粉未明示的改进。这主要包括:永和豆浆承诺将在8月13日后在店内会明示哪些门店使用高品质豆浆粉,让消费者明明白白消费。

⑤ 以攻为守。此外,企业还使用了较独特的危机沟通策略,即"以攻为守"的新策略。以攻为守策略是指在企业或组织遇到危机时,以较强硬的态度应对危机,并借助危机情境进一步推广产品或服务的策略。永和豆浆在这次豆浆粉冲泡危机中,就采取了该策略。2011年8月9日,永和豆浆总裁林建雄指出永和豆浆粉的诸多优势,如永和豆浆上海地区直营门店率先试点高品质永和豆浆粉冲调产品,计划逐步向全国所有门店推广,让更多消费者能够品尝到现代工艺制作的高标准化、高品质产品。不可否认的是,这一策略是一种较少见的策略,易使消费者误解企业的态度,认为企业根本没有认识到自己的问题,从而产生敌对情绪。因此,企业使用该策略的效果如何,还有待进一步地观察和研究。

思考·讨论·训练

(1) 永和豆浆公司在此次危机事件中主要采取了哪些传播策略?

(2) 请对永和豆浆公司的危机传播效果予以评价。

2. 归真堂活熊取胆事件

福建归真堂生物发展有限公司是一家以黑熊饲养、繁殖、科研为主体的林业产业化龙头企业,位于泉州市惠安县,为中国南方最大的黑熊养殖基地,目前主要利用人工繁殖的第二、三代黑熊获取熊胆原料,采用引流熊胆汁技术(即造瘘手术),替代剖腹取胆的方式。自2012年以来,该公司的上市计划受到网友、舆论力量的公开反对,其中包括毕淑敏、崔永元、陈丹青、丁俊晖等在内的72位知名人士。

在中国中药协会召开的媒体沟通会中,中药协会会长房书亭表示,他曾亲眼见过活熊取胆,他说:"取胆汁过程就像开自来水管一样简单,自然、无痛,完了之后,熊就痛痛快快地出去玩了。我感觉没什么异样!甚至还很舒服。"此言一出,立即引起轩然大波,网友纷纷谴责该言论的"残忍性"无人能及。

房书亭还说,重启上市的福建归真堂目前尚不是中国中药协会会员,其上市与中国中药协会无直接关系。但2月17日晚上,中国中药协会在其官网上发布更正声明:经查,福建归真堂股份有限公司系我会会员,房书亭会长在媒体沟通会上表述有误。特此更正,并致歉意。

2月18日晚间,随着公众对"活熊取胆"的争议越演越烈,归真堂在其官方网站发"归真堂养熊基地开放日"邀请函,决定将2月22日和24日两天定为开放日,邀请社会人士参观养熊基地,马云、莫文蔚、李东生等人在归真堂的邀请名单中。截至2012年2月19日0时,归真堂公司指定报名邮箱已收到大量媒体的参观申请,共有60余家国内媒体总计102人报名,但对于外媒及港澳台媒体的申请,归真堂公司称,本次"归真堂养熊基地开放日"活动暂不安排。

2月22日,归真堂首次对外开放养熊基地,但2小时的参观未能彻底消除外界质疑。怀着疑问而来的媒体记者,在结束时又产生了新的困惑。针对记者和网络上的质疑,归真堂在23日致记者的信中进行了回应。参观熊场以后,归真堂召开了一次阵容强大的专家说明会,到场者包括国家药监局药品注册司原司长张世臣、中国中医科学院主任医师周超凡等十余位专家。

2月23日,归真堂总经理陈志鸿和归真堂副董事长蔡资团接受了记者采访,当记者问到这么大规模的反对对归真堂的经营有什么影响时,陈志鸿表示,"产品销量还增加了,等于间接地都我们做了宣传。假设这次抵制'活熊取胆'是一次炒作,那么这样的效果就太成功了。网上那个郭美美想炒作估计都没有我们这样的效果"。当晚,归真堂开通微博,遭遇数万网友的谩骂。

2月24日上午,"归真堂"黑熊养殖基地再次向媒体记者和公众开放,8名社会公众人士实地参观了"活熊取胆"全过程,其中一名民间组织人士参观完"活熊取胆"后,在养殖场向黑熊跪拜谢罪,令"归真堂"现场工作人员措手不及。

2月26日,归真堂董事、鼎桥创投总经理张志鏊透露,近日将邀请第三方机构对公司的黑熊进行体检,体检报告将公之于众,以证明归真堂黑熊的健康状况。一方面归真堂创始人邱淑花日前在中央电视台《看见》节目中表示,早知道搞上市这么苦就绝对不上市。另一方面却在说,要研发人工熊胆粉。

思考·讨论·训练

(1) 归真堂的公关危机是怎么发生的?

(2) 这起公关危机给归真堂可能带来哪些影响?

(3) 请运用危机管理相关理论评价归真堂在危机中的表现。

3. 双汇"瘦肉精"事件

(1) 背景介绍

双汇集团(以下简称双汇)创立于20世纪90年代,总部位于河南省漯河市,是以肉类加工为主,跨行业、跨地区、跨国经营的大型食品集团,在全国15个省市建有20多家现代化的肉类加工基地和配套产业,在31个省市建有200多个销售分公司和现代化的物流配送中心。目前总资产200多亿元,员工6万多人,年产肉类总产量300万吨,是我国最大的肉类加工基地,在肉类加工生产技术上处于国内领先地位。2011年销售收入超500亿元,在2011年中国企业500强中居第166位。

双汇是国务院确定的520家重点企业和农业部等八部委确定的国家151家农业产业化龙头企业之一。每年消化1500万头生猪、70万吨鸡肉、17万吨淀粉、7万吨植物蛋白,年转化粮食1000多万吨,带动周边养殖业、饲料业、屠宰加工业实现产值600多亿元,间接为170多万农民提供了就业。双汇实施集团化管控模式,按照产业布局和发展需要,建立鲜冻品事业部、肉制品事业部、化工包装事业部、养殖事业部等,推行目标管理、预算管理、标准化管理、供应链管理、质量管理和企业的信息化。企业先后通过ISO 9000、ISO 14001、HACCP等体系认证,实施标准化管理、产业化经营、信息化控制。2002年双汇牌系列肉制品被国家质检总局授予"中国名牌""国家质量免检产品"荣誉称号,双汇肉类联合生产线被国家三绿工程办公室认定为"绿色生产线示范单位",双汇集团被授予国家质量管理最高奖——"国家质量管理卓越企业"。在 2010 年中国最有价值品牌评价中,双汇以 196.52 亿元品牌价值荣登榜首。

然而,2011 年 3 月 15 日,经中央电视台曝光,双汇下属企业——河南济源双汇食品有限公司用于生产火腿肠的猪肉违规使用国家明令禁止药物"瘦肉精"。尽管双汇宣传其产品经过"十八道检验",但是并不包括"瘦肉精"的检测。此事件引起了社会各界的极大关注,双汇的品牌与信誉受到了消费者的质疑。此次危机对双汇的影响巨大,当天"双汇发展"股票跌停,市值蒸发 103 亿元,截至 2011 年 3 月 31 日,短短半个月,影响销售额 15 亿元。另外,双汇品牌形象的损毁所造成的经济损失则是难以估算的。曾被评为"中国食品安全最具社会责任感企业"的肉制品行业龙头企业面临如此巨大的企业社会责任危机,企业的发展变得岌岌可危,其是否能够应对这场危机,取决于其所采取的一系列应对危机的自救举措。

(2) 双汇对"瘦肉精"事件的响应过程

2011 年 3 月 15 日,双汇"瘦肉精"事件曝光后,当天双汇召开高管会议,市场部立即通过排查、主动汇报和沟通等途径对该事件进行调查核实。16 日,双汇将其所涉产品在北京、广州等地超市商场下架,并针对"瘦肉精"事件在其官方网站向广大消费者发表第一次书面致歉声明,同时表示将积极配合有关部门严肃认真彻查此事,责令济源工厂停产自查,防止危机的进一步扩大和恶化。虽然双汇相对及时地对该事件做出回应,但是,双汇并未能第一时间公布调查的进展,只是在一份函件中表示 3 月 20 日前将有检测结果,如果其产品出现质量将承担一切责任。3 月 17 日,双汇再次通过其官网发表公开声明,将对济源双汇在市场上流通的产品召回,在政府有关部门的监管下进行彻底整顿和处理,并对相关负责人予以免职和相应处罚。另外,声明还强调食品安全是一个系统工程,双汇集团将进一步强化对产业链上下游的控制力,确保食品安全。因此,双汇集团决定,将每年的 3 月 15 日定为"双汇食品安全日",把食品安全落实到每一天。尽管在短短的两天内,双汇先后公开发表两次致歉和声明,但是对事件的调查进展并没有正确、真实的通报,模棱两可。"瘦肉精"事件的最大受害者是消费者,双汇发表声明向消费者致歉,然而并没有发出召回产品的声明,也没有启动诸如赔偿等的行动以安抚消费者,因而引起了消费者对其品牌的质疑,显然,这进一步加剧了危机的扩大。因此,双汇在"瘦肉精"事件的突发期的应对模式不甚理想。

基于社会公众和媒体的压力,以及危机的进一步扩大,双汇重新调整治理方略。3 月 22 日,双汇集团宣布济源双汇将无限期停产整顿,并通报称已经销毁了 32 头被检测出含有"瘦肉精"的生猪。3 月 23 日,双汇紧急召开 4000 多人的全国经销商食品会议,就"瘦肉精"事件向经销商公开道歉,并商讨应对危机之策以重新启动市场。经销商是连接企业与消费者的桥梁,与经销商建立良好的合作关系,有利于提高企业抵御危机的能力。3 月 25 日,双汇召开全国供应商视频会议,试图安抚处境艰难的供应商,以保障供应链的完整。为危机后期的迅速恢复奠定基础。3 月 26 日,双汇董事长万隆主动邀请部分媒体就"瘦肉精"事件进行小规模沟通交流,并表示双汇是"代人受过"。3 月 30 日,双汇对农业部承诺生猪将逐头进行检验。3 月 31 日,双汇召开"双汇万人职工大会",这是双汇陷入"瘦肉精"

事件危机后召开的第 3 次公开会议,也是规模最大的一次。参与该会议的主要人员包括双汇所有的管理层、漯河本部职工、经销商以及新闻媒体。会上,董事长万隆向全国消费者致歉,指出"瘦肉精"事件是上游产业链中养殖环节出现的问题,并表示将完善食品安全内部监控体系,确保产品安全、放心,当场宣布关于保障食品安全的 6 项决定:一是强化源头控制,执行生猪头头检验,原辅料强化批批检查;二是成立双汇集团食品安全监督委员会,监督企业各个环节;三是建立双汇集团食品安全奖励基金,每年"3·15"做总评;四是建立食品安全举报制度;五是引入"中国检验认证集团"作为独立监督机构进行第三方监测;六是加快养殖业发展,进一步完善产业链,提高企业对产业链上下游的控制力。4 月 18 日,双汇对"瘦肉精"事件的调查结果公开公布,指出"瘦肉精"事件是由于个别员工在采购环节执行检测时没有尽责,致使少量"瘦肉精"生猪流入济源分厂,并于 4 月 19 日双汇发展复牌。4 月 24 日,双汇举行"2011·消费者走进双汇"的消费者大型体验活动,邀请消费者参观双汇集团,参观并了解生产过程,通过加强与消费者的沟通,恢复消费者对企业的信心,争取再次获得消费者的信任。

"瘦肉精"事件发生 3 个月后,双汇恢复了正常的生产经营,并在当年的第 3 季度销售开始恢复,第 4 季度已基本正常。经过"瘦肉精"事件后,双汇对企业内部进行整改,尤其强调产业链的优化以及食品安全问题,将食品质量纳入企业的战略核心,2012 年 5 月双汇发展宣布正式启动重组,双汇以实际行动赢得了消费者的重新信任。

思考·讨论·训练

(1) 双汇集团面对"瘦肉精"事件采取了哪些危机传播沟通方式?

(2) 在本案例中,双汇集团应对危机有何独到之处?

4. 美国海洋浪花公司安渡危机

火鸡,三明治,克兰梅。

感恩节(Thanks Giving Day)是美国的一个传统节日。几百年前,第一批移民乘坐"五月花"号漂洋过海,历经艰辛到达美洲新大陆的时候,未卜的前途、难测的命运都摆在他们的面前,给这些刚从大洋中历尽磨难的人们心中留下了深深的阴影。所幸美洲大陆物产丰富,气候宜于农作物生长,这批人才能作为居民生存下来。为了感谢"天主"的恩赐,人们把 11 月里的第三个星期天定为"感恩节",以表达自己对上帝的感激之情。火鸡、克兰梅、三明治就成了感恩节的传统食品。

克兰梅(cranlarry)是美洲本地产的一种深红色酸果,近 200 年来,一直是美国人感恩节餐桌上必不可少的食物之一。每年 11 月初,克兰梅产销两旺。纽约海洋浪花公司就是制作克兰梅果汁、果酱的最大商家之一,年销售量达数千万美元。

1959 年 11 月 9 日,美国卫生教育福利部部长弗莱明突然在一次聚会上口出惊人之言:"克兰梅在生长的过程中,受除草剂的污染,在实验室的大白鼠身上做实验,结果发现了癌细胞。""虽说没有证明这种克兰梅在人身上也有致癌作用,但公众也应慎重对待,好自为之。"

在传播媒介发达的美国,这样的消息不胫而走。广播、电视、报纸纷纷报道、刊登、转载这个消息。在 20 世纪五六十年代,癌症正是人人"谈虎色变"的不治之症,一时间,"克兰梅会致癌"的消息家喻户晓。虽然众多的虔诚的基督徒们十分感谢上帝的圣恩,可要让他们提早到上帝那里报到,他们也是不情愿的。

面对坐电梯一样疾速下降的克兰梅销售量,海洋浪花公司意识到,厄运之神找上门来了,若不及时做出反应并有所行动,有可能会面临灭顶之灾。

海洋浪花公司求助于 BBDS 公关公司,以副总裁斯蒂文森为首的危机处理小组投入了行动中。

新闻界既能把克兰梅可能致癌的消息报道得每一个细节都滴水不漏,也应该能把"克兰梅是纯净的"的故事描述得活灵活现。11 月 10 日,斯蒂文森举行了记者招待会,并征得全国广播公司的支持,在"今日新闻"中安排了一次专访,随后又安排了一个食品杂货制造商、销售商会议。当然,这些行为的目的都是尽可能地布置一个"讲坛",让斯蒂文森好有机会陈述自己的观点,澄清不利说法。

他们又致电弗莱明,要求他立即采取措施,挽回他不慎的言语所造成的损失,遭到了弗莱明态度强硬的拒绝。

11 月 11 日,斯蒂文森致电美国总统艾森豪威尔,要求他把所有的克兰梅作物区划为损失惨重的"重灾区"。同时电告弗莱明,他们已向法院起诉,控告弗莱明言语失当给他们造成的损害,并要求赔偿 1 亿美元。

11 月 12 日,在公关顾问的策划下,海洋浪花公司请来了总统候选人肯尼迪和尼克松。在电视镜头前,尼克松自己就吃了四份克兰梅,而肯尼迪也应邀喝了一杯克兰梅果汁。

在此后的几天里,海洋浪花公司继续和弗莱明保持接触。19 日,当法庭审理诉讼案时,双方已经达成了协议,对克兰梅作物是否有害于人体进行化学试验。

经过一系列的"救火"行动,公众权威人物弗莱明的影响也大为减轻。到感恩节的前两天,克兰梅制品的销售量已恢复往年同期的 90%,海洋浪花公司躲过了这场突如其来的厄运。

思考·讨论·训练

(1) 海洋浪花公司为什么能够安度危机?其成功之处何在?

(2) 在危机中,企业应该怎样通过传播沟通影响公众?

5. 中美史克公司的 PPA 风波

2000 年 11 月 16 日上午,天津市卫生局突然电传天津中美史克药业公司:鉴于国家药检部门在其生产的"康泰克"及"康得"两种抗感冒药品中检测到了可能使人产生过敏反应、心律失常等不适症状的 PPA 成分,要求该公司立即停售一切含有 PPA 成分的药物。紧接着,中国国家药品监督管理局负责人紧急召开媒体会议,并发布公告,告诫患者应立即停止服用所有含有 PPA 成分的药品制剂。意味着中美史克公司生产的康泰克和康得两大拳头产品必须立即退出市场,公司的经营业绩将急剧大幅度下滑。这场骤然而至的市场风暴,顿时将企业的决策管理层推向了危机的前台。于是,一系列围绕紧急应对 PPA 事件的危机决策及危机管理活动在中美史克公司迅速拉开了帷幕。

中美史克公司的高层管理者在接到传真及有关禁令后,立即意识到了这是一场事关企业大局的严重危机事件,不仅将直接关系到公司康泰克、康得两大品牌的生死存亡,而且也关系到公司声名显赫的公司形象,需谨慎处理。于是,公司利用其强大的人力资源优势,迅速成立了由公司总经理杨伟强先生亲自挂帅,另有 9 位公司高层经理组成的危机应急中心,并由 10 余名其他工作人员协助负责其间的协调工作。随后又将应急中心细分为 4 个危机管理小组,各小组各司其职,分工合作如下。

一是危机管理领导小组。该小组为应对危机的中枢,负责统一领导、统一基调、统一口径、协调指挥,处理异常情况,避免出现混乱局面。一句话,该小组的基本工作即是对事件进行总体把握和宏观调控,并予以系统引导。

二是沟通小组。该小组将起到保障公司内、外部信息及时沟通的桥梁作用,做到对内外上下通达,保证信息畅通无阻。具体地讲,其职责就是负责收集外部各界对危机事件的各种信息反馈,然后将以最快速度传递给公司决策层——危机管理领导小组;同时,也将公司危机管理领导小组做出的相应决策有效地发布给公司的内、外各界。

三是市场小组。该小组负责督促公司内部的各级研究开发部门加快新产品的研发工作,努力缩短新一代产品的研制周期,以便用最快的速度将危机中涉及的"问题产品"更新换代,使企业尽快走出品牌危机的阴影,降低事件带来的损失、重塑企业的品牌形象。

四是生产小组。该小组负责企业内部生产管理的组织、协调工作,解决好"问题产品"——康泰克、康得的停产与中间产品的处理问题,同时还负有加强新一代产品产前筹备工作的职责。

事件发生后,中美史克公司的危机管理层迅速意识到:虽然这次危机是由国家药物检测机构下达的命令和发布的信息直接引起的,而且对权威部门的认定纵然有"争议"(如PPA的危害性究竟如何等),但企业也不宜立即持反对态度,冒与之不合作而受到严厉惩处的风险,更何况与之争论,胜算的可能性还不很确定;同时,公司作为国内感冒药药品行业的领头羊,其康泰克、康得两大产品的市场占有率均很高,且又身为中外合资企业,若处理不当,会成为众矢之的,不但解决不了问题,反而有可能折损这 10 多年来苦心经营建立起来的公众形象,并且势必会波及企业其他产品的市场销路,使公司的经营业绩进一步下滑,受损面和受损额度都将进一步扩大,这或许将成为使公司陷入恶性循环的直接诱因。

因此,从公司方面来看,显然宜采取积极的配合态度,同时充分重视媒体的导向作用,根据事态的发展,妥善处理好这场突如其来的企业危机。

于是,危机管理领导小组明智地把本次事件的处理工作基调确定为积极配合、多方协调、谨慎从事。接着又在 11 月 16 日下午发布了危机处理的工作纲领。请注意这里的时间,颁发"工作纲领"与接到主管部门的电传之间只有半天之差!兵贵神速,"商场如战场"这一亘古不变的至理名言在这里再一次得到了最充分的体现。他们的具体措施是:①向政府及媒体表明立场——坚决执行政府法令,暂停康泰克和康得的生产和销售;②让经销商和客户立即停止上述两种产品的销售;③取消相关合同的执行;④停止一系列有关两种产品的宣传和市场推广活动。

虽然这次危机事件涉及的层面较广,但总的说来,可分为尽快平息公司内部的负面反应和设法消弭外界的负面影响两大部分。就公司外部而言,涉及对政府、媒体、经销商、客户、消费者这五大公关对象的关系处理问题。这里,我们先来看看史克公司是怎样进行"安内"的。

就公司内部而言,主要是要解决好员工可能出现的焦躁不安情绪,稳定员工心态,避免出现内部自乱的局面。"攘外必先安内"这句历史名言,此时此刻终于体现出了它的真谛。

危机面前,稳定压倒一切,一旦公司的内部稳定问题能得到处理,上下协力,众志成城,战略后方就能得到强有力的保障,解决外部危机才会有更大的回旋空间,也才能使公司处于一个较为有利的战略位置。

事件发生后不久,在公众舆论的感染下,中美史克公司的员工们也意识到了公司正面临着一次严峻的生存危机。危机面前,公司将会采取什么样的举措? 公司能够很快走出危机的阴影吗? 会不会减薪裁员? 自己又该怎么办? 员工们在议论纷纷的同时,也表露出了忧虑浮躁的心态。

针对这一情况,应急中心立即采取行动,于 17 日中午召开全体员工大会。会上,总经理杨伟强先生开诚布公地向员工们通报了整个事件的来龙去脉,阐释了危机可能给公司造成的影响,宣布了公司在应对危机方面将采取的系列措施,并郑重承诺公司不会因为本次危机而裁员,同时也勉励每一位员工与公司积极配合,风雨同舟,群策群力,共度危机。随后,公司又把在大会上给员工们的承诺以《给全体员工的一封信》的书面形式予以公告。企业最高决策者一番推心置腹、坦诚相见的话语和其表现出来的刚毅果断的决心,以及处理危机的信心,深深地打动了每一位在场的员工,不少人为之热泪盈眶,以至于大会结束时,全体员工激情高唱《团结就是力量》这首铿锵有力的歌曲。歌声中或许含有几许悲壮,但更多地体现出了一种激昂奋进的精神,一种全体员工同心协力、团结奋进、共渡难关的决心和信心。潜在的内部危机迎刃而解,公司的第一步决策取得了立竿见影的效果。很显然,后顾之忧的顺利解决,使公司掌握了化解外部危机的主动权。

17 日上午,公司危机应急中心电传公司在全国各地的 50 多位销售经理,要求他们立即返回天津公司总部,商讨相关事宜。协调会上,危机应急中心在通报了危机演变的情况以及公司目前的处境之后,宣传了危机处理的基调和原则,安排了相应的工作,并特别强调:作为沟通公司和全国众多经销商及客户的最重要环节,销售部门在整个公司的危机处理过程中责任重大、任务艰巨,其工作开展的好坏程度将直接关系到公司其他危机应对措施的有效执行水平。

18 日,50 多位销售经理带着紧急任务和公司《给医院的信》《给客户的信》,回到各自的分部,并立即着手开展工作。于是,才使后续事态的发展没有出现经销商和客户纷纷要求退货的局面,同时也有力地维持了公司其他品牌药品的正常销售。

在当今时代,消费者就是上帝,这是公认的市场准则。没有上帝的认可,企业根本就没有生存的空间。消费者的利益,是危机处理中必须予以特别关注的事情。应急中心考虑随着媒体的进一步报道,消费者们必然会出现惊惶不安的情形,这时他们最希望的,莫过于能得到有关方面发布的相关消息,因此公司必须在这时候给消费者传达出正面的消息,以正视听。于是,公司聘请人员在极短的时间内专门培训了数十名专业接线员,专职负责接听来自客户、消费者的咨询电话,并做出相应的准确且专业化的解答,以帮助对方消除疑虑。同时,要求专业接线员们必须做到解答准确、内容简练、语气温和,严禁模棱两可、态度专横的回答,更不允许表现出丝毫惊慌失措的情绪。

媒体的作用更是始终不能忽视的。在这个特殊的时刻,谁都知道声音的魅力和文字的威力,一丝一毫也怠慢不得。

在国家药检局的 PPA 禁令发布之后,由于国内媒体对 PPA 的危机的内因信息并不太熟悉,从而导致媒体对 PPA 危害的舆论报道较为片面和夸张,而且随着时间的推移,许多媒体逐渐将注意力集中在了生产康泰克及康得的中美史克公司身上,这样几乎整个社会(当然也可以理解为市场——笔者注)都在密切关注着中美史克公司的反应。此时此刻,公司决策层充分意识到,如果自己还不赶快出面主动与媒体进行沟通,将会使局面变得越来越复杂,甚至越来越糟糕,这将为公司下一步的危机处理工作增添许多不必要的麻烦。但是,考虑媒体的敏感性及炒作性等特点,危机领导小组认为,目前与媒体的见面,应通过各种渠道传递正确有力的相关信息,态度必须诚恳,目的就是做到与各家媒体和谐沟通,而不是现在就与媒体、政府争论孰是孰非。

11 月 17 日,国家药品监督管理局发布了《关于暂停使用和销售含苯丙醇胺的药品制剂的通知》。根据此项通知精神,暂停使用和销售,其中就包括中美史克公司生产的复方盐酸苯内醇胺缓释胶囊(康泰克)与复方美沙芬片(康得)。获悉国家药监局的这一决定后,中美史克公司极为关注,本着对消费者健康负责的宗旨,公司正采取措施积极响应国家药监局的号召,停售康泰克、康得两大品牌药品。具体措施为:第一,自 11 月 16 日接到国家药监局通知起,全面暂停向销售渠道提供上述两种含有 PPA 的药品制剂。第二,为切实保障人民群众的用药健康,公司愿意全力配合国家药政部门开展有关后续工作。

11 月 17 日,公司召开第一次媒体恳谈会。

11 月 20 日下午,公司在北京再度举行与媒体的恳谈会。会上,公司有关领导就企业生产的康泰克与康得被列入国家药品监督管理局发布的暂停使用和销售的药品名单一事,回答了记者的提问。

恳谈会上,杨伟强代表企业明确地传递出了这样一个信息:希望社会能多给公司一些时间,以便把消费者先安定下来,并同时停止使用这些药品。至于手中以及店里的存药,等有一个肯定性的结论和计划后,企业再有序地进行处理。

另外,针对记者提出的有部分消费者通过中美史克公司公布的服务热线要求退货一事,杨总表示,希望媒体能尽力劝导消费者,暂时不要有退货的想法,等专家论证和国家药监局给出一个确切的结论后再做决定。

最后,杨伟强表示:"尽管目前中美史克公司遇到了一些麻烦,但是,中美史克公司感谢中国人民十几年来对公司的厚爱和支持,中美史克公司不会停止在中国的投资,将一如既往地支持中国的发展。""无论怎样,维护广大群众的健康是中美史克公司自始至终坚持的原则,企业将在国家药品监督部门做出关于 PPA 的研究论证结果后为广大消费者提供一个满意的解决办法。"

毋庸置疑,11 月 20 日的媒体恳谈会基本上达到了企业的预期效果,随后的传媒报道也开始转向 PPA 的理性介绍方面。之后,杨伟强又陆续接受了不同媒体的采访。同时,危机应急中心也开始将美国关于 PPA 试验的资料给国家药品监督管理局,以协助其做出关于 PPA 问题的进一步裁决。

11 月 20 日,15 条消费者热线全面开通。

需要强调指出的是:为了妥善化解危机,尽快在事件过程中变不利为有利,在此之后,中美史克公司总经理杨伟强先生频频接受国内外知名媒体的采访,积极同媒体沟通,以争取公众的理解与同情,减少媒体与公司之间的矛盾情绪。

尽管在事件发展的过程中,媒体一度将矛头直接指向了中美史克公司,在某种程度上对扩大事态的发展起了推波助澜的负面作用,但是面对初始时不少媒体的肆意炒作甚至攻击,中美史克公司始终保持了应有的冷静,从来没有同媒体发生正面对抗,使竞争对手说三道四。相反,公司始终以一种诚恳的态度来对待一切。经过一番不懈的努力,中美史克公司终于赢得了大众的理解和同情,媒体对事态的介绍也逐渐转向了一种理智的态度,而对企业的发展则更表示出了一种正面的关注。最后,绝大多数媒体终于发出了"中美史克公司面对危机,管理正常,生产正常,销售正常,一切正常"的稳健之声。随着时间的推移,中美史克公司终于走出舆论的阴影,并给自己营造出了一个较为宽松的内外环境,从而使自己能够以更多的精力致力于新产品的研制和开发。

2001 年 6—7 月,北京美兰德信息公司对北京、上海等 20 座城市的感冒药市场进行了一次调查,结果表明:康泰克在全国享有 96% 的认知度,90% 的被调查者表示"会接受"或"可以接受"康泰克重回市场。这表明,强大的品牌知名度是中美史克公司开发新品、"收复失地"的信心保证和资源优势,它也为该公司新康泰克的出台和上市奠定了有力的基础。

在 9 月 3 日举行的新康泰克上市新闻发布会上,中美史克公司宣布:全新的抗感冒药品"新康泰克"的研发已顺利完成并获检通过,即日起正式上市。下午 2 点 50 分,中美史克药业有限公司总经理杨伟强先生面带笑容,按动电钮,揭开了新康泰克的面纱。仅 9 月 3 日上市的第一天,新康泰克华南市场就拿下了高达 37 万盒(每盒 10 粒装)的订单,为新康泰克的上市打响了第一炮。

至此,历经 202 天"PPA 磨难"的中美史克公司终于走出了危机的阴影,翻开了其经营史上开拓性的新篇章,昂首跨进了"新康泰克时代"。

思考·讨论·训练

(1) 中美史克公司成功地处理了 PPA 事件,给我们哪些启示?

(2) 结合本案例谈谈在危机中应如何面对新闻媒体。

(3) 中美史克公司在处理 PPA 事件过程中是否存在不足?请加以分析。

5.2.2 实践训练

危机传播实训

背景资料:2011 年春节,杭州的王先生收到他侄女送来的一箱瓷瓶装黄酒。王先生拿出一瓶招待来拜年的客人,发现酒里有蟛虫,王先生遂与绍兴某黄酒厂联系,该厂负责人态度生硬,推脱责任,王先生一怒之下,向当地电视台的小强热线反映此事,小强热线进行跟踪报道。

假如你是绍兴某黄酒厂的公关经理,你将如何处理此事?

实训步骤:

(1) 诚恳、耐心地倾听,采取措施,控制事态发展

① 公众不管采取何种方式,是否偏激,公关人员均应认真倾听;

② 尽可能站在对方立场上为对方着想,争取引起公众在感情和心理上的共鸣。

(2) 部署调查,查清事实原因,提出危机传播方案

① 组织面临的局面是外界的误解、谣言,组织内部不完美两方面共同作用的结果;

② 公众与组织情绪对立,有关调查结论最好委托权威性的第三者进行调查。

③ 加强内外部传播沟通,及时发布相关信息。

(3) 按照危机传播方案,解决纠纷

① 迅速、准确地答复公众的投诉和质询;

② 果断采取实质性行动,解决纠纷。

(4) 处理总结

事件处理完毕后应了解事件处理的满意程度,从中吸取经验教训。

实训要求:

① 制订危机管理方案;

② 实训分小组进行;

③ 各小组派代表上台汇报,接受同学质询;

④ 每组选派一名代表担任评委;

(5) 老师对各小组的危机传播方案及过程进行评价,指出存在的问题。

(资料来源:杨再春,林瑜彬.公共关系理论与实务[M].北京:机械工业出版社,2012.)

5.2.3 拓展阅读:危机传播公式

与媒体打交道需要一定的技巧。福莱灵克咨询公司发明了一个简单地与媒体合作的公式:

$$(3W+4R)\times 8F = V1(或\ V2)$$

用这个公式既可以评价危机中沟通的成果,也可以用来分析与记者沟通的效果。

公式中 3W 是指在任何一场危机中,沟通者需要尽快知道的三件事:第一,我们知道了什么(What did we know);第二,我们什么时候知道的(When did we know about it);第三,我们对此做了什么(What did we do about it)。媒体提问和企业反应间隔的时间,将决定这个反应是成功还是失败。如果一个企业对于它面临的危机认识太晚,或是反应太慢,那它就处在一个滑坡上,掌控全局会变得很困难;如果不能迅速地完成 3W,它将会无力回天。对于企业来说,信息真空是最大的敌人,因为总有人会去填充它,而且往往是负面的信息。

公式中 4R 是指企业在收集了正确的信息以后,给自己在这场危机中的态度定位:遗憾(regret)、改革(reform)、赔偿(restitution)还是恢复(recovery)。与危机打交道,一个企业要善于表达遗憾,保证解决措施到位,防止未来发生相同事件,并且提供赔偿,这一定位要保持到安全摆脱这次危机之后。

8F 是沟通时应该遵循的 8 大原则。

(1) 事实(fact):向公众说明事实的真相。

(2) 第一(first):在其他方面做出反应前率先对问题做出反应。

(3) 迅速(fast):处理危机一定要果断迅速。

(4) 坦率(frank):沟通情况时不要躲躲闪闪。

(5) 感觉(feeling):与公众分享你的感受。

(6) 论坛(forum):在公司内部建立一个最可靠、准确的信息来源,获取尽可能全面的信息。

（7）灵活性（flexibility）：对外沟通的内容不是一成不变的，应关注事态的变化。

（8）反馈（feedback）：企业对外界有关危机的信息要做出及时反馈。

如果 3W、4R 和 8F 做得正确，企业在危机中会成为 V1，即"勇于承担责任者（Victim）"，公众会认为企业很负责任，从而会对企业从轻发落；反之，企业很可能会被当作 V2，也就是"恶棍（Villain）"。公众会认为企业的行为和言辞避重就轻、不负责任，这容易导致员工意志消沉、股东抗议、消费者投诉等不良后果。

下面几个问题可以帮助企业判断自己与媒体的危机沟通是否达到了要求：

（1）在危机发生的最初几天后，媒体报道还在继续吗？

（2）消极报道的新闻数量是增加了还是减少了？

（3）记者是否不再向企业探询看法或信息，而报道其他方面的新闻？

（4）企业对自己与所接触的新闻媒体的关系该如何评判——热忱而专业还是对立而不信任？

（5）企业的核心信息是否都被媒体采用了？

（资料来源：佚名. 食品安全危机［EB/OL］. http：//www. hbrc. com/rczx/news-3563749. html，2014-06-16.）

课后练习

1. 通过网络、报纸等媒体，收集整理一个企业危机管理案例，并分析该企业在危机处理过程中传播沟通的成功做法。

2. 某商场近年来公共关系危机出现的概率明显增加，为了保证公共关系系统的良性运转，总经理专门外聘了公共关系专家对企业公共关系人员进行了培训，在培训课上，专家着重强调了危机管理过程中的沟通协调要点和技巧，你作为一名学员，听了之后认为应掌握哪些内容？

3. 消费者在食用当地一家颇有影响的食品企业所生产的食品时，发现食品中有异物，于是，他与该企业进行了交涉。企业接待人员同意研究后给予答复，但此后便没了下文。无奈之下，消费者把有异物的食品拿到当地一家颇有影响的报社，该报社遂派记者到企业进行现场采访。记者们在企业拍摄到许多违反国家食品生产规定的生产画面。企业负责人发现后强行索要记者所拍资料，未果后，将记者扣留，记者报案后，在公安人员解救下得以安全返回。事后，该报以系列报道的形式将消费者反映的问题以及记者在企业中所拍摄的材料、经历公之于众，企业经营一时陷入困境。请问：该企业经营陷入困境的原因是什么？如果你是该企业的负责人，你将如何处理此事？

4. 不同危机管理阶段的沟通策略有何不同？

5. 企业危机中信息传播的困境有哪些？

第6章　网络危机管理

互联网的出现导致企业品牌维护变得更加脆弱，网络让公关变得更加困难。

——余明阳

因特网在危机管理的过程中可以在三个方面发挥独特的作用：一是作为危机的"引发器"；二是被意见倡导团体用来对组织行为施加影响的一种策略；三是危机管理的重要工具。

——[美]博伊德·尼尔

学习目标

- 了解网络危机定义和表现形式；
- 掌握网络危机的特点；
- 能够做好网络危机的预防；
- 面对企业网络危机能够正确地应对。

故事导入

一个人与一家跨国公司的"战争"

广州白领林先生在2005年5月购买了一台惠普台式计算机,计算机在3个月内频频死机、异常。他多次向惠普致电,并依照惠普保修卡上的"第一年上门服务"条约,希望惠普工程师上门给予检测解决问题,但惠普一再推托不肯上门,林先生无奈投诉至广州消费者协会,希望消费者协会出面协调。不料,消费者协会在向惠普广州分公司工作人员转达意见时被惠普人员强硬驳回。

四面碰壁的林先生一怒之下,在自己的博客上,连续撰写"惠普无道:一名中国消费者对 HP 的恶劣体验""惠普无道续:惠普请承担起勇敢抉择的责任""质疑惠普:跨国企业的金牌服务为何会变色?"系列文章,这些文章被其他博客网站转载,许多领受过惠普傲慢服务态度的消费者迅速跟帖并自发转载。

在短短两天之内,IT世界、天极网、太平洋计算机网、新浪、网易、中华网等重量级网站纷纷在头版或重要位置上转载这些博文,随着话题的不断升级,许多平面媒体也开始关注此事,一场关于惠普计算机的信任危机终于爆发。

在林先生几篇博客文章发表之后,在其他媒体的推波助澜下,惠普开始意识到舆论危机的压力,一方面放下高傲的姿态迅速与林先生取得联络,希望私下协调解决;另一方面,罕见地撰写正式书面回应函,连续两次向全国刊出此报道的主流媒体通报事件发展动态,同时出动公关公司四处活动,利用惠普强大的势力压住其他媒体对此事件的持续追踪报道。

网络时代、博客时代的企业危机就是一场让人防不胜防的舆论危机,一个人可以挑战一家巨型跨国企业,一个人就可以打响一场影响广泛的舆论战争:你可以是一名小人物、也可以是势单力薄,但只要你掌握足够的话语权,你就可能以弱胜强,赢得一场不见硝烟的战争。

广州白领林先生的故事说明:网络危机是当今企业必须面对的全新课题。

6.1 知识储备

6.1.1 网络危机概述

1. 网络危机产生的背景

在21世纪的今天,网络作为一种大众媒体,其重要性日益得到重视,企业通过网络可以更好地宣传自身及产品,甚至利用网络完成企业经营中的一些重要职能,例如采购、支付及售后服务等,而公众通过网络可以更便捷地了解企业和产品,满足自己的消费需求。网络危机的产生与互联网有着直接的关系。

一方面,随着互联网的普及,网络媒体日益成为我国重要的信息发布、传播渠道和舆论监督的工具。据中国 Internet 信息中心(CNNIC)公布的统计报告显示,截至 2016 年12 月,中国网民规模达 7.31 亿,互联网普及率达到 53.2%,手机网民规模达 6.95 亿。移动媒体应用发展迅速,互联网应用向提升体验、贴近经济的方向靠拢。这些网络媒体数量多,发布消息的门槛低,这直接导致了网络上存在大量不知真伪的信息,企业的负面信息就可能隐藏在这些信息里。

另一方面,互联网"爆炸式"的传播模式大大降低了信息传递的成本,企业的负面消息一旦出现,就以很快的速度传播,从而演化成危机,这对企业应对危机提出了更为严峻的要求。以微博为例,其作为微时代传播媒介的代表,已经成为品牌营销沟通的重要平台;同时,微博又在各类危机的爆发、传播和升级中扮演起更加重要的角色。企业如果对这些网络媒体运用得当,就可成为其走出危机的利器甚至为其带来利益,反之也可成为杀伤力巨大的武器,对企业的形象造成极大的威胁,甚至带来无法挽回的经济损失。

网络传播为网络危机的产生提供了温床,使网络成为企业经营的一把双刃剑,全球约有高达 20%的企业曾因为网络攻击而产生企业危机。为此,如何防范和化解网络危机是每个企业都必须重视的新课题。

2. 网络危机的含义

网络危机是指由网络产生、传播或扩散升级的具有严重威胁及不确定性的情境。网络危机是一种全新的企业危机形态;它既是网络技术发展带来的一个全新的危机领域,也是网络媒介发展的必然结果。

网络危机有狭义和广义之分。狭义的网络危机是指产生于网络世界并经其传播或升级的危机;广义的网络危机不一定产生于网络世界,只需要企业的负面信息在网络上传播,并给企业形象、生存和发展带来严重威胁,就可以界定为网络危机。事实上,随着互联网越来越渗入到我们生活的方方面面,特别是,各类移动互联网社交媒体的兴起,使绝大多数企业危机都带有"网络"的特性[①]。

网络危机及其后果可能会对企业及其员工、产品、服务、资产(股价)和声誉造成巨大的损害。例如,近年来发生的巨能钙事件、雀巢奶粉事件、肯德基苏丹红事件、网易社区被黑事件、康师傅的"水源门"事件、王石"捐款门"事件等都是网络危机的典型。

3. 网络危机的表现形式

(1)网络谣言。网络谣言是网络上十分常见的对企业具有很强杀伤力的网络危机。造谣者出于娱乐、发泄或者因商业竞争以及政治斗争的需要散布网络谣言。例如,肯德基就曾经深受网络谣言之苦,该谣言声称肯德基是用转基因工程培育的快速成长的无头鸡作为生产原料的,消息迅速传遍世界各地,对肯德基的名誉打击不小。

---

① 向荣,岑杰.企业危机管理[M].北京:电子工业出版社,2016:161.

（2）病毒及黑客攻击。这是使企业网站及相关经营职能陷入停滞的常见原因。例如，黑客攻击索尼官方网站，导致首页出现许多辱骂言论，索尼只得更换域名指向才挽回局面。

（3）一般性事件的升级。一般性事件是指企业生产和经营中发生的个别产品质量问题或者服务的纠纷。一般性事件经由网络扩大升级，是一种常常被企业忽视或反应缓慢的网络危机。例如，康师傅的"水源门"事件，在第一篇网络帖子出来后，康师傅明显对其随之引发的舆论批判狂潮预料不足，所以回应态度与控制策略明显不尽如人意。于是"水源门"议题在多种因素的作用下，被催变成为一场网络的话题狂欢宴，不仅针对水源问题，康师傅作为方便面企业，作为饮料企业，它过去被消费者所忽视的一个又一个问题再次被重新提出来，使康师傅"水源门"事件大规模爆发。

小案例

"西门子冰箱事件"始末

2011年9月27日，前新东方知名教师、微博达人、牛博网创始人罗永浩发现自家使用了3年的西门子冰箱存在门关不严的情况，于是他在其微博上抱怨了此种情况。不想此抱怨一出，被2000多网友转发和跟帖。并曝出有近500人遭遇了类似的问题，涉及五六种型号。数名经过实名认证的西门子员工看到后，立刻与其在微博上展开骂战，引起大量粉丝转发并评论，最多的评论数超过3000个。西门子家电在两天后发布微博，否认产品质量问题，而把责任推脱在用户的使用技巧上。这种态度导致双方微博口水战升级，并同时引发诸多网站和媒体相继报道转载，一个小小的冰箱门质量问题带来的影响已经远远超过了问题本身。

11月20日，罗永浩和作家冯唐等人来到西门子（中国）北京总部大楼外，将3台冰箱砸坏，要求西门子公司解决问题并召回问题冰箱。此事引发部分媒体进行视频拍摄并放置于网上得到海量转发，但5天之后在博西家电的媒体沟通会上，西门子公司声明所有在中国生产、销售的西门子冰箱均符合国家标准。并要求消费者维权应该在合理、合法的范围内进行。西门子公司进行客服热线回访和开通微博向消费者解释及回应相关事宜，提出导致冰箱门无法关紧的原因可能是冰箱内物品存储过多、底部底脚不平整或胶条等零部件老化等。

12月4日，西门子家电中国区总裁兼首席执行官罗兰·盖尔克在形势迫不得已的情况下，通过视频向对西门子冰箱门关闭效果不满意的消费者首度公开致歉，并在强调西门子整体不存在质量问题的前提下提出了相应的解决措施，例如："开通微博客户服务平台，解决网络投诉和维修申请；提供免费上门检测服务；在条件允许的情况下为消费者免费安装闭门器。"

但此举似乎并没有平息事件主角罗永浩心中的怒气，认为西门子公司并没有给出特别明确的答复。并扬言，如果在一两周内没有得到明确答复和妥善处理，他将集结对西门子企业不满的消费者在798广场共同砸自家的西门子冰箱，其中包括作家韩寒。

截至2011年11月，西门子出现"冰箱门"，《中国企业报》记者得到的数据显示：从2009年至2011年9月，西门子在中国冰箱市场的零售量份额占比已经出现"三连跌"。

【思考】

"西门子冰箱事件"网络危机突变的原因是什么？你如何处理"西门子冰箱事件"？

3. 网络危机的特点

相对于传统的危机事件,网络危机爆发的速度更快,传播更广泛,引起的争议和影响的范围都更大,无论对于组织还是社会来说都具有更大的破坏性和不可控制性。一般而言,网络危机的特点可以结合网络时代传播的特点理解如下。

(1) 传播的即时性。也就是传播速度特别快,一则信息可以在很短时间内迅速被全球多个不同网络传播平台予以发布,一分钟前被新浪刊出,一分钟后就可以被搜狐、网易等转载,再过一分钟就有可能在诸如天涯、凯迪、猫扑等社区引发讨论,再过几分钟就有可能在网上被传得铺天盖地,可能几十分钟后,就传遍了世界。

(2) 传播内容的不可控性。也就是传播内容难以控制,互联网传播不同于传统传播模式,可能只有少数传统媒体才有传播机会,一条信息要经过各个不同编辑层层审核才会发布,而互联网上面有大量论坛、博客、各种类型的网站,这些地方都可以发布信息,互联网上还有各种聊天室、即时通信工具等,也可以瞬时把信息传播出去,这些情况下发出什么样的信息,完全是无法控制的。

(3) 发生的频繁性。在互联网的背景下,由主流传统媒体占主导的信息发布传播的单一格局被打破,信息传播的权力逐渐呈现分散化的趋势,被大众分享;每个人都可能成为信息的传播者。另外,由于网络主体的匿名性以及自律意识淡薄、网络信息过滤机制缺失等问题,大量不知真伪的信息在网络中传播,从而增加了网络危机发生的可能性,导致网络危机发生率较高。

(4) 话语权相对平等性。互联网不同于传统传播模式的一个非常重要的地方就是,话语权平等,当然这个平等是相对而言,在传统媒体环境下,只有媒体才有信息发言权,而在互联网环境下,谁都可以说,各种信息同时被展现在网民面前,而不是传统模式下的只有筛选后的信息才能传播。这样,一个默默无名之人可以在网上批评一个著名企业,而他的批评言论还有很大机会被广泛传播,这在传统传播模式下是不可想象的。

(5) 信息的长期残留性。在互联网上即使问题得到了解决,负面信息也会遗留在互联网上。而且很容易让网民找出来,这样就会一直影响企业的形象。而传统媒体,广播电视是过后就消失了,报纸杂志一般人也不会经常去找以前的资料。而网络不同,随着搜索引擎的出现和技术的提高,很久以前的信息都很容易被网民找到。

互联网由于是一个新生事物,它具有与传统传播模式很多不同的特点,同时由于出现时间比较短,这样很多企业在应对经验和策略上都存在很大不足。因此,在互联网时代,保持企业形象和危机管理变得越来越重要。

(6) 反应时间的短暂性。网络上信息的复制成本极低,传播速度极快,而且网络容易参与和使用,并且带有明显的互动性,这不同于传统媒体对于某一事件的报道需要一个较长的周期。网络危机事件从发生到信息被采集,到信息被传播,再到信息被民众知晓的时间差大大缩短,减少了企业应对危机事件的反应时间,进一步增强了危机的紧迫感。

(7) 危机规模的扩大性。互联网打破了时间和空间的限制,当危机发生时,危机事件的传播不再仅仅局限于事发地点,而是通过网络迅速传播到各个角落,并且形成和传统媒体的互动循环。例如,当信息在互联网上传播并形成舆论热点时,传统媒体会介入并进行跟进报道;传统媒体的介入又进一步导致了各个互联网媒体的跟随报道,从而形成了"互联网媒体——传统媒体——互联网媒体……”的传播循环。这种循环逐渐放大企业危机信息的传播广度,从而增加了危机的影响力,也使危机更加深化。

(8)极强的破坏性。网络危机的这一特性是以上多个网络危机特性和网络群体心理所形成的共同结果。在网络参与的群体传播中,某个不实消息经由多人传播后,就形成具有一定规模的谣言。在网络传播的快速性和广泛性作用下,谣言能够形成雪球效应,随着流传范围的扩大以及参与互动人数的增多,不时有个体屈从于群体压力而放弃独立思考,心甘情愿地接受流传的说法,从而导致网络谣言的产生,并使其传播变得越来越广并越来越具有说服力。这往往造成危机的进一步扩散,大大增强了其破坏性,为危机的控制和解决增加了不必要的麻烦[1]。

小案例

百度被黑事件

2010 年 1 月 12 日 7:00 左右全球最大中文搜索引擎百度突然出现无法访问故障,域名无法正常解析。至 9:30,太原、天津、郑州、烟台、长沙、成都、沈阳等地均出现百度无法正常访问的现象。10:45,百度官方表示,由于 baidu.com 的域名在美国域名注册商处被非法篡改,导致百度不能被正常访问,公司有关部门正积极处理,使 www.baidu.com 能够正常访问。自 11:00 起,各地网络开始恢复对百度的正常访问。12:51,对于百度被黑事件,CEO 李彦宏在百度贴吧上,以“史无前例”表达了自己对于事件的震惊。当日下午 6 点,百度发表正式声明,称目前已解决大部分登录问题。对于部分中国网友基于义愤报复性攻击其他外国网站的做法,百度称“我们并不鼓励这样做,请大家保持冷静”。作为国内最大的网络搜索平台,百度的突然被黑显然在网友中引起轩然大波。从应对网络危机角度看,百度方面的做法近乎完美:在第一时间对事件做出回应;快速运用技术手段对问题进行技术处理;CEO 李彦宏借助于网络发表自己对于事件的看法,消除广大网友的猜疑和疑虑;而对于广大网友克制性的提醒,显示了百度的大度与应对事件的全局观。如此系统的危机应对策略,保障了问题顺利解决,得到了广大网友的好评。

【思考】
百度如何从根本上避免类似危机的发生?互联网企业应怎样应对网络危机?

6.1.2 网络危机产生的原因

网络危机是在网络环境下产生的,所以网络危机产生的原因是和网络传播的特点相对应的。一般来说,网络危机产生的原因有以下几点。

1. 网络作为媒体的自由度更高

传统媒体由于法律法规的限制以及传播范围上的约束,发布的信息一般来源于官方,故可信度较高,可以有效限制谣言及一般性事件的升级和扩大。而网络媒体由于论坛(BBS)、博客(BLOG)和网络社区的存在以及网络发言的匿名性,信息的来源复杂,审查也

① 向荣,岑杰.企业危机管理[M].北京:电子工业出版社,2016:161-162.

较传统媒体宽松,因此网络诽谤和传递谣言比以前更加容易;而对网络谣言的受害企业而言,与传统谣言和诽谤相比,网络谣言的威力和影响力都更大。

2. 网络的传播速度更快

在网络资源中,大量的中小网站没有自己的采编队伍,因而大量采用转贴、复制或者直接引用的方式传播信息,使同一信息在短时间内充斥各个网站和社区。这种信息传播方式的速度比传统媒体那种采访、撰写、审查、刊登或者获得授权转载、引用的典型方式要迅速得多,成本也低得多,从而导致企业面对网络危机的反应时间大大缩短。一些小事件可以演变为难以控制的危机,一些原本站不住脚的谣言经过"三人成虎"似的复述以及添油加醋般的改编会影响广大受众的判断。

3. 网络的互动性

有人曾经说过:"网络让每一个人都有机会成为发言人。"这话虽然有一些夸张,但是网络的广泛参与性如此可见一斑。互联网的出现极大地刺激了广大公众参与社会事务的积极性。这样,通过网络讨论,一些普通事件和纠纷会升级到对整个品牌和企业的攻击;一些孤立的经济事件容易上升到政治和民族感情的高度,产生超越产品和服务本身的危机。例如,美国耐克公司和日本立邦公司的广告风波经过各大论坛的讨论和渲染,都被上升到中美、中日关系的层面,大大超出了厂商的控制范围。

4. 网络的脆弱性

整个互联网是由一个个相对独立又紧密连接的节点和终端组成的。网络的开放性和无界性造成了"脆弱"这一网络的特点。任何一个终端通过一定的路径都可以访问到另一个终端,甚至可以更改、替换该终端的内容。据媒体报道,40岁的英国黑客格里·麦克金诺利用完全从网络上获取的技术,从家中的计算机上先后袭击了包括美国航天局(NASA)、五角大楼及美国海军基地在内的200多台计算机,造成了70多万美元的财产损失及其他无法估量的后果,被称为"历史上最具破坏性的军网黑客"。层层设防的美国军网尚且如此,普通企业的网站及网上经营的安全性就更值得担忧了,很多网站几乎是毫无防备地暴露在危险中。

◎ 小案例

微博引发的仁和药业"优卡丹"品牌声誉危机

2013年1月21日下午,北京一位儿科医生(微博认证"那时花开的秋天1986")看到许多不到1岁的患病儿童在服用"优卡丹",想起此前药监部门的一个文件,就发了一条不足140字的提醒微博(后被删除,并且多次强调该微博"事实求证不足,表述缺乏斟酌")并@了宋丹丹、文章等微博大V:"'优卡丹'和'好娃娃'小儿氨酚烷胺颗粒,已经被充分证明了对儿童的肝肾毒性,一岁内禁服,六岁内慎服。但是为什么媒体还在播出他们的广告,药店也可以无阻碍购买。各位大V帮忙转发吧,让媒体撤除这种残害儿童的广告吧!"虽然博主粉丝不足2000,但因其专业性获得广泛认可,当时如日中天的演员文章随即转发该条微博,仁和药业立即面临一场突如其来的"优卡丹"品牌声誉危机。

1月23日,媒体报道"优卡丹被曝含损儿童肝肾有毒物,药店可轻松买到",当晚,仁和药业在官方微博上针对"优卡丹含毒"报道做出澄清:"国家标准更新属正常,对肝肾有毒是误读",关于"小儿氨酚烷胺颗粒有危害性"的新闻早已出现,并在2012年5月已经得到澄清,对优卡丹的药品说明书已经做了修改,明确提到一岁以下婴儿禁用。此时距离21日晚间经文章转发微博引爆品牌声誉危机已经超过48小时。

1月25日,"优卡丹"代言人宋丹丹通过微博公开致歉:"假如今天网上爆料属实,我将诚恳地通过媒体站出来道歉",并表示"将不会再代言任何药品类广告!"这一举动再次引发传统媒体的广泛报道和讨论,仁和药业面临的危机情势进一步深化。

1月26日,江西省药监局正面回应"优卡丹有害传闻",称"优卡丹可正常销售使用",宋丹丹在得知该消息后,第一时间发出一条微博表示"如释重负"。仁和药业的这场品牌声誉危机持续了10余日,其股票累计下跌10个百分点,市值蒸发10亿元。

6.1.3　网络危机演变规律

网络危机在演变规律方面和传统危机有着一定区别,区别主要体现在以下两个方面[①]。

1. 网络媒体与传统媒体的互动律

从网络危机的生成来看,网络媒体与传统媒体的互动,是网络危机生成、演变的重要环节。

网络媒体具有信息众多、传播迅速、互动性强等特点,弥补了传统媒体不能面面俱到的缺陷;而传统媒体具有的权威性与公信力,以及对危机事件的概括与集中报道、深度评论,能够把网上分散的讨论汇集成较为完整的各方看法呈现给受众。由此可见,网络危机的形成、演变和发展,可以说是网络媒体与传统媒体的合力效应:一是传统媒体报道被网络媒体转载→大量网民跟帖讨论形成热点→网络媒体推波助澜→传统媒体跟进再报道→网络再转载→网民再热议;二是论坛帖文引起网民关注→传统媒体根据网上帖文进行报道→网络媒体转载→网民热议,如图6-1所示[②]。

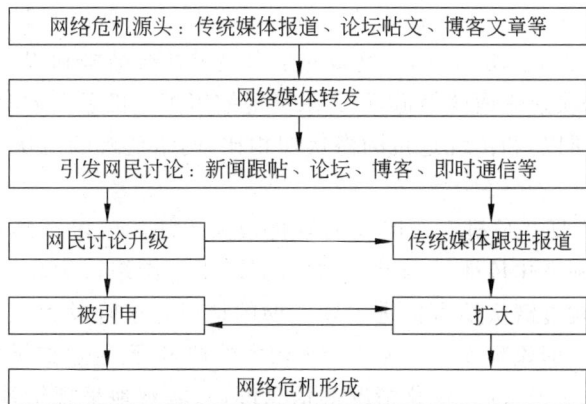

图6-1　网络危机形成过程

2. 网络危机的演变律

从时间段上分析,网络危机的生成、传播与演变与传统的危机也有很大不同。斯蒂文·芬克在 1986 年提出了危机传播四段论模式。他将危机事件的生命周期分为四个阶段:一是危机潜在期。这个时候危机正处于量变阶段,不易被人察觉。这个时候如果及时防范,就可以将危机的爆发或是危机的影响降到最低。二是危机爆发期。关键性的危机事件突然爆发,而且演变迅速。它在四个阶段中持续时间最短,但是社会冲击、危害最大,会立即引起社会普遍关注,所以该阶段对于企业来说往往感觉最长。三是危机蔓延期。这是四个阶段中时间较长的一个阶段,但是如果危机管理得力,将会大大缩短这一时间。四是危机解决恢复阶段。此时,组织从危机影响中完全解脱出来,但是仍要保持高度警惕,因为危机仍会去而复来。危机突发事件得到初步控制,但没有得到彻底解决。但是网络危机的演变规律应在此基础上又有所不同,本书借用了李彪对于网络事件传播阶段的分期理论①,将网络危机的演变分为六个阶段:潜伏期→爆发期→蔓延期→反复期→缓解期→长尾期,具体如图 6-2 所示。

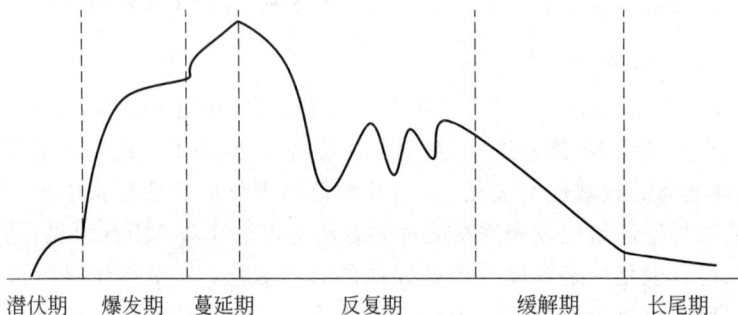

图 6-2 网络危机演变规律

(1) 潜伏期(酝酿期)。潜伏期是危机来临之前的一段时期,也是事件信息从分散、无序、浮动逐渐走向聚集和有序,酝酿爆发能量的一个阶段。在新的互联网背景下,一方面,危机的产生不再由单独事件堆积而成,更多的是由整个社会结构和规则扭曲而形成;另一方面,网络提供了信息快速流通的渠道,最大限度地缩短了危机爆发的时间,使危机呈现爆炸性和不可预期性。所以,和传统危机的潜伏期相比,网络危机的潜伏期更短甚至几乎接近于零。

(2) 爆发期。爆发期是危机在短时间内取得极大关注的阶段。该阶段的迅速爆发在很大程度上是由网络扁平化传播结构导致的。此外,由于网络行为和媒介的特殊性,网络危机的爆发还会出现跳过潜伏期直接进入爆发期的情况。该阶段和斯蒂文提出的危机爆发期具有相同的特征。即该阶段会给企业带来较大的冲击,而企业如果能在该阶段第一时间做出反应,将事件的来龙去脉、变化情况等信息准确、客观地呈现给社会公众,则能够满足公众的信息需求,在一定程度上消除其对事件认识的偏差,减少危机的破坏力和影响力。

(3) 蔓延期。由于网络背景下危机爆发的速度和力度都非常凶猛,所以蔓延期和爆发

---

① 李彪.网络时间传播阶段及阈值研究[J].国际新闻界,2011(10):22-26.

期的界限不像传统媒体环境下那么清晰,而更像是"火上浇油"阶段。在蔓延期,危机的爆发进一步加剧,这一种加剧可能以网络危机传播范围更广、危机涉及主体更多等形式表现出来,为爆发期的危机再添了一把"火",使危机处理局面变得更为复杂。

(4)反复期。反复期是网络危机演变的特有阶段,也是网络危机的主要负面效应之一爆发的阶段。因为传统媒体持有较大的话语和消息垄断权,所以这一阶段在传统媒体环境下表现得不是很明显,但是网络上的众多新媒体使信息渠道多元化且不可控。所以在该阶段真相和谣言舆论均不断出现,事件传播也不断反复,甚至会引发次生危机。

(5)缓解期(衰减期)。这一阶段是迫于网络民意压力、政府力量或其他社会力量的介入后,危机开始得到解决,民众的好奇度、兴趣点和不满情绪开始转移,不再对这一危机保持较高的关注。这可能表现为该危机在不同网络媒体中所占版面开始缩小,热点搜索的词频关注度不断降低。和传统危机的四阶段模型的最后一个阶段有类似之处,企业仍需要保持较高的警惕,防止危机再次发生。

(6)长尾期。虽然说随着话题的兴趣衰减和新的兴趣点的出现,网民对于该危机的关注度会下降,舆情所反映的问题和矛盾也得到一定程度的解决或者暂时平息。但是由于网民的多元和利益诉求的不同,网民对该危机事件的关注一般不会终止,还会存在一个很长的消逝期,这一时期通常比较漫长,就像一条长长的尾巴并且会作为"社会集体记忆"而被提起。

小贴士

网络舆论应对原则

在舆论引导时,曹劲松提出企业要掌握"五宜五不宜"原则,对网络危机管理有一定的指导意义。

(1)宜疏不宜堵,保证沟通顺畅。网络舆论危机中包含各种声音,其中大部分都是偏激地讨伐企业的声音。在这种情况下,企业应该疏导舆论,而不是堵塞舆论。堵塞舆论只会适得其反,引起公众和媒体的反弹。疏导舆论,加强与媒体和公众的沟通,保证沟通顺畅,才有可能在最大限度上消弭负面舆论的影响。

(2)宜解不宜避,真诚面对,承担责任。网络舆论危机应对宜解不宜避,应当真诚面对,主动承担责任。在与媒体和公众沟通时,面对问责,企业应该真诚沟通,不回避、不回绝问题,主动解答疑问。

(3)宜软不宜硬,态度要温和。在应对网络舆论危机时,企业的态度宜软不宜硬,要温和,不能强硬处理。强硬容易给公众和媒体留下不近人情、高高在上的形象,造成负面舆论越演越烈,令企业蒙受更大的损失。应该态度温和地引导舆论,春风化雨般地让公众和媒体接受观点。

(4)宜缓不宜急,循序渐进。在应对网络舆论危机时,舆论应对不会一蹴而就,要循序渐进,徐徐图之。企业应该根据舆论的发展态势,制定阶段性的策略,一步步引导舆论,使舆论朝着有利于企业的方向发展。

(5)宜全不宜偏,标本兼治。要真正地消除负面舆论,要考虑周全,不得顾此失彼。企业在基本控制舆论发展方向后,要抓住危机的真正原因,对症下药,从源头上解决危机。如果仅仅停留在治标阶段,容易引发新的危机。

6.1.4 网络危机的预防与处理

1. 网络危机的预防

面对网络环境下传播模式的巨大变革,企业应对危机的传统公共关系策略遇到了空前的挑战甚至颠覆。如何有效地建立并完善应对网络危机的公共关系策略成为摆在企业面前的重要课题。在企业日常运营中,应加入防范网络危机的工作,使防范网络危机日常化、制度化,力求从机制上减少或者快速发现危机的发生。为此,企业应该从以下几个方面入手。

(1) 设立网络安全专员。鉴于网络危机的破坏性以及预防和化解危机所需要的专门知识,企业有必要在公共关系部门或者网络部门下设网络安全专员。统筹企业日常的危机防范工作以及危机发生时的企业公共关系策略安排和资源配置。由于网络危机发生的根源可能存在于企业生产经营的各个过程而且可能牵扯多个部门,危机发生时很有可能出现职责不清的情况,这个时候,训练有素的网络安全专员就可以统筹规划,以标准的程序处理危机,而不会出现部门间扯皮的现象。

(2) 建立网络危机监测体系。化解网络危机最好的办法就是早期发现,这就需要企业建立完善的网络危机监测体系,把网络危机监测纳入正常的经营活动中,防微杜渐,最大限度地在危机没有扩散的时候就消灭它。监测工作包括定期浏览三大门户网站(163、新浪、搜狐)、各大传统媒体的网络版(人民日报网络版、新华网等)和主流的有较大影响的网络论坛和社区(天涯和猫扑等),查找和企业相关的信息,识别和分辨出可能的网络危机苗头;定期利用主要搜索引擎(谷歌、百度和雅虎等),以企业名以及企业的主要产品和服务名为关键字进行搜索,查看相关的新闻和评论,发现问题及时上报解决,杜绝不良信息上升为网络危机的可能;定期检查企业网络设备和防火墙系统的安全性和稳定性,及时更新和升级杀毒软件及防黑客攻击软件,使企业网络更加安全。

小案例

雀巢公司的"加速数字化建设团队"

雀巢是全球最大的食品生产企业。该企业在进行危机传播管理中,已经开始利用社交大数据来提升品牌形象,并利用它们在危机爆发时将品牌损害降低到最低。

雀巢公司的瓶装水业务曾受到环保组织的诟病,品牌形象受到了严重影响。为此雀巢公司尝试过不少传统措施,如发布申辩广告等,结果引来了更大的反弹,对雀巢公司的负面评论开始在民间蔓延。

2012年,雀巢公司决定改变方式,摒弃一直采用的定期消费者抽样调查,成立了"加速数字化建设团队",建立全年全天的网络危机监测中心,采集社交大数据,聆听社交网络上所有关于产品的信息,严密监视着社交网络上关于雀巢产品的负面评论。"加速数字化建设团队"设立在雀巢公司总部瑞士沃韦,每天负责收集全球用户在网络上关于雀巢品牌、产品、服务等的对话,包括人们 Twitter 的消息和 Facebook 的更新等,通过对这些信息的监控来与消费者沟通,保持顾客的满意度。

它们采用了一款 Salesforce.com 公司开发的软件(戴尔公司和 UPS 公司也在使用),只要社交网络上出现负面话题,大屏幕上对应的区域就会变红。如果评论到达一定数量,软件就会自动提醒工作人员是否需要介入处理。即便如此,雀巢公司也没有采取购买"好评"、删除负面帖子等行为,它们所做的,是根据负面评论,及时改进产品与营销策略。

过去的十年间,雀巢公司做出的最大、最不凡的改变,就是以开放的心态面对消费者的批评,颠覆了惯有的企业正面舆论与负面舆论管理思维。

(3) 建立和健全网络危机应急预案。网络的特点注定了网络危机的不可预测性,企业不可能知道网络危机在何时、何地,以何形式、何种规模发生,所以必须在专门人员的指导下,于危机来临前就建立和健全网络危机处理应急预案,充分考虑网络危机发生时可能出现的状况,提前制定危机发生时企业将要采取的措施、步骤和人员安排。这样可以规范网络危机发生时的应急管理和应急响应程序,明确各部门的职责,可以有效提高企业抵御网络危机的能力。

(4) 加强全员网络安全培训。网络危机涉及企业的方方面面,和企业的每一个人都息息相关,不仅是网络安全专员,网络部门或者是公关部门的事情。企业定期进行全员的网络安全培训可以增强员工的网络危机防范意识,熟悉网络危机应急的步骤和任务,在危机发生时可以更好地配合网络安全专员的工作,形成解决危机的"合力"。

(5) 建立危机案例库。在网络环境中,网络危机发生、进展的速度大大加快,企业对此往往措手不及,若建立危机案例库,则能够有效地提高企业应急反应速度,使企业能在危机发生之初,在有参照的前提下采取有针对性的措施,以便较快地控制事态的发展,将危机的影响降到最低。

具体做法如下:企业要在了解自身的行业特点和所处的外在环境的基础上,列出可能发生的危机事故,如生产性意外、产品质量问题、环境污染问题、财务丑闻、客户纠纷、同行间恶性竞争等,对可能发生的危机进行分类,搜集历史上发生过的各种案例,然后制定出相应的应急措施。此外,企业还应在每年年底总结一年来发生的危机类型,及时补充、更新案例库,使案例库具有更高的参考价值。

2. 网络危机的处理

◎ 小案例

去哪儿网应对危机

去哪儿网创立于 2005 年 2 月,总部位于北京,是一家为旅游者提供国内外机票、酒店、度假和签证服务的深度搜索网站,也是目前全球最大的中文在线旅行网站。在 2010 年 12 月 27 日,"去哪儿网"公布开展一项消费者保障计划——"赔计划",这是针对 2009 年 10 月中旬去哪儿网涉嫌"400 电话诈骗"事件所做出赔偿举动之后的升级计划。2009 年 10 月中旬,去哪儿网曾因为谷歌在其网站上投放广告(Google AdSense)、对广告主审查不严而涉嫌"400 电话诈骗"事件,不少消费者通过"去哪儿"网站搜索到的以"400"开头的购票电话进行购票,而这些都是山寨或者钓鱼网站,许多消费者因此而无法正常出行。北京市工商局首都机场分局接到多起由于 400 电话欺诈而发起的投诉后,去哪儿网在第一时间就采取了一系列的行动,在事发后的第三天及时把危机扼杀在摇篮里,在防止危机扩散、弥补消费者损失的同时,又开展了防范危机再次发生的措施。

(1)屏蔽谷歌在去哪儿网上的所有机票类的广告投放,阻止了 400 电话诈骗的再次发生,并向谷歌发出了严重交涉的书面文件。

(2)去哪儿网在事发的第一时间,就主动联系消费者,协同消费者进行报案。整个事情的投诉、处理、善后等,均备有书面记录及录音材料,可随时供警方调阅。

(3)运行一个类似支付宝的支付流程控制功能——"去哪儿通行证",去哪儿网注册用户使用通行证预订机票时,资金首先将被冻结,只有机票代理商给出合法的票号后,去哪儿网才会把资金划拨到代理商账号上。

当企业确定网络危机发生时,企业应该迅速反应。公关专家帕金森(Parkinson)认为,网络危机中因为传播失误所造成的真空,会很快被颠倒黑白、胡说八道的谣言所占据,"无可奉告"类的外交辞令尤其会产生此类问题。网络危机的来临犹如野火燎原,蔓延迅速,所以企业在面临网络危机的时候务必迅速反应,以积极务实的态度面对问题,主动地抢占媒体先机。为此,企业可以采取的措施如下。

(1)成立网络危机处理小组。成立以企业高层领导为组长,网络安全专员牵头,网络技术部门、生产部门、公关部门、客服部门和法律部门等各方组成的网络危机处理小组。由于网络危机形式的多样性和复杂性,危机处理小组必须由各个相关部门的同事组成,这样可以确保处理危机时需要的各项资源和专门知识;危机处理小组必须由企业高层挂帅,确保处理小组的工作畅通无阻。

(2)发表企业声明或者道歉。在网络危机袭来之时,企业必须发表官方的声明以正视听,这样可起到拨乱反正、澄清事实的效果。在产品和服务出现缺陷时,应该公开道歉。企业发表官方声明和道歉的形式有:召开新闻发布会;在官方网站提供声明网页,并以首页链接或者自动弹出的方式出现;向主流报纸、电视台、专业杂志以及主流网络媒体发送声明新闻稿,并且利用与媒体的关系使声明在相关媒体显著位置出现;在主流讨论区和论坛发表官方声明帖,如有可能应使之置顶显示。官方声明和道歉必须显示出足够的诚意和耐心,必须正视问题而不能试图掩盖或者狡辩,那样做只能增加危机扩大的可能。例如亨氏公司在爆发苏丹红事件之后表示"工商部门检测表明,每瓶问题产品只含 0.6‰ 的'苏丹红',只相当于抽半支烟"。这一好似狡辩的官方声明丝毫无助于问题的解决,舆论一片哗然。而当亨氏随即把责任全部推给供货商之后,这一品牌在消费者心目中的地位已经不可挽回;肯德基在苏丹红事件后的诚恳道歉迅速赢得了消费者的尊重和理解,圆满地化解了危机。正反两个事例说明了企业网络危机处理中态度的重要性。

(3)采取实际行动解决问题。只有实实在在的处理危机的行动才可能化解危机,赢得信任。对于网络病毒以及黑客攻击可以采取的行动有:迅速组织技术力量进行维修,力求尽快恢复网站和服务;承诺加强网络维护的人员、技术和设备,给消费者和网民以信心;配合公安机关追查攻击来源,必要时运用法律武器维护自己的权益。

对于网络谣言,企业可以:说明事实真相,必要时可以提供权威部门的质量检测报告等;指出谣言的不实之处及谬误,揭露谣言的险恶用心,这样可以赢得公众的信任和同情;

表示欢迎消费者和舆论监督,可以邀请消费者和媒体代表参观企业及其供货商的生产过程,让公众眼见为实。

对于企业发生的一般性的质量问题和纠纷,企业应该:保证退换或者召回相关产品;封存并销毁有问题的产品,可以邀请公众监督;对受到伤害的消费者进行及时赔偿;更换出现问题的原料的供货商;让权威部门出具整改后的检测报告。企业面对网络危机时只有采取这样一系列的行动,才有可能从源头上解决危机。

(4) 消除负面信息。消除负面信息主要有两种方式:一是企业自行联系负面信息所在平台删除;二是委托第三方机构帮忙删除。

① 企业自行联系负面信息所在平台,应该注意以下事项。

现在负面信息主要发布在各大门户网站、百度知道、百度贴吧、搜搜问问、各大社区论坛、门户博客、微博等平台。如果信息所在平台是非著名网站,特别是论坛、社区等 Web 2.0 的平台时,是很容易通过协商删除的。只要找到相关管理人员,然后很客气、很礼貌地说明情况和缘由,并将相关资质发给对方(如营业执照等),对方一般都会帮忙删除。在此需要注意的就是与工作人员沟通的语气一定要客气、礼貌,这是在联系删除信息时的成功秘诀。可能我们觉得这个道理谁不知道啊,求人办事当然要客气了。但事实恰恰相反,很多人在联系相关网站工作人员时,态度很强硬,指责和训斥对方,要求其删除信息,甚至威胁说要起诉对方。这种方式对于解决问题完全无效,甚至会背道而驰使问题恶化。若走一遍法律程序,这期间负面消息早已路人皆知。

现在公关公司的删帖业务之所以如此火爆,与相关企业人员不懂得如何去正确处理负面信息有很大的关系。当然,不是所有负面信息都是企业可以自行解决的,有些只能找第三方机构帮忙处理了。

② 若寻求第三方机构帮忙,要注意以下问题。

不要"拿着信息到处询价",因为不管找多少家公关公司,最后的询价信息肯定都是要反馈到负面信息所在的平台。例如,你要想删除 B 网站的一条信息,那不管向哪家公司打听报价,这些公司一定都是要再找另外网站的人询价,而一旦一条信息询价的人多了,删除费用肯定就会水涨船高。

还要注意的是,有一些不良的公关公司,当你询完价却不与它们合作时,还可能帮助你传播这些负面信息。因此在没有确定最终合作时,不要把信息的链接发给他们,大概地问一下这个行业或者这个栏目处理信息的费用就可以了①。

(5) 强化网络危机后的处理工作。在网络危机解决后,企业应该持续优化"网络档案"。"网络档案"在网络时代具有十分重要的意义,企业应该把做的好事通过网络记录下来,让其他人可以查到——就像过去记录"人事档案"一样。这样可以在将来网民借助搜索引擎搜索相关信息时,不至于搜索到的仅仅是一堆负面信息。

一方面,企业应当进行必要的网络媒体新闻发布,针对企业的相关事件,在行业、财经等网络媒体上发布相关新闻,丰富网络信息内容。另一方面,当出现危机时,企业需要正面新闻报道来压制大量的负面信息,以免出现没有正面信息可以利用的局面。

① 齐杏发.网络公关实务[M].上海:华东师范大学出版社,2014:184-185.

在进行网络危机处理后,企业还可以借势做好善后事宜,如恢复消费者、社会、政府对企业的信任。借着首期社会关注较高的危机机会,企业完全可以加大在当地主流媒体进行品牌形象和企业形象的宣传,让更多的人知道并了解它是一家非常有实力、非常有社会责任感的企业。让公众进一步感受企业的认真、负责和对消费者的关心,从而形成延续性的良好口碑效应。此种宣传不但可以对已经造成的影响做观念扭转,同时这种公关报道也对扭转传媒方向和稀释前期不利报道起到很好的作用,更能体现企业公关部门的老到。如举行网络公关活动,拉近企业与公众的距离。

此外,危机过后,事后反思是必须要做的事情,只有有效地反思才能总结经验,不管这次应对处理效果如何,要争取下次不犯同样的错误。

6.2 能力开发

6.2.1 案例分析

1. 加多宝集团的网络舆情应对

国家统计局公布的数据显示,截至 2012 年年底,加多宝凉茶市场份额已超过 80%。从默默无闻到家喻户晓,从与广药集团的品牌之争,到自有品牌的强势突围,加多宝集团的成功之路离不开其对网络舆情的良好应对。

(1) 赈灾捐款,网络打响知名度

2008 年 5 月 18 日,中央电视台举行赈灾晚会,当时王老吉的母公司我国香港加多宝集团捐款 1 亿元,其社会公益产生的口碑效应立即在网络上蔓延,许多网友第一时间搜索加多宝相关信息,网络舆情给其口碑传播带来巨大影响。网络上出现了各种各样的王老吉广告词,同时,网上开始讨论可乐等碳酸饮料的危害,以凸显出王老吉作为一种凉茶饮料有益于身体健康的特点。而一旦有人认为这只是王老吉一种成功的营销手段而已,马上就会被人骂作"枪手",并被网友们的合力疯狂发帖沉到坛底,直至无人问津。

加多宝以卓越的网络舆情应对能力及娴熟的网络营销技法让"王老吉"品牌一跃成为"中国饮料第一罐",也为企业抓住正面网络舆情、扩大品牌知名度树立了典范。

(2) 迎战"添加门",危机管理扭颓势

2009 年夏天的夏枯草"添加门"事件中,加多宝的网络舆情应对能力再次得到了验证。

当时,卫生部举行的一个新闻发布会称王老吉中有些成分和原料不包括在其公布的允许食用的药材名单内。舆论顿时哗然,媒体报道铺天盖地,质疑王老吉凉茶的配方中使用了夏枯草,可能导致不良反应。然而彼时,网络论坛上并没有出现排山倒海的负面信息。相反,自 5 月 12 日开始,天涯、铁血等论坛上,却出现了一批力挺王老吉的"铁杆"。而 IRI 网络口碑研究咨询机构在对网络舆情进行分析后,也得出了让人吃惊的结论:"近 80% 的网友表示支持王老吉;针对喝多了会引起不良反应的报道,甚至有 43% 的网友认为,王老吉作为凉茶,本来就是不应当水喝的。"与此同时,王老吉积极与相关权威部门合作,共同协助解决危机。危机后第二天,广东食品协会就召开记者见面会,向媒体出示卫生部 2005 年签发的《关于普通食品添加夏枯草有关问题的请示》批复,称王老吉凉茶中含有夏枯草配方是合法的,卫生部也发布声明确认王老吉凉茶在2005年已备案,并认可夏枯草的安全性。这份"请示"是否存在,重要的是抓住了应对危机管理的关键后,一场严峻的企业危机顿时化于无形。

(3)对战广药输官司,网络助力赢市场

2012年开始,加多宝和广药王老吉正式"分手"成为两个对立品牌,此后一直纷争不断,从商标到渠道,再到广告。

2013年2月,在广州中院裁定加多宝立即停止使用"王老吉改名为加多宝"等宣传用语后,加多宝随即发布四条"对不起"系列微博。这一微博一经发布便引发网友大量关注。在转发和评论的网友中,大多数对加多宝表示同情。而自广州市中院发布复议决定书以来,相关的媒体报道接近2000篇,上千人对该事件发表评论意见,新浪微博统计,有81%的网友选择支持加多宝,认为广药赢了官司也赢不了口碑。事实的确如此,在对战广药的广告索赔案输了官司后,加多宝的品牌关注度不降反升,来自网络的支持声音更是助力其牢牢占据市场,数据显示,目前加多宝的市场占有率已超出广药王老吉60%多。

思考·讨论·训练

(1)加多宝集团是怎样进行网络舆情应对的?

(2)加多宝集团的网络舆情应对对你有何启示?

2. 我国台湾地区导游呼吁抵制康师傅事件

我国台湾地区"检方"于2014年10月8日宣布查获顶新国际集团(简称顶新集团)旗下的正义公司以饲料用油混充食用猪油案件,"顶新集团黑心油事件"随后曝光。康师傅立即公开宣称:康师傅与台湾味全、正义公司、顶新集团制油不存在直接关联,强调"公司已终止对台湾味全公司的康师傅商标的品牌授权,台湾味全公司不得再以'康师傅'为品牌在台湾生产与销售方便面产品"。我国内地质检部门对台湾地区方面公布的涉及问题猪油企业的产品采取了暂停进口措施,对台湾地区方面公布的已经进口的问题产品,要求进口商实施预防性召回举措。

事发后仅四个交易日,康师傅股价跌幅就超过10%,市值蒸发122亿港元。受该事件影响,康师傅方便面、方便食品和饮料销售额大幅下滑,2014年总营收额同比下滑6.43%,净利润同比下滑1.97%。

一年后该事件再次进入公众视野,引发了公众对康师傅的抵制情绪。2015年8月3日网上出现一段视频:一位女性台湾导游告诉全车游客,由于康师傅此前在台湾地区发生馊水油事件,我国台湾地区的人们非常生气,正在发起"灭顶行动"联合抵制康师傅,直到顶新集团完全退出台湾为止。导游还称,在台湾地区不管在哪个便利店,你会发现基本找不到康师傅的任何产品。康师傅在台湾地区所生产的馊水油,跟运到我国内地贩售的馊水油(规模)相比,我国内地是台湾地区的56倍。但是顶新集团的态度是什么?康师傅说我国内地13亿人,我国内地很多人吃康师傅的方便面,喝康师傅的矿泉水。我国内地即使10亿人不用康师傅,3亿人支持,也发财了,所以他们根本不在乎台湾地区的市场。

这段视频在微博上引起巨大反响,多个微博转发量过万,许多网友表示,再也不想吃康师傅方便面等食品了。微博认证为"台湾地区著名歌手、主持人、作家"的黄安转发了该段视频后留言："顶新集团魏氏兄弟早在30多年前就在中国台湾彰化搞出有毒馊水油事件，才到中国内地寻找商机。没想到习惯不改，还在出馊水油，真是从哪里跌倒就从哪里再跌倒。"

康师傅为此发表紧急声明：康师傅在中国内地生产和销售的产品从未涉及近年来在台湾地区发生的油品事件，台湾地区的所谓"馊水油"从未向中国内地出售并使用过。他们重申："国家质量监督检验检疫总局和'国台办'分别于2014年10月22日和2014年10月29日正式发布澄清消息，证实康师傅在中国内地生产所使用的油品安全无虞。"此外，康师傅还向所在地区警方报案，提请司法介入调查诽谤。

思考·讨论·训练

（1）顶新集团黑心油（馊水油）事件对康师傅造成什么样的冲击？康师傅采取的"撇清"与顶新关系等应对措施效果怎样？

（2）为什么顶新集团黑心油事件一年之后会再次进入公众视野，且直接把矛头对准康师傅？

（3）我国台湾地区导游呼吁抵制康师傅的视频及其传播给康师傅的危机管理带来哪些挑战和困难？

（4）康师傅频繁发生类似危机的根本原因是什么？康师傅应怎样避免危机的发生？

3. 朗科——我造了谁的假

2004年4月，"愚人节"刚过，一直自诩为中国闪盘发明者的朗科公司却突然收到了一份节日后的"黑色礼物"。

2004年4月11日，某IT评论网站公布了一封署名为"前朗科忧心员工"的举报电子邮件，在邮件内容中，此"前朗科忧心员工"将目前朗科在中国移动存储内大肆炒作的"超稳定技术"和"优芯Ⅰ号"称为"造假"，并且从朗科内部员工和存储专业技术两个角度进行了有理有据的论证，相信每一个稍有专业知识的媒体人都会不得不信（以下简称"《优》文"）。

"前朗科员工"同时还声称，该公司所谓的"独有超稳定芯片"是假的，是将总部设在瑞士的意法半导体（ST）产品改头换面而来的，文章指称"朗科利用ST做代工，在驱动安装时替换了公版芯片的安装驱动界面，然后称为自有技术"；同时，作者矛头直指朗科宣称具有自主知识产权的"优芯Ⅰ号"，认为该产品纯属子虚乌有，不过是朗科总裁邓国顺在新加坡用2万元人民币买来的两张图纸，根本没有实物。

需要提醒大家注意的是，如果此邮件内容属实，那么，一向以"拥有民族自主知识产权和专利技术"自居的深圳朗科将从此名誉扫地，并且它下面还将面临媒体的谴责、消费者的控诉，以及企业良心的自责。

事实上，朗科并不长于企业形象的宣传，但朗科闪盘之所以能够占有国内市场的半壁江山，完全归功于他所宣称的"自主研发"和"拯救民族产业"。

如今，朗科的两大宣传点招致质疑，朗科不能不慌！

4月11日，该文在DISCLOSER网站显眼位置出现；

4月13日，其后续文章在同一网站粉墨登场；

4月14日，《朗科，叫我如何相信你》的网络文章再次渲染造势；

4月18日，有自称为朗科员工的"热心人"在DISCLOSER网站提供内幕消息，指称

"我们公司市场部将分别请来 9 家媒体(包括《深圳商报》《深圳特区报》《南方都市报》《南方日报》《羊城晚报》《21世纪经济导报》《广州日报》《信息时报》和《新快报》)的记者,特批可以给每个记者 1 万~3 万元的好处费,从周一开始挨个送钱"。

"热心人"的这一招真可谓是"匠心独具"了,本来已经落魄不堪的朗科此刻真是"跳进黄河也洗不清"了。

情急无奈之下,朗科顾不了许多,其市场人员和公关人员频频出动,来往穿梭于广州、深圳两地,向广东媒体进行游说和申辩。

4 月 19 日,朗科公司严正声明,称《优》文是对朗科发起的一次网络恐怖袭击。

而在此之前,朗科市场部经理张洲宽在文章出现之后不久即迅速发表简短口头声明,认为该文严重歪曲事实,肆意诋毁,是一次别有用心的造谣中伤事件。这也就是说,所谓的"忧心员工"和"热心人"其实都是有幕后老板的。

4 月 19 日下午,朗科公司在广州金利来大厦紧急约见广州几家主要媒体,市场部经理张洲宽联合其公关公司负责人汪华东,就事态的发展,表明朗科对该事件的态度,并逐一批驳了文章对朗科公司的质疑。

张洲宽指出:"文中多处说法全无事实根据,完全是在胡编乱造。文中所附照片根本不是朗科产品。"他坚持将此次事件定性为"一起有预谋的网络恐怖袭击事件",并迫不及待地拿出安装有"优芯Ⅰ号"芯片的闪盘与文中图片进行比较,以此证实文章所言是假。

张洲宽认为,朗科公司从没有推出"超稳定芯片",而是"超稳定技术",该技术本质是一处嵌入式软件,它固化在闪存盘控制芯片中。朗科同时声称自己不仅可以将超稳定技术嵌入"优芯Ⅰ号"里面,也可以嵌入通用芯片。张洲宽同时指责《优》文连基本概念都没有分清,显然是诋毁心切,蓄意诽谤。

针对文章对"优芯Ⅰ号"的指责,张洲宽不仅坚称芯片为自主设计,并明确芯片不仅存在实物,还在 2003 年的北京新闻发布会上当场展示,且已经应用在部分产品如 OSA"超稳迷你型"闪存盘中。

为了证明朗科的技术研发实力,张洲宽声称:"朗科的技术研究人员有 100 多人,这比国内几十家移动存储厂商技术人员的总和还要多;朗科申请的发明专利与技术专利多达 89 项;公司 2003 年闪盘的出口额接近 1000 万美元,连续五年成功占据国内移动存储市场超过 50%的市场份额;公司是国内唯一与 IBM、戴尔、惠普、罗技、NEC、英迈国际等跨国公司建立起长期合作伙伴的国内移动存储厂商。"

此后,汪华东特别指出,"从事件运作手段之高明、行动之迅速、经验之丰富来看,以及经朗科多方了解,《优》文是由北京中关村某存储贸易厂商所指使"。汪华东代表朗科公司第一次表态;《优》文事件有"幕后势力"。

最后,张洲宽非常默契地"敬告个别厂商,立即停止对朗科的肆意诽谤"。同时,张表示朗科不排除对有关"肇事者"及幕后厂商采取先发制人的行动。

应该说,朗科在广州举行的媒体说明会较为成功,基本达到了应该达到的目的。无奈,朗科先机尽失,就连刚刚结束的说明会也遭遇"幕后势力"的拆台。

据悉,朗科会后不久,"幕后势力"也约请了广州媒体的更高层人士。这更让朗科方面慌了手脚,忙不迭地致电广州媒体,询问媒体态度。

但此时，人们关注的焦点已不再集中于朗科，而作为《优》文的首发者 DISCLOSER 网站，以及朗科话里有话的"幕后势力"，接下来便成了业界拷问的对象。

DISCLOSER 网站号称"大中华地区最具有内幕参考价值的电子资讯网站"，是李易（网名"大嘴"）主持并负责编辑工作的个人网站，该网站时常披露一些不为人所知的业界内幕。因为这样的网站特性，一些真假是非难辨的企业纠纷常在这里出现，而 DISCLOSER 网站也成为企业间钩心斗角的主战场。

DISCLOSER 网站虽然只是"个人小网站"，却长期对朗科不友好。在过去一年多的时间里，该网站先后发表了《朗科这东西》《朗科的私心》等攻击性言论，表现出明显敌意。但同时，DISCLOSER 网站却对朗科的最大竞争对手华旗表现出极大的友善，并且从该网站的网络广告上，可以明显地看到华旗与 DISCLOSER 网站有实质性合作。因而，在朗科看来，李易不过是一个"演技拙劣的三级片导演"。

思考·讨论·训练

(1) 为了解决企业危机，朗科与媒体的沟通成功吗？为什么？

(2) 面对来自网络的危机，企业应采取哪些卓有成效的应对方略？

4. 康师傅"水源门"事件

2008 年 7 月下旬，一篇发表在天涯论坛的题为《康师傅：你的优质水源在哪里？》的网文，揭发了国内包装水行业龙头——康师傅"用自来水冒充优质水源"的内幕。随着事态的不断升级，深陷"水源门"的康师傅终于扛不住了，于 2008 年 9 月 2 日"公开道歉"。并做出停播广告、更换产品外包装等行动。

"水源门"事发杭州。作为东部沿海重镇，这个城市与上海、南京构成了中国东部经济发达地区的金三角。各大饮料商也在此地投入大量资金建厂——包括康师傅、农夫山泉、娃哈哈、可口可乐、百事可乐、王老吉等。

康师傅杭州水厂建设于 1994 年，占地 176 亩，共有四个门，其中西门是专用来出货的大门。2008 年 7 月 17 日下午，两名学生模样的人趁着保安不注意，从西门进入康师傅厂区内。他们不停地拍摄照片，后被保安发现。最终，两人删掉了照片并离开。

但几天后网上出现的一个帖子，让康师傅遭遇了 10 年来最严重的危机。

帖子是 2008 年 7 月 24 日，一个叫作"青草布丁"的人在拥有约 2000 万名用户的天涯社区中发出的。这个名为《康师傅：你的优质水源在哪里？——康师傅水厂探秘》的帖子以探秘的形式称：康师傅矿物质水的水源来自自来水，还指出了该厂瓶子随意堆积、废弃瓶盖重新利用等问题。所指恰恰是康师傅最新在 CCTV-1 高频率轰炸的电视广告《优质水篇》：广告一开始，就是一句"选取了优质水源"。在帖子没有出来之前，这句"优质水源"着实打动了不少消费者。

由于是贴图专区，帖子附上了污水管道的照片，用以说明康师傅"矿物质水"是从哪里抽出来制作的。经康师傅方面认定，这些图片均摄于杭州水厂内，但"与事实不符"——网上所刊部分图片来自废品库，与水的生产车间相距甚远。

从 24 日 9 时此帖发出到 25 日 23 时的 38 小时内，跟帖达到了 450 多个，均对康师傅表示了严厉斥责。随后，市场正在旺销的康师傅矿物质水又遭遇了接二连三的炮轰——从水源延伸到产地、商标标注、pH 酸碱度高低、商业道德还有生产质量等。

据不完全统计,此事件所引发的转载及评论超过 1000 篇,而网络阅读量上亿次。著名调查公司 AC 尼尔森公布的"2008 年 12 月最新调研报告"显示,康师傅的市场占有率——按销售额计算,从 2007 年的 18.1% 跌至 2008 年的 17.7%,成为行业第二名。半年内矿物质水业务由盈利变成数千万元的严重亏损。

8 月 6 日,上海某媒体率先报道"康师傅矿物质水水源竟是自来水",披露整个事件来龙去脉。康师傅水源事件立即引起北京、上海等媒体广泛关注,媒体报道升级。

8 月 8 日,康师傅控股有限公司在官方网站上首次公开发表《"康师傅饮用矿物质水"的说明》声明,核心内容如下:"我公司生产之'饮用矿物质水',系以纯净水的基础再添加符合'食品添加剂与营养添加剂'国家标准的矿物质原料,完全符合国家标准饮料通则中有关'饮用矿物质水'品类的定义。同时,考虑产品安全与卫生,本公司使用水源,无论是使用自来水或其他天然水,都符合国家标准'生活饮用水卫生标准'。生产完全符合国家质量安全标准相关规范。同时,我公司国内各生产基地,均以严格的生产工艺,在国家标准相关规范下制成具有全国一致标准的矿物质水系列产品,请消费者安心饮用。"但康师傅始终未就此事件的核心问题——涉嫌虚假宣传做出任何解释,更没有向消费者表达歉意。不少消费者及法律界人士指责康师傅涉嫌虚假宣传,呼吁工商部门介入。

9 月 2 日,"水源门"风波持续一个月后,康师傅高层管理人员首次集体出席新闻发布会,康师傅发表声明:康师傅矿物质水及大部分饮料行业和瓶装水行业所选用的水源皆为公共供水系统即自来水,完全符合国家卫生标准,加上采取了国际先进的处理技术,这是康师傅之前的广告称其为"优质水源"的原意,但是没有向媒体就矿物质水产品广告中标示的"选用优质水源"一事向消费者公开致歉,并调整了相关广告和瓶装标用语。

在此,康师傅声明的重点是"没有解释清楚",从"不做正面答复"到"公开道歉",康师傅扛了近一个月。康师傅称,因为没有向媒体和消费者解释清楚广告中"优质水源"的原意,结果产生了误解。康师傅为此表示遗憾与抱歉,近日新上市的康师傅矿物质水的广告和新瓶标已去掉了"选取优质水源"的字样。康师傅方面表示,公司已于 2008 年 8 月 7 日停播"优质水源"广告,也调整了广告宣传语,同时设计了新瓶标,新瓶身产品将陆续上市,"我们正在以实际行动处理此事"。同时,康师傅方面称,为引导消费者区分天然矿泉水与矿物质水,康师傅天然矿泉水标出水源地来自吉林长白山,并标注吉林天然矿泉水鉴定证书号。康师傅方面表示,企业生产天然矿泉水必须要有自己的优质水源,他们会在京、津等地进一步寻找优质天然水源。康师傅集团不仅对天然矿泉水与矿物质水区别宣传,还将两者的价格差距拉开 50%,即前者比后者贵 50%,在销售市场上相对价格保持稳定。此外,康师傅还引用国家食品质量监督检验中心主任宋全厚的观点,不能说自来水就不能算是"优质水源",也不能简单地说只有天然水源才是"优质水源"。

2008 年 10 月,康师傅控股有限公司进行年度公关顾问公司招标,最终选择了北京某公关传播公司。通过和专业公关公司的合作,康师傅集团采取了更为积极主动的危机应对策略,力图早日恢复康师傅矿物水在消费者心目中的美誉度。这些积极的危机公关应对策略包括:①网络危机公关。康师傅集团所委托的这家专业公关公司,使用其自主开发的"搜索引擎优化"(Search Engine Optimization)技术对康师傅"水源门"事件进行了网络危机公关,在搜索结果中屏蔽相关康师傅矿物质水的负面新闻。②借助媒体力量持久公关,加大媒体广告的投放力度。无论是公交车车体广告，或是市区内的公交候车亭，还是各大城市的主流媒体，都有康师傅矿泉水最新的平面广告和影视广告，与康师傅"水源门"事件发生之前相比，康师傅集团都加大了广告媒体的投放力度。③民心公关，主办公益活动。在康师傅"水源门"危机发生后，康师傅投注了200万元举办水创意公益提案竞赛，旨在通过主办公益活动恢复和提升消费者对于康师傅品牌的满意度和美誉度。

一波未平一波又起，2009年4月南方一家知名报纸发出消息，报道称：在纯净水里添加"矿化液"或"水果元素"，容易导致矿泉水中矿物质与添加物的化学反应。这既不符合国际标准，也达不到中国的《生活饮用水卫生标准》。但"康师傅就是在靠纯净水中添加硫酸镁、氯化钾这两种食品添加剂，获得了每年数十亿元人民币的销售额"。该报道后被多个媒体引用。这被业界看作康师傅2008年"水源门"事件的继续。

而近期康师傅公司一位离职高层的披露，让"水源门"的诸多疑问的答案浮出水面。该离职高层披露：轰动一时的"水源门"事件，策划者是其竞争对手农夫山泉。而瓶装水行内违背商业伦理的竞争也是多年积累而成。尽管瓶装水消费旺季尚未来临，但"水战"的味道已在空气中弥漫。

有业内人士透露，用自来水加工生产矿物质水在业内已成普遍现象。杭州顶益食品有限公司的公关部相关负责人承认，康师傅在杭州生产基地所生产的矿物质水，的确是用城市自来水经水滤系统过滤出来的。"大家都是这样做的，售价仅一两元一瓶不可能用矿泉水等天然水。"由于"瓶装饮用纯净水大多来自自来水"的底细被业内人士说破，而且夹杂了诸多欲说还休的商业利益纷争，不仅康师傅一家，几乎所有生产非天然饮用水的企业都被牵扯了进来。如果相关企业不正视这场危机，中国饮用行业的"水"有可能被彻底搅浑，进而可能酝酿成为一场危及饮用水行业生存的灾难。

思考·讨论·训练

(1) 导致康师傅此次危机的原因有哪些？

(2) 企业应如何应对广告宣传引发的危机？

(3) 康师傅"水源门"危机处理有哪些不妥之处？如果你是相关负责人，你如何应对？

(4) 结合本案例谈谈互联网时代的企业危机处理策略。

6.2.2 实践训练

网络危机管理方案的制订

实训目标：通过网络危机管理方案的撰写，使学生能够针对具体危机事件提出合理的应对措施；能准确运用及时避免或消除各种不良影响；知晓制订网络危机管理方案的重要性，能够完成一份网络危机管理方案的撰写。

背景资料：

一汽大众新速腾"断轴门"危机事件

2012年3月，一汽大众新速腾（以下简称"新速腾"）上市。2012年下半年开始，陆续有数十位车主反映新速腾后悬挂断轴，而反映后悬挂其他质量问题，如出现裂纹、折痕、异响、抖动等的更达上千例。面对不断增加的消费者投诉，一汽大众处理缓慢，消费者不满情绪积聚,网上关于新速腾问题的爆料越来越多。已购同款车型的和关注该款车型的网友加入讨论,大家交换信息、发表意见,逐渐引起主流媒体的关注与报道,网络媒体纷纷转载并自主报道。

一汽大众方面态度强硬,不承认产品缺陷。2014年7月,车主在全国范围举行维权活动,希望国家启动召回程序。2014年8月,国家质检总局启动对新速腾的缺陷调查。2014年10月,国家质检总局发布召回公告,召回措施是在后悬挂纵臂上安装金属衬板。召回公告发出后,媒体和车主哗然,召回被评价为"假召回",因为这样的措施不能根本解决后悬挂质量隐患。百余家媒体铺天盖地的报道,全国112个城市的新速腾车主集体维权、示威,要求车企换掉后悬挂或者退车;577名车主联名起诉国家质检总局,诉其怠于履行职责,未获立案。

2014年11月25日,《人民日报》发文《缺陷产品不能一召了之》。11月27日,CCTV-2《央视财经评论》栏目时隔一个月再次发声:"再论新速腾:真诚去哪儿了?"

2014年11月,北京市级媒体接到政府要求,不再报道该事件。12月开始,媒体报道数量和强度明显减弱。

2015年9月,经过一年多的调查,国家质检总局发布对新速腾后轴纵臂断裂问题缺陷的最终结果:认定新速腾后悬挂属缺陷产品,召回措施未能解决车辆存在的风险。一汽大众公布所谓"四条举措"以期浇熄车主怒火,但车主并不认可,因为这些举措并未解决因后悬挂隐患时刻伴随着的风险与担忧。

环境要求:本项目需要提供有互联网的理实一体化教室,以便在撰写网络危机管理方案之前收集企业的相关信息。然后根据需要制订网络危机管理方案提纲,进行小组讨论,每组撰写一篇网络危机管理方案。学生分组,课堂教学按组就座,完成教师布置的各项任务。

地点:理实一体化教室。

配置:与实训人数相当的计算机配置、宽带、投影、互联网环境。

实训步骤:

(1) 介绍本实训的目标、告知学生本次实训的工作内容。

(2) 实训项目开始实施前(课前),教师组织学生成立实训项目小组,将学生按5人一组进行分组,实行自由组合(最好男女搭配性格特长互补),成立危机管理方案小组。

(3) 选出小组负责人,开发相应的项目组名称、标识、口号、行动纲领、行动准则,进行成员职责划分和分工,负责撰写危机管理方案的组织与任务分配。分组的基本原则是在学生自愿的基础上注意能力搭配,即在一个组内既要有文字功底比较好的学生,也要有善于人际沟通、组织协调能力比较强的学生。

(4) 实训项目小组共同完成本实训项目设计,并在平时竭力打造成"学习型组织",实训小组组长可以轮流担当。

(5) 通过危机有关图片或视频的展示,教师指导学生初步确定一汽大众新速腾"断轴门"网络危机管理方案框架、计划,提出预警方案。

(6) 根据学生撰写的网络危机管理方案框架,收集一手资料。

(7) 以小组为单位,教师指导学生录入、整理与完善危机管理方案。

（8）以小组为单位，教师指导学生撰写危机管理方案。

（9）审定危机管理方案。学生互评，并提出修改意见，将修改稿交老师进行点评。

（10）学生撰写危机管理方案。最终定稿，将打印作品上交。

效果评价：评价评分表如表 6-1 所示。

表 6-1　"网络危机管理方案撰写"评价评分表

考评人		被考评人	
考评地点			
考评内容			
考评标准	内容	分值（分）	评分（分）
	在训练中认真负责，积极配合	20	
	对网络危机的概括、诠释有深度	30	
	团队配合默契	20	
	小组整体表现出色	20	
	报告符合要求	10	
合计		100	

注：考评满分 100 分。91 分以上为优秀；81～90 分为良好；71～80 分为中；60～70 分为及格。

说明：表 6-1 用于训练测评中对演练的学生进行打分，由教师与学生共同完成。

（资料来源：辛旭丹.从"断轴门"事件看媒介赋权的意义与局限[J].新闻研究导刊，2016(12)；邢伟，徐盈群.公共关系[M].北京：高等教育出版社，2015(有改动).)

6.2.3　拓展阅读：网络危机管理的基础工作

国外学者博伊德·尼尔(Boyd Neil)认为一个企业或其他社会组织是否准备好在危机中运用因特网的标准应包括以下九项。

（1）在危机传播手册中拟订了因特网的使用计划；

（2）有一套在危机期间运用企业局域网进行虚拟指挥的行动方案，以使危机处理小组成员、高层管理人员和其他员工及时了解危机处理的进程和措施；

（3）定期检测网上新闻报道、聊天室、行动主义者团体的网站和其他的网上在线新闻服务项目；

（4）危机处理小组中有一位信息技术人员或网络专家；

（5）熟悉网上议题或谣言形成、发展的规律；

（6）进行向企业网站上传和转发相关文件、图片和其他声像资料的专业演练；

（7）考虑建设随时可投入运用的企业快速反应网站，并准备相关声明、企业背景资料、企业事实专页和媒体联络名录等资料；

（8）准备在危机期间通过网站发布相关声明、常见问题答疑、领导人讲话和图片，以与公众及媒体进行紧密沟通；

（9）建立核心媒体和利益相关公众的联络资料库，保证在危机期间能够迅速地向他们传递相关信息。

(资料来源：余明阳，张慧彬.危机管理战略[M].北京：清华大学出版社，2009.)

课 后 练 习

1. 网络危机通常具有哪些特征？

2. 网络上的危机事件常常起源于网络负面信息，这些负面信息在互联网上可能以几何倍数迅速增长，形成负面影响，并且会持续相当长的时间，如何清除这些负面信息是企业必须面对的问题，请以某企业在互联网上的负面信息为例，进行具体分析。

3. 企业如何预防网络危机？

4. 举例说明，企业应该如何应对网络危机。

第 7 章　危机预防对策

预防是解决危机的最好方法。

——［英］迈克尔·里杰斯特

面对危机,你首要的目标是尽快结束危机,而比这更重要的是要做到防患于未然。

——［美］戴维斯·扬

- 能够运用正确的方法找出企业的薄弱之处；
- 明确企业危机预警分析的功能、组成和策略；
- 掌握企业危机的预控对策；
- 能够制订危机管理计划。

故事导入

野狼的远见

一只野狼卧在草上勤奋地磨牙。

狐狸看到了，就对它说："天气这么好，大家在休息娱乐，你也加入我们队伍中吧！"

野狼没有说话，继续磨牙，把它的牙齿磨得又尖又利。

狐狸奇怪地问道："森林这么静，猎人和猎狗已经回家了，老虎也不在近处徘徊，又没有任何危险，你何必那么用劲磨牙呢？"

野狼停下来回答说："我磨牙不是为了娱乐，你想想，如果有一天我被猎人或老虎追逐，到那时，我想磨牙也来不及了。而平时我就把牙磨好，到那时就可以保护自己了。"

无论何时，企业都应不断强化自己的危机意识，未雨绸缪，居安思危。只有这样，才会减少危机，从容面对危机，使自身基业稳定，永立于不败之地。

7.1 知 识 储 备

小案例

居安思危的格兰仕

"危机，离我们并不远"，格兰仕的员工也经常听到这句话。格兰仕老板梁庆德曾说："格兰仕成功的最为锐利的武器就是在企业内部实行危机管理，这种危机意识不是'居安思危'，而是'居危思危'。我们格兰仕从来都没有处于过'安全地带'，而一直都是停留在'危险区域'。"

在格兰仕，员工的脚步总是急匆匆的，而梁昭贤接受采访，也是一路小跑来，一路小跑回去。执行总裁梁昭贤甚至认为，可以从一个公司员工的走路是不是快来判断这个公司的发展是否良好。梁昭贤表示："企业速度变慢，我们将会变成'煮熟的青蛙'。"在格兰仕，我们感受到了这种紧迫感。

危机管理杜绝了骄傲自满的情绪的滋生。不仅如此，格兰仕总是保持着当小学生的心态，向先进的企业学习，实行标杆管理。

梁庆德、梁昭贤经常到国外参观先进的公司，尤其是梁庆德，一年之中大部分时间都在国外，他们看到了先进的生产和管理方式，再对比自己，便感受到很多不足。

格兰仕很早就开始学 GE、学丰田,2004 年,梁昭贤又为公司定下了"三大标杆运动":制造学丰田——干毛巾里拧出水;营销学可口可乐——无处不在,心中首选,物有所值;创新学三星——除了老婆、孩子不能变,一切都可以变。格兰仕的学习对象其实远远不止于这三个标杆。远的也学,近的也学。公司常常组织管理人员去临近的公司参观学习,回来之后无论是带队的副总裁还是车间的管理者都写总结,比照对方先进的地方提高自己。

"我们的危机时刻存在",格兰仕把这些警句式的观念作为企业的世界观印在自己的宣传品上。他们认为,昨天的辉煌不足以抵抗明天的危机,今天必须拼搏才能消除明天的危机。

除了一些自然灾害、机舰失事、火灾等非人为因素造成的危机外,企业危机大多是可以预防的。预防是企业危机管理的重要组成部分,涉及企业管理的各个环节、各个岗位、各个部门,以及每个员工,甚至涉及设备、环境、管理方式和管理职能,是一项复杂的系统工程。在当今社会里,由于企业组织自身的构成因素复杂多样,所处的社会环境变化加剧,因而各种企业组织出现危机的可能性都在增大。在这种情况下,任何企业都应重视危机预防的管理工作,且都必须遵循科学规律,通过科学规范、科学方法和科学的手段进行危机的预防管理。正如美国学者戴维斯·扬所说:"面对任何危机,你首要的目标是尽快结束危机,而比这更重要的是要做到防患于未然。"危机预防管理水平如何是评价一个企业的管理水平、衡量一个管理人员的管理能力高低的一项重要指标。

企业危机预防管理是企业危机管理的基本工作内容之一,是企业为预防和平息危机,对自身危机隐患及其发展趋势进行监测、诊断与预控的一种特殊的管理活动。其目的在于防止和消除企业危机隐患,保证企业经营管理系统处于良好的运行状态。"企业危机预防管理手段是企业对危机能加以预警和预控的组织免疫机制。"企业危机预防对树立企业员工的危机意识,减少企业危机的发生概率,提高企业危机的处理水平都具有重要意义。

企业危机预防的具体对策体现在如下几个方面。

7.1.1 寻找薄弱之处

人们看到海平面上露出的冰山,都会惊叹冰山的雄伟。然而海面上展示的只是这座冰山的一小部分,绝大部分都隐藏在海面以下,支撑着海面上的那一小部分。危机事故就像是浮出水面的冰山,一个严重事故暴露出来,必定有成千上万的不安定因素隐藏其下。冰山理论给我们的启示是,真正暴露在海面上的"冰山"不可怕,可怕的是那些隐藏在海平面以下的隐患。企业要想顺利远航,"破冰"之举势在必行[①]。寻找薄弱之处就是重要的"破冰"之举。

很多企业尽管可能是行业的翘楚,但是或多或少地会存在薄弱的地方,善于发现自身的弱点是现代企业的必修功夫,连微软都声称离破产只有 18 个月,何况我们的企业呢?企业需要反思,哪些薄弱问题可能会导致企业陷入危机?企业可以从企业内外部,如企业董事会成员、离职或退休的员工、政府官员、社区居民、新闻媒体、行业分析人士等处获得相关信息,这样,企业就可以准备两张表,第一张表包括那些最有可能发生的弱点/潜在危机,第

---

① 夏洪胜,张世贤.企业危机管理[M].北京:经济管理出版社,2014:46.

二张表……各项目按先后顺序排列,以红色、黄色和绿色三部分加以区别。

1. 编制潜在危机"发生可能性"表

最有可能发生(红色):

(1) _____。

(2) _____。

(3) _____。

(4) _____。

(5) _____。

能够发生,但在近期内不会发生(黄色):

(1) _____。

(2) _____。

(3) _____。

(4) _____。

(5) _____。

不可能发生(绿色):

(1) _____。

(2) _____。

(3) _____。

(4) _____。

(5) _____。

2. 按"对企业的严重损害"的顺序排列的弱点/潜在危机

会造成严重损害(红色):

(1) _____。

(2) _____。

(3) _____。

(4) _____。

(5) _____。

会造成损害,但是能够加以管理(黄色):

(1) _____。

(2) _____。

(3) _____。

(4) _____。

(5) _____。

会造成很轻微的损害,并且可以很容易地加以管理(绿色):

(1) _____。

(2) _____。

(3) _____。

(4) _____。

(5) _____。

在分析这两个表的基础上编制第三张组合表,那些被认为是既可能发生,又会对企业造成最大损害的弱点/潜在危机是关注的重点。首先从前两张表中同时被列为"红色"的弱点/潜在危机开始归纳,接着是在一张表中被列为"红色"而在另一张表中被列为"黄色"的弱点/潜在危机。下一步,记下前两张表中同时列为"黄色"的弱点/潜在危机,然后是"黄色"和"绿色"的弱点/潜在危机,最后归纳在前两张表中同时被列为"绿色"的弱点/潜在危机。这样就把所有可能的薄弱方面按先后顺序排列出来,企业会直观地看到哪些薄弱环节应该进一步加以明确、防范。

3. 可能发生的严重损害

最有可能发生,会造成严重损害(红—红):

(1) _____。

(2) _____。

(3) _____。

(4) _____。

(5) _____。

最有可能发生,会造成损害,但可以管理(红—黄):

(1) _____。

(2) _____。

(3) _____。

(4) _____。

(5) _____。

会发生,但在近期不可能发生,会造成严重损害(黄—红):

(1) _____。

(2) _____。

(3) _____。

(4) _____。

(5) _____。

在短期内发生可能性很小,会造成损害,但可能管理(黄—黄):

(1) _____。

(2) _____。

(3) _____。

(4) _____。

(5) _____。

因此,危机预防首先应重视弱点分析。弱点分析最大的效用就是帮助企业识别出应该多加关注以防止他们变成主要问题的薄弱环节,同时也为企业将来的危机计划活动提供了需要注意的方面。

下面我们看一下某玻璃生产商是怎样寻找自身的薄弱之处,拟定潜在危机的。

某国际性日用玻璃产品生产商是世界上最大的生产商之一,在 15 个国家拥有生产厂。为使企业知道哪些危机最应该进行有效管理,企业决定按照正式的方式来明确最有可能发生、潜在的能够造成最严重损害的危机。

公司用了 3 个月的时间,在全世界范围内选择了一个包括高级经理、总部员工、美国国内工厂员工以及位于其他 14 个国家的工厂员工的合理的员工样本进行调查,还聘请了一家调查公司对北美、欧洲及亚太地区国家的 400 家主要分销商和 1500 名消费者进行了电话调查。此外,公司还对每个市场中的一些政治家和主管官员以及行业媒体记者、编辑进行了走访。在这些调查数据分析的基础上,帮助识别企业最脆弱的方面,为企业缩小了应该进行良好防范和管理的危机范围。

下面就是该公司进行弱点分析的结果。

1. 潜在危机/"发生可能性"

最有可能发生(红色):

(1) 玻璃碴或碎片伤害消费者。

(2) 关于产品质量的不好传闻,会使销售受到损失。

(3) 生产缓慢,产品产量不足,严重伤害同分销商的关系。

(4) 某位高级官员离开公司,加入竞争对手的行列。

(5) 消极的媒体报道,造成销售滑坡。

能够发生,但在近期内不会发生(黄色):

(1) 主席/CEO 的突然死亡(现年 72 岁)。

(2) 某家生产工厂发生死亡事故。

(3) 对公司和行业造成严重损害的政治行动。

(4) 现有或以前的员工由于有不满情绪而在公司内造成他人严重伤害或死亡。

(5) 严重损害企业声誉的主要诉讼。

不可能发生(绿色):

(1) 工厂突然关闭。

(2) 大量解雇工人。

(3) 产品造成消费者死亡。

(4) 缺少矿石和其他原料,影响生产能力,无法达到预期产量。

(5) 主席/CEO 意外辞职。

2. 潜在危机/"对企业的损害"

会造成严重损害(红色):

(1) 产品造成消费者死亡。

(2) 严重损害企业声誉的主要诉讼。

(3) 消极的媒体报道,造成销售滑坡。

(4) 主席/CEO 意外辞职。

(5) 玻璃碴或碎片伤害消费者。

会造成损害,但是能够加以管理(黄色):

(1) 关于产品质量不好的传闻,会使销售受到损失。

（2）主席/CEO 的突然死亡。

（3）工厂突然关闭。

（4）某家生产工厂发生死亡事故。

（5）现在或以前的员工由于有不满情绪而在公司内造成他人严重伤害或死亡。

会造成很轻微的伤害，并且可以很容易地加以管理（绿色）：

（1）缺少矿石或其他原料，影响生产能力，无法达到预期产量。

（2）对公司或行业造成严重损害的政治活动。

（3）大量解雇员工。

（4）生产缓慢，产品质量不好，严重伤害同分销商的关系。

（5）某位高级官员离开公司，加入竞争对手行列。

3．最可能发生的严重损害

最有可能发生，造成严重损害（红—红）：

（1）玻璃碴或碎片伤害消费者。

（2）消极的媒体报道，造成销售滑坡。

最有可能发生，会造成损害，但可以管理（红—黄）：

关于产品质量的不好传闻，会使销售受到损失。

会发生，但在近期不可能发生，会造成严重损害（黄—红）：

严重损害企业声誉的主要诉讼。

在短期内发生可能性很小，会造成伤害，但可以管理（黄—黄）：

（1）某家生产工厂发生死亡事故。

（2）现在或以前的员工由于有不满情绪而在公司内造成他人严重伤害或死亡。

（3）主席/CEO 的突然死亡。[①]

7.1.2　进行预警分析

企业危机预警分析，是对企业危机风险进行监测、识别、诊断与评价，并由此做出警示的管理活动。在企业组织内部，预警对象包括企业的领导者、管理人员和全体员工，预警的目的是引起他们对危机的了解和重视，以便于他们做好必要的应对准备。在社会组织外部，预警的对象是可能出现的与危机密切相关的公众，预警的目的是通告他们危机信息，以便于他们及时离开危机险境，有效避开危机危害。

1. 预警分析的功能

避免、控制潜在危机是花费最少也是最简便的方法，但在危机管理过程的几个阶段中，危机潜伏期所表现出来的各种症状却往往被组织所忽视，最终造成很多不必要的损失。事实上，通过对可能造成危机的潜在问题进行分类与监测，有效地避免危机或一定程度上的减轻危机带来的损害并不是天方夜谭。[②]

2002 年 1 月，京郊密云和怀柔交接的 9 个山村遭遇 50 年一遇的暴雨和泥石流，降水量

---

①　杰弗里·R.卡波尼格罗.危机顾问[M].杭建平，译.北京：中国三峡出版社，2001：71-78.

②　余明阳，张慧彬.危机管理战略[M].北京：清华大学出版社，北京交通大学出版社，2009：31-32.

达 280.2 毫米,就在"死亡暴雨"来临前的 1 小时,2000 余名村民接到逃生警报及时撤离。雨后,部分家园被毁,却无一人伤亡。而 1969 年 8 月,这一地区曾发生同样量级的暴雨,造成 59 人死亡、22 人受伤。1991 年 6 月 10 日发生在北部山区的山洪泥石流也造成 22 人死亡和 8 人受伤。可见,由于及时的预报,暴雨和泥石流这类自然危机所带来的危害都能在很大程度上得到缓解与减轻,对于组织而言,充分认识到危机预警的重要地位及功能,能极大地提高组织的危机反应速度,减少危机带来的损失。

危机预警的功能一般包括以下四个方面。

(1) 预见功能。预见功能是指通过对政治、经济、文化等宏观环境的监测与研究,找出某些敏感性指标的变化并预先指出其发展征兆。预见性功能是危机预警的首要功能,该系统的其他功能基本由此衍生而来。正是由于危机预警具有预见功能,才使组织在危机中可争取到危机处理时间,使最大化降低损失成为可能。

(2) 警示功能。通过对相关指标的监测,组织可以就监测出的部分异常情况进行分析与判断,并据此对组织管理者、相关工作部门、公众发出警示。警示功能是危机预见功能的外化,在预见了危机发展的征兆之后,通过对相关部门与人员的警示真正将危机前期的应对与处理提上议程。

(3) 延缓功能。危机的延缓功能主要体现在通过危机的预警机制,及早发现危机的征兆信息,一旦危机不可避免地爆发,由于组织此前对危机有充分的预期与准备,通过有效的管理能在很大程度上减缓危机发展的速度,降低危机的危害程度及波及范围。

(4) 化解功能。在危机诱因的萌动之初就能及时发现,通过采取一定的措施进行阻止与防范,将危机成功消灭在前兆期。化解危机是危机预警系统中最重要的目标。

2. 预警分析的组成

危机预警系统由信息收集系统、信息加工系统、决策系统、警报系统组成[①]。相应的危机预警系统工作过程是:信息收集→信息分析或转化为指标体系→将加工整理后的信息和指标与危机预警的临界点进行比较,从而对是否发生警报进行决策→发出警报。

(1) 信息收集系统。信息收集系统的任务是对有关危机风险源和危机征兆等信息进行收集。设计时,要保证信息收集的全面性。危机预警系统要确定信息收集的范围,这取决于危机风险源存在的范围,因而在建立危机预警系统时,首先要分析危机风险源的分布状况,不能有遗漏,否则,一开始就无法保证危机预警系统对危机的预警功能。

信息收集系统在收集信息时也要注意信息传递的障碍,这些障碍可以分为人为的障碍和非人为的障碍。人为的障碍一般是由于所要传递的信息与信息传递者之间有利益上的相关性,传递者就根据有利于自己的方式对信息进行加工处理(如增加、删除、篡改等),使信息在传递过程中出现失真,从而影响危机预警系统的准确性。解决的办法是:通过选择合适的传递者和修订规章制度,减少或消除信息与信息传递之间的利益相关性。非人为的障碍,一般是由于系统本身存在的缺陷和干扰所导致的,这就要求系统设计要较为完善,并有很强的抗干扰能力。

---

① 何海燕,张晓甦.危机管理概论[M].北京:首都经济贸易大学出版社,2006:86-88.

小案例

"挑战者号"的悲剧

1986 年 1 月 28 日,美国"挑战者号"航天飞机载有 7 名宇航员进行航天飞机的第 25 次飞行。成千上万名参观者聚集在肯尼迪航天中心,等待挑战者号腾飞的壮观景象。上午 11 点 38 分,在人们的目送之下,竖立在发射架上的挑战者号升空点火,起飞苍穹,当看台上的人们一片欢腾时,不到 73 秒,空中却传来了一声闷响,只见挑战者号顷刻间爆裂成一团橘红色的火球,碎片拖着火焰和白烟四散飘飞,坠落到大西洋,7 名宇航员全部遇难,铸成了美国太空发展史上最严重的灾难事故。事故调查委员会后来证实,一位工程师早就发现了造成事故的技术缺陷,并写过一份内部备忘录交给他的上司,但是这份备忘录在传递的过程中不知落入谁的手中,最终并未起到警示的作用。非常遗憾,这其实并非仅仅是全员是否参与的问题,同时内部信息传递的机制建设,即如何保证信息传达的准确、及时及不发生遗漏,这仍然需要相关的监督责任机制的配套进行。

(2) 信息加工系统。信息加工系统的功能包括信息整理、信息识别与信息转化三大功能。

危机预警系统收集信息之后,一般需要对信息进行整理和归类,尤其是在指标性危机预警系统中,由于信息与危机之间缺乏显而易见的联系,信息的整理和归类就显得更为重要。

对信息进行整理和归类之后,信息就显得非常清晰和有条理,也就能够从整体上把握收集到的信息。当然这还不够,系统还需要对信息进行识别,以排除那些干扰信息和虚假信息。信息传递过程中由于人为的因素或沟通过程存在的噪声和沟通障碍,会导致信息的部分或全部内容丧失真实性,形成虚假信息。虚假信息可能是某些人为了某种目的故意发出的,也可能是由于信息传递过程中自然产生的。那么,如何识别虚假信息呢?

① 对虚假信息的识别可以通过审视信息的来源、信息传递过程的各个环节以及信息传递者加以判断。如果信息的来源缺乏客观性,信息的传递经过了许多环节,信息传递过程中有许多的噪声,信息的传递者与信息之间有很强的利益相关性,那么信息的可靠性和真实性就非常值得怀疑。通过仔细审视这些过程,就可以发现信息是如何失真的,真正可信的信息是什么,并决定如何改进信息传递过程。

② 虚假信息也可以通过信息之间的比较而发现。如果所收集的信息之间存在很大的矛盾,就要怀疑这些信息的真假程度。

经过信息的整理和分类,并对信息进行识别后,危机预警系统就拥有了较为全面、真实、有用的信息。此时,系统就可以将这些信息转化为一些简单、直观的信号或指令,为系统进行决策做好准备。

小贴士

面对信息收集工作,管理者应该充满信心

肯尼迪·G. 麦基认为,面对信息收集工作,管理者应该充满信心。[①] 因为:

---

① 肯尼迪·G. 麦基. 企业危机防范[M]. 宇洪彦,刘洋,译. 北京:商务印书馆,2008.

第一，用于避免突发事件，利用机会，做出中途改正的数据已经存在，即危机肯定是有信号的。

第二，虽然大多数管理者担心信息流太过庞大，但其中真正重要的信息很少，而且管理者有能力识别它们，即管理者应该已经具备从众多信息中分辨真伪的能力，只是需要掌握一定的方法。

第三，一旦具有重要性的信息确定下来，就能够持续捕捉和监控它们，即信息的监控是一个持续的过程。

第四，信息监控使每个部门、业务单元以及整体公司看到它们每天向既定的目标前进，并且取得进步，这又被称作预测现在，即信息的收集需要注重它的时效性，而监控当下是最有效的。

第五，他们可以通过预测各种事件和变化来调整战略战术，确保达到经营目标，实现机会最大化，并避免灾难，这又被称作实时机会探测，即危机信息的收集确实可以为管理者开展下一步危机的决策提供基础性的帮助。

我们只要是用尽了我们已经拥有的一切的资源，我们也做足了准备的工作，那么危机信息的缺失也已经不是一件可怕的事情了，因为我们已经尽力了。真正让人担心的不是危机信息有没有及时被人们所掌握，而是有人根本没有想到要去做一些力所能及的事情，或者因为曾经有过失败而认为我们无法做得更好。遵循肯尼迪·G. 麦基的思路，我们必须不断地告诉自己：我们可以做到，而且可以做得越来越好。

（3）决策系统。决策系统的功能是，根据信息加工系统的结果，决定是否发出危机警戒和危机警报的级别，并向警报系统发出指令。在制定决策依据时，要确定危机预警各个级别的临界点，以及这些临界点需要达到何种水平的指标。如果信号或指示无法直接显示危机是否发生，而只是表明危机发生有多大的可能性，那么也可以根据危机发生的可能性的大小确定不同危机预警级别的临界点。比如，危机发生的可能性很大就发出红色警报，表明要高度警惕危机的发生。可能性大小也可以精确地用概率来表示。例如，可能性大要求概率在 80% 以上，有可能要求概率在 60%～80%。在具体的决策中，系统根据信号或指标的水平判断危机警报的级别和是否发出危机警报。

（4）警报系统。警报系统的功能是向危机管理小组成员和危机的潜在受害者发出正确无误的警报，使他们采取正确的措施。警报系统要告诉相关人员危机的来临，这就要求警报系统与危机管理小组成员和危机潜在受害者进行有效的沟通。

首先，警报系统要根据危机管理小组成员和危机潜在受害者的特点选择适当的警报，要求能被危机管理小组成员和危机潜在受害者迅速、清楚地得知。根据这个要求，危机管理小组成员和危机潜在受害者的分布限定在某个部分，可以采取针对局部的危机警报，以避免警报的范围过广而使不是潜在危机的受影响者感到恐慌或做出不必要的反应。危机管理小组成员和危机潜在受害者的文化水平和心理特点决定所要采取的警报，使警报能被他们清楚地理解。警报一般要简单明了，具有很强的感官刺激效应。

其次，对危机管理小组成员和危机潜在受害者进行教育和培训，使他们理解警报的内容。在大多数情况下，危机管理小组成员和危机潜在受害者，尤其是潜在受害者对警报所代表的含义只有大概的了解，有时会导致对危机反应的迟钝。因此，需要对危机管理小组成员和危机潜在受害者进行培训,使他们准确理解危机警报的含义。

3. 预警分析的策略

完备的危机预警机制不仅体现在危机预警系统的科学设计与动态优化中,还体现在对危机预警策略的灵活运用上。常见的预警分析策略包括如下几类[①]。

(1) 控制策略。控制策略是指在发现了危机的征兆后,在对可能引发危机的原因、条件、环境的分析的基础上,采取恰当的措施制止危机要素的继续发展和扩大,将危机征兆控制在安全范围内。实践中,大多数情况下危机的征兆都是不可能被彻底消除的,只要能将它的活动范围控制在相对安全的区域内,控制策略的目标也就基本达到了。较常见的危机控制策略主要有如下几项[②]。

① 远离最大的风险。如遭遇恶劣天气,飞机放弃飞行计划,就能有效地防止出现飞行失事的危机发生。

② 实施零缺陷管理。如海尔的 OEC(Overall Every Control and Clear)管理法。OEC管理法意为全方位优化管理法,是海尔集团于 1989 年创造的企业管理法。它被概括为"日事日毕,日清日高",即每天的工作每天完成,每天工作要清理并要每天有所提高。该法为海尔集团创造了巨大的经济效益和社会效益。

③ 与核心利益相关者的稳定互动关系,寻求最强有力的支持。

④ 迅速解决小问题。在危机的预警体系中,不可忽视任何所谓的"小问题"。事实上,迅速纠正这些"小差错""小问题"往往并不是太难,组织只要注意防微杜渐,完全可以有效地避免该类危机发生。

(2) 延缓策略。延缓策略是指当危机的诱发因素不在组织的控制范围之内,或难以消除、控制时,通过采取各种措施,尽可能地减轻危机爆发后可能造成的直接和间接的伤害,将其负面影响降到最低。延缓策略的采用往往意味着组织可以争取更多的危机处理时间和空间。在建筑物内设置隔离墙、在危机水岸修建堤坝都是危机延缓策略的典型应用。

(3) 转移策略。转移策略是指当诱发危机的要素很难排除,甚至缓解也十分困难时,组织可以通过将危机带来的风险转移给其他相关机构和个人的方法来减轻组织的危机压力。例如,在地震、洪水、火灾等公共危机中,地方政府一方面会迅速调配交通、医疗、卫生等部门协同处理与配合,另一方面还可以将险情上报国家有关部门,寻求支援。对于企业等营利性组织而言,购买保险、外包等管理手段也能起到转移危机的作用。尽管保险不能使企业避免危机,但很多已经形成的危机是可能通过保险削弱或者消除的。

(4) 教育策略。对于组织内外部的利益相关者进行危机教育,是危机预警工作顺利开展的重要基础。对外部公众的教育,尤其对于政府等公共领域危机而言,既可以为处于危机中的公众提供智力支持和精神动力,也可以唤起民众积极参与危机的责任感和自觉性,同时起到维护社会稳定的作用。对于内部成员的教育,可能加强他们的危机意识,提高他们应对危机的能力,减少危机带来的有形和无形的损害。危机教育的内容主要是有危机意识教育、危机防范教育、危机案例教育等。

---

① 余明阳.危机管理战略[M].北京:清华大学出版社,2009:34-35.
② 胡百精.危机传播管理[M].北京:中国传媒大学出版社,2005:155-156.

杜邦公司成功预测次贷危机

以生产黑火药起家的杜邦公司是道琼斯工业指数里最悠久的成分公司。20 世纪 30 年代的经济大萧条里,它依靠尼龙化纤和生物制药等产品与技术创新顺利度过危机;2007 年则是因为准确预测出新一轮经济危机即将来临,并积极应对从而规避了次贷危机的严重影响。

杜邦是如何发现经济会下行的呢? 这得益于杜邦公司不间断的安全文化建设给决策者和员工带来的安全意识或风险意识。

依照杜邦公司的商业战略议程,它每一年都会确定"全球大客户拜访计划"的具体对象。2007 年 10 月杜邦董事长兼 CEO 艾伦 · 库尔曼(Ellen Kullman)按照日程安排前往日本拜访大客户时敏锐地发现一些迹象表明市场会急转直下,在随后的返航途中即刻安排公司决策层紧急会议,第二天清晨 7 点召开的杜邦最高会议上,决策层就做出了"危机在即"的判断。

为了进一步核实这个判断的可信度,杜邦公司相关部门继续收集和汇总信息,CEO 等决策者仔细思考后,发现两个重要信息的变化值得重视:①杜邦公司总部所在地特拉华州威尔明顿市的酒店空置率在过去 10 天内激增 30%,该地区是众多大公司如摩根、沃森集团的总部所在地;②汽车涂漆订单出现不同寻常的枯竭现象,美国汽车市场有 30% 的车辆采用杜邦涂料,一般情况下是货到两天后就会有新订单,但这段时间的订单数量突然枯竭。

根据上述两个指标的变化情况,核心决策层断定变局正在发生,遂立即启动最高会议,制定好特别针对流动性的危机应急措施,要求相关机构快速行动,具体行动方案包括如下。

(1) 立即实施应对方案,CEO 和财务总监、运营总监一起,分别和最高一级的 14 个主管个别谈话,详尽讨论了应对方案及其落实行动,强调对局势的艰难要做长期打算,不可盲目乐观。

(2) 尽力控制支出,尽一切努力留存现金,并努力拓宽信用资源,以备不时之需,完全遵循巴菲特所说的:"我们只信上帝,其余请付现金"准则。

(3) 取消不必要的国际会议、差旅和咨询项目,中止和第三方的服务合同等。

(4) 开展公司高层与骨干队伍之间坦诚交流的活动,并以召开全体大会的形式要求全体员工做好心理准备,群策群力共渡难关。10 天之内,杜邦公司有 6 万员工和上司在面对面沟通过程中,提出了许多共渡难关、节省费用的合理建议,公司视情况进行了采用。

次贷危机爆发后,新世纪金融公司、德国工业银行、美国住房抵押贷款投资公司、贝尔斯登投资银行、法国巴黎银行、法国兴业银行、英国北岩银行、瑞士银行等金融机构遭受重创,有的破产清算,有的被并购重组退出市场,但各种版本的"危险的大公司"名录上都没有杜邦公司的踪影。

这一事实说明杜邦公司的安全文化建设不仅体现在安全生产领域,也间接促进了杜邦公司的常态化危机管理,其高层管理者眼光敏锐,对危机初始敏感条件发现和遏制手段非常果断。这一案例进一步突出了风险意识、危机意识、安全文化对组织危机预防或预警的关键性作用。

7.1.3　实施预控对策

企业危机预控是指根据预警分析的活动结果,对企业组织可能出现的危机事态进行早期矫正与控制的管理活动。发出危机警示并不是危机预防管理的根本目的,对危机进行有效的预控才是危机预防管理的根本目的。预控对策的活动内容包括以下几点。

1. 思想准备

企业的每一个员工都要从思想上做好应对各种危机的准备。这就是我们通常所说的要具有"防火"意识。在日常工作中,企业员工尤其是管理者、领导者要在高度警觉的"防火意识"支配下,尽力协助、指导有关部门科学地设计生产工艺、科学配方,把好原料质量关,搞好生产调度安排,加强企业的安全保卫工作和财务管理,完善售后服务制度等。要使组织的员工具有应对各种危机的思想准备,关键是要开展各种危机教育,让全体员工都了解危机的特征和危害,使全体员工都具有一种危机感,并由此增强他们的危机意识,帮助他们形成优化自身行为、预防各种危机的思想。

为了使企业员工的危机意识成为企业危机管理的基础,并使之经常化、制度化,就必须做到以下几点。

(1) 坚持危机观念教育。英国著名危机管理学者迈克尔·里杰斯特在《危机管理》一书中明确指出:"不管对危机的警戒和准备是自发的,还是法律所要求的,危机管理的关键是危机预防。"如果人们察觉不到危机感,就必须创造一种环境,让他们产生不稳定感,不能让他们麻木不仁。因此,企业要让每一个员工都从思想上做好应对各种危机的准备,树立全员危机意识。而这一切的关键是要开展各种危机教育,让全体员工都了解危机的征兆和危害,使全体员工都具有一种危机感,帮助他们形成优化自身行为、预防各种危机的意识和能力。

🔍 小案例

华为的冬天

公司所有员工是否考虑过,如果有一天,公司销售额下滑、利润下滑甚至破产,我们怎么办? 我们公司的太平时间太长了,在和平时期升的官太多了,这也许就是我们的灾难。泰坦尼克号也是在一片欢呼声中出的海。而且我相信,这一天一定会到来。面对这样的未来,我们怎样来处理,我们是不是思考过? 我们好多员工盲目自豪,盲目乐观,如果想过的人太少,也许就快来临了。居安思危,不是危言耸听。

十年来我天天思考的都是失败,对成功视而不见,也没有什么荣誉感、自豪感,而是危机感。也许是这样才存活了十年。我们大家要一起来想,怎样才能活下去,也许才能存活得久一些。失败这一天是一定会到来的,大家要准备迎接,这是我从不动摇的看法,这是历史规律。

华为公司老喊狼来了,喊多了,大家有些不信了。但狼真的来了。今年我们要广泛展开对危机的讨论,讨论华为有什么危机,你的部门有什么危机,你的科室有什么危机,你的流程的那一点有什么危机。还能改进吗? 还能提高人均效益吗? 如果讨论清楚了,那我们可能就不死,就延续了我们的生命。怎样提高管理效率,我们每年都写了一些管理要点,这些要点能不能对你的工作有些改进?如果改进一点,我们就前进了。

(2)坚持危机案例教育。坚持危机案例教育也是树立员工危机意识的有效途径。危机管理专家K.米斯拉曾指出了危机案例学习的三个重要来源:过去企业经历的危机、同行业内其他企业发生的危机和类危机事件。类危机事件是指如果企业没有采取干预以限制各种潜在危机事件,那么它们就会导致更大危机。

用本企业或其他企业的危机和类危机事件案例进行教育,可以使员工更深切地认识到危机的巨大危害,从而大大提高企业上下的危机意识。对中国企业而言,今后应当加强市场危机、财务危机方面的案例教育,使员工看清个人利益与企业经营危机的关系,从而促进员工搞好本职工作,关注企业经营,这将有助于提高企业经营管理水平,避免危机发生。同时,一旦发生危机,则能同舟共济,战胜危机。

(3)坚持模拟危机情境教育。为了树立企业员工的危机意识,有时,企业还可以在安全环境下采取主动制造危机的方法对员工进行模拟危机情境培育。该方法的基础是实验论,因为当我们讨论未来却无法获得"现实"的证据时,模拟危机情境锻炼法可以首先通过思想意识中的虚拟证据,在思想实验中检验假设,然后根据这些思想实验来进行有的放矢的危机管理。说得具体点就是:企业管理层要不断提醒员工,企业可能会倒闭,他们可能会失去工作。这样可以激励他们尽其所能,不会松懈自己的工作。

🔍 小案例

高速公路安全生产事故综合应急演练

此次安全生产事故综合应急预案桌面演练,是以京珠北高速公路隧道火灾导致隧道塌方事故为情景事件展开的。以京珠北乌坑坝隧道北行入口10米左右主车道一辆货车着火为诱因,采取视频与幻灯片配合讲解词、根据情景事件提出问题并由参与单位现场解答或对答的方式进行。根据灾情的类别,分为两个阶段:①火灾处理阶段,此阶段主要通过幻灯片、视频展示处置过程。发现火情后,监控中心马上上报京珠北应急办公室,启动Ⅳ预案,用隧道语音系统,指导司乘人员利用隧道内灭火器、消防栓等消防器材灭火,通知路政、交警、消防、救护等单位赶赴现场;交警、路政派员实行交通管制,在乳源和东田收费站进行分流,引导滞留在隧道内的车辆和人员采取安全防护措施,有序撤离火灾现场;消防大队派员前往火灾地点侦查火情后,立即展开救援工作,全方位开展消防灭火;医护人员赶往火灾现场,察看人员伤亡情况,救治伤员。②隧道塌方处理阶段,此阶段主要采取问答的方式进行。各参与单位根据演练设定的情景,按照有限的信息和资源进行决策,根据现有预案和能力进行响应,在火灾救援过程中,发现着火点附近有隧道塌方,京珠北应急办公室立即将事故情况逐级上报,启动Ⅰ级预案,相关单位领导及职能部门人员就设定情景提出的问题做出回答。工程抢险组调集人员、设备到一线进行勘察,制订救援方案,利用大型机械设备清理坍塌物,抢救被掩埋的车辆和人员,并对隧道塌方进行临时支护,消除隐患;交警、路政对事故现场进行详细勘察取证;拯救车辆实施拖车作业,将事故车拖离事故现场。参与演练的人员分工明确,各司其职,演练过程秩序井然、有条不紊。

（4）坚持员工危机管理知识培训。任何企业的经营管理都是通过员工的行为来实现的，因而有必要对企业员工进行危机管理知识培训。有学者指出，"员工培训是企业风险最小、收益最大的战略性投资"。企业管理者应该未雨绸缪，在危机发生前就对员工进行危机管理方面的培训，培养危机意识并训练危机反应能力，在企业中营造一个"危机"氛围，使企业经营者和所有员工面对激烈的市场竞争，充满危机感，了解企业有发生种种危机的可能性，用危机理念来激发员工的忧患意识、合作意识和奉献精神。

2. 组织准备

（1）危机管理人员的确定。危机管理组织的人员可包括各部门的抽调人员，如生产管理人员、销售推广人员、技术人员、公关人员和质管人员等，甚至可以接纳消费者为热线接线员，因为这些人信息最灵通，他们在危机预控上有时能起到举足轻重的作用。人员确定之后应立即对危机管理人员进行专门培训，不断提高他们预防和应对危机的实战能力。如可口可乐公司的公关危机管理部就是一个常设机构，他们在处理危机事件中发挥着不可估量的作用。

（2）危机管理机构的设置。企业危机预警管理应是经常性的工作，这是因为现代企业中广泛存在着各种可能的企业危机。危机预警管理的日常性，决定了危机预警管理不能只是应急，而应该是不断地长期进行。因此，设置企业危机日常管理机构对企业的危机预控是非常必要的。正如英国危机公关专家迈克尔·里杰斯特所说："任何公司都需要有危机管理的措施，唯一不同的是根据组织的性质和大小，其实施情况有所变化。无论怎样，我们都要抓住问题的关键，那就是组建危机管理小组来制定或审核危机处理方案及其方针和工作程序。"危机日常管理机构的设置，不仅可以向组织内外公众表明企业认真负责的管理态度，而且可以由其承担危机的日常检测、识别、诊断、评价和预警、预控工作。

危机管理机构的主要工作职责包括如下。

① 预测可能出现的公关危机；

② 制定危机防范的方针和政策；

③ 制定危机处理的策略和步骤；

④ 指导与监督整个企业各部门企业危机预防管理的措施；

⑤ 编制企业危机管理的经费预算；

⑥ 对全员进行企业危机教育培训；

⑦ 对公关危机处理进行指导和咨询等。

因此，企业危机管理机构的设立，是进行企业危机预警管理的重要保证，也是进行企业危机管理行之有效的机构。

💻 **小贴士**

危机管理小组成员的特征

根据迈克尔·里杰斯特的总结与归纳，他认为危机处理小组成员的组成特征如下。

（1）点子型，积聚富有创造性的专门人才，不断提出新建议与新点子，使危机公关方案不断丰富完善；

（2）沟通型，起承上启下的沟通协调作用以及与新闻媒体的融洽合作，使各方交流通畅；

（3）"厄运经销商"型，能够运用逆向思维，从而不断提出修正意见，尽量考虑完善；

（4）记录型，善于总结完善，形成文字文案；

（5）人道主义型，充分以人为导向，倾向于顾客利益至上，真正为社会大众和利益相关者着想，这正是危机处理获得成功的最基本条件。

那么，吸收哪些人以及多少人进入危机管理小组才是最合适的呢？劳伦斯·巴顿认为一个典型的危机管理小组应该包括一名律师、一位公共关系经理、来自公司各部门的几名技术人员、一名财务或控制经理、一名信息技术经理和一名公共事务专家。杰佛里·R.卡波里格罗认为危机管理小组应该包括以下人员：CEO（首席执行官）、高级营销人员、高级公关人员、公司分支机构负责人、质量担保经理、工厂经理、CFO（首席财务官）、首席法律顾问、公司外部法律代理人、来自公关或危机管理公司的高级顾问、会议期间整理谈话资料的高级经理助理等。由此可见，危机管理小组成员的构成尽管基于企业的规模、结构和危机类型的不同而有所差异，但一般都会包括决策者、部门负责人、技术人员、法律人士及公关人员五类人员，其他则可以依据具体实际需要再增加人员。一般少则10人多则上百人。小组的规模不能太小，否则不能保证人员的广泛参与和获得充分的建议，同时规模也不能太大，过大会影响信息交流和执行。一般来说，一个中等规模的危机小组应该控制在8～20人。小组成立后应该经常在一起进行信息交流，根据各成员所提出的问题进行讨论。在危机发生前至少要保证每两个月召开一次全体会议，而危机发生时，则可能一天就要召开几次会议，这样就有利于真正做好危机管理的防范工作。如韩国LG重组部门有60人，三星集团有80人，而SK集团大约有90人[①]。

对大中型企业来说，设立危机管理机构——危机管理委员会，是比较可行的做法。危机管理委员会的人员一般应包括企业管理层、人力资源经理、工程管理人员、保安部门人员、公关部门经理、后勤部门的相关领导。如果企业有分支机构或子公司，则每个分支机构、子公司都应向委员会派一名代表，以便公关危机发生时都能迅速在各地协调行动。特别是当分支机构也都生产同样的产品，使用同样的质量标准、同样的购销渠道，具有同一企业形象时更有必要。通过这个委员会迅速传递信息，把企业危机的损害控制在最小的范围内。

（3）危机管理制度的制定。制度是用以规范人的行为、保证方针政策得以实施、实现企业良性运营的各种约束性规则。在企业危机管理中，为了有效地实现危机的预警工作，企业必须建立、健全相应的危机制度。危机管理制度，既可以用来约束企业员工的公共关系行为，也可以用来保证企业危机管理方针、政策、措施的有效实施。在当前一些企业管理者和员工危机意识不强、危机预警的思想意识淡薄、控制和处理危机的措施极为不力的情况下，强调建立危机管理制度是非常必要的。当然，建立危机管理制度还需要制度的具体执行和对执行情况实施检查。否则，危机管理制度就起不到任何作用。

（4）危机应急队伍的训练。如果危机应急人员没有足够的冷静、足够的技巧、足够的

---

① 熊卫平.危机管理：理论·实务·案例[M].杭州：浙江大学出版社，2012：100.

公关应变能力,是很难处理好企业危机的。因此,拥有一支训练有素的危机应急队伍,以应对各种突发性事件,在危机来临之际帮助企业顺利渡过难关,也是确保危机管理组织良性运转的重要方面。由于危机处理是一项专业性很强的公共关系实务,涉及面很广,不仅需要参与者具有各类危机事件处理的专门知识,而且需要参与者具有善于处理危机事件所涉及的各种公共关系和媒介关系的才能。在特定的情况下,还可能需要参与者具有应急作业的本领。所以,企业应时刻注意加强对危机应急队伍的训练。对危机应急队伍的训练一般应抓好以下几件事。

① 进行公关专项培训,提高公关能力;
② 进行应对危机事件能力的培训;
③ 进行危机事件的应对策略的培训;
④ 学习危机处理的成功与失败案例,让其从中汲取经验和教训;
⑤ 进行综合性的模拟演习。

3. 条件准备

危机的预防和危机事件的处理都离不开必要的物质条件。准备好各种物质条件,为危机的预防和处理提供必要的物质保证,是危机预防管理阶段的一项重要的基础工作。在危机管理中,一般需要准备的条件大致可以分为三类:①危机管理经费的准备。危机管理离不开充足的经费支持。②危机管理设施的准备。预防管理阶段,一般应有开展危机监测的各种工具和危机信息处理的各种工具。在危机事件处理中,所需的硬件设施也是比较多的,这些硬件设施同样平时就要有所准备,并要安排有关人员学会其使用操作,这些硬件设施主要包括:复印机、传真机、能收发电子邮件的计算机、连通内线和外线的多部电话机、移动电话、数码摄像机等。③危机管理信息资料的准备。每一个企业需要有重要的内外公众的基本情况、企业基本状况等能随时取用的书面材料,这些资料要归类存档,以便查询,使企业尽快地解决危机。

4. 基础工作

预防企业危机的基础工作是十分重要的。危机"病毒"是普遍存在的,它环绕在企业周围,每时每刻对企业都构成威胁,任何企业想战胜危机,超越危机,就必须努力增强自身的"免疫力",苦练内功,夯实基础,正所谓要打造转危为安的方舟,就必须有厚积薄发的底蕴,企业只有做好各项基础性工作,才能保证企业的效率高、质量优、服务好、效益大,才能增强企业对环境的适应能力和竞争能力,使企业管理系统有序地进行,减少和消除企业所存在的"危机"。为此企业要不断强化危机意识,全面提高员工素质,加强与各类公众沟通,建立"揭短露丑"的信息反馈系统,严格执行科学的管理制度,保证良好的产品质量和服务质量,及时理顺公众情绪,防止因一些枝节问题引发企业危机。

5. 危机处理

危机处理只是一种"例外"性质的"预防"对策,即只有在特殊情况下才采用的特别管理方式。它是在企业管理系统已无法控制企业状态的情况下,以特别的危机处理措施,介入企业的危机管理过程中,一旦危机事件解决,企业形象得到恢复,危机处理的任务便告完成。实际上，从某种意义上说危机预防才是危机对策中的上策，"预防是解决危机的最好方法"，危机处理是不得已而为之的下策，无论何时"防患于未然"都是具有重要意义的。

6. 坚持创新

现在仍有很多企业缺乏危机意识，故步自封，不思进取，还寄希望于用过去的思想和方式去适应现代市场，这样肯定是不行的。市场环境、消费者结构、生产手段、盈利模式、供应渠道等都在发生翻天覆地的变化。如果企业不进行变革创新，最终必会遭到市场的淘汰[1]。

中国著名财经作家吴晓波在厦门发表演讲，阐述了2015年是大企业危机年，对企业管理者带来很大的启示。他说，今天的中国，没有夕阳产业，没有传统产业，有的是生生不息的创新与对旧模式的颠覆。未来所有传统的制造业、服务业、金融业都将经历非常痛苦的转型和升级：制造业转型为"专业公司＋信息化改造＋小制造"；服务业转型为"重度垂直＋社区场景＋O2O"；金融业转型为"网络银行＋在线支付＋大数据管理"；消费时代突变为"年轻化＋小众圈层化＋跨界增值化"。如果企业能够在这一轮转型中胜出，将会看到一个焕然一新的中国。

7.1.4 制订危机管理计划

危机管理计划是给管理者提供对付危机的"通用"方法，而不是处理所有危机细节的完全手册，因为企业不可能写一个危机管理计划来处理每一个危机，何况几乎没有一样的危机。一个好的危机管理计划能够让危机管理小组在面对特定危机时，知道如何采取特定的方法处理危机，危机管理计划规定了危机中各个危机管理小组成员和企业各部门之间的分工，一旦发生危机，每个部门和每个人就能很快地根据危机管理计划的要求承担自己的职责。危机管理计划指明了危机所需资源的最佳配置，危机管理所需的资源可以以最佳的方式获得，可以减少危机事件管理中出现的不合理行为和违背全局观念的行为，使危机管理行为更加科学化、合理化。

1. 危机管理计划的基础

在对可能遇到的各种危机事件做出科学预测的基础上，就可以考虑有关危机管理措施，并拟定一旦发生危机后企业所应采取的有效对策。这是危机管理计划制订的基础，它是一项相当繁杂的工作，事涉方方面面。一般来说，应着重考虑以下几点。

(1) 危机管理机构的组成。如是否需要成立危机管理委员会；这一危机管理委员会由谁领衔，有哪些人员参加，与原有的各级机构是什么样一种关系；危机管理委员会下面设立哪几个工作小组，各具有什么职责，并通过什么样的运作模式把这一管理渗透到最基层的部门，等等。管理机构问题不解决，有效的危机管理显然只能是一句空话。

(2) 制定危机防范措施。这包括两个方面的内容：一是对本组织内部有可能引发企业危机事件的各种"隐患"环节提出整改建议，如产品质量监控、广告图文审核等，力求从组织内部切断危机的"火源"；二是设计一个企业危机的预警系统，对几十种极有可能触发企业危机的各种信息，有效地进行监控并做出反馈。其目的都是把许多危机消灭在萌芽状态，

① 王蕊婷.企业危机解决之道——以近年来企业危机为例[J].中国集体经济,2016(7)：61.

乃至根本不让它发生。

（3）拟定危机处理对策。既然企业危机随时可能发生，组织就必须事先拟定出危机一旦发生后的应对策略和措施，如发生什么样的危机由什么人员（或工作小组）处理，怎么处理，怎样沟通，等等。这些危机处理对策，应该分门别类，相当细致，凡是预测中有可能发生的危机事件，均应拟定相应的对策，做到未雨绸缪，有备无患。同时，这些对策不是纸上谈兵，必须一切从组织的实际出发。具有很强的操作性和可行性，能被组织的有关人员贯彻和执行。从这一点上说，危机处理对策的拟定，乃是危机管理计划制订中难度最大、费神最多的工作，必须认真对待，不可掉以轻心。

（4）确定危机发生时所有员工必须共同遵守的准则。组织所拟定的危机处理对策，实际已包含了有关准则在内。但由于这些对策分门别类，内容较多，且有些对策只针对某些特定时间和特定部门，要求所有员工都能掌握，既不现实，也无必要。所以，需要另行确定若干在危机期间所有员工必须共同遵守的准则，如怎样采取行动，怎样应对外界的询问，等等。这对组织有效的危机管理大有帮助。须知，有些企业危机的引发和扩散，有时就是某一组织个别员工言行不慎而造成的。

此外，要保证上述方案落实的相关措施如经费预算、员工培训、危机演习、监督执行、奖惩条例，等等。

2. 危机管理计划的要素

一份完整的危机管理计划，一般由以下要素所组成。

（1）标题。危机管理计划的标题比较简单，一般只要写明某某社会组织的"危机管理计划"即可。需要提醒的是：标题下面应表明这一计划制订的时间和版本，如"2008 年 8 月·第一版"。这是因为，一个组织的危机管理计划，其制定完成后并不是一成不变的。它在执行过程中需根据外部环境和组织自身的情况的新变化而不断地进行修正。从常规情况看，一个组织的危机管理计划，一般每过两三年就应该修订一次。所以，注明时间和版本就是必需的。否则，不同的版本混淆在一起，执行时就有可能引起某种不必要的混乱。

（2）前言。危机管理计划的前言，主要是说明这一计划制订和执行的有关事项，包括：本组织制订危机管理计划的目的和出发点；这一危机管理计划的使用范围，以及执行的起始日期；这一危机管理计划的发放（阅读）范围和保密原则；员工对这一危机管理计划提出修订意见的反馈渠道；其他需要特别提示的事项。这几项内容中，应该予以强调的是危机管理计划的保密原则。尤其对于处于市场竞争中的企业来说，危机管理计划属企业的机密文件，一旦不慎流失，落入某些不择手段的竞争对手之手，很可能被对方寻找到这一计划中的"软肋"或不够完备的部分，来实施恶意攻击。所以，许多企业对本组织的危机管理计划都有比较严格的保密规定。这也就是一般局外人很少能看到某一企业危机管理计划的原因所在。对此，初涉这一工作领域的公共关系从业人员应特别注意。

从文字上说，前言部分应力求简单扼要，把要说明的事宜交代清楚即可，不必过分展开，以免显得累赘。

（3）危机管理政策。所谓"危机管理政策"，表明的是一个社会组织（尤其是组织的高层领导）对危机管理的基本态度。有的公关人员可能对此不太理解：某一组织制订危机管理计划这一行动，不是已经表明了这一组织对危机管理的重视，何必再来一个"危机管理政策"？其实不然。同样是制订危机管理计划,应对各种危机,组织的基本态度仍有主动和被动、积极和消极之分。其中,还有一个价值取向问题,即当危机发生时,是从维护组织的良好形象和声誉出发,坚持把公众利益、社会责任放在第一位,还是只考虑控制眼前的经济损失,文过饰非,一味护短,隐瞒真相,推诿责任? 诸如此类,均应在"危机管理政策"中有一清楚的阐述,并将其化为这一组织所有干部员工的共识。显然,只有指导思想和基本态度明确了,危机管理计划中的许多具体措施才能真正落到实处。

（4）危机定义和分级标准。危机管理计划的一个重要功能,就是有效地防范和处理各种危机事件。但这必须先解决一个前提性的问题:对某一特定的社会组织来说,究竟哪些事件构成了危机,从而需要启用危机管理工作程序? 同时还有一个附带性的问题:危机事件形形色色,大小不同,影响各异,如何来区分它们的不同程度,以分别应对? 这似乎仅仅是一个概念的甄别问题。但这一问题不解决,在具体管理和处理过程中就难以把握尺度,并容易造成应对措施上的某种混乱。所以,在危机管理计划中,有必要从制订这一计划的社会组织的实际情况出发,对危机有一较为确定的定义,并对可能遭遇的各种危机事件进行分级,从而保证实际操作中的有效管理。应该注意以下两点:①凡这一组织有可能预见的重要危机事件,应尽可能列入其中,不留空白点;②危机事件的分级应力求层次分明,界限清晰,彼此不发生交叉。否则,一旦有事,当事者将无法进行判断。

（5）危机管理机构及其职责。危机管理作为社会组织的一项特殊管理功能,需要有相应的管理机构来负责具体运作和执行。在危机管理计划中,对此必须有所明确,并应单独列为一个部分加以阐述。危机管理机构的设置,不同的社会组织也有不同的做法,如有的社会组织成立危机管理委员会,下设危机管理办公室或危机管理工作小组,并配备至少一名专职人员。有的社会组织则只有一个危机管理领导小组,不设专门的危机管理执行机构,具体工作交由公共关系部门负责处理。有的社会组织甚至就以公共关系部门代行危机管理机构职责,负责危机管理的全部事务。对这些不同的做法,难以简单地判断其优劣。但在考虑危机管理机构的设置时,以下几点是应该予以注意的。

① 对于一个危机事件以往较为频繁、今后仍有可能经常发生的社会组织来说,在组织最高层组建一个危机管理委员会(或危机管理领导小组),作为危机管理的决策和领导机构,是很有必要的。这不仅是表明组织领导层对危机管理工作的高度重视,而且便于危机管理工作的实际运作,具有操作层面的意义。因此,这一危机管理委员会(或危机管理领导小组),一般应由组织的主要领导人领衔,其成员则应包括与危机管理工作相关的各部门负责人,既具有权威性,又具有操作性,可保证各项工作真正落到实处。

② 对这样的组织而言,应该有一个危机管理办公室(或危机管理工作小组),作为危机管理的执行机构。这不是说公共关系部门不能承担危机管理的日常事务,问题在于,许多危机事件虽属组织的形象和信誉危机,但事件的起因和解决却涉及组织的其他一些部门。因此,危机管理执行机构,就不能仅仅由公共关系部门的人员组成,而应包括市场、销售、质检、法务等相关部门的人员,必要时还可外聘有关专业人员担任特别成员。这些人员虽行政上分属各部门,但作为同一危机管理执行机构的成员,可通过定期召开例会,分析情况,交流信息,提出建议。如此,一旦危机真正发生,彼此才能协调一致地开展工作,不至于发生扯皮现象。

③ 从组织精简机构的原则出发,组织的危机管理执行机构可以是一个非常设部门,其成员基本上都属兼职。但从危机管理的规范要求来说,这一危机管理执行机构应至少配备一名专职人员(可从公共关系部门人员中选定),专门处理危机管理方面的日常工作。有这样一种误解:危机管理人员只有在危机事件发生后才有用武之地,平时没事可干。其实是大谬。事实上,危机管理的主动性,恰恰体现在日常对各类危机事件的防范和预警上。如果不配备专职人员专门搜集有关信息,做好各类情报资料的整理和分析工作,及时发现危机隐患和危机先兆,则不仅有些可以避免的危机未能避免,而且一旦危机发生,组织也只能被动应对。由此造成的损失,远远高过配备危机管理专职人员的工资成本。

④ 危机管理机构的运作系统和管理职能必须尽可能渗透到基层部门,尤其是最易引发危机事件的销售、服务第一线,力求将许多危机事件消弭在萌芽状态。至于采取什么方法,可根据组织的原有运作系统而定。但在危机管理计划中,对此也应有明确的设定。

(6)危机预警工作程序。危机管理的要义并不仅在于对已发生的危机事件的处理,而首先在于对可能发生的各类危机事件的防范和预警,争取让它不发生,或尽可能缩小其影响范围,减弱其对组织有可能造成的损害。即便这一事件最后不可避免,也因为事先把握了其先兆,从而做到心中有数,并做好各种准备,从容应对,使这一危机事件的负面影响得到有效控制。

这就需要开展危机的预警工作,设计一个可操作的预警工作程序。在危机管理计划中,这也是非常重要的一个内容。

危机预警的核心工作,实质就是对各种危机信息的检测和分析。所以,在撰写"危机预警工作程序"时,应按照逻辑顺序,分别阐明以下三方面内容:①所需监测的危机信息的范围;②由谁来监测这些信息,并进行整理和分析;③所监测到的危机信息如何处理。其中,最为关键的是第一条,即把哪些信息作为危机预警系统的监测重点。监测方面如果发生了偏差,则预警系统也就失去了应有的效用。

(7)危机事件处理程序和实施细则。人们常说,危机管理的最高境界是不让危机发生。这话固然不错,只可惜最高境界往往只是理想境界,真能达到这一境界的社会组织恐怕微乎其微。所以,尽管加强了日常管理并采取了各种防范措施,但危机的发生仍然不以人的意志为转移,再成功的社会组织也概莫能外。于是,当各种突发性的危机事件一旦发生时,组织方面采取什么样的对策,通过什么程序进行有效处理,就是社会组织在实施危机管理时必须重点考虑的问题。"危机事件处理程序和实施细则"这一部分,所要阐明的正是这一问题。在实际撰写中,这一部分内容的表述,必须同时具备以下几个特性。

① 全面。即所拟写的危机处理的程序和实施细则,必须能包容这一组织所有可能发生的危机事件,并根据各类危机事件的不同性质、不同程度,分别拟出具体对策。这一问题在前期工作中应该已有研究,并予以大致确定,但真到下笔之时,仍然有一个艰苦的梳理过程。

② 细致。即所拟写的危机处理的程序和实施细则,必须力求细化,设计出危机事件发生后所应采取的每一个步骤和每一个操作环节。比如,对某一生产日用消费品的企业来说,一旦发生消费者因产品质量而致伤致残的事件,企业的哪一级应该在什么时间内做出第一反应,什么人去医院探望受害者,什么人去现场了解情况,什么人负责应对政府有关部

门和媒介的质询,以及每项工作应该按照什么步骤进行,均需一一写明,从而使这一企业的所有领导员工都清楚地知道,遇到什么样的危机应该按照什么样的程序和实施方法一步步正确应对。正如某一知名企业总裁所要求的,危机管理计划的这一部分应该达到这样的效果:只要背熟相关条文,一旦遇到危机,企业任何一名员工都知道什么情况下该怎么做!

③ 可行。即所拟写的危机处理的程序和实施细则,必须在实践中具有可操作性。这要求撰写者十分了解这一组织的运作情况,熟悉企业管理的一般流程,并具有一定的危机事件处理的实务经验,从而能够真正从实际出发,来设计和拟写每一个操作细节。这里,应摒弃任何理想化和想当然的东西。如"按道理应该这么做",却没有考虑"实际上能否这么操作"的不切实际的条文,或明显是照套其他社会组织的一些成功做法的条文,只能算做某种仅供观赏的游戏文字!

④ 明确。即所拟写的危机处理的程序和实施细则,必须在用词上非常准确和明确,避免出现某些模棱两可或容易产生歧义的词语,让人在执行时无所适从。在有的危机管理文案中,人们也许可以看到这样的规定性文字:"一旦发生××危机事件,××部门人员应立即向公司危机管理办公室报告"。细细琢磨,这段文字所要表述的意思很不明确。首先,"立即"是一个很含糊的时间概念。究竟什么才算是"立即"?是半小时内,还是两小时内,抑或是 6 小时、12 小时内?其次,即使明确了这里的"立即"是指两小时之内,还有一个从什么时间开始计时的问题:是从危机发生之时开始起算,还是从有关人员获知危机发生的消息后开始起算?如不加以明确,在实际操作中就很难掌握。又如,许多人撰文时喜欢使用"原则上""一般情况下"之类的词语,而在拟写危机处理的程序和实施细则时,这类词语应尽可能不用或少用。因为用这样的词语来陈述某种管理制度和规定,就意味着默认了许多例外的不在这些制度和规定使用范围内的情况,也给人们不按这些制度和规定执行,留出了相应的空间。这在需要快速反应的危机事件处理中,往往容易产生各种弊端。在特定情况下,如果考虑可能存在某些规定不能涵盖的例外情况而不得不使用"原则上""一般情况下"这一类词语时,则请注意:在如此陈述某一规定时,必须明确例外情况的认定部门,即只有经过什么部门的认定和统一,有关人员才可以对例外的情况进行变通和处理。诸如此类的例子还有很多,撰写者在下笔时当千万谨慎。

(8)危机信息控制和新闻发言人制度。企业危机作为组织的信誉危机和信任危机,其形成的原因,除了突发的某一意外事件这一"导火线"外,各种信息未加控制地无序传播是非常重要的一个方面。往往有这种情况:所发生的意外事件本身并不严重,甚至也不是某一组织自身的原因所致,却由于没有处理好信息控制和信息发布事务,加上组织的某些员工随意对事件发表猜测性的言论,致使社会上以讹传讹、流言四起,而一些新闻媒介因无法从正常渠道得到消息,也难免道听途说,抓住一点,不及其余,大肆渲染,推波助澜。结果,一件本来并不大的事情却有可能酿成一场重大的企业危机,使组织的形象和信誉受到严重打击。这方面的教训很多,不一一枚举。所以把危机事件发生后的信息控制和信息发布(即危机传播管理)视为危机管理的重头戏,甚至把它等同于危机管理。这一看法不是没有道理。正如我们所了解的,一些能够很好地化解某一危机事件的社会组织,往往就是因为在危机事件发生后的信息控制和信息发布方面采取了正确的策略和步骤,从而保证了组织形象和信誉未受到大的损害。为此,在危机管理计划中,有必要对危机事件发生后的信息控制和信息发布工作拟订一份专门的实施方案。这也就是某些专家所说的"危机传播计划"。这一方案的主要内容包括如下。

① 危机期间的信息控制。即规定：一旦发生危机事件，什么部门和个人才能代表组织对外发布信息，并回答外界的询问，以及除此以外的组织成员应该如何应对外界的询问。其目的是保证组织始终以一个声音对外说话，防止信息的交叉、混乱和无序传播。这其实也是平时公关关系传播所应遵循的原则，只是在危机期间更应该严格控制每一细节。

② 危机期间的信息发布。即规定：一旦发生危机事件，如何根据危机的不同情况，选择合适的实际方式向社会公众发布有关信息，发布什么样的信息，以及如何与新闻媒介进行沟通，如何做好事先准备和事后监控工作，等等。危机期间的信息发布，包括召开新闻发布会，向新闻媒介供稿，接受新闻记者采访，以及在有关媒介上刊登公告、启示、声明等，其一般操作流程与平时的信息发布并无大的区别。但危机期间组织必须做出的快速反应，使这一信息发布工作不可能有平时那样从容的准备时间。如果简单地套用平时的操作流程，则难免误事。所以，必须根据快速反应的要求，设计一套信息发布的应急程序，并事先准备好有关文本（如公告、声明）的样本，一有需要，即可发布。

应该说明的是：并不是所有的危机事件都必须在信息发布方面做出快速反应的。有的危机事件只发生在一个很小的范围内，事态并不严重，且经过严格的信息控制，不至于发生信息无序扩散的现象。如此，组织方面就没有必要急于向外发布有关信息。否则，不啻是自己给自己做负面宣传，制造舆论危机。只有在下列情况下，组织在信息发布方面做出快速反应才是必要的：

事件发生在公众场合，知晓者较多，信息已无法有序控制。如果组织不尽快出面发布正式信息，表明态度，各种对组织形象不利的留言、猜测和议论将在社会上进一步蔓延，乃至事态本身有可能进一步扩大。

某些新闻媒介已经从非正规渠道得知和了解了事情真相。如果组织不尽快出面发布正式信息，提供有关情况和资料，马上会招来这些新闻媒介的公开质疑和批评，个别新闻媒介还有可能凭着道听途说和主观臆断而刊发失实的报道。

某些竞争对手可以挑起事端，暗中散布流言，给组织加上莫须有的罪名，对组织进行舆论攻击；或者，同类企业发生某些问题，可能累及本组织的社会形象和声誉。如果组织不尽快出面发布正式信息，澄清事实，社会公众中会出现大范围的对组织不利的联想和猜测。

对于这些事宜，在危机管理计划中均应一一明白地做出规定，以便执行。

③ 危机期间的新闻发言人。危机期间，为保证信息的有序传播，重视危机管理工作的社会组织，一般都指派专门的新闻发言人，以统一的口径对外发布信息。如果这一组织平时已设立新闻发言人制度，则可以由这位新闻发言人负责危机期间的信息发布事务，也可以因情况特殊而另行指定更高职务（或更有经验）的人员。如果这一组织平时未设立新闻发言人制度，则届时应指定专门人员来承担这一工作。无论如何，这一人选均应事先确定下来，并有所训练和准备。另外，危机期间的新闻发言人具体承担什么工作职责，新闻发言人与组织各部门之间如何协调，都应事先有所计划，并在计划中体现出来。

（9）危机管理工作的奖惩条例及其他。危机管理计划贵在落实，尤其是危机的预警、危机事件的处理以及危机期间的信息控制和信息发布工作，政策性和操作性都很强。而要保证计划中这些实施细则的真正落实,还必须有一定的配套措施,包括监督检查、奖惩条例和必要的演习工作。作为一份完整的危机管理计划,在这方面应做出相应的规定。

要强调的是:有关规定应尽可能明确,如各项危机管理措施的监督检查由哪一部门负责,具体标准如何掌握;危机管理的演习如何通知,如何组织,各部门又如何配合实施,均应有相应的条文说明。尤其是奖惩条例的拟写,更应力求细化,什么情况下惩罚,什么情况下奖励,奖惩的尺度如何把握,必须做出明确规定,切忌含糊其词。这样,执行起来才不至于产生异议。

(10)危机管理基本守则。在危机管理的整体计划中,诸如"危机事件处理程序和实施细则"这些部分的表述,均要求尽可能细化。但正因如此,其所含条文有时就难免较为繁杂,除专门人员外,组织的一般员工很难全部记住。在某些情况下,出于保密的需要,也不会将其发至组织的每一位员工。但危机管理又必须全员动员,全员参与,成为一种全员意识。所以,在制订危机管理计划其他文案的同时,有必要拟定一个比较简要、让人熟记能诵的员工守则,作为危机期间这一组织所有员工都必须遵守的基本原则。事实证明,这种带有"训诫""警示"性质的员工守则,在强化全体员工的危机意识、积极应对各类危机事件方面,往往能发挥较好的作用。

在不少社会组织中,这一守则,一般以"几要几不要"的格式加以表述,有的是"八要八不要",有的是"十要十不要",也有的是"十二要十二不要",没有成规,可视组织的具体情况和需要而自行酌定。唯应强调的是:无论几要几不要,每一条都应文字简明、指令明确、便于记忆和执行,切忌搞花里胡哨的文字游戏,让人不得要领。

📺 小贴士

企业危机管理的"十要"和"十不要"[①]

公司危机管理"十要":

① 要经常提高警惕,随时准备面对各类突发事件。

② 要事先确定和各类公众相处的策略,处理好各方面关系。

③ 一旦发生危机事件,要尽可能快速做出反应,冷静应付。

④ 在处理突发事件时,要把自己的一举一动看成公司的形象代表。

⑤ 要假设你对记者说的每一句话都将被报道出去。

⑥ 要及时和公司危机管理部门进行沟通,请求指导。

⑦ 如接到电话,要在记录所有询问的同时,记下对方的名字、电话和来电时间。

⑧ 要想方设法从各种渠道搜集和掌握第一手材料。

⑨ 即使对方怒气冲冲,也要尽可能谦逊、礼貌和友好。

⑩ 要把事件发展的每一过程记录在案,以备查考。

公司危机管理"十不要":

① 一旦发生突发事件,不要犹豫不决而耽误了处理的最佳时间。

① 叶茂康.公共关系写作教程[M].上海:复旦大学出版社,2003:128-129.

② 在没有充分了解事情真相的情况下,不要对事件本身作任何推测和判断。

③ 不要向任何人提供未经公司危机管理部门认可的信息。

④ 不要未经请示就擅自行动,破坏公司的整体计划。

⑤ 在没有确切把握的情况下,不要轻率地回答任何问题。

⑥ 在责任未明的情况下,不要随便向任何人表示道歉。

⑦ 不要强求新闻媒介一定刊登什么或者不刊登什么。

⑧ 对初识者,不要轻易展示你在公司的真实身份。

⑨ 如公司方面确有过失,不要强词夺理,导致矛盾进一步激化。

⑩ 在任何突发事件中,都不要丧失你的冷静和勇气。

⑪ 附录部分。

主要提供危机管理计划的各种附加文件,通常包括:业务流程图、工作联系表、报告表、申请表、信息登记表、监控表、情况变化记录和术语释义对照表,等等。

3. 制订和使用危机管理计划的要求

(1)系统地收集制订危机管理计划所需要的信息。系统地收集信息是制订危机管理计划的基础,在制订危机管理计划之前就要明确这个观念,企业如果没有系统地收集制订危机管理计划所需要的信息,危机管理计划就不可能考虑危机中的各种情况,也就是在危机管理计划中采取相应的对策,导致危机管理工作的疏漏,这样的危机管理计划是不完全的。信息收集不全的原因很多,如对危机影响的评估不够充分,对企业自身的信息反映不充分,企业环境的变化难以预测或没有对其进行预测等。

(2)使危机管理计划执行者了解并切实理解计划的内容。危机管理计划执行者只有了解并理解了危机管理计划的内容,才能将危机管理计划付诸实施,危机管理计划才有现实意义,否则危机管理计划只是一堆废纸而已。"两张皮"是企业中并不鲜见的现象,政策计划制订得很好,但是执行错位或者根本不执行,这对于危机管理来说是致命的伤害。许多企业认为危机管理计划一旦制订出就万事大吉了,危机管理计划被束之高阁,结果,当危机真正发生时,危机管理计划的执行者并不知道危机管理计划的内容,也就无法利用危机管理计划来指导危机管理工作。因此,危机管理计划制订者要尽可能地与危机管理执行者进行沟通,或者让危机管理与管理计划的要求相一致。为了使危机管理计划容易理解,危机管理计划的用语要简洁明了,要尽量使用通俗的语言和明确的用语,对一些可能引起歧义的术语要进行注解。

(3)危机管理计划要有灵活性与发展性。计划指导行动,危机管理计划的作用在于为危机管理提供指导原则,针对每种情况给出明确的解决方法,这样制定危机管理计划时很容易将计划制订得较为呆板。其实,在实际的危机情形中,各种情况都有可能出现,危机发展中的变数很大,一般难以为危机中的实际问题规定确定的解决方法,而且企业环境是不断变化的,环境的变化也可能使企业的危机风险和危机情景发生变化。因而,危机管理计划应该是指导性的宏观计划,要根据经营环境的变化做出适当的调整,不能过于死板,这样的危机管理计划才具有可行性。

(4)危机管理计划要有条理性。危机管理计划是行动的指南,如果危机管理计划制订得比较杂乱,没有体系,危机管理人员在使用计划时就很难找到有用的内容以指导行动。因此危机管理计划应具有条理性并易于查询,使人们在使用危机管理计划时,一目了然,能够迅速找到需要的内容,尤其是一些重要问题的处理原则以及重要媒体、重要机构和重要人物的联系方式要放在显眼的位置。

(5)危机管理计划要有时效性。制订危机管理的计划需要一个适当的契机。也许企业已经经历过危机,也许企业不知道危机是何物,但都需要做一个危机管理计划。在某一特定的危机发生之前,即使是最好的危机管理也不可能包括企业要处理的全部情景,因此能够把相关专家集合起来,分析和评估危机,找出有助于企业解决危机的方案,是每一个企业都应该做到的。而且,计划定期的修订也是必要的。不要以为没有危机就可以放弃对危机管理计划的重视,一年一次应该成为企业最起码的修订时间间隔。应根据企业发展的目标要求与社会环境变化的新形势,审视危机管理计划的不完善、不全面或者是落后的情况,借鉴同行企业的经验与教训,及时予以完善。

7.2 能 力 开 发

7.2.1 案例分析

1.杜邦护身——安全为本

一个没有经过培训的员工可能就是一个组织的危机所在。

1802 年,法国人留特雷·伊雷内·杜邦移民到美国,在特拉华州威明顿市白兰地河畔建立了杜邦公司,开始从事"不安全"的职业——生产黑火药(到 1880 年为止,黑火药一直是其主要产品)。

为防意外,杜邦在厂房选址及车间设计上充分考虑了安全性,但尽管如此,火药爆炸重大伤亡事故仍然接二连三地发生。其中,最大的事故发生在 1818 年,100 多名员工中,有40 多人伤亡,这其中也有杜邦的家人,企业一度濒临破产。

残酷的现实让杜邦意识到,设备和厂房的安全并不能完全杜绝安全事故,真正的安全不仅要有安全意识,还必须有制度保证。于是,他做出了对杜邦影响深远的三大决策。

一是建立"以人为本"的安全管理理念,即通过各种形式的宣传教育,让员工真正认识到,安全生产并不是对他们生产行为的约束与纠正,而是对他们人身的真正关怀和体贴。

二是建立公积金制度,即从员工工资、企业利润中定期提取公积金,为万一发生的事故提供经济补偿,并负责抚养在事故中受到伤害的员工家属,小孩抚养到工作为止,如果他们愿意到杜邦工作,杜邦将优先考虑。

三是建立管理层对安全的责任制度,即从总经理到厂长、部门经理、组长等,所有管理者均是安全生产的直接责任人。

与此同时,杜邦还规定,最高管理层在亲自操作之前,任何员工不得进入一个新的或重建的工厂去操作,目的是体现对安全的重视和承诺。

杜邦的安全管理是全员参与,设有安全问题的专业人员、工厂和办公室的专职安全管理人员,公司的管理层也参与其中,最重要的是公司内部还成立了一个安全委员会,是员工主动参与组织的,覆盖面横向到边、竖向到顶。目前,杜邦在全球有专门机构(CSO)来管理员工安全问题。

杜邦的管理人员会定期和负责安全的主管一起召开安全管理会议,即"高层领导人研讨会",推广互动的学习经验。首先由部门领导者提出安全管理面临的难题,负责安全的主管协助领导阶层结合公司情况和经验提出安全计划,最后研讨改善方案,这些都需要部门高层经理人参与承诺,并设立有效的安全改善程序。

杜邦公司对安全业绩严格考核,首席执行官重视公司和各个部门的安全表现,CEO和部门负责人的经济利益和升迁直接与之挂钩。如果发生损失工作日的安全事故,即员工由于创伤而不能上班,那个分支机构应付出丧失获得年终安全奖的资格,当地负责人的年终考核和工资调整也会受到影响。

在杜邦看来:只有管理者重视安全,并且身体力行,所有的安全教育和措施才能发挥实质的功效,员工才能感受到企业是真正重视安全的。安全事故拥有惯性,保持记录也有惯性,管理者需要做的就是让员工热爱在安全的惯性中生活。

安全管理的范畴不仅关注国内公司的员工,也包括海外派遣员工的安全和健康。由于杜邦的全球化运作,海外派遣员工也是由全球统一管理的。考虑差旅安全、健康问题(原住国与目的地健康环境,特别是流行病状况是不一样的)以及当地治安问题是海外派遣员工最大的安全隐患,因此,从流程上来讲,会有专门团队员工去对这些国家的状况进行评估。用红灯、黄灯、绿灯分别代表不同的风险级别,特别危机的国家(如伊拉克)用红灯标示,坚决不让员工去,宁可撤离全部业务;有风险但还可以去的国家用黄灯标示。

海外派遣员工在出国之前还会有安全防范知识、医护常识和遇险求生技能等相应的培训。员工的心理咨询也是日常健康工作的一部分,如果对于前往的国家有担心,员工可以找公司聘请的心理专家沟通。当这些员工到达目的地国、加入对方公司或工厂后,就纳入当场(季)的管理和培训体系,也要和当场员工一样参加对方所进行的所有培训项目。

杜邦的安全、健康和环境管理体系包括四部分:车间工艺安全、员工职业健康、安保方面管理及工外安全管理。

工外安全管理基本上又分为以下四部分。

① 交通运输安全。比如在中国,如何防卫性驾驶,如何开车更安全等。

② 运动安全。请专业人士讲解如何在运动中不受伤害,请医务人员一同参加公司组织的运动会。

③ 家里的安全。设置"滑倒、跌倒和摔倒"的专门课程,告诉员工如何尽量避免此类伤害。

④ 公共场所的安全。例如,在工外遇到火灾等如何逃生。工外安全知识的教育对于海外派遣员工尤其有用。

在杜邦,安全教育是新员工入职训练的一部分:任何会议的第一项议程就是介绍安全须知和紧急逃生路线;杜邦每个人身上都有一张卡片,卡片上有负责安全的联系人的通信方式,出现问题的第一时间需要向公司汇报;"危机管理手册"中有一部分是关于员工安全的,如生病、遇到突发事件等的处理方法。"员工安全委员会"每个月都有例会,每个员工都要参加。

培训的频率根据不同地方也不一样,在中国主要是三级培训:厂区、车间和班组培训。每过一段时间,公司还会进行安全的重新培训。对于时刻提醒安全的必要性,杜邦的解释是:人是健忘的,关心安全氛围建设很重要,习惯在于日常培养。据说,杜邦在200年来积累的电子版的安全指南如果要打印出来,可能会堆满半个房间。

尽管有完善的事前预防措施,但杜邦同样设置了快速的事故应急系统。其中最显著发挥作用的是,杜邦签约了国际救护组织中一个有关个人救护的SOS公司,杜邦拥有一个号码,员工出差前会将写有号码的这张纸打印下来带在身边,在外遇到情况时会打电话,即可得到对方提供的24小时服务。杜邦中国公司曾有一个外籍员工在中国生病,就用上了这项服务,结果被及时送回美国,对方将一切事宜安排得非常好。

同时,美国总部以及各地的杜邦公司都会保持信息沟通,世界各地公司每天发生的事故,会随时在网上报道出来,每一位CEO和每一位大区总裁都可以在非常短的时间内及时了解员工在工厂内外发生的事故。在杜邦,有最为严格的事故汇报制度,任何一个国家、一个地区、一个工厂,对于损工时事件(受伤后不能在第二天准时回到工作岗位正常上班),24小时之内必须通过事业部领导报告给杜邦全球CEO。此外,在紧急情况出现时,杜邦有一套"危机管理体系",它是依托管理层(从直接经理到该国的最高管理者)的职责并配合一些预案形成的,员工遇到突发危机就会根据所受培训触发这一体系。

杜邦的每一位员工不仅自身获得了安全知识,同时还会主动纠正其他人的不安全行为。杜邦整体员工的薪酬福利也是具有竞争性的,且每年进行评估,这其中就考虑了员工安全是第一位的。而海外派遣员工的薪酬福利以及事故补偿等政策是全球公司整体相关政策的一个类别。

据说杜邦公司的安全纪录优于美国其他工业企业的10倍,超过60%的杜邦公司实现了"0"伤害,杜邦每年由此减少数百万美元的支出。

附:杜邦安全体系的构成

新员工的入职安全教育;

每月安全会议;

办公室安全规定;

报有会议的第一个议程必须是介绍安全通道或分享安全知识;

通过电子邮件、员工通信和其他形式发布安全常识;

访问者登记制度;公司内的被访问者负责访问者在访问期间的安全;

严格的生产安全制度;

严格的安全议题、事故报告、通报制度;

一把手安全责任制;

200年间不断完善的杜邦安全规则;

1911年,成立世界上第一个企业安全委员会;

1912年,建立了安全数据统计制度,安全管理从定性管理发展到定量管理;

1923年,设立"无事故纪录总统奖",逐步完善了杜邦安全制度,将工伤、疾病和事故降为零;

1940年,提出"所有事故都是可以防止的"的理念;

1950年,开始实施非工作时间(下班后)的安全计划,工作外的安全事故也计算在安全数据统计制度中,提出了8小时以外预案,对员工的教育变成了7天24小时的要求;

1990年,设立"安全、健康与环境保护杰出奖",面向企业内部和整个社会,获奖的个人或团体均能得到5000美元奖励,并以获奖者的名义捐助安全、健康和环保机构或有关项目。

思考·讨论·训练

(1)危机中的员工到底有什么样的地位和作用?

(2)结合杜邦公司的实际,谈谈如何通过员工拉起一张保护整个企业的安全网。

(3)在危机管理全过程应该如何体现员工的价值?

(4)从根本上打造一个包括危机意识的企业文化应该从哪几个方面着手?

2. 李锦记以专注成就卓越

"有华人的地方就有李锦记。"创立于1888年的李锦记是中国香港四大酱园家族之一,有60余种畅销产品,分销网络遍布五洲100多个国家和地区。其中,李锦记蚝油占美国市场88%的份额,在日本市场占有率位列第二,被誉为"品牌及商誉最历久不衰企业"。它先后荣获"香港出口市场推广大奖""海外拓展成就奖""亚洲第四大品牌"和"亚洲食品第一品牌""香港20大杰出商业机构""千禧年香港十大企业"等荣誉,其董事局主席李文达被誉为香港100位最具影响力的人物之一。对李锦记而言,"专注"较之于"严格的品质管理"和"强大的市场推广能力"更为重要,在100多年的发展历程中,它只延伸了两项业务,即酱料产品和中草药健康产品,其价值观、愿景和领导模式也非常单一,正是这种看似"单一"实则"专注"的管理理念成就了李锦记的持续卓越,并内化为"思利及人"的组织文化。

(1)家族企业的传承得益于"专注"和"思利及人"的组织文化

李锦记属于家族企业,家族企业的生命周期一直是个争议话题,李锦记凭借"专注"和"思利及人"的组织文化实现了120年的传承,非常可贵。

"思利及人"已经内化为李锦记的组织愿景和使命,成为组织发展的强大推动力。"思利"是做事动因,"人"是李锦记传人、所有员工、消费者、商业合作伙伴和竞争对手,正是对"人"的尊重、考虑多元主体的利益诉求才造就了李锦记长久发展的"和"与"永远创业"的家族精神。

第四代传人李惠森吸取家族企业分家以致停滞的教训,认识到家族企业的传承首先要"治未病",将问题扼杀于萌芽状态,否则历史可能会重演。为此,他专门组织兄弟姐妹参加洛桑国际管理学院的家族管理课程,并通过阅读分享家族企业延续的《一代传一代》,达成了"合作比单干更重要"的"和"的共识。

(2)建构传承"和"等家族精神的软硬制度

李锦记发展出一套成熟制度来保障家族精神传承。

① 硬件制度:家族委员会、家族宏图和家族宪法。

家族委员会是家族核心成员的沟通平台和家族最高决策与权力机构,其首要任务是分清家族成员角色,因为家族成员角色可能涵盖家族成员、股东、董事会成员和管理层,如果角色分不开既影响家庭和睦,也影响应该通过公司制度做出的决策。家族宏图是"永续经营""成为家族企业典范"等共同目标。家族宪法明确规定：家族成员在外面工作5年才能进入李锦记，若做得不好也会被开除，董事局主席必须是家族成员，独立董事、CEO可以由非家族成员担任，股东一定要有血缘关系，家族成员有婚外恋或离婚行为后必须退出董事局，除董事局主席夫妇外的家族成员满70岁一律退出家族委员会，如果第5代家族成员都对家族企业事情不感兴趣或没有能力，就在全球招募最优秀人才，只派一个家族成员进入董事局。

② 软件制度保障："思利及人"价值观、"自动波"模式和"永远创业"精神等企业文化。

李锦记清醒地认识到，"故步自封"是衰落开始的倒计时，许多家族企业因为"创业—守业—败业"而逃不出"富不过三代"的魔咒，为此主张"不守业""永远创业"和"不断进步"，具体体现在经营管理的关键问题的认识上。

a. 危机时刻创新还是在做得很好的时候创新？李锦记的选择是后者，"不断想一些新东西出来"，在不同时段"尝试一些新的东西"，遵守"六六七七"原则，"有60%～70%把握的时候就去做"，而不是等到90%的时候。

b. 公司股份由家族成员牢牢控制还是交给外人更有助于完善公司治理？"全球500强有40%都是家族企业"的这一事实让李锦记坚持只有"血缘关系"才能成为股东，因为"一个企业有主人和没有主人，是不一样的"，"许多西方企业从家族企业演变为公众公司之后"，"做事的时候容易看短期收益"，而"有主人的企业看事情会更长远些"，也不会迫于外界压力如股价波动、银行、股东要求做一些不必要的事情如并购，而是将精力专注于品牌经营，努力引领"传统的家族企业走向现代家族企业治理传承"。

c. 坚持发展核心产品还是业务多元化？李锦记对多元化持非常谨慎的态度，100多年只在两块业务上耕耘：李锦记酱料产业和健康产业。后者1992年年初创，业务已经覆盖全国，品牌价值已达195亿元。

d. 领导模式是专制集权还是开放放权？李锦记独创了一套独特的"自动波"领导模式，领导既不操心公司日常事务，也很少去公司，而是将许多时间用在打球、旅游、思考等自己想做的事情上面，得益于"思利及人"价值观，公司并不会脱离正常轨道。"太上，下知有之；其次，亲而誉之；其次，畏之；其次，侮之。"李锦记注重"'我们'大于'我'更多一点"，鼓励家族成员根据兴趣选择专业和职业，既可以选择加入家族办公室、家族基金、家族投资公司和家族学习发展公司等任一项业务，也可以去外面自己发展。在具体管理过程中，对员工实施充分放权以发挥其潜能，李锦记坚信"照顾好我们的员工，员工就会照顾好我们的顾客，我们就会有很好的回报"。领导者对员工而言是"倾听者和支持者"而非"监督者"。

e. 将竞争对手视为创新动力还是恐惧来源？李锦记不怕任何竞争对手，而是鼓励整个行业创新，"竞争对手的创新能够启发自己不断思考，帮助我们进步。不能因为我们现在已经很成功了，就停止创新"。

总而言之，"专注"帮助李锦记洞察到商业本质，在"思利及人"价值观上建构了简单专一的组织愿景、领导模式，市场证明它至少在120多年的历程中实现了持续卓越。

思考·讨论·训练

（1）你如何理解李锦记的"和"和"永远创业"的家族精神？

（2）为什么李锦记选择在组织发展良好的时候创新？

(3) 李锦记对多元化扩张的思考是什么？你认为它为什么能够抵御多元化的诱惑？

(4) 组织文化、组织愿景和商业伦理是如何在李锦记得到制度性保障的？

(5) 为什么李锦记会规定：第5代家庭成员不感兴趣或没有能力就要在全球招募最优秀人才？

3.《35次紧急电话》

美国女记者基泰斯到东京探亲，她在东京的奥达克余百货公司买了一台"索尼牌"电唱机，准备送给东京的亲戚，售货员彬彬有礼，特意为她挑选了一台未启封包装的机子。

回到住处后，基泰斯试用时，却发现该机未装内件，是一台空心唱机，根本无法使用。她不由得火冒三丈，准备第二天一早就到公司进行交涉，并迅速写好了一篇新闻稿，题目是《笑脸背后的真面目》。

第二天一早，基泰斯在动身之前忽然接到奥达克余百货公司打来的道歉电话。50分钟以后，一辆汽车赶到了她的住处。从车上跳下奥达克余百货公司的副总经理和提着大皮箱的职员。两人一进客厅就俯身鞠躬，表示特来请罪。除了送上一台新唱机之外，又加送蛋糕一盒、毛巾一条和著名唱片一张。在谢罪的同时，他们讲述了公司自行发觉并尽快纠正这一错误的经过：

当天下午4点32分，售货员发现售出一空机后，即报告警卫人员迅速寻找这位美国顾客，但为时已晚，遂报告监理员，他又向监督和副经理汇报。经分析，决定从顾客留下的"美国快递公司"的名片这一线索出发，当晚连续打了若干次紧急电话向东京周围的旅馆询问联系。另外还派专员用长途电话向"美国快递公司"总部打听，结果从快递公司回电中知悉这位顾客在纽约母亲家中的电话，随即再打电话了解到这位顾客在东京亲戚家的电话，结果终于在她离开之前，打通了电话，找到了"空心唱机"的买主，更换了唱机，取得了这位美国顾客的充分谅解和信任。

这一切使基泰斯深受感动。她立即重写了新闻稿，题目就叫《35次紧急电话》。

思考·讨论·训练

(1) 本案例对组织预防危机有何借鉴意义？

(2) 奥达克余百货公司在处理问题的过程中，不仅向顾客道歉、请罪，还报告了事件从发现到处理的经过，这有何意义？收到了怎样的效果？

(3) 试为奥达克余百货公司的副总经理拟订一份与顾客基泰斯见面的工作计划。

(4) 面对不利事件，如何变坏事为好事，提高自己的知名度？试找一个纠正失误的实例进行评价。

4. 英国海上石油公司应急计划的设计

英国海上石油公司作为洛杉矶联合石油公司的分公司，拥有北海上的海泽·阿尔法石油钻井平台。它委托苏格兰公共关系公司审查公司已有的处理海上事故的应急工作程序并补充一个行动计划。本案例即研究这一危机管理计划的设计过程，并揭示了其中所考虑的有关复杂问题及其细节。

(1) 对现有应急计划的审查

修订一个应急计划的出发点是彻底分析和审查现有的工作程序。审查结果表明，尽管英国海上石油公司有一个精心设计的应急计划,它包括疏散、安全、防火、联络救援服务等内容,但是它未将公共关系活动考虑在内,而在发生重大事故时,公关活动是必不可少的。

有时,企业很难认识到处理危机情况需要有一个经过反复演习的公关计划。实际上,不能很好地答复媒介的询问常会受到人们的误解,以为这是企业默认的自己犯了何种过错。拒绝发布信息,无论是全部的还是部分的,都会招致人们的猜测、错误的判定或更糟的错误信息传播,甚至还会被认为是企业傲慢或意欲掩盖事实。因此,在这样的情况下对媒介询问的最坏答复莫过于"无可奉告"。

企业不仅必须认识到在危机中与媒介沟通的重要性,而且还必须认识到那时不能与其他公众进行有效沟通会给自己带来的潜在危害,这些公众包括:①员工亲属;②政府及其机构;③当地议员;④地方管理机构;⑤警方和紧急服务机构;⑥保险和金融机构;⑦环境保护主义者;⑧特殊利益集团,如渔民。

在一个紧急事件中,也许不可能与所有的公众都进行直接参与沟通。因此,一个公司是否能与第一传播媒介保持有效沟通,对于公司的声誉至关重要。通过提供关于事件的真实信息和处理问题的步骤,发生危机的公司易被人们认为它控制了局面。与此同时,猜测和错误信息也能减少或完全消失,而公司本身成了事件的权威信息来源。

(2)工作目标

通过对英国海上石油公司现有应急计划的分析和审查,很自然地得出了新计划要达到的如下目标:①确保英国海上石油公司在发生重大事故时,能有一批熟悉英国及国际媒介的工作人员;②确保英国海上石油公司高级管理层能够应付电视或广播媒体的热点采访;③确保事故发生后召集来的工作人员能及时得到有关的背景材料,以应付随之而来的媒体和处在悲伤状态下的员工亲属打来的大量询问电话。

虽然这只是一种概括,但它已反映出一个直截了当的工作任务,它需要付出许多努力和进行周密考虑,以尽可能快地设想到危机发生后可能遇到的各种情况。这里,确保工作人员得到适当的训练,以了解媒体并对其询问做出合适反应非常重要;让所有指定执行应急计划的人员清楚地了解整个应急反应工作程序也具有同样的重要性。当然应急计划的一个关键组成部分是对计划的演习,以确定在实际操作过程中不会有疏漏或出现其他问题。

在危机情况下,组织常常会不得不使用一些对与媒介打交道没有经验或对媒介工作所知有限的工作人员。因此,对有关人员给予必要的信息并进行训练很重要,这有助于确保他们根据要求迅速进入"角色"。

(3)公关应急计划的制订

① 媒介。第一步是确定对事故感兴趣的媒介范围,以下是英国媒介的分类:a.地方报纸;b.全国性日报;c.通讯社;d.地方广播电台和电视台;e.全国性广播电台和电视台;f.贸易和技术专业媒介。这里,不是仅仅把媒介分类情况告诉公司的有关人员就行了,更重要的是让他们了解这些媒介不同的截稿时间。例如,通讯社的功能是把新闻"卖"给其他媒体,因此,它会24小时不间断地就最新情况向外发送信息,以赶上各地媒介的截稿时间;地方和全国性广播电台不断报道最新新闻,因为在很多情况下它们都有简要新闻报道。电视台主要的截稿时间是午间、清晨和晚间新闻报道前,其中晚间报道对全国性电视台最重

要,而晚间稍早些时间的新闻简要报道则对地方台来说最重要。早间电视报道中的新闻常常会有一些新的情况,这主要归功于记者们清晨 4 点就开始工作。全国性日报很少在它们最终截稿时间(大约半夜)过后加入最新材料。因此,晚上 9 时后,全国性和地方报纸对信息要求的压力大大减轻。晚报截稿时间是清晨,它们在早上 8 点到中午这段时间对信息的搜寻最为活跃。贸易和技术专业媒介一般是月刊,与本案例有关的媒介主要传播报道石油工业的技术信息,文章要求有深度且具回顾性。英国海上石油公司的工作人员得到了有关媒介的详细材料,了解了不同媒介的截稿时间和新闻兴趣,这就能更好地应付事故发生时所面临的媒介询问。

② 危机事件中应急工作人员的作用。无论在任何时候,特别是在紧急事件中,公司员工对保护公司的声誉起着决定的作用。发生事故的企业不可避免地会成为媒介关注的焦点。因此,任何应急反应计划的一个重要组成部分就是对有关工作人员进行训练,使他们知道如何对众多的询问做出很好的答复。应急工作人员必须懂得,对一个似乎无足轻重的电话询问做出轻率的答复,很可能会引来误解或给企业带来潜在的危害。给发生事故的企业打电话的,除了一些善意的外部机构,很可能是那些急于了解情况的记者或员工亲属。

以下是处理询问的一些基本要求:a. 接电话一定要有礼貌,言辞要准确;b. 工作人员切勿出于好意随便与询问者探讨有关情况;c. 紧急事件中所有的沟通交流必须通过企业规定的正式途径,打给企业的电话都应转由公共关系或员工关系的工作人员来处理;d. 当现有人员无法承受大的电话压力时,或询问电话在公司危机处理小组尚未到位就打了进来,必须告诉对方稍过些时候再打来,以便有关人员就位;e. 接电话一定要注意礼貌和策略,以免引起任何猜测。

③ 答复各类询问。在紧急事件中,询问将来自方方面面,因而需根据不同情况区别处理。a. 来自员工亲属的询问。对于这类询问要以同情的态度予以对待,若一时无法提供确切的信息,也要让家属们感到他们没有被"欺瞒"。因为若信息匮乏,员工亲属们很自然会感到焦虑和不安,这将导致他们与当地评论员或媒介接触,散布公司对员工不负责的信息。b. 来自媒介的询问。尽快向媒介提供真实信息也同样重要。在事故刚发生时,错误的信息总是泛滥成灾。而且一旦这些信息见诸报端,它们就会构成事实假象,难以更正。因此公司至少应该准备一份初步情况的声明,直到有了足够的信息再对外发布进一步的消息,这一点很重要。c. 来自其他利益团体的询问。这些可依据他们与事故的利害关系轻重予以分类,如海洋警卫队、警方等;另外还可能有一些无明显利害关系的公众的来电,如有些电话只是公众想表达一下他们的同情。无论如何,这类询问都需要得到礼貌的接待,并转至公司适当的部门予以处理。在危机发生时,危机处理小组承受着很大的压力,因而不太重要的电话虽应被礼貌地接待,但可要求对方有些耐心;而对那些重要电话则应给予充分的重视,要么立即给予答复,要么在其他较方便的时间回复对方。

因此,对于公司来说,接听电话是处理紧急事件时的一项最基础和最重要的工作。为此必须有清晰的行动指南,明确这些电话将转向何处。答复这些电话很自然有压力,这种压力在工作人员被要求延长工作时间而无法休息时,尤显突出。因此,挑选和培训危机处理小组工作人员必须十分仔细,在危机的紧急关头,特别是当危机持续几天或几周的情况时,一批候补人员可以帮助一线的应急工作人员减轻负担。处理好事故刚发生时的公众询问很重要。即使在应急计划奏效后,在随后的几天或几周内,公司可能从媒介或其他组织那里接到询问电话,这些询问同样必须被认真对待,并转至有关的部门。

（4）给紧急事件分类

英国海上石油公司对事故有一套自己的分类方法,即根据事故的严重程度以对海上事故做出相应的反应,并就此加强应急小组的工作。

① A级事故——可能引起严重的人员伤亡或设备损坏的事故。这是指涉及人员伤亡或设备损坏的事故,但还不至于停工或撤离。事故本身需要调查,设备需要修理,但事故已经结束,即没有引起进一步的麻烦或事故没有变得更加严重的可能性。这种情况下,来自媒介的询问可由公司指派专人处理,而不动用媒介反应小组的全体成员或外部的公关公司;来自员工亲属方面的询问或由人事部门在警方协助下予以处理。

② B级事故——致命的灾祸和设备损坏并导致停工的事故。这是指涉及致命的灾祸、设备严重损坏并导致停工的事故,这需撤离非必需的人员;事故可能还在发展中,有可能变得更为严重。这种情况下,受过专门训练,能在压力下处理媒介询问的应急媒介反应小组与公司指定的工作人员或专业公关人员合作,可发挥作用;来自员工亲属的询问仍由人事部门与警方密切联系予以处理。

③ C级事故——可能的重大灾难。这是指涉及致命的灾祸,设备需要全部撤离,且可能对业务产生长期影响的事故。这种情况下,全部应急媒介反应小组成员必须与专业公关人员合作立即开始活动。

（5）处理媒介询问的工作纲领

为应急媒介反应小组建立一套工作纲领,并对其成员进行训练,有利于帮助他们应付可能面对的各种事故。

① 工作纲领。工作纲领要求工作人员注意下列关键要点:a.当事故为 B 级或 C 级时,媒介的兴趣往往十分强烈;应急媒介反应小组接听电话频率很高,压力很大。b.媒介获得有关事故的新闻最早来自他们对自己信息源的常规核查,这种核查一般在早上 8 点(晚报进行第一轮编辑)到下午两点(晚报进行上版前的最后一次编辑)之间,对于电台和早间电视节目,常规核查可能始于凌晨四五点钟。c.媒介的信息源主要是:警方、医院、海岸警卫队、海上无线电台、直升机关于地面交通状况的联络和其他与海上工作人员的联络。d.这些信息源经常在海上事故刚发生时给记者提供一些模糊的细节,这些支离破碎的内容会很快传播开来,从而引发重的问题。如当记者拿到消息时,已到了广播或报纸编辑的截稿时间,记者不经过推敲核查,就把不准确的消息发出去。e.公司"无可奉告"的反应,只会向记者证明公司想隐瞒什么,并刺激人们的猜想。在紧急状况下重要的是面对媒介或其他有关团体的询问,尽可能提供已知的事实真相。f.必须准备好一个事先草拟的初步声明,以在一份内容更充实的声明之前作补缺之用。g.应急媒介小组应接受并记录各类媒介的询问,并建议对方何时再来电询问进一步消息。h.当然其他有关的询问也应该被记录下来,并向对方提供有准备的有效的答复。

② 应对技巧。应对技巧主要包括以下 4 个方面。

a. 电话应答技巧。应急媒介反应小组工作纲领中很重要的一部分是电话应答技巧。在所有的紧急情况下与媒介联络的重要手段就是电话,小组成员必须了解电话的局限性以及电话沟通交流的特点,有关人员应该接受电话应答技巧训练,进行"标准反应"的准备与练习。训练时应强调说话要用平静、动人、真诚的语调,切勿给对方留下一种无动于衷和傲慢自大的印象。

b. "要"与"不要"。一"要":要把经上级认可的消息提供给媒介;若有疑问,要与公众协调员商量;要只从公关协调员那里接收有关的新信息;要避免对事故进行任何的猜测;如果有人问你名字,要告诉对方;要把你的作用看成"英国海上石油公司新闻发言人";要尽可能地有礼貌并谦虚;要在记下所有询问的同时,记下对方的名字、电话及来电的时间;要建议对方主动再来电话,这比你打给他们好;要把员工亲属的询问转至有关部门;要假设你对记者所说的每一句话都将被报道出去。二"不要":不要提供任何未经上级认可的信息;不要假设任何事情;不要提供非正式的信息;不要轻易答复任何询问,除非已有了十分确切的消息;不要轻易展示你在公司里的真实身份;不要丧失你的冷静。

c. 使用背景材料。在任何紧急事件中,一般都有对公司背景材料或特殊技术数据的需求。应急反应工作程序中的一个重要部分就是准备这些背景材料,以便需要时提供给媒介;应急媒介反应小组的全体成员必须对这些材料非常熟悉。在危机发生的初期,媒介总是急于了解公司以及与事故有关的各种信息,向记者提供这些背景材料有助于减轻应急小组最初的工作压力。

d. 与媒介记者面对面的交流接触。虽然在危机发生的初期,公司与媒介的接触倾向于使用电话,但是随着事态的发展,媒介可能会要求面对面地采访主持工作的经理。此时应急反应小组会将这类要求转给公关协调员处理决定。在某些情况下,新闻记者和摄影记者会试图闯入公司办公室,甚至可能在公司的门口台阶上"安营扎寨",希望采访那些走出来的公司人员。应急反应计划应包括一些安全措施,以防止任何未经许可的人员在危机期间闯入公司办公室。记者得到的最好待遇就是等在公司大楼外面,公司的有关工作人员应被告知如何回复采访要求。通常来说,答复电话询问的要点同样适用于对付面对面的询问,也就是说,要有礼貌并保持冷静。工作人员必须被告知不能透露任何未经上级认可的非正式的消息,而无论这些信息看似多么无所谓。他们还必须被告知,对记者采访要求的正确反应是简单地说明自己无权代表公司接受采访,并把记者引导至公司的新闻发布办公室。公司必须向工作人员做出这样的保证:一旦他们面对麦克风和摄像机他们就代表着"公司形象",他们必须平静、镇定和自信。

(6) 其他工作

① 与警方合作。当严重的海上事故发生时,必须按法定要求报告警方,警方会派员进驻公司办公室,以帮助公司与警方进行联络沟通。警方在答复员工亲属询问,通知那些死难、受伤或失踪员工亲属等事情上起着很大的作用。警察局会在其总部张贴通告,并随着事态的发展更换通告。这要求公司的公关协调员与警方建立密切关系,以确保双方自始至终对外发布一致的消息。警方一般能提供外线电话以接待员工亲属的询问,这样也就缓解了公司所承受的压力。

② 处理非媒介的询问。很容易理解,危机事件中最敏感的非媒介询问来自员工亲属。一般情况下,这些询问最好由公司人事部门或警方来处理。但若可能,最好由公司代表出面处理,因为这样做能表明公司对其员工的关心照顾。然而大量的电话询问则要尽可能转

到警方那里去。议员们、地方政府或许那些关心环境的环境保护主义者也会来电询问，这时应遵循的基本原则是区分这些询问究竟是事务性的，还是非事务性的。那些来自能源部门、防卫搜索救援部门、海岸警卫队，或其他善意的救援部门的询问应转给公司合适的部门；而那些非事务性的询问则应转给那些可以迅速地做出判断并决定处理方法的公关协调员。

③ 计划演习和人员训练。虽然 C 级事故并不一定会发生，但其可能性是始终存在的。这就需要所有业务人员都有一份合适的应急计划，并阶段性地对计划进行演习，定期检查海上应急设备情况，以确保其需要时可投入使用。那些参与处理紧急事件的人员可能会更换，为此要培养新成员；那些在紧急事件中需要向媒介提供的背景材料需要经常更新；在必要时还得修改应急媒介反应工作程序；在某些情况下，传播技术的变化还会影响信息的传播，比如，最新传真设备可传送照片。作为英国海上石油公司应急计划的一部分，苏格兰公关公司还承担了一些任务，比如，训练应急小组成员，设计应急反应练习以检查应急计划的可行性，提高有关人员处理危机的工作水平。对应急媒介反应小组成员的训练设计尽可能模仿紧急事件发生时的情况，这有助于工作人员锻炼工作能力，并把任何可能出现的问题同应急计划联系起来。作为训练的一部分，应急媒介反应小组还遇到这样的测验，即他们对媒介可能会提出的询问类型及媒介会向公司寻求的信息类型有一个认识。

④ 练习。这里举一例，这是关于帮助工作人员准备应付一个紧急事件的练习。

下面是一些重大事故发生时媒介可能询问的问题，请将它们按你认为的重要性的顺序重新排列。这个测验可使你了解媒介人员所寻求的信息类型。

- 公司过去的安全记录如何？
- 钻井平台在什么地方？
- 事故是什么时候发生的？
- 有多少人受伤或死亡？
- 钻井平台离当地有多远？
- 如何安置员工亲属？
- 事故的原因是什么？
- 钻井平台上有多少人？
- 现在其他设备有没有危险？
- 采取了什么疏散人员的方法？
- 钻井平台是否已经关闭？
- 公司驻地在哪儿？
- 公司在北海经营多久了？
- 英国公司员工有多少人？
- 公司的经营范围如何？

思考·讨论·训练

(1) 海上石油公司为什么必须高度重视应急计划的制订？

(2) 制订企业危机预防计划应事先准备哪些材料？目标公众如何确定？

(3) 制订危机应急计划时需要考虑哪些因素？

4.“爱立信”怎么不造手机了

2001 年 6 月 26 日,瑞典爱立信公司宣布,决定对其产品结构进行重大的战略调整,不再经营手机生产业务。从 2001 年 4 月 1 日起,爱立信公司目前设在巴西、马来西亚、瑞典和英国的手机制造厂以及部分美国工厂将由总部设在新加坡的一家公司接管经营,但爱立信公司将保持其手机品牌,并将负责手机的技术设计和市场营销业务。爱立信还同时宣布,它与中国有关方面合资经营的手机生产工厂不在这次调整范围之列。

可以说,爱立信这次决定出让手机生产业务是不得已而为之。近年来,爱立信的手机生产一直经营不善。爱立信说,2000 年因整个零件短缺、产品组合不当以及营销问题使公司在 2000 年过去的四个季度未能生产出 700 万部手机。根据报告,2000 年手机部门的经营亏损达到 164 亿瑞典克朗,约合 17 亿美元。与此同时,在全球手机市场的激烈竞争中,爱立信手机在全球的市场占有率直线下降,2000 年最后两个季度内就从 15% 降到年末的 10% 左右,竟流失了 5% 的全球市场份额。同为手机制造商的诺基亚,从此将顺利接收爱立信退出的市场占有率,稳坐占有率第一的宝座。

据《亚洲华尔街日报》2001 年 1 月 30 日报道,芬兰的诺基亚以及瑞典的爱立信,在通信市场上早已缠斗多年。爱立信公司之所以选择退出,原因有飞利浦芯片厂火灾引起的损失、市场营销不力和产品设计等方面的问题,其中在飞利浦芯片厂火灾之后,爱立信没有迅速做出反应,从而引发手机生产上的深层危机,最终导致退出手机生产。

2000 年 3 月 17 日晚上 8 点,美国新墨西哥州大雨滂沱,电闪雷鸣。雷电引起电压陡然增高,不知从哪里逬出的火花点燃了飞利浦公司第 22 号芯片厂的车间,工人们虽然奋力扑灭了大火,却无法挽回火灾带来的损失。塑料晶体被扔得满地都是,足够生产数千个手机的 8 排晶片被烧得粘在电炉上动弹不得,从消防栓喷射出来的水布满了车间,车间里烟雾弥漫,烟尘落到了要求非常严格的净化间,破坏了正在准备生产的数百万个芯片。

一位飞利浦的高级经理说道:“在消防栓的喷淋头和地板之间几乎所有的坏事都发生了。”

这场持续了 10 分钟的火灾却点燃了在遥远的斯堪的那维亚的一场企业危机,改变了两家欧洲最大的电子公司的实力平衡,这两家公司都是活跃在全球电子行业的大玩家。芬兰的诺基亚公司和邻国瑞典的爱立信公司都是这家生产晶片工厂的客户,该工厂属于荷兰的飞利浦电子公司。晶片是诺基亚和爱立信在全球出售的移动电话中的核心部件,突然间,这一核心部件的供应断货了。更令人意想不到的是,火灾成全了诺基亚,害苦了爱立信。

飞利浦需要花几周才能使工厂恢复正常生产水平。而移动电话在全球的销售火爆,诺基亚和爱立信都无法坐等飞利浦供货,但两家公司对这场危机的反应形成了鲜明的对照。按照当时市值计算属于欧洲最大企业的诺基亚使用了一种常规的危机处理方式,一种各类公司在全球商业步伐加速时都会采用的方式。

在火灾发生后的几天内,诺基亚的官员在芬兰就发现订货数量上不去,似乎感到事情有一点不对,飞利浦方面尽量把事情淡化,只是简单地说火灾引起某些晶片出了问题,只要一个星期就能恢复生产。这个信息传到了诺基亚处理部件供应问题的首席管理人员、39 岁的芬兰人佩提·考豪能那里,考豪能决定派两位诺基亚工程师到飞利浦的工厂去看看。但是飞利浦公司怕造成误会,婉言拒绝了诺基亚的要求。考豪能随即就把飞利浦公司的这几种芯片列在了特别需要监控的名单上,这种情况在诺基亚公司每年会出现十几次,当时也没有人太在意。

在随后的一个星期里,诺基亚开始每天询问飞利浦公司工厂恢复的情况,而得到的答复都是含糊其词。情况迅速反映到了诺基亚公司高层,诺基亚手机分部总裁马蒂·奥拉库塔在赫尔辛基会见飞利浦方面有关官员的时候,把原来的设计师抛在一边,专门谈火灾问题,他还特别说了一句话:"现在是我们需要下很大的决心来处理这个问题的时候了。"

3月31日,也就是火灾两个星期以后,飞利浦公司正式通知诺基亚公司,可能需要更多的时间才能恢复生产。考豪能听到这个消息后,就不停地用计算器算来算去:他发现这可能影响诺基亚400万台手机的生产,这个数字足以影响整个诺基亚公司5%的销售额,而且当时手机市场的需求非常旺盛。

诺基亚发现由飞利浦公司生产的5种型号芯片中,有一种在世界各地都能找到供应商,但是其他4种型号芯片只有飞利浦公司和飞利浦的一家承包商生产。考豪能在得到这个坏消息几个小时之后,召集了中国、芬兰、美国诺基亚公司负责采购的工程师、芯片设计师和高层经理共同商讨怎样处理这个棘手的问题。

考豪能专门飞到飞利浦公司总部,十分激动地对飞利浦公司的CEO科尔·本斯特说:"诺基亚非常需要那些芯片,诺基亚公司不能接受目前的这种状况,即使是掘地三尺也要找出一个方案来。"经过考豪能的不懈努力,他们找到了日本和美国的供应商,承担生产几百万个芯片的任务,从接单到生产只有5天准备时间。

诺基亚还要求飞利浦公司把工厂的生产计划全部拿出来,尽一切努力寻找可以挖掘的潜力,并要求飞利浦公司改变生产计划。飞利浦公司迅速地见缝插针,安排了1000万个ASIC芯片,生产芯片的飞利浦工厂一家在荷兰,另一家在上海。为了应急,诺基亚还迅速地改变了芯片的设计,以便寻找其他的芯片制造厂生产。诺基亚公司还专门设计了一个快速生产方案,准备一旦飞利浦新墨西哥州的工厂恢复正常以后,就可快速地生产芯片,把火灾造成的200万个芯片的损失补回来。

而瑞典最大的企业,年收入超过290亿美元的爱立信反应要迟缓得多。它对问题的发生显然准备不足。爱立信几乎是和诺基亚公司同时收到火灾消息,但是爱立信公司投资关系部门的经理说,当时对爱立信来说,火灾就是火灾,没有人想到它会带来这么大的危害。爱立信公司负责海外手机部门的华而比先生直到2000年4月初还没有发现问题的严重性。他承认说:"我们发现问题太迟了。"

爱立信只有飞利浦一家供应商提供这种无线电频率晶片,没有其他的公司可替代的芯片。在市场需求最旺盛的时候,爱立信公司由于短缺数百万个芯片,一种非常重要的新型手机无法推出,眼睁睁地失去了4亿美元的市场,虽然火灾保险使他们略获补偿。爱立信公司主管市场营销的总裁简·奥伦柏林说:"可惜的是,我们当时没有第二个可选择的方案。"

2000年7月,爱立信第一次公布火灾带来的损失时,股价在几小时内便跌去14%。此后,爱立信的股份继续随同全球电讯股票下跌不止。公司也全面调整了零部件的采购方式,包括确保关键的零部件由多于一家的供应商提供。爱立信公司消费产品分部主管移动电话业务的简·伟尔菲说道:"我们再也不会出现这样的薄弱环节了。"

新墨西哥州的火灾以及其他零部件、行销计划方面问题的后遗症在 2001 年 1 月 26 日达到了高潮,爱立信宣布退出移动电话生产市场。公司表示,计划将所有的移动电话的生产发包给另外一家公司。

正像大部分消费者知道摩托罗拉是从寻呼机开始的一样,人们知道"爱立信"这个品牌大都是从手机开始的。事实上,爱立信这次决定出让手机生产业务确实是不得已而为之。

近年来,爱立信的手机生产一直经营不善。据报道,由于零件短缺和产品种类单一等问题,该公司的手机业务在 2000 年第二季度就开始亏损,与此同时,全球手机市场的竞争越来越激烈。一方面诺基亚公司气势逼人,短短几年间手机的产量和销量都超过了原来依靠的美国摩托罗拉公司,独占世界市场份额的 28%。另一方面原本不重视手机生产的德国的西门子和荷兰的飞利浦公司也异军突起,他们以技术和品牌上的优势迅速抢夺市场份额。在这种前后夹击的情况下,爱立信手机在全球的市场占有率直线下滑,在 2000 年最后两个季度内就从 15% 降到 10% 左右。但名列世界 500 强的爱立信公司也并没有穷到要变卖家产的地步,事实上 2000 年爱立信公司的整体销售额上升了 27%,税前利润更是猛增了 75%,达到 287 亿瑞典克朗,约合 29 亿美元。爱立信的高层管理人员认为,手机技术的发展现在正面临一次新的突破,未来支持无线上网和图像传输的手机将成为市场新宠,爱立信现在从手机生产上脱身,就可以在新技术的研究和开发上更大地投入,争取在将来的竞争中抢占有利地位。从这个意义上说,爱立信这次出让手机其实并没有出让市场。

思考·讨论·训练

(1)"爱立信"怎么不造手机了?请谈谈你的看法。

(2)建立企业危机预警系统有什么重要意义?如何建立企业危机预警系统?

(3)面对危机诺基亚与爱立信两家公司的不同表现给我们哪些启示?

5. 北京三元应对乳业危机

"三聚氰胺"事件几乎是一夜之间摧毁了中国乳业快速发展的神话,截至 2008 年 9 月 21 日,因使用婴幼儿奶粉而接受门诊治疗咨询且已康复的婴幼儿累计 39 965 人。中国国家质检总局公布对国内的乳制品厂家生产的婴幼儿奶粉的三聚氰胺检验报告后,事件迅速恶化,包括伊利、蒙牛、光明、圣元及雅士利等在内的 22 个厂家 69 批次产品中都检出三聚氰胺。消费者对国内乳品品牌失去了信任,中国乳业陷入前所未有的危机。北京三元成为国内几大乳品品牌中的硕果仅存者,在奶粉及液态奶的多次抽查中,均未查出含有"三聚氰胺"。

普纳营销传播机构成功运作了这一公关项目。

(1)调研

调研显示,消费者在事件后有暂停饮用的趋势,其中转换品牌或品类的消费者占多数,这预示着三元有品牌突破的机会,单从消费者的角度,三元应快速抓住这短暂的时机,突破三大品牌束缚,重新梳理消费者心智中的品牌排序,圈下自己的品牌占位。

行业及舆论环境调研发现,"三聚氰胺"是全行业危机,三元不可能独善其身,三元面临机遇,更存在风险。但面临全行业的危局,仅仅考虑消费者是远远不够的。从行业及当时面临的复杂的舆论环境看,任何沾沾自喜或者"落井下石"的行动来高调表明自己的"独善其身"都可能遭来灾难性的结果。在中国乳业面临风雨飘摇的时刻,保持行业的稳定,不仅对企业甚至对全社会而言是更重要的选择。

如何通过合理的公关策略、有效的危机管理措施和对外传播口径，平稳渡过行业危机，并树立良好的行业形象及社会形象，重塑消费者购买信心，成为三元必须面对的课题。

（2）策划

危机来临之时，是一个敏感的时期，政府态度并不明朗，消费者处于一种普遍的迷茫和信心缺失的状态。三元危机项目组果断意识到，这时候三元并不能脱离开危机本身独善其身，更不可能以高调的姿态张扬，作为一个高度负责任的国有企业，应该站在风口浪尖，从全行业的角度去审视问题，共同去正面困难，呼唤全行业的道德自律。

① 公关策略。首先确定核心公关原则及目标。谨慎面对机会，更多考虑风险，平稳渡过危机，树立品牌信任。明确对外统一口径，第一时间召开以"质量立市，诚信为本"为主题的新闻发布会，提出"皮之不存，毛将焉附"，对外宣布三元将与各大乳品企业共渡难关，并向全行业发出了诚信自律的倡议书。此后，将策略瞄准积极跟随政府导向，不盲目擅自行为。2008年12月，在国家七部委联合举行的"百家食品企业道德承诺践行"活动中，三元作为第一家企业代表全国乳品甚至食品企业做出道德承诺，并在联名倡议书上首个签字。

② 传播计划。围绕两大行动，三元在传播中予以正面传播的积极配合，传播策略上侧重与主流媒体的深度合作，包括新华社、《人民日报》、中央电视台等，传递政府及行业倡导，导入三元的正面声音，同时平面媒体传播囊括中央、都市、行业等网络媒体覆盖所有门户网站，实现了传播渠道最大化。稿件内容注重深度挖掘，避免平铺直叙，更多促成行业及社会对危机的反思，并成功传递出"三元模式"的概念，传播上注重节奏掌握，将整体分为三个阶段，时间节点清晰，保证传播有序进行。

（3）执行

① 行动篇。事件迅速爆发并升级后，在了解消费者和行业现状后，三元处在一个非常敏感但却备受关注的阶段。这个时间，三元可以选择沉默，也可以选择高调宣传，综合考虑各方面情况后，三元启动了紧急预案，在第一时间召开主题为"质量立市，诚信为本"的新闻发布会，三元对外传递出行业面临危机，三元愿与各大乳品企业共渡难关，呼唤中国乳品企业道德自律的概念。同时向恐慌迷茫的消费者传递中国乳业的真实现状，告诉消费者："中国大多数乳品企业都是有责任心的，中国的乳品企业也能生产出好奶！"三元全局性的危机应对策略在媒体和业内迅速产生反响，并进一步在政府相关部门中树立了良好形象。

正是因为在事件中的优异表现，国家七部委联合举办的"百家食品企业道德承诺践行活动"于2009年12月在三元举行了启动仪式。不仅在乳品行业，在整个食品行业都起到了标杆性的示范作用。在大会上，三元庄重地面向全行业做出道德承诺，并首先签署了企业道德自律倡议书。

② 传播篇。活动树立了品牌高度，如何让老百姓认识到三元乳品的优异品质，这就需要传播的覆盖。在传播过程中，我们一共划分为三个阶段。

第一阶段：低调回应战略布局。

事件集中爆发期，消费者普遍处于恐慌中，尤其在网络上，一片骂声，对中国的乳品普遍失去了信心。在这样一个众多品牌纷纷倒塌的敏感阶段，包括中宣部对严禁扩大事件传播的指示，三元的传播基本原则是回避事件及企业自身，配合新闻发布会，站在全行业角度审视危机,并提出行业道德自律。在传播中,重点与新华社、《人民日报》等最权威的中央媒体沟通,进行政府层面的正面引导,不做企业主导的"泛传播",不多说话,不乱说话。包括新华社、《人民日报》在内的中央主流媒体都予以了专题性的报道,其中,《人民日报》专版撰文《"放心奶"源自"良心话"》。

第二阶段:平面传播深入人心。

事件逐步平缓,人们开始反思的阶段,逐渐导入企业正面传播,提出"三元模式",展示三元在盲目扩张的乳业环境中,遵循客观规律,坚持注重奶源建设的科学发展模式,同时强调长期秉承的企业责任心,三元以行业正面榜样的姿态出现。在传播中,从一个负责任的良心企业到一个遵循乳业科学发展模式的企业,双重角度构建新闻选题,引导出中国乳业良性发展的正确方向,引领危机事件背后的普遍思考,通过多渠道的广泛传播,在行业内引起强烈反响。"三元模式"更成为业内标杆。不少全国核心媒体以大版面来进行相关报道,对迷茫期的消费者产生了深远影响。结合"百家食品企业道德承诺践行"活动,包括央视焦点访谈在内的核心媒体深入报道三元事迹,将这一阶段传播推上了高潮。

第三阶段:结合事件再度推动。

事件后续期,结合全新的《食品安全法》的颁布实施,以及三元成功收购三鹿等一系列重大事件,我们在巩固已形成的品牌印象基础上,通过针对性的事件传播使三元的品牌形象快速提升,特别是媒体予以积极评价,三元成为有力推动中国乳业消费者信心恢复的积极力量。

(4) 评估

回顾从危机爆发到乳业消费者信心恢复,在长达9个月的时间过程中,三元与中国乳品行业一起,经历了历练,得到了成长。三元的卓越表现在政府、行业圈、消费者、企业内部等多个层面,都赢得了一致好评。三元也成功达到了借势实现品牌全面提升的目标,距离重新回归中国乳业第一阵营的目标已经指日可待。三元坚守的道德底线以及遵循的以自建奶源基地为主的科学产业链发展模式,被冠以"三元模式",成为危机后业内反思的重要参考。三元并购三鹿布局全国,重新成为乳制品行业舆论关注的焦点。

根据最新的统计数字,2009年1—11月,全国规模以上乳制品企业总产值已达1498亿元,同比增长12.08%。而同期,三元增长达到了84%,不仅远远高于行业增长,还创历史新高。数据表明,中国乳制品行业的信心正在逐步恢复,而在这样一个春天比预想来得要早的过程中,在重塑中国人对乳业的信心的过程中,三元通过有效的危机管理贡献了一份公关的力量。同时,三元通过正确的策略大大抓住了危机事件中的机遇大踏步地成长,在收购三鹿布局全国的稳健战略中重新回归到中国乳业第一阵营的行列。

思考·讨论·训练

(1) 作为国内乳业未受"三聚氰胺"侵蚀的幸存者的北京三元是如何应对乳业危机的,体现了其怎样的公共关系思想?

(2) 作为一家行业企业应该怎样应对整个行业性的危机,北京三元的做法对我们有哪些启示?

6. 保时捷汽车公司的"伏击"计划

1989年11月12日上午8:00,位于内华达州雷诺的保时捷汽车北美总部(简称

PCNA)的电话铃响了。打电话的是一位当地电视台的记者,她刚从当地警察那里了解到一起事故。一辆运动车(跑车)撞到了装有 40 个儿童的校车,许多儿童受伤了,而且死亡的人数尚未确定,肇事运动车是一款保时捷 944 型车。司机是一位保时捷公司的经理。最初的警察报告表明,当时这辆车正以每小时超过 90 千米的速度行驶。

保时捷公司当时正在开展一次集中展示该品牌汽车种种高品质性能的广告宣传,PCNA 是制造豪华运动汽车的德国保时捷总公司在北美的市场营销管理机构。那天晚上,保时捷还计划在美国广播公司的"周一足球之夜"栏目插播 2 分钟的广告。一周以后,北美保时捷汽车打算在洛杉矶召开一个重要的经销商委员会会议。

上午 8:05,一位报刊记者打电话到 PCNA,采访他们就此事的评论。几个小时之内,许多记者的电话打了进来,媒体提出的问题越来越尖锐和难以答复。记者的问题集中在制造者一贯强调的汽车的功力和性能上。除司机责任外,是否有保时捷汽车本身存在机械缺陷的证据?司机在公路上飞速驾驶前是否受过训练?为什么他要以超过每小时 90 千米的速度驾驶,保时捷公司将对死去的和受伤的儿童的父母做何答复?公司负责人何时与媒体见面回答这些问题?保时捷公司将如何检讨自身的管理和所生产的汽车?保时捷汽车的性能是否只有超过速度限制时才能体现?

上午 9:30,一位美联社的电台记者从洛杉矶打来电话:PCNA 是否要对一个与著名律师拉尔夫·纳德有关的全国消费者权益保护组织所发表的声明进行评论?这个声明的要点是保时捷汽车不安全,而且公司鼓励粗心和高速驾驶。

5 分钟后,从医院传来确切消息,8 名儿童已经死亡,12 名儿童正在重症监护中。此时,媒体的电话来势更加猛烈了,提出的问题也越发尖锐,气氛可以说是越来越紧张。

上午 10:00,PCNA 收到一个特别的电话:托尼·梅奥,纽约的一位保时捷汽车经销商,他情绪非常激动,以致话都说不明白了。他刚从一则报道中得知了这个事故,而且还引用一个消费者权益保护组织的话,说"保时捷汽车不安全"。他问道:"这到底是怎么回事?"

保时捷汽车公司的总部立即召开了紧急会议,但是他们不断被电话、传真和新闻简报中断,上午 10:15,汽车安全中心的查伦斯·底特劳发表了一个声明,称目前事故的原因还不太清楚,但如此严重的事故应该考虑对保时捷汽车及该公司的某些政策加以审视。这份声明再度引发了强烈的反响。

上午 10:45,收到了一个住院儿童母亲的电话。她的儿子烧伤面积超过全身的 50%,不得不立即转院到洛杉矶的烧伤治疗中心,这里没有可用的商业飞机,她请求保时捷公司可否帮忙租一架飞机;正当保时捷汽车公司的工作人员为试图处理这个棘手的电话而烦恼之时,医院打来了电话,事故中驾驶保时捷汽车的司机,虽然受伤严重,但已经脱离了危险。医院周围包围着众多的媒体人士,他们都想同他谈话。电视和报刊的记者们正在给 PCNA 的主管打电话,要司机的照片和他驾驶的保时捷汽车的确切型号——最好两个都能得到。他们同时还在索要保时捷汽车的印刷广告复印件,以及保时捷汽车电视广告的录像带等。

现在又出现了新的紧急情况。保时捷汽车总公司从华盛顿了解到:国会下属的 3 个重要小组委员会的主席正准备就此事故发表声明;众议院事故和调查小组的主席也计划举行记者招待会。还有谣言说,他将深入调查这件事。该小组的主席是来自密歇根州的众议员约翰·丁格尔,他是美国轿车生产商忠实而可靠的朋友。

上午11:10,《晚间视线》节目的制片人打来电话,节目编导泰德·考佩尔准备在当晚制作一期专访,访问和讨论的对象是各式各样的运动车,以及不断推出高速行驶的汽车的厂商们。当然,这个节目一定会紧紧围绕这次事故来展开,而且肯定会向观众播出这次事故的片段。考佩尔还可能邀请PCNA的总裁兼首席执行官布莱恩·鲍勒在节目中出现,如果鲍勒不方便露面,另外一位高级别的经理也会出现在节目中,他们将采用遥控的方式,对发生在雷诺的这起事故发表评论。

《晚间视线》的电话打过来不久,上午11:30,保时捷汽车总公司负责销售的副总裁接到了弗吉尼亚州阿陵顿的一位保时捷汽车销售经理打来的电话,这位销售经理刚刚收到《晚间视线》节目给他的电话,邀请他参加节目制作,接受来访,并协助拍摄保时捷汽车销售的片段。这位销售经理不知该如何应对才好。

总部正在讨论他的情形时,上午11:35,另一个电话打来了。这次是泰德·考佩尔本人打来的。他劝说公司配合和参与节目的制作,彻底而坦白地回答被问到的问题是公司的最佳选择。公司毕竟没有可以隐瞒的,不是吗?

随着几十、上百个媒体方面和其他垂询的电话不停地打进来,乱哄哄的一个早晨就这样过去了。总部的工作人员忙于处理一个接一个的棘手问题,有关于保时捷公司的,也有关于保时捷汽车以及保时捷汽车公司的政策等,五花八门。紧急措施、方案、决定和努力不断推出,一切都是为了尽快平息事故造成的震荡,保护公司的利益。

这是一个极具戏剧性的事故,不仅引起了大量媒体的兴趣,同时也成为全国上下关注的焦点。其实,上述事故根本没有真正发生过。至于公告、电话、电视广播和会议等又都是真实的。原来,它们是"伏击"计划的一部分,这个计划是由美国博特——诺威力(Porter Novelli)公关公司,为PCNA专门设计的一套遇到临时出现的危机情况时的紧急"救火"方案。

博特——诺威力公关公司曾为保时捷汽车公司制订了一套危机方案,但是基于一般原则制订的。方案指明了各种潜在危机的类型,并进行了分析说明。制造麻烦的主要来源,包括竞争对手等,都被逐一列了出来。公司拥有的可用资源经过整理后汇总到了一起,以备紧急之需,最后还成立了危机行动小组,分工明确、训练有素。

为了搞清楚保时捷汽车公司在处理紧急情况时到底能做到多少,公司进行了实战危机演习,将所有可能出现的问题和涉及的方方面面都模拟出来,如管理决策、地方和全国性媒体、公司经营原则和策略、销售网络、政府监管当局等。"伏击"方案的演习准备是在秘密情况下进行的。保时捷汽车公司的高层知道将要按照"伏击"计划进行演习,但是他们不知道它何时会来或以何种形式出现。

上午8:00的电话拉开了这个虚构但很重要的早晨的序幕,所以说这是一个启动"伏击"计划的电话。保时捷汽车公司的人虽然知道这是一种训练,但他们处理应对任何突发事情时不仅相当严肃,而且积极思考、采取行动,非常紧张。他们的表现是对公司面临紧急情况时"救火"的能力和有效性的检验。从这种意义上讲,对每一个相关的人来说,这也算是一个真正的突发事件。

"伏击"计划实施小组在博特——诺威力公关公司的指导下,从上午8:00一直到下午1:00,按部就班地完成了全部的演练。特别行动队随时待命,根据危机处理小组做出的决定迅速反应。例如,假如保时捷公司决定召开一个新闻发布会,特别行动队就要负责在雷诺做好准备,充当媒体的角色,提出尽可能难的问题,并对所做的回答表现出最大限度的怀疑。

"伏击"方案的实战演练结束后,保时捷汽车公司又投入了大量的人力和精力,对整个任务的执行情况展开分析,召开了询问会、讨论会以及评论会等。博特——诺威力公关公司在保时捷公司总部,从公司方面所做报告中的"瑕疵"着手,听取了保时捷汽车公司特别行动小组是如何在紧急情况下做出反应以及怎样完成任务等。最终的目的是要对这个危机应对计划进行极其细致的分析。这个计划最大的受益者可能是保时捷汽车公司的高层领导。经历了这次"战火的洗礼",他们在处理未来可能出现的重大危机时,应付各种真实情况的能力肯定会有所增强。保时捷汽车公司的首席执行官布莱恩在谈到他对这次演习的看法时感慨:生活中他从未承受过那么大的压力。

总体而言,保时捷公司做得很好,因为他们有自己的一套可行的危机应对方案可遵循。

思考·讨论·训练

(1) 保时捷汽车公司的"伏击"计划成功在何处?

(2) 企业应急队伍的训练都有哪些方法?

(3) 请改编本书中的某一个案例,为你所在企业制订一份模拟演习方案。

(4) 美国的火灾逃生计划中的办公室安全培训对我国的消防工作有哪些启示?

7.2.2　实践训练

制订危机管理计划

实训目的:通过实训,掌握危机管理计划的制订方法。

实训内容与步骤:

(1) 学生分组,每组5～7人。

(2) 以小组为单位分别深入你所在学校的图书馆、食堂、宿舍、大学生活动中心等地,了解这些部门日常运作过程中可能遇到的危机,并制订相应的危机管理计划。

(3) 每组选一名同学做代表,在全班展示本组所制订的危机管理计划(可用PPT课件展示)。

(4) 学生讨论,评选出最佳表现组。

(5) 教师讲评。

7.2.3　拓展阅读:问题管理

鉴于危机预控的重要性,有必要把相关的管理工作融入组织的日常工作中,国外关于危机防范管理系统的一个重要模型是"问题管理",它是由专门的机构负责,针对企业中出现的各种问题,加以发现、分析和论证,并以消除问题为宗旨,以达到从根本上防范危机于无形的一种管理系统。

1. 什么是问题管理

许多组织虽然制定了许多管理制度,但总起不到多大效果。其实不是制度不灵,而是制定制度必须针对组织的实际问题,现场管理的核心就是问题管理(Management by Problem,MBP),即运用持续不断地提出问题的方法进而循序渐进解决问题的管理模式。这就需要组织领导者建立一种机制,即提出问题、研究问题、解决问题的机制,把组织最致命、最重要的问题提出来加以解决。

"问题管理"与"科学管理""人本管理""目标管理"并称为四大管理模式。"问题管理"是以解决问题为导向,以挖掘问题、表达问题、归结问题、处理问题为线索和切入点的一套管理理论和管理方法。也可以说,问题管理就是借助问题进行的管理。

问题管理的优势要体现在以下两个方面:一是可以防患于未然,及早解决可能演变为危机的问题和阻碍组织发展的问题;二是可以打通部门之间或管理专业之间的鸿沟。

许多政府和非营利机构开始尝试用问题管理来指导日常管理工作,越来越多的企业用问题管理指导日常管理工作。

问题管理是现代西方公共关系发展中产生的新职能,它力求尽早确认可能影响组织的潜在或萌芽中的各种问题,然后动员并协调该组织的一切资源,对组织现有问题、潜在问题采取必要的行动,从战略上来影响这些问题的发展,因此,问题管理代表了一种超前行动的战略。著名"问题管理"专家、用友集团企业管理研究所所长喻文益博士认为问题管理最重要的特征在于:

(1) 它是在拓展全体员工的思维深度,而不是对现状不闻不问;

(2) 它把由经理人士和其他管理人员执行的管理变成了全员管理;

(3) 它造成了一种危机意识,人们不仅要对自身的岗位提问题,还可以对企业的所有生产经营管理和其他方面提问题;

(4) 它将问题的发现变成一种经常性的活动和制度,而不是一时兴起的冷热病;

(5) 它将由管理者进行的管理降到了办公、生产、营销、后勤等第一线的前沿,使管理的层次扁平化了;

(6) 问题管理强化了所有领导和普遍员工的权责意识,培养了责任心;

(7) 人们常常为自身的学识与见识所局限,为思维定式所左右,为体能惰性所埋没,问题管理力促人们超越自我,给组织带来活力,又极大地降低了组织风险等。

2. 问题管理的职能

要把问题管理作为一项组织日常工作纳入危机预控的体系中,必须对问题管理的职能有一个明确而清晰的界定,这不仅有利于说服有关的组织领导人以取得支持,更重要的还在于在具体实施的过程中做到有的放矢。

美国公共事务委员会认为问题管理所要求的职能包括:对问题及其趋势的识别,评估它们造成的影响并对影响程度加以排序,树立组织自身的立场,设计行动方式,对问题做出回应,帮助公司赢得对其立场的支持,并实施相关规划。这些职能必须保持前后一致,并组成有机整体。通过对职能的管理,致力于帮助机构完成其中心任务。对职能的管理包括以下主要任务:规划、追踪、分析和交流。

赫斯和考斯将企业型组织的职能要求分成四大类别,它们分别如下。

(1) 灵活的规划和运作。"问题管理能够提高公司对外界环境变化的回应能力,能够对公司的产品性能业绩产生积极影响。"这就要求在实施问题管理的过程中必须做到灵活地规划和运作。如果问题管理的目标是捕捉公共政策环境中发生的某种重要变化会给企业带来什么样的影响,那么他们所提供信息必须整合到机构的业务战略及公司管理战略中。其理论基础中这样的信息能给机构带来商机,为经费的削减或商业行为的变更提供证据,并为公司的运作指明标准。

(2) 严密防御和灵活进攻。如果企业在问题变得严重之前就展开有针对性的交流和讨论,那么通过互动就可能使问题得到最完美的解决。在讨论的过程中,必须规划出问题会产生多大的负面影响,解决这些问题需要付出多大的人力和物力的投入,怎样通过监控来确保消除这些问题并将其转化为正面的影响。

(3) 制定严格的操作程序。美国有关专家曾进行过一些调查研究,结果发现孤立的市场力量无法决定公司的命运,更重要地影响企业进步发展的因素往往来源于一些政策的变化。在企业内部,必须及时发现问题的本质,不仅要便于日常工作的顺利开展,还必须进行企业制度创新,使组织更能适应外部环境的变化。因此,问题管理的过程中,对于已经发现的问题可以加以正确地引导,去除其中不合理的成分,而保留其积极的一面。针对这些问题的改进措施必须制度化,并拟定切实可行的操作程序。

(4) 监控管理的流程。追踪和监控是实施问题管理的关键性步骤,也是确保操作程序能够达到预期目的的有效手段。组织在监控的过程中,必须在危机管理机构中指定专人或成立专门的小组来具体执行这一工作。而且在执行的过程中,最好有公司领导层的人员参与其中,这主要是赋予监控小组以更多的权威性和更大的权利,有利于纠正管理过程中出现的偏差。

3. 问题管理的实施

问题管理兴起初期,仅仅有极少数的企业组织指派专人从事这一实际的工作。后来随着形势的发展和组织的不断扩张,很多企业开始认识到这项管理工作的重要性。到目前为止,绝大多数企业都已经把这项工作作为企业运作的一部分,并且成立了专门的问题管理小组。

问题管理主要通过以下步骤来处理组织中出现的症结。

(1) 制订问题管理执行计划。在这一步骤中,首先要做的是建立一套有效的问题管理规范,在这种规范框架内推出如何解决具体问题的计划。这个计划应该包括以下几个方面:①制定工作流程。当问题被初步发现并证实确实存在后应该做什么工作、如何进行问题数据的获取和存储、如何具体实施解决办法。②明确相关人员的职责。他们应该主动去发现问题、记录所有有关的信息、实施解决问题的方案。③评估方案的有效性。应该紧密地跟踪并检查问题解决方案的实施情况,进而检验所制定的问题管理规范的有效性。

(2) 发现并认识问题。把所有相关信息的数据都集中起来,存储在一个对所有参加问题解决的人员都开放的区域。关注那些利益相关者所遭受的损失,尽量帮助他们,把问题带来的负面降到最小。在这个步骤中应该使用科学的工具来发现问题,可以使用必要的设备来收集关于问题的各方情况。

（3）分析问题。有效的问题分析可大大减少解决问题所用的时间。在这一步骤中,要发现问题出现的根本原因,评估、测试并提出可供选择的解决问题方案。查看记录来寻找是否以前也有类似的问题出现过,以确定解决问题的方法和途径。

（4）实施方案。当问题特别复杂或者其牵涉面过于广泛时,实现对问题的监测、管理,实施解决方案是非常重要的一步,保证它在计划进程之内得到很好的解决。大多数情况下,问题是不能通过某个问题管理专员来独自解决的,他需要得到各部门相关人员的配合,才能使问题得到有效的解决。

（5）动态修正解决方案并付诸实施。由于环境的变化和问题的扩散,许多问题解决方案都必须根据组织的实际情况进行动态修正,以确保问题能够被有效解决。以下几个方面是问题管理成功的关键性环节。

① 方案应该包含所有的问题。有些小问题没有得到及时的解决也可能成为大问题,所以把所有的问题都记录下来,同样重视起来很重要。一个有效的方案并不意味对所有的问题都提出改进措施,但是在分析的过程中必须罗列出尽可能多的内容,以便确定它们之间的内在联系,以确保解决方案能够把握解决的重点。

② 动态修改工作程序。如果在实施方案的过程中发现一些偏差,或者解决方案在实施的过程中遇到阻碍,必须及时找到症结,并修改工作程序,以完成方案制订的初衷。

③ 处理问题要严谨,也要设立优先机制。事有轻重缓急,分清重点是方案实施者必备的基本素质。因此,尽管所有的问题都应该在考虑范围之内,并给予同样的重视。但是,对一些特别重要的问题应给予特别的关注,并使这些问题得到首先解决的机会。如果因某个问题导致多种症结的出现,那么这个问题就必须优先处理,以防止其危害继续蔓延。

使用一套非常合理、非常完善的问题管理程序对于组织就是受益匪浅的,它不但可以帮助解决重复出现的问题、减小问题带来的不良影响,而且还能够缩短解决问题的时间,提高组织的工作效率。①

课后练习

1. 怎样寻找企业管理的薄弱之处?
2. 为什么要建立企业危机预警机制?
3. 请结合实例谈谈对危机预警、危机预控重要性的认识。
4. 危机管理小组的成立会给企业带来哪些管理问题?
5. 有人认为"做好危机预警就能实现危机管理"你同意此说法吗? 为什么?
6. 为什么人们会对危机警报反应迟钝?
7. 企业为什么必须高度重视危机管理计划的制订?
8. 制订企业危机管理计划应事先准备哪些材料? 目标公众如何确定?
9. 制订危机管理计划时需要考虑哪些因素?

---

① 董传仪.危机管理学[M].北京:中国传媒大学出版社,2007:127-131.

10. 问题管理与危机管理的主要区别是什么?

11. 假定你所在的公司近日有一次重要的业务活动,但由于恶劣的天气,致使该项活动不能如期开展,请你拟订一个应急方案,减少或消除不利影响。

提示:练习前同学们先设计事件背景。公司的业务活动可以是记者招待会、展览开幕式、周年庆典、免费赠送或其他公共关系活动;地点可以是本市或外地;恶劣的天气,可以是大雪、暴雨等;活动的主体可以是营利性或非营利性组织;根据具体情况,这一练习可采用书面作业形式,也可采用咨询答辩形式。

参考文献

[1] 向荣,岑杰.企业危机管理[M].北京:电子工业出版社,2016.

[2] 程慧霞.危机管理——从应急迈向前置[M].北京:清华大学出版社,2016.

[3] 骏小宝.2016 十大危机公关事件,几家欢喜几家愁?[EB/OL].[2016-12-15].http://www.chinapr.com.cn/templates/T_Second/index.aspx?nodeid=3&page=ContentPage&contentid=13810.

[4] 中国合规网.葛兰素史克中国贿赂事件商业调查报告[EB/OL].[2016-10-31].https://sanwen8.cn/p/4bdiNmL.html.

[5] 杨洁."六六维权"事件中"看人下菜碟"的京东[EB/OL].[2016-01-06].http://www.leke123.com/crisis/1224.html.

[6] 佚名.台导游呼吁中国内地客抵制康师傅[N].[2015-08-03].http://js.qqyy.com/xwzx/1508/03/d80c.html.

[7] 刘琼.雅芳连亏 3 年出售子品牌救急,市值萎缩近一半[N].第一财经日报,2015-07-14.

[8] 鲍勇剑.危机不慌:在混沌中探索商业新优势[M].杭州:浙江大学出版社,2014.

[9] 夏洪胜,张世贤.企业危机管理[M].北京:经济管理出版社,2014.

[10] 汪中求.细节决定成败[M].北京:新华出版社,2014.

[11] 黄静珠.GHE 公司恒温龙头卫浴产品危机管理探析[D].上海外国语大学,2014.

[12] 张静.农夫山泉"标准门"事件的危机公关研究[D].兰州大学,2014.

[13] 吕强.本诺伊特形象修复理论应用研究——以农夫山泉事件为例[J].视听专论,2014(12).

[14] 钟志刚.企业危机事件处置策略探究[J].企业文明,2014(8).

[15] 刘为军.资讯视频在公共关系与危机管理课程教学中的应用[J].科教文汇,2014(6).

[16] 常珊,叶学平,周妍君.网络舆情对企业品牌的影响及对策[J].学习月刊,2014(2).

[17] 佚名.走下神坛 一汽大众速腾召回事件分析[EB/OL].[2014-10-20].http://www.nbd.com.cn/articles/2014-10-20/870056.html.

[18] 佚名.去哪儿网网络危机公关案例[EB/OL].[2014-09-19].http://www.shangxueba.com/jingyan/2305278.html.

[19] 中国公关网.2014 年上半年十大危机公关案例[EB/OL].[2014-07-21].http://www.chinapr.com.cn/templates/T_Second/index.aspx?nodeid=3&page=ContentPage&contentid=7962.

[20] 佚名."3.8 马来西亚飞机失联事件"[EB/OL].[2014-06-27].http://www.360doc.com/content/14/0627/14/2391314_390259921.shtml.

[21] 杨玉婷.新媒体视域下企业突发事件的网络危机管理——以"西门子冰箱事件"为例[J].新闻世界,2014(4).

[22] 蒲红果.说什么怎么说:网络舆论引导与舆情应对[M].北京:新华出版社,2013.

[23] 梅文慧.信息发布与危机公关[M].北京:清华大学出版社,2013.

[24] 曾胜泉.突发事件舆情应对指南[M].广州:南方日报出版社,2013.

[25] 2012 年度十大品牌危机公关案例之六——可口可乐"含氯门"全球品牌网[EB/OL].[2013-07-05].http://www.globrand.com/2013/531515.shtml.

[26] 游昌乔.2012 年度十大品牌危机公关案例之五——归真堂活熊取胆事件[EB/OL].[2013-06-27].http://www.emkt.com.cn/article/592/59239-2.html.

[27] 袁霓.农夫山泉经销商损失惨重桶装水市场暗战升级[N].中国经营报,2013-05-13.

[28] 刘兴龙.农夫山泉撞标准门损失逾六千万元[N].中国证券报,2013-05-07.

[29] 马少华,欧晓明.农业企业社会责任危机响应模式——基于双汇"瘦肉精"事件的案例研究[J].广东
农业科学,2013(3).

[30] 蔡雨坤.危机沟通策略在企业危机传播中的应用———以"永和豆浆粉"事件为例[J].重庆邮电大学
学报(社会科学版),2013(3).

[31] 汤向阳.雅芳小姐,你老了[N].经济观察报,2013-03-15.

[32] 曹惺璧.李锦记:专注的刺猬[N].经济观察报,2013-01-18.

[33] 邵东华.企业公关危机管理研究[M].北京:中国传媒大学出版社,2012.

[34] 熊卫平.危机管理:理论·实务·案例[M].杭州:浙江大学出版社,2012.

[35] 周锡冰,赵丽蓉,黄华.企业危机管理实战案例解析[M].北京:中国经济出版社,2012.

[36] 侯丽敏,唐振.危机公关[M].北京:经济管理出版社,2012.

[37] 姜梦娇.社交平台大数据与食品企业的危机传播管理[J].传播与版权,2016(7).

[38] 肖可.雅芳绝境[J].第一财经周刊,2012(11).

[39] 张龙祥.中国公共关系大辞典[M].北京:中国广播电视出版社,1993.

[40] 佚名.EMBA 入学考试《管理学》复习资料[EB/OL].[2012-09-12].http://kaoshi.china.com/emba/
learning/1102961-1.htm.

[41] 伯建新.解读圣元乳业"致死门"的危机公关[EB/OL].[2012-04-27].http://www.docin.com/p-
676847904.html.

[42] 马斯阳.企业危机中的品牌管理——以锦湖轮胎危机事件为例[J].媒体时代,2012(6).

[43] 佚名.危机公关案例:锦湖轮胎召回风波[EB/OL].[2012-02-16].http://31.toocle.com/detail-
6630829.html.

[44] 石俊.鲁花摽上金龙鱼,油脂江湖也不安生[N].经济观察报,2011-6-13.

[45] 郝树人,刘菊.公共关系学[M].大连:东北财经大学出版社,2011.

[46] 中国国际公共关系协会.最佳公共关系案例[M].北京:企业管理出版社,2010.

[47] 余明阳,张慧彬.危机管理战略[M].北京:清华大学出版社,2009.

[48] 董传仪,葛艳华.危机管理经典案例评析[M].北京:中国传媒大学出版社,2009.

[49] 郭明全.赢战危机——企业危机预控、化解之道[M].北京:中国经济出版社,2009.

[50] 纪阿林."9·11"中的纽约市长朱利安尼[EB/OL].[2009-09-22].http://blog.sina.com.cn/s/blog_
5583091f0100fh1o.html.

[51] 杜岩,程永运,张玉恒.企业公关危机管理新思维:化"危"为"机"——以康师傅"水源门"事件为
例[J].价值工程,2009(4).

[52] 中国管理传播.2008 企业经典危机事件回顾与点评[EB/OL].[2009-01-08].http://info.service.
hc360.com/2009/01/08110146981-8.shtml.

[53] 艾学蛟.生死劫:危机定律 100－1＝0[M].北京:中华工商联合出版社,2008.

[54] 张岩松.危机管理案例精选精析[M].北京:中国社会科学出版社,2008.

[55] 朱月容.梁庆德谈格兰仕商经[M].杭州:浙江人民出版社,2008.

[56] 罗雁飞.康师傅"水源门":诚信与技巧[J].销售与市场,2008(28).

[57] 德尔庞.测试:主动交往·处理危机·面对孤独[J].跨世纪(时文博览),2008(18).

[58] 杨龙,等.为什么抵制家乐福[EB/OL].[2008-12-26].http://news.qq.com/a/20081226/002269.htm.

[59] 佚名.三鹿三聚氰胺毒奶粉事件全记录[EB/OL].[2008-09-18].http://bbs.feedtrade.com.cn/
forum.php? mod＝viewthread&tid＝31909.

[60] 崔秀芝.从三鹿毒奶粉事件看企业的危机处理[J].中外企业家,2008(11).

[61] 尹晓楠."家乐福事件"危机公关策略分析[J].东南传播,2008(6).

[62] 邹建军.对东航云南公司返航事件处理结果的思考[N].中国民航报,2008-04-25.

[63] 鲍小东,李梓,熊巧.解析返航门事件:你还能安心坐飞机吗?[EB/OL].[2008-04-21].http://news.163.com/08/0421/15/4A2K9DB500011SM9.html.

[64] 沈闻涧.东航"飞去来"事件 公关手段很笨拙[EB/OL].[2008-04-08].http://www.ce.cn/cysc/jtys/hangkong/200804/08/t20080408_15089344.shtml.

[65] 王雯.LG"翻新门"来自小作坊的大品牌[J].品质,2008(3).

[66] 单业才.企业危机管理与媒体应对[M].北京:清华大学出版社,2007.

[67] 董传仪.危机管理学[M].北京:中国传媒大学出版社,2007.

[68] 赵冰梅,刘晖.危机管理实务与技巧[M].北京:航空工业出版社,2007.

[69] 林景新.从LG翻新事件:看企业网络危机[J].中国经济信息,2007(1).

[70] 佚名.新加坡航空公司给中国航空公司上一课[EB/OL].[2007-02-13].http://www.csc.mofcom-mti.gov.cn/csweb/csc/info/Article.jsp?a_no=61221&col_no=129.

[71] 张颖.LG在华有地下翻修工厂:事实还是诬陷?[EB/OL].[2007-01-29].http://www.p5w.net/news/cjxw/200701/t749537.htm.

[72] 盘何林.哈佛危机管理决策分析及经典案例[M].北京:人民出版社,2006.

[73] 陈秀丽.世界十大公关经典败局[M].北京:清华大学出版社,2006.

[74] 何海燕,等.危机管理概论[M].北京:首都经济贸易大学出版社,2006.

[75] 李菊英,刘志远.公共关系[M].北京:中国电力出版社,2006.

[76] 林景新.一个人与一家跨国公司的"战争"[EB/OL].[2006-04-12].http://www.emkt.com.cn/article/258/25876.html.

[77] 平川.危机管理:政府·企业·个人立于不败之地的关键[M].北京:当代世界出版社,2005.

[78] 胡百精.危机传播管理[M].北京:中国传媒大学出版社,2005.

[79] 佚名.尼康陷入"黑斑门"[EB/OL].[2014-03-16].http://news.163.com/14/0316/00/9NDU4IMP00014AED.html.

[80] 吴言忠.论企业危机管理的指导原则[J].商业时代,2005(27).

[81] 奥古斯丁.危机管理[M].北京新华信商业风险管理有限责任公司,译.北京:中国人民大学出版社,2004.

[82] 孙玉红,王永,周卫民.直面危机:世界经典案例剖析[M].北京:中信出版社,2004.

[83] 西泰尔.公共关系实务[M].陈险峰,译.北京:机械工业出版社,2004.

[84] 张玉波.危机管理锦囊[M].北京:机械工业出版社,2003.

[85] 高民杰,袁兴林.企业危机管理[M].北京:中国经济出版社,2003.

[86] 薛澜,张强,钟开斌.危机管理——转型期中国面临的挑战[M].北京:清华大学出版社,2003.

[87] 鲍勇剑,陈百助.危机管理——当最坏的情况发生时[M].上海:复旦大学出版社,2003.

[88] 亨德里克斯.公共关系案例[M].董险峰,译.北京:机械工业出版社,2003.

[89] 巴顿.组织危机管理[M].符彩霞,译.北京:清华大学出版社,2002.

[90] MBA核心课程编译组.危机管理[M].北京:九州出版社,2002.

[91] 里杰斯特.危机公关[M].陈向阳,陈宁,译.上海:复旦大学出版社,1995.

[92] 张春景,魏劲松.挽救败局——企业危机运营[M].北京:经济日报出版社,2002.

[93] 萨菲尔.强势公关[M].梁浚洁,段燕,译.北京:机械工业出版社,2002.

[94] 张岩松.论企业公关危机管理模式[J].大理工大学学报(社会科学版),2002(4).

[95] 朱德武.危机管理:面对突发事件的抉择[M].广州:广东经济出版社,2002.

[96] 麦克纳马拉.管理者公共关系手册[M].刘海梅,等,译.北京:中央编译出版社,1994.

[97] 卡波尼格罗.危机顾问[M].杭建平,译.北京:中国三峡出版社,2001.

[98] 陈迅,王澍文.危机决策[M].兰州:甘肃文化出版社,2001.

[99] 希斯.危机管理[M].王成,宋炳辉,金瑛,译.北京:中信出版社,2001.

[100] 张岩松.企业公共关系危机管理[M].北京:经济管理出版社,2000.

[101] 苏伟伦.危机管理——现代企业实务管理手册[M].北京:中国纺织出版社,2000.

[102] 赫斯特.危机与振兴:迎接组织变革的挑战[M].王恩冕,等,译.北京:中国对外翻译出版公司,2000.

[103] 莫斯,公共关系实务——案例分析[M].郭惠民,译.上海:复旦大学出版社,1996.

参考文献

后　记

我国经济社会发展为应用技术型高校和高等职业院校的发展提供了难得的机遇。为了贯彻落实国务院《关于加快发展现代职业教育的决定》，我们策划了这套"高等学校应用型特色规划教材"系列丛书，旨在为应用技术型高校和高等职业院校提供富有特色的系列教材。

该系列教材是大连职业技术学院、河南牧业经济学院、天津职业大学、大连东软信息学院、辽宁对外经贸学院、沈阳工程学院、吉林华侨外国语学院等院校教学改革和教材建设的最新成果，目前已出版和即将出版的教材主要有：现代交际礼仪、职业礼仪教程、现代旅游礼仪、现代礼仪教程、职业形象设计、人际沟通艺术、演讲与口才教程、人际沟通与社交礼仪、公共关系与商务礼仪、政府公共关系、现代管理沟通实务、新编现代公共关系实用教程、新型现代交际礼仪实用教程、社会工作法律事务、法律基础、组织行为学——理论·案例·实务、现代管理学——理论·案例·实务、人力资源管理——理论·案例·实务、市场营销——理论·案例·实务、企业文化——理论·案例·实务、企业危机管理——理论·案例·实务等20余种。我们还要陆续出版更多的高等学校应用型特色规划系列教材。

该系列教材作为反映高等教育教学改革最新理念的新型实用教材，贴近工作实际，反映高等职业教育特色，深受师生喜爱。该套教材在体系和框架上独树一帜，突出操作性和任务导向性。每项"任务"作为一个内容单元，由"学习目标""故事导入""知识储备""能力开发"和"课后练习"构成。其中"能力开发"包括阅读思考、案例分析、实训项目三种训练形式。这种体例安排便于学生在做中学、在学中做，学做结合，使其实践操作能力和职业基本素质得到有效提升。

本套系列教材可作为应用型本科、职业教育本科、高职高专院校各专业学生相关课程的教材，还可作为各界人士提高职业能力的优秀读物及自我训练手册，它也是各企事业单位进行员工培训的创新型实用教材。

希望这套"高等学校应用型特色规划教材"得到兄弟院校的欢迎和认可。不当之处，敬请指正。

让我们共同携手开创我国高等职业教育的美好未来！

编　者
2017 年 4 月